前言

融资与投资是资本运营两大基本功能，兼并与收购是资本运营的核心任务，企业上市则是资本运营的最高形式，融资、投资、并购和上市成为企业资本运作的四大基本任务。资本市场为企业提供了多种融资渠道，促成了许多伟大的投资，也造就了世界企业巨人和亿万富翁。然而，企业融资的发展道路到底应该怎么走，如何运作才能插上资本的翅膀，实现企业的高速成长，这是许多企业面临的实际问题。时代在变迁，规则在改变，市场博弈更激烈，运营理念要超前。对于拟开展融资的企业来说，不懂资本运营，就会被资本市场拒之门外；不按规则运作，就可能走弯路、误入歧途甚至上当受骗。资本市场永远为懂得市场规则和进行专业化操作的企业敞开融资的大门。

为满足资本运营实务操作的需要，笔者邀请世界著名投资银行高盛集团澳大利亚公司的安迪·莫（Andy Mo）和澳大利亚联邦银行的珍妮丝·马(Janice Ma)共同编著《企业资本运营实务系列丛书》。有人说，单靠几本书就能做资本运营是不现实的；也有人说，不读几本操作指南的书就盲目进行资本运营是很难成功的。这两种观点都没错，之所以说单靠几本书进行运作不现实，那是由于市面上还没有企业实战派与国际投行专家合著的操作指南读本。企业界人士极少有时间写作，笔者从1989年出版第一本专业图书到编写本丛书，间隔超过20年。

2008—2009年，资本市场接连发生升平煤矿和苏州大方买壳上市经济纠纷案乃至刑事案，以及中国铝业海外收购力拓股份失败案。前两例中企业陷入困境，境内外投资者遭受重大损失，后者的股权并购投资损失惨重。这些爆炸性事件引起国内外资本市场和新闻媒体的广泛聚焦，业内人士对此深感震惊并为企业缺乏资本运营的操作技能而担忧。2009年初，笔者起草了本丛书编写大纲并在几个大型民企集团及中小企业征求意见。从企业人士反馈的情况看，他们在实际运作中经常无法与境内外中介机构和投资机构对接，造成很多无效工作和重复劳动。他们读了一些书，也听到中介机构来企业时口若悬河的演讲，甚至鼓噪他们推动企业巨额融资和上市，从而实现一夜暴富。但是，开始运作一段时间后，才发现事与愿违，轻则运作失败，重则上当受骗，造成巨大损失。他们反映，市面上一些同类书籍虽然也有一定的可读性，但还缺乏操作实用性，主要表现为“三多三少”：讲常识和案例结果的多，讲企业实际运作过程的少；讲市场规则和总体程序的多，讲企业层面系统性操作细节的少；讲成功经验的多，讲失败教训的少。他们迫切希望能有一套最适合企业的书以便指导其资本运营操作。资本市场的重大事件和企业的操作技能需求强烈地激发和驱动了笔者的写作热情。根据企业反馈的信息，结合多年的知识积累和实战经验，总结多种特殊事例并归纳分析后，作者以全新的方式编写了本丛书，目的是指导企业进行专业化的系统性操作，帮助企业将美好愿望变成现实，提高运作成功率。

《企业资本运营实务系列丛书》包括四本书。

第一本书为《企业融资与投资》。该书对资本运营、债务融资、租赁融资和股权融资作了概要介绍，详细阐述了私募股权融资与风险投资、股票定价与企业估值、项目融资、项目财务评价与投资决策等公司金融实务知识、运作流程及操作方法，并以真实故事为素材编写成专业操作案例和综合案例。

第二本书为《企业兼并与收购》。该书详细阐述了企业兼并与收购的方式、律师尽职调查、财务审慎调查、审计、评估、独立技术审查、买壳上市、商务报批及财税处理的实务知识、运作流程和操作方法，并以真实故事为素材，将并购整体事件的运作过程、成功经验和失败教训编写成专业操作案例和综合案例。

第三本书为《中国企业境外上市指引》。该书详细阐述了中国企业赴境外上市的筹备与基本操作，重点介绍中国香港、美国、加拿大、英国、澳大利亚和新加坡等六个国家和地区的上市条件、上市方式、上市程序和操作方法，并以真实故事为素材编写了经典案例和戏剧性的惊险案例。

第四本书为《中国企业境内上市指引》。该书详细阐述了企业在中国境内的上市条件、上市程序、保荐机制、公司治理、尽职调查、审计评估、申报核准、定价发行与上市的实务知识、法律法规、运作流程和操作方法，并精选编写了中小板、创业板、A + H 股两地上市的经典案例。

本系列丛书具有以下特点。

• 系统性与完整性

本丛书以企业融资、投资实务知识及运作流程、操作方法和最新市场规则为基本框架，涵盖企业债务融资、股权融资、项目融资、项目投资、风险投资、兼并收购、中国企业赴境外上市、企业在中国境内上市各方面，体现出整体结构的逻辑性和内容的完整性。例如，本丛书将融资与投资写在一本书中，

GUIDELINES FOR LISTING OF CHINESE ENTERPRISE IN CHINA DOMESTIC MARKET

企业资本运营实务系列丛书

境内外专家研究成果与案例

企业资本运营实战操作指南

中国企业境内上市指引

马瑞清
[澳] 安迪·莫 (Andy Mo)
[澳] 珍妮丝·马 (Janice Ma)
编著

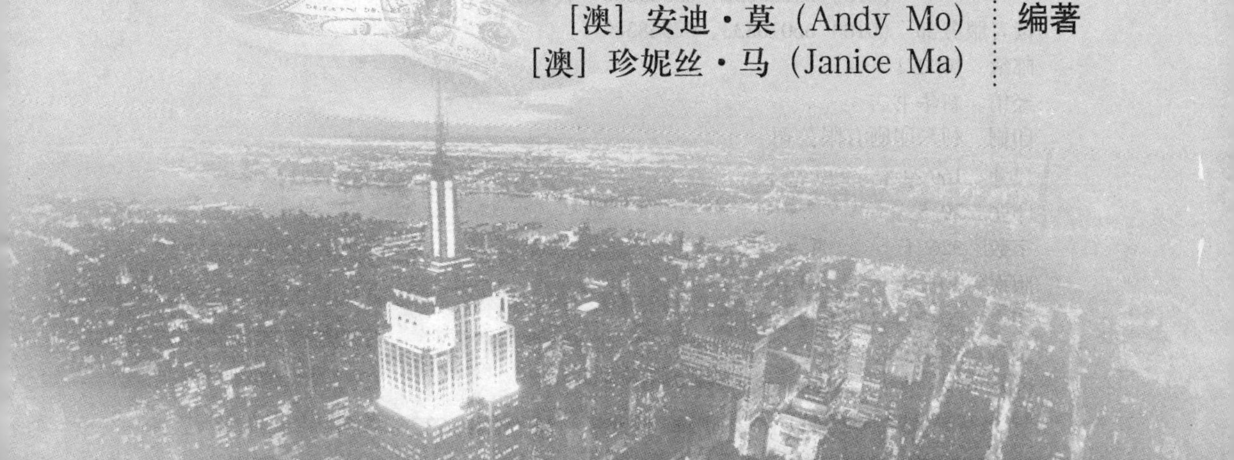

中国金融出版社

责任编辑：古炳鸿　虞　晖
责任校对：张志文
责任印制：程　颖

图书在版编目（CIP）数据

中国企业境内上市指引（Zhongguo Qiye Jingnei Shangshi Zhiyin）/马瑞清，（澳）莫（Mo，A.），（澳）马（Ma，J.）编著.—北京：中国金融出版社，2011.5
（企业资本运营实务系列丛书）
ISBN 978-7-5049-5959-1

Ⅰ.①中…　Ⅱ.①马…②莫…③马…　Ⅲ.①上市公司—研究—中国　Ⅳ.①F279.246

中国版本图书馆CIP数据核字（2011）第098557号

出版发行　中国金融出版社
社址　北京市丰台区益泽路2号
市场开发部　（010）63266347，63805472，63439533（传真）
网上书店　http://www.chinafph.com
　　　　　（010）63286832，63365686（传真）
读者服务部　（010）66070833，62568380
邮编　100071
经销　新华书店
印刷　利兴印刷有限公司
尺寸　169毫米×239毫米
印张　29.5
字数　526千
版次　2011年5月第1版
印次　2012年4月第2次印刷
定价　59.00元
ISBN 978-7-5049-5959-1/F.5519

编辑部邮箱：jiaocaibu@yahoo.com.cn

寄　言

谨以此丛书献给：

——创业起步和发展壮大的企业家们，他们是开拓进取的先行者和建设者，在中国改革开放的三十多年里，他们为社会提供就业机会，为国家、地方和企业积累财富，成为市场经济的企业界明星。

——企业管理人员，他们为企业的运营和投资发展而辛勤奉献，日夜奔忙，以迅速成长的业绩为企业跨越资本市场的大门创造了基础条件。

——企业资本运作人员和中介机构从业人员，他们以超常的工作和卓越的努力，使企业实现了资本增值，在资本市场创造了财富的神话，当企业上市的时候，他们却依然默默无闻。

——有志将来从事资本运作的年轻人，他们刻苦攻读，满怀志向，有朝一日他们会登上资本市场的舞台大显身手。

——中外投资者，如果没有他们在企业成长周期的各个阶段向企业投资，或在二级市场参与操作，资本市场就不会发展壮大到今天。

使之连贯接续，浑然一体，增强了本丛书的实用性，这是因为融资与投资本来就是并存的，企业的融资行为就是投资机构的投资行为，两者的操作程序和方法是安全对应的。再如，并购是买壳上市的前提和手段，并购和私募融资与企业上市也密不可分，本丛书采用实务知识加系列操作案例的模式阐述其运作全过程。

• 总体方案与操作细节并重

“战略决定生死，细节决定成败”，这句话充分说明了细节的力量，因此成为当今经济社会中的经典名言。在西方谚语中也有两句类似的话，一句是“魔鬼在细节中”，另一句是“天使在细节中”，这两句话看似矛盾，但在实践中却是辩证统一的。一位投资大师说过：“你把真实数据全部装到方案里才猛然发现，原来完美的方案已经彻底崩溃了。”在资本运营中，把专业做到极致才能成功，本书用易理解的语言、图形、表格和具体实例指导读者用理性和思维制订含有企业实际数据的实施方案和可行的操作细节，以便通过一系列的专业化运作，并用专业手段控制关键环节，解决关键问题。这样，美丽的天使就会降临到你的身边，可行的方案才能最终变为现实。否则，即使正确的方向已经确定，总体方案也可能会变成导致灾难的“魔鬼”。在本丛书的案例中，读者将会看到资本运营中不时闪现的“魔鬼”。

• 经验与教训并存

有些经验和教训，没有阅历的人是无论如何也体会不了的；有些风险，没有阅历的人是无论如何也想象不到的。企业资本运营是庞大的多专业、跨学科的系统工程，是企业运营的最高境界，其中也充满风险。许多企业资本运作失败或遭受重大损失的原因往往并不是企业自身条件不够，而是由于缺乏经验和教训，在运作过程以及操作细节上出了问题。资本市场的神秘莫测和动用大量资金运作失败的结果，足以让很多企业家望而却步。本丛书提供了大量的成功经验与失败教训案例，以供读者参考。企业相关人员和中介机构的专业人士应当以史为鉴，真正掌握资本运营的技能和本领，永远不要与法律法规、市场规则和资本高手比智商、碰运气、做赌博，否则会输得很惨。

• 专业操作案例与综合案例配套衔接

本丛书以真实事件和第一手资料为素材，沿着企业融资发展的轨迹，将整体事件的运作过程、成功经验或失败教训编写成各专业操作案例和综合案例，并从投资者、中介机构和管理层等多方角度对案例进行评析，以此揭示资本运营的全过程。本丛书共有 45 个案例，其中有的案例包括十几个甚至更多的“案中案”。这些案例除了再现案例的运作过程和结果外，还披露了一些鲜为人知的资本运营内幕，很值得一读。例如，《企业融资与投资》第六章的案例

一、《企业兼并与收购》第三章至第七章的五个案例、《中国企业境外上市指引》第一章的案例一、案例二及第三章的案例二，共九个案例，组成了境内企业通过反向收购进行境外上市的系列案例，这些案例都是笔者亲身经历和目睹的真情实景。其中前七个案例属于运作过程中的专业操作案例，在案例中读者将了解境外买壳上市的操作过程和方法，并看到中介机构完成的原版法律意见书、会计师报告、资产评估报告和独立技术审查报告及并购协议主要条款，这些成果文件大多保留了原版内容及其“原汁原味”风险。后两个案例是境外买壳上市的案例结果和当事各方的股权争夺战。这九个案例不仅重现了整个买壳上市的全过程，而且每个案例事件紧密相连，事件的发展风云变幻，非常富有戏剧性。再如，《中国企业境内上市指引》第六章、第七章和第十章的三个案例，是创业板公司上市过程中的专业过程案例。本丛书还特意介绍了境内上市首次冲关折戟和二审上会过关的多个案例。书中案例大多采用近年的最新事件，通过收集整理证券交易所及公司披露的招股说明书、法律意见书、财务报告、年度报告和公告等信息资料，并参考专业人士的案例分析和媒体报道，结合各章节内容，经作者分析、加工，重新编写而成。这些案例能让读者看到企业精英与资本大鳄的成功合作，也可目睹企业家与资本骇客的惨烈对决。

这些特点使本丛书具有很强的专业性、可读性和实用性。

- 针对性与广泛的适用性

本丛书是专为从事企业融资、PE 投资、并购和上市工作的人士而写的，适合企业家、公司高管人员、融资管理人员和财务人员在实务中使用和参考，对证券公司、律师事务所、会计师事务所等中介机构和境内外投资机构的专业人士有很好的参考价值，也适合高等院校金融、投资及财经专业研究生和高年级本科生阅读。

本书是丛书中的《中国企业境内上市指引》，其中第一章、第四章、第五章、第六章、第九章、第十章、第十一章由马瑞清编写，第二章、第三章由安迪·莫（Andy Mo）编写，第七章、第八章由珍妮丝·马（Janice Ma）编写，全书由马瑞清总纂和定稿。

由于作者水平有限，书中难免会有不妥之处，恳请读者批评指正。

马瑞清

二〇一一年三月

目　录

第一章
企业上市概述

○中国证券市场概述

○上市公司与公司上市

○上市路径、上市地与上市方式

第一节　中国证券市场概述

一、股票的历史故事

世界上最早的股票出现在1600年的荷兰。荷兰东印度公司通过发行股票来筹集资金经营香料，当时股票发行份额很细，最低认购金额仅为100荷兰盾。东印度公司成立100年的时候，股票已涨了1 000倍。为了股票流通方便，于是又很快形成了最早的证券交易所，股东如果需要变现用钱，可以把股票转给别人。从此，企业可以通过向社会公开发行股票筹集资金用于创业发展和生产经营。

中国最早的股票距今已有139年的历史。1872年底，清朝大臣李鸿章向同治皇帝递交奏折：朝廷拿出一部分银子作为股本，其余的部分股份以每股1 000两白银（首次先收500两）公开向华商出售1 000股，股票可以自由交易。募集的资金计划用于购买轮船，组建大清帝国自己的轮船招商局。同治皇帝批准了这个奏折，“股份制”、“股本”、“招股”和“每股价格”这样的词汇就出现在奏折中，中国历史上第一张华商股票就这样发行了。

从此，中国的轮船招商局成立，并购买了16艘蒸汽轮船，黄浦江上出现了中国自己的轮船。这个通过社会募集资金创办的公司很快就显示出强大的实力。当时黄浦江上的轮船运力，美国排名第一，中国第二，从此在英美占据主要航运权的大江上，有了中国的力量。在轮船招商局成立后的10年里，又有15家公司发行股票，这些股票在上海的街头和茶馆里交易。当1896年李鸿章出访欧美七国时，惊讶和陶醉于摩天大楼、电报电话等工业化产物中，可惜的是并没有学来支撑技术发展的制度体系——社会制度和公司与证券法规。

1904年，清政府推出《公司律》，这是中国第一部专门的商事法律。同年，官办的川汉铁路总公司在成都成立，1907年改为商办和民办并发行股票，当时川汉铁路有限公司的股本来源是随粮征收、值百征三的“租股”。从此，全四川人民几乎都与川汉铁路发生了经济联系。

100年前的1911年5月9日，清政府宣布将民办川汉铁路强行收归国有，并把川汉、粤汉铁路的修筑权拱手出卖给外国人，激起了四川人民的强烈反对并展开了轰轰烈烈的“保路运动”。9月7日，清政府下令调湖北清军入川镇压群众，制造了震惊全国的“成都血案”。此时武汉空虚，革命党人把握时机，10月10日武昌起义，驱逐清朝官吏，建立了革命政府。武昌起义胜利后，各省纷纷响应，清朝的封建政权迅速解体。12 月，17 个省代表会议推举孙中山为临时大总统，1912 年 1 月 1 日，在南京成立中华民国临时政府。中国早期的股票竟然引发“四川保路运动”，导致了辛亥革命，成为清朝覆灭的“最后一根稻草”。资本在历史的关键时刻竟然能够起到如此微妙而巨大的作用，百年之后回头审视，不禁令人欷歔感慨。

新中国第一家股份有限公司北京天桥百货股份有限公司于 1984 年 7 月成立。中国第一家经营证券柜台交易的场所是工商银行上海信托投资公司静安分公司，1986 年 9 月 26 日挂牌营业。当时中国股市刚刚起步，没有电脑，没有行情显示屏，成交价由客户口头协商，然后写在黑板上，所有交易程式都是手工完成。而柜台交易代理的只有上海飞乐音响股份有限公司和延中实业公司这两只股票。

新中国第一张真正向社会公开发行的股票是“飞乐音响”股票。1984 年 10 月 23 日，上海市电子元件工业公司正式批复，同意在电声总厂内，新组建一个集体性质的音响公司，工商登记名称为“飞乐音响公司”，公司的资金来源由发行股票筹集解决。1984 年 11 月 14 日，中国人民银行上海市分行正式批复同意发行飞乐音响股票。新中国第一家向社会公开发行股票的股份制企业诞生了，公司注册资本 50 万元，共发行 1 万股，每股 50 元。1990 年 12 月 19 日，飞乐音响首批在上海证交所上市，股票代码为 600651. SH。

1986 年 11 月 14 日，美国纽约证券交易所的董事长约翰·范尔林访华时，向邓小平赠送了一枚纽约证券交易所的证章。小平同志会见他时特意提到新中国也发行了股票，并决定将一张飞乐音响股票赠送给范尔林作为回赠，用这样一种象征方式，向世界宣告中国改革开放的决心。随后，范尔林先生将股票过户。如今，这张作为“国礼”的股票已永久陈列在纽约证券交易所的橱窗内。这一“中国第一张股票”，通过多年的送配，已经变成了 3 183 股，市值由 50 元变成最高时的 10. 76 万元。

此前，辽宁省抚顺市红砖一厂曾于 1980 年 1 月发行“抚顺红砖”股票，成功筹资 280 万元股本金，当时被认为是新中国改革开放后最早的股票问世。但是，“抚顺红砖”许诺还本付息，具有债券性质，未能成为新中国第一张真正的股票。

二、中国证券市场概况

新中国成立之初，资本是罪恶的代名词，直到 1990 年，国家允许在有条件的大城市建立证券交易所，1992 年邓小平南方谈话推动资本市场迈出关键性步伐。新中国六十多年的政治和经济领域经历了从对资本的批判拒绝和全面否定，到重新接纳和探索尝试，再到寄予国家复兴的厚望。

新中国的第一家证券交易所上海证券交易所于1990年11月26日，经国务院授权由中国人民银行批准成立。12月19日上午，交易所举行开业典礼，上海市市长朱镕基出席了开业典礼，上海证券交易所理事长李祥瑞授权总经理尉文渊在交易大厅敲响正式开市的第一锤，当天有8只股票上市。1990年12月1日，深圳证券交易所开始集中交易，1991年7月3日，深圳证券交易所正式开业。

经过整整20年的发展，中国资本市场已有上市公司2 062家，投资者1.3亿户，证券公司106家，基金公司62家，期货公司163家，中国股市的股票总市值占全球第二，仅次于美国，而商品期货市场成交量居世界第一位。

截至2010年12月31日，中国上海证券交易所和深圳证券交易所（简称“沪深股市”）A股上市公司共计2 041家，其中上交所872家，市值17.90万亿元，世界排名前7位（排名第一的纽约交易所市值约合100万亿元人民币），深交所1 169家（其中主板公司485家、中小板公司531家、创业板公司153家），沪深股市总市值26.54万亿元，流通市值19.31万亿元（对应上证指数收盘点位2 808.08点）。中国股市共有公募证券投资基金400多只，净资产约3万亿元，私募证券投资基金200多只。沪深股市另有各种债券500多只，债券投资基金150多只。沪深两市另外各有53只B股股票（其中有21家未发行A股）。

2010年中国A股IPO（首次公开发行股票）迎来“井喷”，创全球IPO融资总额第一位。2010年沪深两市共有347家公司IPO，融资规模高达4 883亿元，超越大盘突破6 000点的2007年4 473亿元的IPO融资纪录，创中国股市IPO融资规模历史新高。其中，上交所主板IPO公司数仅为26家，融资额为1 891.51亿元；深交所中小板IPO公司204家，融资额为2 028亿元，成为A股本年最大的“吸金”板块；深交所创业板IPO公司数为117家，筹资额达到963亿元。上海主板市场市盈率21.61倍，深圳中小板市盈率56.93倍，创业板市盈率创造78.53倍的全球最高纪录。

根据上海证券市场和深圳证券市场2010年度统计快报数据整理，沪深股市规模见表1－1。

表1－1 中国沪深股市A股2010年度市场规模（截至2010年12月31日）

指标名称	单位	沪深股市总计	上交所	深交所			
				合计	主板	中小板	创业板
上市公司数	家	2 041	872	1 169	485	531	153
总市值	万亿元	26.54	17.90	8.64	4.36	3.54	0.74

续表

指标名称	单位	沪深股市总计	上交所	深交所			
				合计	主板	中小板	创业板
流通市值	万亿元	19.31	14.23	5.08	3.26	1.62	0.20
加权平均股价	元/股	—	8.16	17.13	—	25.88	42.07
平均市盈率	倍	—	21.61	44.69	—	56.93	78.53
累计股票成交金额	亿元	54.56	30.43	24.13	13.98	8.58	1.57
IPO 公司数	家	347	26	321	0	204	117
IPO 筹资额	亿元	4 883	1 892	2 991	0	2 028	963

注：上交所另有 95 家公司再融资（增发、配股）3 640.62 亿元。

事实上，在世界发展历史中，各国股市都为公司的成长和本国乃至世界经济的发展作出了巨大贡献。综观世界大国的崛起，都与资本市场和金融中心的发展相伴，荷兰的崛起伴随的是阿姆斯特丹成为世界金融市场的中心；英国崛起后，伦敦成为世界金融中心；而美国的崛起则把金融中心从伦敦转移到了纽约。

2010 年中秋节前后，中国央视经济频道播出了大型财经纪录片《华尔街》、《公司的力量》，2011 年春节期间又播出了《大市中国》。这几部电视片连同前几年播放的《大国崛起》等财经纪录片，不仅回顾了世界和中国股票市场的历史，探索了资本市场发展与大国崛起之路，也深刻地揭示和分析了资本市场对世界经济发展的重要作用，意在唤起中国崛起的力量，推动中国高层决策，进一步大力开放和发展中国资本市场及金融中心。很多业内人士相信，再有 20 年左右，伴随着中国的崛起和伟大复兴，中国资本市场和金融中心一定会雄踞世界最前列。

三、中国证券市场的架构

中国境内证券市场按照上市标准高低进行划分，共分为三个层级架构，最高的为主板，然后是创业板和场外市场，而在每个板内还有更细的分层。根据打造上海国际金融中心的规划，上海证交所今后还将发展创立国际板，境外公司可以来中国境内上市。

（一）主板及中小板

目前中国的三层资本市场大厦中，主板已经盖好，主板市场的发展方向是让企业做大做强，甚至不久还会引进国际大型企业在中国主板上市。同时，将不断壮大中小板规模，中小板是主板里面的分层，今后是否单独分层尚无动议。

（二）创业板

中国创业板基本构建完毕，创业板发展的方向是多渠道提高直接融资比重，满足成长期接近成熟期自主创新型企业的融资需求（与国外创业板专门针对创业期的企业上市有所不同）。创业板开市时优先上市的企业侧重两类企业，一是新能源、新材料、生物医药、电子信息、环保节能、现代服务等领域的企业，以及其他领域中成长性特别突出的企业；二是在技术业务模式上创新比较强的企业、行业排名靠前、市场占有率比较高的企业。

（三）场外市场

场外市场（Over-the-Counter，OTC）正在规划和积极稳步推进中，拟建成政府主导型的市场构架体系。2010 年 4 月，北京中关村国家自主创新示范区也在积极探索以产权市场为基础的中小企业融资渠道，让股权投资机构来引导企业进行股权交易，并动议通过与北京产权交易所合作，建立中关村股权交易所，打造多层次资本市场服务体系，探索建立全国性的场外交易市场。可见，中国的场外市场已经初见轮廓，不久的将来会有相关的市场规则。

2011 年 1 月 13 日，中国证监会主席尚福林在 2011 年全国证券期货监管工作会议上指出，2011 年要加快建设多层次资本市场体系，扩大直接融资。抓紧启动中关村试点范围扩大工作，加快建设统一监管的全国性场外市场。从证监会了解到的信息显示，目前场外市场建设总体思路和安排已经形成。其中，包括扩大中关村试点方案的制订，非上市公众公司股份公开转让试行办法等一系列规则、国家高新区非上市公司股份公开转让准备工作等，都已取得阶段性成果。

为了场外市场在上市资源上有明晰的界定，今后会在全国性场外市场的相关监管规则中提出适当标准或条件，使整个三个层次体系的边界更加清晰。

（四）转板机制

从国际资本市场看，资本市场从主板到创业板再到场外，金字塔形的层次越往下，发行上市的标准越低，投资风险越大，退市概率越大，对投资者要求反而越高。这就是国际资本市场的通用制度体系和标准，也为中国所采用。中国的多层次资本市场不久将规划转板机制，符合条件的经过申请可以升板，不符合条件的企业则降板甚至退市。转板原则是“升板自愿，降板强制”，转板规则将在创业板体系中制定和完善。

四、中国股市国际板的建设

（一）什么是国际板

国际板就是让境外注册的公司（既包括境外的公司，也包括业务在境内但注册地和上市地在香港的公司，如中国移动），在境内的证券交易所发行以人民币计价的股票并挂牌上市。

（二）国际板是对外开放的重要一步

推出国际板是中国资本市场国际化的一个重要步骤。在中国资本市场创立20周年之际，中国证监会副主席姚刚在2010年11月27日公开表示，中国证监会正在研究推动国际板的建设。国际板的话题被提上议事日程，表明中国资本市场将进一步对外开放。

（三）国际板的建设首先需要解决重大法律问题

《公司法》、《证券法》在2006年开始实行的时候，并没有考虑境外的公司到境内上市这种情况。因此，就必须有一套完整的针对这种新业务的配套法律规定。例如《公司法》要求公司组织架构须有监事会和独立董事，而在国外监事会和独立董事属于不同的治理结构，境外公司如果没有监事会，来中国上市如何处理，就应有相应的规定。

中国资本市场在创业板、股指期货相继推出之后，下一个重要的创新举措就是推出国际板了。只是由于国际板更为复杂，涉及法律、法规和上市规则的补充和修订，还需要时间解决这些重大法律问题。

（四）20年来不断对外开放

2010年12月19日是上海证券交易所成立20周年的日子，在中国资本市场迎来“成人礼”的时候，把推出国际板提上议事日程是中国资本市场国际化的一个重要步骤，向世界表明中国资本市场将进一步对外开放。

中国资本市场虽然很年轻，但在这短短的20年里，对外开放的步伐从来没有停止过。早在1991年，上海证券交易所在成立一年时上市股票只有8只的情况下，就在酝酿专门向海外投资者私募发行并在境内证券交易所挂牌上市的人民币特种股票——B股。1992年2月21日，第一只B股——上海真空B股上市，2月28日，深圳南玻B股上市，标志着中国B股市场的形成。中国股市创立伊始就开始对外开放，境外投资者就可以参与中国股市的投资。

1993年6月29日，中国第一只H股青岛啤酒在香港正式招股上市。截至2010年底，已有160多只H股。2001年2月，境内居民获准可投资B股。2002年11月5日，中国人民银行和中国证监会联合发布《合格境外机构投资者境内证券投资管理暂行办法》，标志着我国QFII制度正式启动，截至2010年底，获得批准进入中国A股市场的高盛集团、摩根士丹利等QFII已经超过100家。2007年6月20日，中国证监会发布《合格境内机构投资者境外证券投资管理试行办法》和相关通知，中国境内居民也可以利用QDII形式，通过合格境内机构投资者投资于海外资本市场的股票、债券等有价证券。

（五）日益与国际市场接轨

迎来中国资本市场20岁生日的时候，证监会正在研究推动国际板的建设，这是中国资本市场进一步开放的重大举措。虽然面临一些法律障碍，目前还没有一个国际板推出的具体时间表，但困难总是有办法解决的。以中国资本市场前20年的发展速度来看，可以相信推出国际板的时间并不会很长。

经过20年高速发展以及市场逐渐规范，中国股市已经日益与国际市场接轨，在整合B股市场等一系列问题解决之后，中国资本市场对外的开放程度将越来越高，并将越来越受到国际投资者的关注。

五、在中国境内上市的优势与缺点

（一）选择境内外上市的趋势

2011年新春伊始，就有十家境外上市企业拟回归A股上市。例如，在美国上市的泰富电气、大连傅氏、康鹏化学、同济堂等渴望回归A股上市；成功登陆英国伦敦AIM创业板的东蓝数码计划回归深圳中小板上市；在香港主板上市的H股公司金隅股份、中移动、比亚迪、中交建等纷纷提出寻找回归A股的融资机会；在美国上市的百度和香港上市的阿里巴巴也欲借国际板回归A股。

为何境外上市的中国公司选择回归呢？随着美国《萨班斯—奥克斯利法案》的贯彻实施，美国证监会对通过反向收购（RTO）模式登陆美国资本市场的外国企业的财务审核与信息披露监管越来越严格，部分中国企业认为未来公司运营及信息披露成本越来越高，渴望回归A股上市的意愿也就自然产生。

事实上，全球金融危机过后，一方面是除少数网络股以外的多数中国概念股在境外市场遭遇发行市盈率低、成交量低的窘境，另一方面是国内A股的高市盈率和超募融资额长期持续。这种IPO市场内热外冷的格局，令众多中国概念股开始谋划回归。规模较小且成长性不足的公司在海外上市融资额较少，再融资困难，而上市费用及上市后的维护成本偏高，使得海外融资有些得不偿失。而规模大的中国概念股也想借境内股市高市盈率融到更多的发展资金。但是，那些成长性高、暂时不能满足三年业绩要求的公司，还不得不选择境外上市；需要长期多次再融资的公司也应选择境外上市。

（二）境内上市的优势

与境外上市比较，在中国境内上市具有如下优势：（1）发行市盈率比境外高出一倍甚至几倍，在同等融资额度下对原有股东的股本稀释较小，或发行同样数量的股份可以融到更多的资金，这是境内上市的最大优势；（2）本土语言和文化，容易沟通和交流；（3）法律、法规、上市规则容易掌握和熟悉；

(4) 交通便捷，上市运作和报批方便，获得信息也更加全面及时；(5) 买壳上市不受买壳方的控股比例限制；(6) 不存在外资并购审批和外汇入境问题，除非引进境外战略投资者；(7) 首次公开发行费用和上市后的年度费用低。

(三) 境内上市的缺点

境内上市也有一些缺点：(1) IPO上市排队等候时间长，千军万马挤独木桥，上市成功率不高；(2) 上市门槛偏高，尤其是创业板和中小板上市条件比境外上市条件高出许多，真正处于创业期的企业难以步入资本市场；(3) 上市后再融资困难，很多公司上市后在几年内无法实现第二次融资；(4) 买壳上市成本较高，壳公司大股东的持股数量通常较大，买壳方需要较大的资金代价或股份稀释代价；(5) 目前壳资源较少，以买壳方式上市的公司不多，很难实现快捷上市。

第二节　上市公司与公司上市

一、上市公司与公司上市

(一) 上市公司与公司上市

上市公司是指其股票在证券交易所上市交易的股份有限公司。照此理解，公司上市实质上是指股份有限公司的股票在证券交易所挂牌上市交易；而由于股票上市交易，该股份有限公司成为上市公司。股票上市是企业资本运营的高级形式，有条件的企业应积极争取上市。

上市公司具有如下特点：

(1) 上市公司是股份有限公司。股份有限公司可以是非上市公司，但上市公司必须首先是股份有限公司。

(2) 上市公司要经过政府主管部门的核准。按照《公司法》的规定，股份有限公司要上市必须经过中国国务院或者国务院授权的证券管理部门核准，未经核准不得上市。

(3) 上市公司发行的股票必须在证券交易所交易。发行的股票不在证券交易所交易的不属于上市股票。

(二) 上市公司与非上市公司的区别

1. 上市公司相对于非上市股份公司来说，对财务披露要求更为严格。

2. 上市公司的股份可以在证券交易所中挂牌自由交易流通，非上市公司股份只能协议转让，不可以在证交所交易流通。

3. 上市公司将接受公众监督和各种监管，上市公司董事、监事和高管人员将更多地接受有关监管部门的问责。

4. 上市公司必须具备一定的股本条件，例如，上市公司首次公开发行股票后的股本总额主板最低应达5 000万元，创业板应达3 000万元。

5. 上市公司拥有整合社会资源的权利，如公开增发新股，非上市公司则没有这个权利。

6. 上市公司经营不善、发生重大违规或达不到上市条件必须退市。

二、企业上市的利弊

（一）企业上市的益处

企业上市有如下益处：（1）企业上市能广泛吸收大量的社会资金，迅速扩大企业规模，提升企业知名度，增强企业竞争力。（2）成功上市更凸显了企业家的成就，使企业有希望获得跨越性发展。（3）随着企业上市，企业变成了受社会关注的公众公司，并且由于接受监管当局严格的监管，使公司在治理方面更加规范。（4）企业上市使企业获得了直接融资渠道，企业可以通过资本市场获得低成本资金，促进企业的更快发展。（5）上市为公司股东的权益变现提供了极好的机会，也为风险资本的退出建立了顺畅的渠道，从而更容易吸引风险投资者进入。（6）为公司和股东创造财富，公司价值通过二级市场来确定。（7）上市公司实施股权激励，使员工股份有了价值，上市公司的股票认购权对员工具有极大的吸引力，可以吸纳和留住优秀人才，激发员工的工作热情。（8）上市公司的信用度较高，容易获取信贷，并降低融资成本。（9）上市公司可以较容易地获得配发新股、增发新股融资，还可以发行公司债、可转换债等，筹集更多发展资金。（10）上市可以使公司形象和知名度大为提升，信誉与竞争力增强，公司影响力扩大，提高客户对企业产品的信任度，更容易扩大市场份额。（11）上市公司可以用股票而非现金作为支付手段进行收购与兼并，增强了公司的扩张能力。（12）股票的上市流通增强了资产的流动性，可使创始人股东在一定条件下较为便利地兑现投资资本，而且上市可以降低其控股权比例，控股股东的减持可以向其他投资者转移企业经营风险。由于上述好处，企业上市已经成为许多企业家的梦想。

（二）上市的弊端

企业上市也有一些弊端，包括：（1）上市费用较高，时间较长；（2）信息披露会暴露公司机密；（3）上市以后要定期向股份持有者提供信息资料；（4）有被恶意收购控股的风险和创新商业模式或核心技术被模仿的风险；（5）公司发行股票尤其是上市前引进战略投资者时，会把股票价格定得低一点，这对公司也是一种损失。

三、股票的形式和权益属性

（一）股票的形式

根据中国《公司法》的有关规定，股份有限公司的资本划分为股份，每一股的金额相等。公司的股份采取股票的形式，股票是公司签发的证明股东所持股份的凭证。股份的发行，实行公平、公正的原则，同种类的每一股份应当具有同等权利。同次发行的同种类股票，每股的发行条件和价格应当相同；任何单位或者个人所认购的股份，每股应当支付相同价额。股份有限公司成立后，即向股东正式交付股票，但公司成立前不得向股东交付股票。

股票采用纸面形式或者国务院证券监督管理机构规定的其他形式，上市公司的公众股股东持有的股票通常采用证券交易所电子股票凭证的形式，并载列于该股东的交易账户内。纸面形式的股票应当载明下列主要事项：（1）公司名称；（2）公司成立日期；（3）股票种类、票面金额及代表的股份数；（4）股票的编号。股票由法定代表人签名，公司盖章。发起人的股票，应当标明发起人股票字样。

公司发行的股票，可以为记名股票，也可以为无记名股票。公司向发起人、法人发行的股票，应当为记名股票，并应当记载该发起人、法人的名称或者姓名，不得另立户名或者以代表人姓名记名。

（二）股票的权益属性

股票代表着其持有者即股东对股份公司的所有权。这种所有权是一种综合权利，如参加股东大会、投票表决、参与公司的重大决策、收取股息或分享红利等。股东所拥有的公司所有权份的大小，取决于其持有的股票数量占公司总股本的比重。股票一般可以通过买卖方式有偿转让，股东能够通过股票转让收回其投资，但不能要求公司返还其出资。股东是公司的所有者，以其出资额为限对公司承担有限责任，承担风险，分享收益。

（三）股票的基本特征

（1）不可偿还。股票是不可偿还的有价证券，股票的期限等于公司存续的期限，投资者认购股票后，不可以退股，只能转让。股票的转让意味着公司股东的改变，但公司注册资本不变。

（2）决策权力。股东有权出席股东大会，推举公司董事，参与公司重大决策。股东参与公司决策的权利大小，取决于其所持有的股份多少。股东持有的股票数量达到能够左右决策结果所需的实际多数时，才能掌握公司的决策控制权。

（3）投资收益。股东凭其持有的股票，有权从公司分享股息或红利，获取投资的收益。股息或红利的大小，取决于公司的盈利水平和公司的盈利分配政策。股票投资收益还表现在股票投资者可以获得买卖价差收入或实现资产保值增值。通过低价买入和高价卖出股票，投资者可以赚取价差利润。在通货膨胀时，股票价格会随着公司原有资产重置价格上升而上涨，从而避免了资产贬值。股票通常被视为在高通货膨胀期间优先选择的投资对象之一。

（4）交易流通。股票可以在不同投资者之间交易。股票的流通，使投资者可以在二级市场上卖出所持有的股票，取得现金。那些在流通市场上吸引大量投资者、股价不断上涨的上市公司，可以通过增发股票，不断吸收大量资本进入企业，使公司股本不断扩张，业务持续发展。

（5）认股优先。如果股份公司增发普通股票，原有普通股股东有权优先认购新发行的股票，以保证其对股份公司的持股比例保持不变。

（6）投资风险。股票作为金融商品有其自己的股票市场行情和市场价格。股票价格受到公司经营状况、供求关系、行业周期、宏观经济等多种因素的影响，其波动有很大的不确定性，投资风险很大。因此，股票是一种高风险的金融产品。

第三节　上市路径、上市地与上市方式

一、上市路径与上市地

（一）境内发行人民币普通股（A股）

A股是由中国境内股份有限公司经中国证券监督管理委员会（简称中国证监会）核准发行的普通股股票，其投资人限定为境内机构和个人，须以人民币认购，并在上海证券交易所和深圳证券交易所上市交易。中国股票市场以A股为主要交易品种。

A股按投资主体的性质可分为国家股、法人股和社会公众股。

（1）国家股是指有权代表国家投资的部门或机构以国有资产向公司投资所形成的股份，包括以公司现有国有资产折算成的股份。

（2）法人股是指企业法人或具有法人资格的事业单位和社会团体以其依法可经营的资产向公司投资所形成的股份。

（3）社会公众股是指中国境内个人和机构投资者在公司首次公开发行股票或增发新股/配股时，向公司投资所形成的股份。

(二) 境外发行外资股并在境内上市(B 股)

B 股的正式名称为人民币特种股票，它虽以人民币标明面值，但属于限定在境外发行的股票，其发行认购投资人限定为外国(包括港、澳、台)自然人、法人和其他组织，以美元或港元认购，并在上海证券交易所和深圳证券交易所以美元或港元上市交易。B 股公司的注册地和上市地都在境内，但 IPO 却在境外。自 2000 年后 B 股已经停止发行，与 A 股的合并目前尚无时间表。

(三) 上市地

中国境内上市地有两个：上海证券交易所受理 A 股主板上市，深圳证券交易所历史上也受理 A 股主板上市，但目前以受理中小板和创业板上市为主，其未来发展趋势可能是成为中国的纳斯达克。

二、上市方式

(一) IPO 直接上市

直接上市都是采用 IPO 方式，即首次公开发行方式进行，这是主流上市方式。首次公开发行是指企业第一次将其股份向公众投资者公开出售。具体操作按照企业所在国和上市地的证券法和上市规则等有关法规，经保荐人或承销商推荐，经过监管机构聆讯、核准或注册后，由承销商以一定的询价定价方式在一级市场承销。如果不出意外，首次公开发行完成后就可申请在证券交易所或报价系统也即二级市场上市交易。

IPO 操作程序很复杂，需要聘请财务顾问、保荐人、律师、会计师、评估师、行业技术专家和公关服务机构等进行一系列的专业化操作，需要境内外监管机构审批核准，时间成本和费用成本都很高。不过，一旦 IPO 成功上市，公司的股价倍增，名声较高，融资渠道更广，发展空间更大。因此，实力和业绩连续三年(创业板连续两年)达到 IPO 标准的企业应当首选直接上市方式。

拟上市的公司在选择上市路径和上市地时，要与中介机构密切配合并充分了解中国境内沪、深证券交易所的上市条件及具体板块的市场状况和特点，研究和制订出符合上市地法规及证券交易所规则的具体上市方案。

本书从第二章开始，将全面介绍在中国境内 IPO 上市条件、上市程序、保荐机制、公司治理、尽职调查、审计评估、申报核准、定价发行与挂牌上市的实务知识、法律法规、运作流程和操作方法。

(二) RTO 间接上市

由于国内上市核准程序非常繁杂，拟上市的企业众多，千军万马挤独木桥，等待时间过长，一些企业采用间接上市的方式，通过在境内股市寻找壳公司，走捷径的路线运作上市，其实质是通过一系列的资本运作和审批核准，将非上市公司资产及其经营业务注入壳公司而实现上市。在具体运作中，有买壳上市和借壳上市两种方式。

1. 买壳上市

买壳上市也称反向收购上市（Reverse Takeover，RTO）是指非上市公司股东通过收购一家壳公司（上市公司）的股份控制该公司，再由壳公司反向收购（Reverse Merger）非上市公司的资产和业务，使之成为上市公司的子公司，从而实现间接上市的运作行为。在中国境内买壳上市的原非上市公司股东一般可以获得上市公司75%以下的控制权（因必须有25%的公众股上市流通），经中国证监会批准也可达到90%以下的控股权（如海通证券买壳上市），随后再增发股票，达到25%公众股的规定。

买壳上市的运作路径可以概括为选壳—买壳—股权并购—注入资产—挂牌（复牌）—融资。其中最重要的两个交易步骤：一是买壳交易，非上市公司股东以收购上市公司股份（或受让上市公司支付的换股并购对价股份）的形式，绝对或相对地控制一家已经上市的股份公司；二是资产转让交易，上市公司收购非上市公司而控制非上市公司的资产及业务。在实务操作中，这两个交易步骤的法律文件往往是同时生效的。

买壳上市的具体步骤和方法如下。

第一步，选择目标壳公司。

壳公司的条件：

首先是所处的行业不景气，没有增长前景，只有另寻生路。壳公司的大股东愿意转让和主管政府部门能够批准。

其次是股本规模较小。收购小盘股公司的成本低、股本扩张能力强，股权相对集中，易于协议转让，只跟一家股东谈肯定比同时跟五六家谈容易，且保密性好。

最后是壳公司有配股资格。中国证监会规定，上市公司只有连续三年平均净资产收益率在10%以上（最低为6%），才有配股资格。买壳上市的主要目的就是融资，如果失去增发、配股资格，也就没有买壳上市的必要了。

第二步，买壳，即收购或受让股权。

收购股权有两种方式：

一种方式是场外协议收购上市公司大股东持有的股权或受让上市公司的新定向增发股份，这是在中国境内买壳上市的主要方式。这种收购方式成本较低，但操作困难也较大。原因是要同时得到股权的原持有人和主管部门的同意以及中国证监会的批准。

另一种方式是在二级市场上直接购买上市公司的股票。这种方式在西方流行，但是由于中国的特殊国情，只适合于流通股占总股本比例较高的公司或者“三无公司”。二级市场的收购成本太高，除非有一套详细的操作计划，能从二级市场上取得足够的投资收益来抵消收购成本。因此，此种方式较少采用。

第三步，剥离不良资产，净壳。

对于不良资产较大、效益不佳的壳公司，须将壳公司原有的不良资产剥离出来，卖给关联公司，从而将上市公司变成“净壳”公司；如果壳公司原来资产较少，业务不大，亏损较少，也可以考虑在买壳后逐步剥离不良资产。

第四步，价款支付。

目前有六种方式，包括现金支付、资产置换支付、债权支付、混合支付、零成本收购、股权支付方式。其中现金支付对于买壳公司实在是一笔较大的负担，很难一下子拿出几千万元甚至几亿元现金。目前采用较多的是资产置换支付、对价股权支付和少量现金加股权的混合支付方式。

第五步，资产置换，装壳。

在不良资产剥离后（或同时），买壳一方在得到上市公司支付的股权转让对价股份或现金后，将优质资产注入壳公司（股权和资产交割），合并会计报表，提高壳公司的经营业绩，从而达到增发、配股资格，以便买壳上市后再融资。

第六步，复牌。

在买壳上市期间，为避免股价异常波动，按照中国证监会的规定，上市公司应停牌。买壳上市完成并披露信息后再复牌交易。

需要指出的是，买壳上市涉及上市公司的重大购买、出售和置换资产，除按照上述步骤和方法操作外，还应根据《中华人民共和国公司法》、《中华人民共和国证券法》、《上市公司收购管理办法》（证监会第56号令修订，2008年8月27日起施行），《上市公司重大资产重组管理办法》（中国证监会第53号令）、《公开发行证券的公司信息披露内容与格式准则第26号——上市公司重大资产重组申请文件》（中国证券监督管理委员会公告〔2008〕13号）等有关规定履行信息披露义务和申报程序，经中国证监会批准，并办理工商登记变更。

买壳上市的路径与架构如图1－1所示。

例如，浙江浪莎控股有限公司实现买壳上市。2007年3月，经国务院国资委《关于同意四川省国资委转让其持有的长江包装公司国家股的批复》和中国证券监督管理委员会《关于同意浙江浪莎控股有限公司公告四川长江包装控股股份有限公司收购报告书并豁免其要约收购义务的批复》的批准，长江包装控股有限公司的控股股东四川省国资委将其持有的国家股34 671 288股

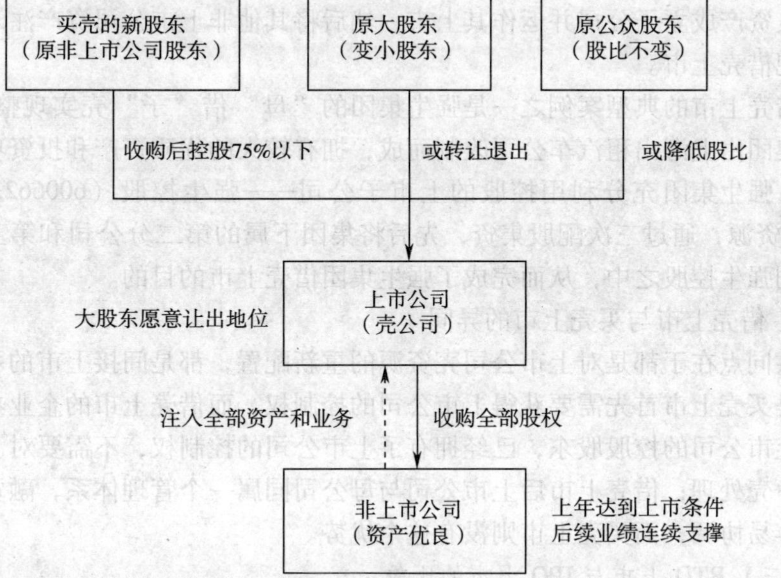

图1－1　买壳上市路径与架构示意图

以7 000万元价格转让给浙江浪莎控股有限公司，浪莎控股成为长江包装的控股股东，占总股本的57.11%。2007年5月，四川长江包装控股股份有限公司变更为四川浪莎控股股份有限公司（浪莎股份，600137.SH），公司主营业务也由此转型。

2. 借壳上市

借壳上市是指非上市公司通过将其主要资产注入已上市的子公司中，实现上市公司的母公司的整体上市。借壳上市实质上是企业集团或大型企业先将其子公司或部分资产改造后上市，然后再将其他资产注入上市公司，实现重组上市，达到整体上市的目的。

借壳上市的具体操作方法是，上市公司向其母公司定向增发股票作为支付对价，或通过增发、配股筹资收购母公司资产，而母公司则以其优良资产注入上市公司。前者继续增大了母公司对上市公司的控股股权比例，后者母公司转让资产时可获得巨额现金收入。目前中国集团型的企业在境内借壳上市的案例较多。

借壳上市相对容易成功，风险也很小。除了运作买壳上市的反向收购方式和程序外，对于不同情况的企业可采用下列不同方法：（1）如果已有子公司在境内上市，可通过换股并购方式或现金收购母公司资产方式直接操作借壳上市；（2）如果子公司没上市，先运作整合使其上市，子公司上市后将母公司资产注入子公司实现借壳上市；（3）如果没有子公司，可以先剥离或分拆一块优良资产成立子公司并运作其上市，然后将其他非上市公司资产注入上市公司实现借壳上市。

借壳上市的典型案例之一是强生集团的“母”借“子”壳实现整体上市。强生集团由上海出租汽车公司改制而成，拥有较大的优质资产和投资项目。前几年，强生集团充分利用控股的上市子公司——强生控股（600662. SH）的“壳”资源，通过三次配股集资，先后将集团下属的第二分公司和第五分公司注入到强生控股之中，从而完成了强生集团借壳上市的目的。

3. 借壳上市与买壳上市的异同

共同点在于都是对上市公司壳资源的重新配置，都是间接上市的手段。不同的是买壳上市首先需要获得上市公司的控制权，而借壳上市的企业本身就是一家上市公司的控股股东，已经拥有了上市公司的控制权，不需要对上市公司进行净壳处理；借壳上市后上市公司与母公司同属一个管理体系，融资和资产注入容易协调，而买壳上市则没有这个优势。

（三）RTO 上市与 IPO 上市的比较

1. RTO 上市与 IPO 上市相比的优点

（1）上市操作时间短。反向收购股票仍在交易的壳公司需要 3～6 个月，收购股票已停牌的壳公司至恢复其股票交易需 6～9 个月，而 IPO 上市一般需时一年。

（2）上市成功有保障。IPO 上市有时会因市场环境不利而导致上市推迟，甚至上市价格太低而被迫放弃，导致时间和前期上市费用如律师费、会计师费、印刷费等付之东流。买壳上市在运作过程中不受外界因素的影响，不用聘请保荐人和承销商，只要找到合适的壳公司，谈判成功后上市就有保障。

这里需要说明的是，国外上市公司通常实施“金伞降落”安排。金色降落伞（Golden Parachute）是公司给予高管的一种特殊补偿（多采用股票方式）。“金色”意味着补偿是丰厚的，“降落伞”则意味着高管可以在其他公司实施对本公司并购变动时，得到平稳过渡或失业补偿。“金伞降落”可以实现两个目的和作用：其一是目标公司对高管作出“金伞降落”安排，可在敌意收购时触发它，其目的是增加收购公司成本，增加收购的难度，以对付反收购；其二是可以通过“金伞降落”安排，让高管人员免去后顾之忧，在壳公司大股东作出让壳决定时，高管人员能够愿意配合买壳方的买壳上市运作，而这项补偿所增加的买壳成本对买壳方来说通常都可接受。目前国内公司也开始效仿这一做法，以保持公司高管层的稳定与和谐。

（3）上市费用低。买壳上市费用要低于 IPO 上市费用。虽然买壳上市也需要聘请律师、会计师，也聘请证券公司担任财务顾问，但这比IPO上市保荐人和承销商费用要低得多，具体视壳公司的种类和买壳公司复杂程度的不同而定。

2. RTO上市和IPO上市的不同

（1）IPO上市一般由保荐机构或承销商组成承销团发行和承销股票；而买壳上市则要聘请财务顾问和金融公关公司共同运作，以推动股价上涨，进而再次融资。

（2）IPO上市一旦完成，公司立即实现融资；而买壳上市要待反向收购成功后，即控制上市公司后，通过有效运作推动股价，然后才能以公募或私募形式增发新股或配股，进行再融资。承销商在上市公司再次发行融资时才开始介入。再次发行或私募的融资额度根据公司股本规模（一般可发行总股本的10%～15%）、经营业绩（每股净收益）和市场状况（同行业公司的市盈率）而定。

（四）在中国境内买壳上市的最大优势

从相关法律法规、上市规则和经典案例可以看出，在中国境内买壳上市方式通常为：壳公司以新增股份换股吸收合并买壳公司，而且，通过换股并购，买壳公司在壳公司的股权比例甚至可以高达90%（见案例一和案例二），买壳上市复牌后，再增发新股融资，进而达到最低公众股股东持股量的要求。这要比香港30%的限制条件宽松许多。在香港，买壳公司反向收购后持有壳公司股权一旦超过29.9%，则立即触发全面要约收购条款。为避免发生此情况，超过29.9%的股权部分只能向买壳公司发行可换股债券，以后再逐步按照约定的换股价行权换股。否则，要么执行全面要约收购，要么到香港联交所按照新发行人重新申请上市。

案例一　海通证券买壳都市股份实现A股上市

【案例简介】

公司名称：海通证券股份有限公司

上市日期：2007年7月

上市地点：上海证券交易所

壳公司名称：上海市都市农商社股份有限公司

股票代码：600837. SH

收购方式：反向吸收合并

股权对价模式：换股并购，换股比例1:0.347

买壳上市后融资金额：260亿元人民币

壳公司地址：上海市

所属行业：壳公司为农业，买壳方为证券、期货业

案例亮点：都市股份以增发新股换股并购的方式吸收合并海通证券，实现海通证券买壳上市。合并后海通证券原法人资格被注销，都市股份则存续并承继海通证券全部资产、负债和经营资质。海通证券买壳上市后4个月，定向增发融资260亿元人民币，由此成为中国第一大券商。这是买壳上市后融资额最大的公司，是中国证券市场首例金融类公司买壳上市的案例，很有借鉴价值。

【案例回放】

交易各方简介

上市壳公司上海市都市农商社股份有限公司（以下简称都市股份）于1994年2月24日在上海证券交易所发行上市，2005年完成股权分置改革。都市股份主营业务为蔬菜、瓜果、粮油作物、花卉、草坪、绿化苗木的种植等。

资产购买方光明食品（集团）有限公司（简称光明集团）是都市股份第一大股东，一家以食品产业链为核心的现代都市产业集团。重点发展以种源、生态、装备和标准农业为核心的现代都市农业，以食品和农产品深加工为核心的现代都市工业，以商业流通和物流配送为核心的现代服务业，以及都市房地产业、出租汽车和物流业、品牌代理服务业等。光明集团2007年拥有5家上市公司：上海梅林正广和股份有限公司、上海海博股份有限公司、上海市都市农商社股份有限公司、光明乳业股份有限公司和上海市第一食品股份有限公司。

买壳上市方海通证券股份有限公司（简称海通证券）前身为成立于1988年的上海海通证券公司，原是交通银行上海分行的全资子公司。1994年9月，经中国人民银行批准，公司改制为海通证券有限责任公司，2001年12月4日，经中国证监会核准，改制变更为海通证券股份有限公司。主营范围包括证券经纪，证券自营，证券承销与保荐，证券投资咨询，与证券交易、证券投资活动有关的财务顾问，证券资产管理，直接投资业务，证券投资基金代销，为期货公司提供中间介绍业务，融资融券业务，中国证监会批准的其他业务。

截至2006年9月30日，海通证券共有66家股东。其中第一大股东为上海上实（集团）有限公司（以下简称上实集团），持有海通证券约8亿股，占

9.16%，其主要从事实业投资、国内贸易、授权范围内的国有资产经营与管理；第二大股东为东方集团实业股份有限公司（以下简称东方集团），持有6亿股，占6.87%，其控股和参股的上市公司主要有东方集团股份有限公司、锦州港股份有限公司和民生银行，并间接持有民族证券15%股权；第三大股东和第四大股东分别为鼎和创业投资有限公司、辽宁能源投资（集团）有限责任公司。

海通证券买壳上市的背景及动因

一是中国证券市场的发展对券商的资本规模提出了更高要求。类似中国工商银行等航母级的大型企业集团纷纷上市，在为券商提供业务机遇的同时，也对券商的资本实力提出了更高的要求，海通证券需要迅速改变自身资本规模偏小的现状。二是IPO的高门槛使得海通证券不得不“买壳”绕道上市。到2005年底，中国证券业已经连续四年全行业亏损，多数券商想要达到“持续三年盈利”的要求，通过IPO上市，至少也要等到2009年。三是IPO上市操作时间较长，难以在短时间内使公司做大做强。四是为了避开因IPO持续三年的盈利要求而造成一两年后券商集中上市的高峰，使券商的上市审核更加缓慢的局面。五是自2006年4月后，A股市场出现了由熊转牛的明显迹象，2007—2008年是上市的最佳时机。在此背景下，耗时较短的买壳上市融资就成为海通证券的次优选择。

买壳上市的主要步骤

海通证券买壳上市的整体方案为：由都市股份向其母公司光明集团转让全部资产及负债的同时，换股吸收合并海通证券。

第一步：出售壳公司资产，腾出净壳。2006年12月28日，都市股份与光明集团签署“资产转让协议书”，向光明集团转让全部资产及负债，转让价款参照该公司截至2006年9月30日经评估核准备案的净资产值确定为75 600万元人民币。同时，都市股份现有全部业务及全部职工（含离退休人员）也随资产及负债一并由光明集团承接。收购资产的现金支付方为上海市农工商投资公司，其是光明集团全资子公司。

第二步：通过换股并购实现吸收合并。2006年12月28日，都市股份与海通证券签署了“吸收合并协议书”，都市股份以增发新股换股并购的方式吸收合并海通证券，吸收合并后的都市股份为存续公司。

换股并购方案：海通证券的换股价格以中介机构采取市盈率估值法、收益现值法确认的合理估值2.10~2.38元/股为基准，采用较为保守的预期，确定为每股2.01元人民币；都市股份的换股价格以2006年10月13日的收盘价为基准，确定为每股5.80元人民币，由此确定海通证券与公司的换股比例为1:0.347，即每1股海通证券股份换0.347股都市股份的股份。海通证券在本次合并前的总股本为8 734 438 870股，换为都市股份3 031 000 000股（见表1－2）。本次合并完成后，都市股份的股份总数增加至3 389 272 910股（见表1－3）。同时赋予除光明集团之外都市股份其他股东现金选择权，行使选择权的股份将按照每股5.80元人民币换取现金，相应的股份过户给第三方光明集团下属全资子公司上海市农工商投资公司。

表1－2　海通证券买壳上市的换股数量和股份对价

交易双方	公司名称	股本总数（股）	换股价格（元）
上市壳公司	都市股份新增发股份数	3 031 000 000	5.80
买壳上市方	海通证券全部股本换股数	8 734 438 870	2.01
换股比例	海通换股价/都市换股价		0.347

表1－3　买壳上市（换股吸收合并）前后的存续公司股本结构

股东名称	换股吸收合并之前		换股吸收合并之后	
	持股数量（股）	持股比例（%）	持股数量（股）	持股比例（%）
原海通证券股东	0	0.00	3 031 000 000	89.43
原有限售条件流通股份股东	241 343 291	67.36	241 343 291	7.12
无限售条件流通股份股东	116 929 619	32.64	116 929 619	3.45
合计	358 272 910	100.00	3 389 272 910	100.00

第三步：中国证监会审批和工商登记变更。2007年6月7日，都市股份重大资产出售及吸收合并海通证券的申请获得中国证监会的批准。吸收合并后的都市股份的总股本变更为33.89亿元。2007年7月6日，都市股份在上海市工商行政管理局办理变更公司章程、变更住所、变更经营范围，公司名称由“上海市都市农商社股份有限公司”变更为“海通证券股份有限公司”，并于2007年7月31日在上海证券交易所正式翻牌，简称海通证券。

第四步：注入资产——装壳。海通证券在反向吸收合并都市股份实现买壳上市后，将原海通证券资产装入存续壳公司，合并财务报表和原海通证券全部业务和业绩。

第五步：定向增发融资。2007年11月21日，经中国证监会核准，新的壳公司向特定投资者非公开发行17.6%的新股，即72 637 680股，发行价格35.88元/股，融资总额260亿元，公司总股本增至4 113 910 590股，扣除发行费用后的发行溢价所得均计入公司的资本公积。定向增发融资后的总股本结构见表1－4。

表1－4 海通证券定向增发融资后的总股本结构（截至2007年12月31日）

股份性质	股东名称	定向发行前		定向发行后	
		数量（股）	比例（%）	数量（股）	比例（%）
前十名限售股	上海上实集团	277 784 993	8.2	277 784 993	6.75
	光明集团	241 343 291	7.12	241 343 291	5.87
	东方集团实业公司	208 210 284	6.14	208 210 284	5.06
	上海烟草集团	208 210 284	6.14	208 210 284	5.06
	上海电气集团	196 237 381	5.79	196 237 381	4.77
	民生银行	190 457 007	5.62	190 457 007	4.63
	鼎和创业投资公司	173 508 570	5.12	173 508 570	4.22
	申能集团	169 082 071	4.99	169 082 071	4.11
	辽宁能源投资集团	124 926 171	3.69	124 926 171	3.04
	上海久事公司	121 455 999	3.58	121 455 999	2.95
	合　计	1 911 216 051	56.39	1 911 216 051	46.46
其他限售股		1 361 127 240	40.16	1 361 127 240	33.09
非公开发行新增股东（限售）	太平洋资产管理公司			80 000 000	1.94
	华泰资产管理公司			130 000 000	3.16
	雅戈尔集团			100 000 000	2.43
	泰康资产管理公司			80 000 000	1.94
	江苏国信资产集团			100 000 000	2.43
	中信集团公司			78 212 560	1.9
	上海电力公司			78 212 560	1.9
	平安信托投资公司			78 212 560	1.9
	合　计			724 637 680	17.6
无限售股		116 929 619	3.45	116 929 619	2.85
股份总数	总　计	3 389 272 910	100	4 113 910 590	100

在买壳上市交易公告披露时，光明集团和海通证券原有12家股东承诺其所持有的存续公司的所有股票，在2010年11月8日前不上市交易或者转让；海通证券原股东东方集团实业、鼎和创业投资公司、辽宁能源投资集团承诺，各自所持有的存续公司股票获得上市流通权之日起，24个月内不上市交易或转让；民生银行则承诺，18个月内不上市交易或转让所持股份。

【案例评析】

在中国境内买壳上市将呈增长态势

到2011年之后，随着中国股市的股权分制改革及全流通的实现，限售股的解禁为上市公司大股东转让股权创造了条件，增加了买壳上市的可行性和可操作性。业绩连续亏损的上市公司为避免ST甚至摘牌退市躲避风险，资产重组早已势在必行，使大股东产生主动退出或甘愿当小股东的意愿导致具备壳公司条件的上市公司逐年增多，由此会形成更多的壳资源群体。而收购成本的降低也将使买壳方增强买壳意愿，因此，预计通过买壳上市的公司总量以及买壳上市的成功率在中国境内股市都将有较大增长。

出售资产与吸收合并同时生效

海通证券买壳的具体上市方案采用了三个重大步骤：都市股份腾出净壳；海通证券缩股并入；定向增发巨额融资，做大净资产。海通证券买壳上市后，总股本已经高于当时中信证券（近30亿股）的总股本。

都市股份重大资产出售暨吸收合并海通证券事项同时进行，互为前提，吸收合并方案需重大资产出售获得所有相关的批准或核准之后才能进行，重大资产出售的生效也取决于吸收合并方案的完成。这是海通证券买壳上市的一大特点。

各方权益的划分

都市股份的原控股股东光明集团：获得存续公司7.12%股权，定向增发后摊薄到5.87%，获得都市股份全部资产负债和人员；对价为支付7.56亿元现金，相对都市股份账面净资产溢价7%。

都市股份原流通股股东：获得存续公司3.45%股权，定向增发后相应摊薄到2.85%，代价为每股净资产和每股收益摊薄。

海通证券原66家股东获得存续公司89.43%股权，其中海通证券的原第一大股东上实集团持有存续公司8.19%，增发后摊薄到6.75%，原第二大股东东方集团持有6.14%，增发后摊薄到5.06%。

海通证券买壳上市并定向增发融资后，原有股东的股本继续摊薄，其股权结构见图1-2。

东方集团获利38.86亿

海通证券和都市股份的原有股东的获利极为丰厚。以海通证券原第二大股

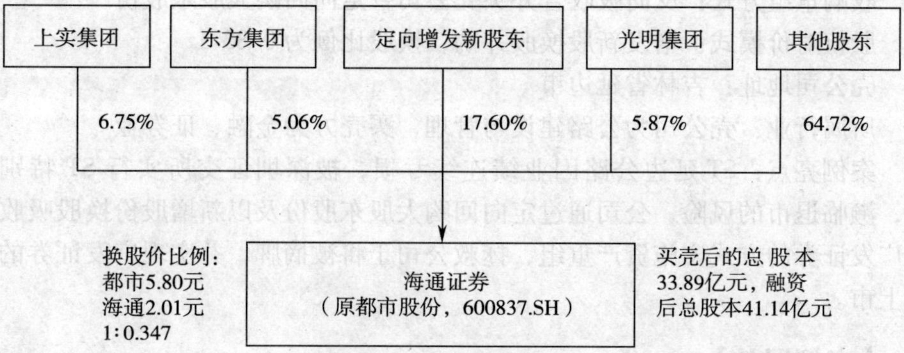

图1-2　海通证券买壳上市融资后的股权结构图

东东方集团为例，到2010年10月，经送配后共计持有海通证券41 642.06万股，占总股本的5.06%。2010年11月9日海通证券公告称：东方集团告知本公司，自2010年10月20日至2010年11月4日期间，东方集团通过上海证交所的大宗交易系统累计出售海通证券流通股共计31 642万股，占公司总股本的3.84%，东方集团仍持有100 000 568股，占公司总股本的1.22%。按照东方集团本次出售期间12个交易日的平均收盘价12.28元计算，买壳上市三年后，东方集团在二级市场套现获利38.86亿元，与当初6亿元的入股成本相比，已经获利6.47倍；而且还有1亿股未出售，市值仍在10亿元以上。东方集团在海通证券改制重组时低价进入，限售期过后售出海通证券股票期间，上证指数均在3 000点之上，由此可见东方集团在资本运营以及二级市场操作方面的高超技能。通过买壳上市，海通证券的其他原有股东和都市股份的原有股东也都获利巨大。

案例二　广发证券买壳重组ST延边路“乌鸡变凤凰”

【案例简介】

公司名称：广发证券股份有限公司

买壳上市日期：2010年2月12日

上市地点：深圳证券交易所

买壳公司名称：延边公路建设股份有限公司（ST延边路）

股票代码：000776. SZ

收购重组方式：反向吸收合并买壳公司暨定向回购大股东股份

股权对价模式：增发新股换股并购，换股比例为0.83:1

壳公司地址：吉林省延边市

所属行业：壳公司为公路建设与管理，买壳方为金融、证券业

案例亮点：ST延边公路因业绩连续亏损，被深圳证交所实行ST特别处理，濒临退市的风险，公司通过定向回购大股东股份及以新增股份换股吸收合并广发证券的方式实施资产重组，拯救公司于将被摘牌，并实现广发证券的买壳上市。

【案例回放】

广发证券踏上“延边公路”实施买壳上市

经中国证监会核准，延边公路建设股份有限公司（以下简称延边公路或公司）于2010年2月定向回购吉林敖东药业集团股份有限公司（以下称吉林敖东）所持公司非流通股股份及以新增股份换股吸收合并原广发证券股份有限公司，本次回购及合并完成后，延边公路更名为广发证券股份有限公司，注册地迁往现广发证券注册地，并由广东省工商行政管理局核发企业法人营业执照。

2010年2月12日，存续公司股票在深圳证券交易所正式复牌交易，交易名称变更为广发证券，交易代码不变。广发证券首日开盘价54元，涨411.85%，总市值1 353亿元，成为市值仅次于中信证券的第二大上市券商。选择在牛年的最后一个交易日里复牌，无疑是为等待三年的股东们送上了一份虎年大红包。不过对于广发证券企业本身来说，由于涉嫌内部交易被立案调查，致使2006年的买壳方案直至2010年才获核准，却是“起了个大早，赶了个晚集”。

广发证券历时三年终于完成了买壳上市，这对延边公路和广发证券的股东都是一件盼望已久的大喜事。但这次重组情况之复杂、历程之艰难还是创下了中国证券市场的纪录，三年多的时间里，股市牛熊轮换，延边公路投资者的喜怒哀乐都深埋在静止不动的股票K线里，现在我们就来回顾一下。

延边公路的前世今生

延边公路建设股份有限公司是于1993年经吉林省经济体制改革委员会批准设立的定向募集股份有限公司。公司于1997年4月29日经中国证监会批准向社会公开募集人民币普通股3 000万股，1997年6月11日在深圳证券交易

所挂牌上市，主营业务为公路建设与经营。截至2006年10月10日，吉林敖东合计持有该公司84 977 833股非流通股，占该公司总股本的46.15%；另外，吉林敖东在2006年通过证券二级市场增持延边公路流通股1 111 016股，占0.61%。

延边公路由于业绩连续亏损，在2004年被戴上ST帽子，开始寻求资产重组，力图彻底改善公司的资产结构和经营业绩。2006年初，广发证券筹划买壳上市，3月至6月，延边公路股价出现异动，并由此而被停牌。2006年9月26日，广发证券公布买壳上市方案。随后，延边公路复牌，出现连续三个涨停板。到2006年10月20日，ST延边路的股价已从年初的2元上涨到11元以上。翻了5倍多的ST延边路被再次停牌，并一直持续至2010年复牌。

在过去的三年里，延边公路、吉林敖东和广发证券曾因涉嫌内幕交易而被立案调查。在众多延边公路的股民苦苦等待的同时，围绕广发证券买壳的重组一直波澜迭起、变数横生。

原广发证券董事长董正青之弟董德伟利用广发证券买壳上市的内幕信息，在2006年5月买卖延边公路股票获利2 284余万元人民币。

2007年5月，中国证监会公开通报广发证券买壳ST延边路上市的信息披露违规，相关人员因涉嫌犯罪被移送司法机关。6月2日，广发证券总裁董正青辞职，吉林敖东和ST延边路因为虚假陈述等原因遭到证监会谴责。

2009年1月9日，广州市天河区人民法院一审判决原广发证券董事长董正青犯泄露内幕信息罪，判处有期徒刑4年，并处罚金300万元；该案被告董德伟被判处有期徒刑4年，并处罚金2 500万元；赵书亚犯内幕交易罪，被判处有期徒刑一年9个月，并处罚金100万元。

2010年2月10日，延边公路发布“股份变动及新增股份上市公告书”，历时三年多的广发证券重组延边公路事宜终于宣告成功。壳公司延边公路也乌鸡变凤凰，成为现在的广发证券。

广发证券是国内首批综合类券商，总部设在广州，营业网点总数超过200家，曾列全国第二。广发证券还控股广发北方证券、广发华福证券以及广发基金等多家子公司，并参股易方达基金、广发期货两家金融机构。广发证券是中国著名的券商之一，曾运作过多个大中型企业在中国境内上市和海外发行B股上市，1998—1999年，广发证券曾任锦州港B股和A股上市的国际协调人、保荐人和主承销商。从某种角度上说，正因为广发证券质地优良、成长性高，市场才预期它重组上市后会受到热烈追捧，从而也导致它的重组之路格外复杂和艰难。

买壳上市之股份变动及新增股份方案

（一）定向回购股份

2006年9月23日和2010年1月6日，延边公路与吉林敖东分别签署了《定向回购股份协议书》和《定向回购股份协议书之补充协议》，延边公路以2006年6月30日经审计的全部资产（含负债）作为对价，回购大股东吉林敖东持有的该公司84 977 833股非流通股，占公司总股本的46.15%。

（二）新增股份换股吸收合并广发证券

2006年9月23日和2010年1月6日，延边公路与广发证券分别签署了《换股吸收合并协议书》和《换股吸收合并协议书之补充协议》，延边公路拟以换股吸收合并的方式，定向增发24.09亿股，与广发证券全体股东所持的广发证券股份按照0.83:1的比例进行换股。增发后广发证券原股东获得壳公司96.11%的股权。

（三）其他非流通股股东缩股

公司除吉林敖东外的其他非流通股股东为获得其所持股份的上市流通权，其他非流通股股东同意按每10股缩为7.1股的比例单向缩股。缩股完成后，其他非流通股股东持有的股份将减少至422.3217万股。

买壳上市之股份变动及所履行的相关程序

（一）公司内部决策程序

1. 董事会审议

2010年1月6日，延边公路第六届董事会第六次会议审议通过了《关于定向回购并注销吉林敖东所持公司非流通股股份的议案》、《关于以新增股份换股吸收合并广发证券的议案》。该公司已分别与吉林敖东和广发证券确认了2006年签订的《定向回购股份协议书》和《换股吸收合并协议书》等协议所载交易结构及交易定价等主要内容仍然有效，并于2010年1月6日与吉林敖东签订了《定向回购股份协议书之补充协议》，与广发证券签订了《换股吸收合并协议书之补充协议》及《名称转让之补充协议》，同日，吉林敖东与广发证券签订了《补偿协议之补充协议》。

2. 临时股东大会审议

2010年1月25日，延边公路2010年度第一次临时股东大会审议通过了《关于定向回购并注销吉林敖东所持公司非流通股股份的议案》、《关于以新增股份换股吸收合并广发证券股份有限公司的议案》。

（二）证券监管部门审核批准

1. 中国证监会上市公司并购重组审核委员会2010年第2次会议于2010年

2月2日召开，延边公路定向回购股份及以新增股份换股吸收合并广发证券方案获得有条件审核通过。

2. 2010年2月5日，中国证监会出具的《关于核准延边公路定向回购股份及以新增股份换股吸收合并广发证券的批复》（证监许可〔2010〕164号），核准延边公路定向回购吉林敖东所持该公司84 977 833股非流通股股份，以2 409 638 554股新增股份换股吸收合并广发证券等事项。

买壳上市之新增股份及大股东概况

（一）新增股份概况

根据延边公路与广发证券签署的《换股吸收合并协议书》以及《换股吸收合并协议书之补充协议》，该公司定向回购股份及换股吸收合并广发证券实施后，该公司将新增2 409 638 554股股份，公司总股本将增至2 507 045 732股。

（二）换股对象

延边公路以新增股份换股吸收合并广发证券，换股对象为广发证券现有全部16名股东，即辽宁成大、吉林敖东、中山公用、香江集团、广东粤财、高金技术、酒泉钢铁、信宏实业、亨通集团、华茂股份、汇天泽投资、宜华企业、水牛实业、广州钢铁、闽福发、星湖科技。

（三）换股比例与换股数量

延边公路以换股吸收合并的方式，与广发证券全体股东所持的广发证券股份按照0.83∶1的比例进行换股，即每0.83股广发证券股份折换成1股该公司股份。换股数量为全部新增发的股份，即2 409 638 554股。

（四）总股本及前五大股东

本次定向回购股份和其他非流通股股东缩股及换股吸收合并实施后，存续公司总股本增至2 507 045 732股，广发证券第一大股东辽宁成大通过换股持有存续公司625 077 044股股份，占本次交易完成后存续公司总股本的24.93%，成为存续公司第一大股东；广发证券第二大股东吉林敖东通过换股持有存续公司622 326 463股（含1 111 016股流通股），占本次交易完成后存续公司总股本的24.82%，成为存续公司第二大股东；中山公用事业集团股份有限公司持有34 337.71股，占13.70%，成为第三大股东；香江集团有限公司持有14 132.16股，占5.64%成为第四大股东；广东粤财信托有限公司持有12 045.78股，占4.80%，成为第五大股东。本次交易完成后，辽宁成大相对控股存续公司，与吉林敖东一并成为对存续公司有重大影响的股东。

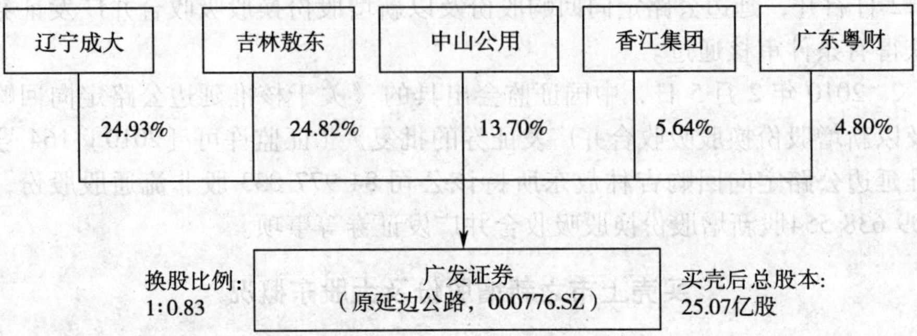

图1－3　延边公路资产重组后的前五大股东持股比例

【案例链接】

金岭矿业置换华光陶瓷资产买壳上市

山东淄博华光陶瓷股份有限公司（简称华光陶瓷，股票代码 000655. SZ）于2006 年6 月召开股东大会，审议通过了关于公司股权分置改革与重大资产重组议案，山东金岭铁矿以其合法拥有的侯家庄、铁山辛庄铁矿、选矿厂等铁矿石采选业务经营性资产及少量辅助性资产与华光陶瓷合法拥有的整体资产以及除 1. 63 亿元负债之外的其他全部负债进行置换。置入净资产评估值高于置出净资产评估值形成的置换差额由华光陶瓷向山东金岭铁矿非公开发行62 000 000股股份换取，2006 年10 月完成非公开发行后，华光陶瓷股本总额增至 321 254 374 股，公司名称变更为山东金岭矿业股份有限公司（以下简称金岭矿业，交易代码不变）。

公司重组后进入了黑色金属矿采选业，主营范围包括铁矿开采，铁精粉、铜精粉、钴精粉的生产、销售、机加工，货物进出口。

经中国证监会核准，2009 年 6 月金岭矿业再次向山东金岭铁矿非公开发行50 833 270股人民币普通股，用于购买山东金岭铁矿所属召口分矿、金岭铁矿电厂和部分土地厂房等辅助性资产及不可分割的负债。完成本次非公开发行并经转送后，到 2009 年底，金岭矿业股本总额增至 372 087 644股，山东金岭铁矿持有34 774. 01万股，占 58. 41%。而原来华光陶瓷的大股东淄博市城市资产运营有限公司成为小股东继续持股，并在限售期过后根据二级市场价格择机陆续出售。金岭矿业在买壳上市后业绩稳定增长，股价也走势良好。

【案例评析】

买壳上市的几种方式比较

第一种：由买壳公司用现金收购壳公司大股东持有的壳公司股权，然后由壳公司定向增发新股换股吸收合并买壳公司，而壳公司的原有资产和业务逐步退出。例如，浪莎股份收购四川省国资委持有的长江包装的股权后，浪莎股份成为长江包装的控股股东，实现买壳上市，然后，将浪莎的资产和内衣主业装入壳公司。

第二种：由壳公司以增发新股的方式换股吸收合并买壳公司，或以增发新股的方式收购买壳公司的优良资产和业务，壳公司原大股东不必马上转让股权退出，而是可由原大股东变成小股东，从二级市场择机出售退出或继续持股。这样既避免了让壳公司原大股东退出的谈判困难，也不用准备大量的买壳资金，操作起来比海通证券和广发证券买壳上市更简单和容易一些。如果壳公司并非巨额亏损或问题严重，也不一定必须事先将其资产负债全部剥离而腾出“净壳”，不良资产待买壳上市后再陆续剥离也是可以的。

对于第二种买壳上市方式，在实际操作中也有一些具体形式的变种。例如，在前述金岭矿业买壳华光陶瓷的上市案例中，第一次华光陶瓷以其资产加上定向增发股份置换金岭铁矿的铁矿和选矿厂等优良资产，第二次以定向增发股份收购金岭铁矿的铁矿和电厂资产。

第三种：由壳公司第一大股东以现金方式回购壳公司全部资产负债，腾出“净壳”，但保留所持有的壳公司股权；然后，由壳公司以新增发股份吸收合并买壳公司，壳公司的原大股东变成小股东。如海通证券的买壳上市。

第四种：以壳公司的全部资产负债定向回购并注销大股东所持公司股份，造出“净壳”；然后，壳公司以新增发股份吸收合并买壳公司，从而实现买壳公司的上市。如广发证券、长江证券、东北证券等买壳上市采用了这一路径。

第五种：由买壳公司的大股东先买壳上市，然后再将所持的买壳公司股权置换进壳公司，最后吸收合并或整体收购买壳公司实现买壳公司的上市。操作中首先以买壳公司的第一大股东为主，将所持的买壳公司股权与壳公司的全部资产和负债进行置换，随即，再以这些资产和负债为支付对价收购壳公司第一大股东所持壳公司的股权，也即，买壳公司第一大股东在造出“净壳”的同时也实现了自身对壳公司的控股；其次，再由壳公司吸收合并买壳公司或整体收购买壳公司。如国金证券和首创证券的买壳上市方案。

由于金融类公司不得经营实业或从事实业投资，因此，金融类公司买壳上市必须腾出“净壳”，上述方式均适合于非金融类公司买壳上市，但不剥离壳公司原有实业资产的方式不适合于金融类公司买壳上市。

在中国境内买壳上市成功的关键

首先，寻找理想的壳资源，取得政府的支持。无论是先大股东买壳上市还是买壳公司直接买壳上市，首先碰到的问题便是如何挑选理想的壳公司。一般来说，壳公司应具有以下特点：（1）所处行业为夕阳行业，其主营业务增长缓慢，盈利水平微薄甚至亏损，这有利于降低收购成本；（2）股权结构较为单一，以利于对其进行收购控股；（3）或有负债、对外担保、关联交易等隐形问题较少，以利于剥离其不良资产；（4）与买壳公司自身的资本规模匹配，便于换股收购和整合；（5）股权投资较少，便于集中主业，控制投资风险。通常讲，选择本地的上市壳公司更容易运作成功，因为买壳公司和壳公司均处于一地，更易于同地方政府沟通并取得政府支持。而且，在业务上或股权上与买壳公司有一定联系的上市公司是比较理想的壳资源。

其次，兼顾各方利益，创造多赢局面。由于买壳上市将触及壳公司大小股东、公众股东以及买壳公司股东的利益，同时，上市公司作为推动地方经济发展的主要力量之一，壳公司的转型也将间接触及地方政府的利益。因此，在买壳上市的操作过程中，必须在各个细节谈判中兼顾各方利益，谋求各方共赢，以争取得到各方的支持，尤其是壳公司大股东、买壳公司自身大股东以及壳公司地方政府的有力支持，以便在壳公司资产的剥离和随后的吸收合并中顺利实施。

最后，加强信息保密，防止股价异常波动。上市公司的资产重组一直以来都是市场炒作的概念，从与壳公司的接洽到具体买壳计划的出炉，是一个较为漫长的过程，期间的一些信息被外界所知，必然会导致壳公司的股价大幅上涨。如东湖高新和延边公路等上市公司在被市场传闻将成为壳资源后，股价就连续飙升。壳公司股价的大幅上涨，一方面会加大收购成本，另一方面也会使得证监会等监管部门以涉嫌内幕交易为由而最终不批准买壳上市的方案。因此，在实施买壳上市的过程中，一定要加强相关信息的保密。

案例结语

综上，由于IPO的门槛限制，很多企业难以在短时间内通过IPO上市做大做强。与IPO相比较，买壳上市的优势在于耗时短，只要重组方案得到双方认可，就可以在短时间内实现上市。由于金融类公司不得从事实业投资，只能寻找可剥离业务的净壳，而“净壳”的过程需要壳公司的大股东配合，要想找到这样理想的壳资源并不容易，由此造成金融类公司买壳上市比实业类公司买壳上市更加困难。加之市场对于重组概念股的热捧，使得壳公司股价大幅上涨，造成买壳成本提高。同时，如果壳公司股价在停牌前 20 个交易日内累计涨幅超过 20%，可能会被监管层视为涉嫌内幕交易审查。另外，买壳上市的隐形问题较多，尤其是问题公司和 ST 公司，这些公司存在股权关系复杂或是对外担保、或有负债等问题，存在重大法律风险和其他潜在风险。所以，买壳上市之路也不是一帆风顺的，需要谨慎操作才能获得成功。

第二章

中国境内IPO上市条件和程序

○主板发行上市的基本条件

○创业板发行上市基本条件

○发行上市的其他条件及各板块的上市条件差别

○发行上市的主要法定程序

○发行上市的各方责任和主要流程

第一节　主板发行上市的基本条件

首次公开发行股票（IPO）并上市的条件是发行上市地所在国家的法律、证券法规及上市规则对股票发行人准入门槛的最基本要求，主要包括发行人的主体资格、股本结构、公众持股、财务要求、规范运行等方面的内容。

在中国境内首次公开发行股票并上市的条件要求是中国证监会根据《公司法》、《证券法》等法律、法规，针对中国资本市场构架即主板和创业板市场分别制定的，首次公开发行条件是对发行人发行股票并进入股票市场挂牌交易所提出的基本要求。拟上市的企业应首先熟悉资本市场构架和有关法规条款，对照检查本企业自身是否具备或接近发行上市条件，适合在哪个市场及板块上市。

一、发行主体资格

《首次公开发行股票并上市管理办法》（中国证监会第 32 号令，以下简称《主板首发办法》）规定了主板首次公开发行股票的主体资格。

（一）发行人应当是依法设立且合法存续的股份有限公司。

（二）经国务院批准，有限责任公司在依法变更为股份有限公司时，可以采取募集设立方式公开发行股票。

（三）发行人自股份有限公司成立后，持续经营时间应当在三年以上，但经国务院批准的除外。

（四）有限责任公司按原账面净资产值折股整体变更为股份有限公司的，持续经营时间可以从有限责任公司成立之日起计算。

（五）发行人的注册资本已足额缴纳，发起人或者股东用做出资的资产的财产权转移手续已办理完毕，发行人的主要资产不存在重大权属纠纷。

（六）发行人的生产经营符合法律、行政法规和公司章程的规定，符合国家产业政策。

（七）发行人最近三年内主营业务和董事、高级管理人员没有发生重大变化，实际控制人没有发生变更。

（八）发行人的股权清晰，控股股东和受控股股东、实际控制人支配的股东持有的发行人股份不存在重大权属纠纷。

二、主板发行上市条件

（一）法定上市条件

《证券法》规定股份有限公司申请股票上市应当符合下列条件：

1. 股票经国务院证券监督管理机构核准已公开发行；

2. 公司股本总额不少于3 000万元人民币；

3. 公开发行的股份达到公司股份总数的25%以上；公司股本总额超过4亿元人民币的，公开发行股份的比例为10%以上；

4. 公司最近三年无重大违法行为，财务会计报告无虚假记载。

证券交易所可以规定高于前款规定的上市条件，并报国务院证券监督管理机构批准。

（二）主板发行人的股本结构和财务基本要求

《主板首发办法》规定发行人应当符合下列条件：

1. 最近三个会计年度净利润均为正数且累计超过3 000万元人民币，净利润以扣除非经常性损益前后较低者为计算依据；

2. 最近三个会计年度经营活动产生的现金流量净额累计超过5 000万元人民币，或者最近三个会计年度营业收入累计超过3亿元人民币；

3. 发行前股本总额不少于3 000万元人民币；

4. 最近一期末无形资产（扣除土地使用权、水面养殖权和采矿权等后）占净资产的比例不高于20%；

5. 最近一期末不存在未弥补亏损；

6. 根据中国证监会批准的《上海证券交易所股票上市规则（2008年9月第6次修订）》（以下简称《上海交易所上市规则》）和《深圳证券交易所股票上市规则（2008年9月第6次修订）》（以下简称《深圳交易所上市规则》）规定，在主板发行后的公司总股本应不少于5 000万元。

三、中小板发行上市条件与板块定位

2004年中国证券市场推出中小企业板。由于中小板本身属于主板的一个具体分层，所以中小板发行上市条件与主板完全相同。

表面上看，中小板与主板市场要求不同的只是人为地在新股发行规模上加以区别，最初把中小板上市公司的首发规模控制在2 000万股以内。

但此后不久，深交所很快就发现这种规模的控制并不利于中小板的发展。于是，中小板发行规模的上限逐渐放宽，从2 000万股放宽到3 000万股、4 000万股、5 000万股。2010年10月发行的山东墨龙发行量7 000万股，发行价 18 元/股，总融资额 12.6 亿元；浙江永强发行量 6 000 万股，发行价 38 元/股，总融资额 22.8 亿元。近亿股的新股也在中小板发行过。

从 2004 年 6 月中小板第一股新和成上市，到 2010 年 12 月 31 日的六年半内，共有 531 家中小企业登陆中国资本市场，其中超过 100 家企业具有明确的创业风险投资（VC）或私募股权投资（PE）背景。更有甚者如荣信股份，背后有 4 家 VC 的身影。实现全流通后，中小板为这些投资机构提供了退出渠道。

随着送配股、再融资和股改的进行，中小板上市公司的流通股本不断增大，有的中小板上市公司的流通股本在主板市场中也算是大盘股了，如苏宁电器，上市时发行新股为 2 500 万股，经送转股、增发和非流通股解禁，到 2010 年 10 月的流通股为 5.2 亿股。还有金风科技（通过 A 股及 H 股上市）和海普瑞（A 股上市），到 2011 年 2 月末，都已成为在中小板中市值超过 500 亿元的大公司。所以，企业在中小板上市后不断发展，中小盘股也会发展成为大企业。

实际上，中小板也有其自己的定位。证监会于 2004 年批复《中小企业板实施方案》的目的在于：一是为主业突出、具有成长性和科技含量的中小企业提供直接融资渠道和发展平台；二是将中小企业板作为主板市场中相对独立的板块，避免直接推出创业板市场造成的风险和不确定性；三是中小企业板作为分步推进多层次市场建设的实施步骤，为创业板的市场建设积累经验和创造条件。在具体公司选择上，中小板更适合于细分行业中的龙头企业和优势公司，其特点是规模较小，发展较快。

第二节　创业板发行上市基本条件

一、创业板的发展背景与市场特点

（一）创业板与二板市场

二板市场（Second-board Market）一般是指中小企业的市场、小盘股市场、创业股市场，是在服务对象、上市标准、交易制度等方面不同于主板市场（Main－board Market）的资本市场，是交易所主板市场之外的另一证券市场，其主要目的是为新兴中小企业提供集资途径，帮助其发展和扩展业务。由于中国的二板市场定位于为创业型中小企业服务，所以称为创业板。中国创业板设在深圳证券交易所。

创业板就是为创业型企业上市融资的股票市场。由于创业型企业多是高新技术企业和新兴中小企业的缘故，世界上几乎所有的创业板市场都明确表示鼓励高新技术企业或者成长型中小企业申请在创业板发行上市融资。

创业板作为一种证券市场，具有一般证券市场的共有特性，包括上市企业、券商等中介机构和投资者三类市场活动主体，是企业融资和投资者投资的场所。而主板市场在上市公司数量，单个上市公司规模以及对上市公司条件的要求方面都要高于创业板。

（二）创业板市场的发展背景及原因

1971 年建立的美国纳斯达克（NASDAQ）是创业板市场的典型，素有“高科技企业摇篮”之称，培育了美国的一大批高科技巨人，如微软、英特尔、苹果、思科等，对美国的高科技产业的发展以及美国近年来经济的持续增长起到了十分重要的作用。在 NASDAQ 巨大的示范作用下，世界各大资本市场也开始设立自己的创业板市场。目前国际上成熟的证券市场大都设有创业板市场，只是名称不同。目前国际上比较成功的创业板市场只有五个：美国纳斯达克、英国 AIM、日本佳斯达克、韩国科斯达克、加拿大 TSX - X。相信刚刚起步的中国创业板也会取得成功。

各国创业板纷纷建立和迅速发展，主要基于下面原因：（1）知识经济的兴起使大量新兴高新技术企业成长起来；（2）美国 NASDAQ 市场的迅速崛起，为各国股市的发展指出了方向；（3）风险资本迅速发展，迫切需要针对新兴企业的股票市场；（4）各国政府重视高新技术产业和新兴产业的发展。

为进一步发展资本市场，解决中小企业融资难问题，支持中小企业尤其是创新型企业的创业发展，2009 年中国资本市场开设创业板。2009 年 7 月 26 日，中国证监会开始受理首批创业板发行申请，首日申报文件的公司共 108 家。2009 年 10 月 30 日，中国创业板第一批 28 只股票在深圳证交所成功上市。

（三）创业板的特点

总结国际上创业板的发展经验可以看出，准确的市场定位、灵活的上市机制、先进的交易系统、多元化的上市公司结构、严格的监管机制和退市制度是创业板市场成功运作的共同特点。

1. 引进风险投资并完善其退出机制。创业板市场作为面向中小型创业企业的市场，其特有的功能就是使得风险投资基金和原始创业资本有了退出机制，创业板市场可以为新兴中小企业的创业和发展提供良好的融资环境。

2. 中国创业板市场主要服务于“两高六新”企业。在创业板上市的公司类型简单概括起来就是“高科技、高成长性和新经济、新服务、新农业、新能源、新材料、新商业模式企业”。在创业板市场上市的公司大多是新兴中小企业，大多数具有较高的成长性，但往往成立时间较短，规模较小，业绩也不突出，但却对资本的需求很大，证券市场的多次筹资功能可以解决中小企业投资发展需求。

3. 并不是所有的企业都适合创业板。无论是主板、中小板或者创业板，国家在设定相关板块的时候都有不同的定位。中小板适合一些细分行业的龙头企业（如主板品牌企业的零配件供应商、代理商等产业链中的中坚企业），这类企业规模较小，有特色，行业地位高；而创业板是给新经济、新技术、新模式等代表中国未来经济结构调整方向的企业准备的，更适合像互联网、高新技术业、现代服务业等行业的优秀企业。

4. 中国创业板门槛比较高。从创业板发行条件和截至 2010 年 12 月 31 日 153 家上市公司的资料看，中国创业板公司的条件比海外创业板上市条件高出许多，这主要是由于中国具备创业板条件的公司太多，而且为吸取境外尤其是香港创业板的失败教训，目前高门槛的条件还是有必要的。不过，这同时也限制了一些具有行业前景、成长性较好的创业起步期的公司步入创业板。

二、创业板发行上市的基本条件

（一）创业板上市基本条件

中国证监会发布的《首次公开发行股票并在创业板上市管理暂行办法》（中国证券监督管理委员会令第 61 号，以下简称《创业板首发办法》），自 2009 年 5 月 1 日开始实施，该办法规定了发行人申请首次公开发行股票的基本条件。

1. 发行人是依法设立且持续经营三年以上的股份有限公司。有限责任公司按原账面净资产值折股整体变更为股份有限公司的，持续经营时间可以从有限责任公司成立之日起计算。

2. 最近两年连续盈利，最近两年净利润累计不少于 1 000 万元，且持续增长；或者最近一年盈利，且净利润不少于 500 万元，最近一年营业收入不少于 5 000万元，最近两年营业收入增长率均不低于 30%。净利润以扣除非经常性损益前后孰低者为计算依据。

3. 最近一期末净资产不少于 2 000 万元，且不存在未弥补亏损。

4. 发行后股本总额不少于 3 000 万元。

5. 发行人的注册资本已足额缴纳，发起人或者股东用做出资的资产的财产权转移手续已办理完毕。发行人的主要资产不存在重大权属纠纷。

6. 发行人应当主要经营一种业务，其生产经营活动符合法律、行政法规和公司章程的规定，符合国家产业政策及环境保护政策。

7. 发行人最近两年内的主营业务和董事、高级管理人员均没有发生重大变化，实际控制人没有发生变更。

另外，发行人及其控股股东、实际控制人最近三年不存在损害投资者合法利益和社会公众利益的重大违法行为；不存在未经法定机关核准，擅自公开或者变相公开发行证券，或者有关违法行为虽然发生在三年前，但目前仍处于持续状态的情形。

（二）中国股市上市条件与境外的比较

中国主板、中小板和创业板的上市基本条件与美国等境外资本市场的上市条件相比，境外上市条件比中国境内更宽松，例如，纽约证券交易所设有4套标准供企业选择，纳斯达克和OTCBB的盈利条件为企业敞开融资大门，没有盈利的企业仍然可以在美国上市。

2010年12月8日，中国在线视频网站优酷网在纽交所上市，融资2.03亿美元，而这家中国公司连一个季度的盈利都没有，却在美国获得12.8美元的发行价，上市当日收盘价33.44美元，大涨161.25%，成为过去5年在美国上市首日涨幅最大的新股，市值达到34.27亿美元，在中国概念股中排名第六位。优酷网上市给美国人讲了一个未来的资本故事，也为中国人提供了一个亏损企业也能上市并受到热烈追捧的案例（见本系列丛书《中国企业境外上市指引》第二章案例四）。没有连续两年盈利，但具有高速成长性的企业可以考虑去境外上市。

而与优酷网形成鲜明反差的是，在同一天，中国概念股绿诺科技黯然退市。该公司因财务造假被纳斯达克勒令退市转到无任何监管要求的粉单市场重启交易，当天收盘下跌48.11%。由此看出，无论在哪个市场上市，不管过去业绩如何，发行上市和保持挂牌全靠现在和未来的业绩支撑，而造假上市终将受到惩罚。

三、中国创业板的新定位

（一）行业定位清晰化

2009年，创业板开市时重点选择“两高六新”企业，两高指高科技、高成长性企业，六新指新经济、新服务、新农业、新能源、新材料、新商业模式企业。

2010年3月19日，中国证监会出台的《关于进一步做好创业板推荐工作的指引》（证监会公告〔2010〕8号，下称《推荐指引》）成为保荐机构遴选企业的重要标准，其中明确鼓励九大领域和审慎推荐八大行业。这使得此前的“两高六新”的行业挑选标准得以真正细化。

《推荐指引》提到的保荐机构应当重点推荐的九大领域，分别是新能源、新材料、信息、生物与新医药、节能环保、航空航天、海洋、先进制造、高技术服务等领域。

同时《推荐指引》还特别要求保荐机构对于八大行业审慎推荐：（1）纺织、服装行业，这是中国的重点产业，竞争激烈，是受外界环境影响较大的行业；（2）电力、煤气及水的生产供应等公用事业，这是中国的公用事业，其产品价格因涉及民生和 CPI 物价指数而受国家控制，业绩缺乏成长性；（3）房地产开发与经营、土木工程建筑，这是民生问题，2010 年以来国家一直在调控房地产市场，解决人民的住房问题，成长性不足；（4）交通运输，市场竞争很激烈，成长性不足；（5）酒类、食品、饮料；（6）金融；（7）一般性服务业［（5）、（6）、（7）三类企业或者风险太大，或者成长性不足］；（8）国家产业政策明确抑制的产能过剩和重复建设行业。

《推荐指引》进一步明确了创业板的主要方向，引导市场各方正确认识和理解创业板，同时，也明确指出了创业板推出的目标是实现国家创新战略，推进产业升级，为创新型高成长企业提供融资平台。

在这之后，证监会对于创业板上市的审核思路也开始逐渐出现变化，一些如从事鸡精、火腿、榨菜等加工的企业被否或劝退，而对于重点关注和审慎推荐的八大行业的审核也变得更加严格。

接触创业板发审委的人士称，《推荐指引》出台之后证监会对于行业把关很严，即便是在 2010 年 3 月以前审核过会的一些特殊行业的企业如果重新审核都未必能够获得通过。

（二）并非对八大行业绝对关门

需要指出的是，对于八大审慎推荐的行业并非一棍子打死。在 2010 年 3 月底创业板发行监管业务沟通会上，创业板发行监管部主任张思宁明确要求保荐机构认真落实《推荐指引》的要求；而对于八大审慎推荐的行业，如果推荐该类企业，保荐机构应当重点摘述企业在技术和业务模式方面是否具有突出的自主创新能力，是否有利于促进产业结构调整和技术升级。如从事食品生产的国联水产和从事门窗幕墙制造的嘉寓股份同样过会并挂牌上市。

（三）新的行业上市要谨慎

另外，在鼓励的九大领域之外并非任何新的行业都可以尝试。在 2010 年 5 月中旬的一次保荐人培训会议上，相关人士就明确表示新行业上市一定要谨慎，作为保荐机构需要综合判断。一个较为明确的例子是，在海外资本市场依然受宠的经济型连锁酒店在中国创业板并不受欢迎。

除此以外，在这次保荐人培训会议上，关于创业板募投项目被再次重申要求符合国家产业政策，对于钢铁、水泥、电解铝、电石、焦炭、水电、煤炭、纺织、汽车和铁合金十大产能过剩的行业，虽然发审委可以受理，但在受理之后的见面会要等到相关部委（如发展改革委、国土资源部等）给出相关意见后才召开反馈会。

据统计，截至2010年底已经挂牌的153家创业板企业中，按照证监会行业分类主要集中在七大行业，其中机器、设备、仪表行业占据第一位，信息技术业比例位居第二，随后为石化塑料塑胶行业、电子业、医药生物制品行业、金属和非金属行业、社会服务业、采掘业、传播与文化业、建筑业、交通运输仓储业、农林牧渔业、其他制造业、批发零售贸易和造纸印刷行业。

（四）利润标准执行过高

虽然按照创业板的上市标准，要求两年连续盈利且净利润累计不少于1 000万元人民币并且持续增长，或最近一年盈利且净利润不少于500万元人民币，最近一年营收不低于5 000万元，最近两年营收增长率不低于30%，但从创业板实际上市的公司来看，鲜有企业采用第二项标准，即便采用第一项标准的各家企业的利润指标也远远高出1 000万元的标准，甚至有企业的盈利水平达到了主板的标准——最近三个会计年度连读净利润均为正数且累计超过3 000万元，因此出现了低标准和高门槛相悖的情形。

（五）没有发行规模限制

对于创业板的新股发行规模监管部门一直没有明确的说法，2010年以来监管部门的说法则一直强调“没有限制”。如在3月底的创业板监管业务沟通会上，相关监管人士给出的说法则是，“创业板着重推荐创新型企业，对规模没有限制，创业板并非小小板”。

据统计，截至2010年底的153家挂牌的创业板企业中新发股份最少的为新开源，仅800万股，而最多的国联水产其新发股份高达8 000万股，发行后总股本3.2亿股，与中小板企业相比股本规模丝毫不逊色，甚至超过不少早期挂牌的主板企业。这大抵印证了没有规模限制的说法。

2010年9月初证监会召开的保荐人培训会议中，相关监管人士再次强调对于中小板和创业板的上市规模没有限定，而对于净利润除了上文提及的最低标准之外没有其他指导性意见，只是对于为了拼凑利润而造假的情形则会严格处理一律否决。

（六）上交所和深交所的竞争

其实，这背后隐藏着的则是创业板开闸一年来上交所和深交所之间的竞争。

2010年全年，共有26家公司在上交所主板挂牌上市，IPO融资额为

1 891.51亿元；共有 321 家公司在深交所主板挂牌上市，IPO 融资额为 2 991 亿元，包括中小板公司204 家，IPO 融资额为2 028 亿元，创业板公司数为117 家，筹资额达到 963 亿元。随着大型蓝筹股上市资源的日渐枯竭，上交所在“国际板”尚未有明确时间表之前不得不谋变。

在一些投行圈内人士之间流传，上交所和深交所约定俗成的界限是 1 亿股，新发股份超过 1 亿股的选择上交所，而低于 1 亿股的前往深交所。不过这一说法目前没有得到沪深两所和证监会的官方正式认可。从实际情形来看，最近一年来上交所发行的新股中新发股份最少的为正泰电器新发 10 500 万股，而中小板中新发股份最多也是 1 亿股，如金正大、天原集团和人人乐，显然双方执行的依然是 1 亿股分界线的老标准。

第三节　发行上市的其他条件及各板块的上市条件差别

一、上市主体的独立性要求

《主板首发办法》和《创业板首发办法》都要求发行人资产完整，业务及人员、财务、机构独立，具有完整的业务体系和直接面向市场独立经营的能力。与控股股东、实际控制人及其控制的其他企业间不存在同业竞争，以及严重影响公司独立性或者显失公允的关联交易。具体包括以下六个方面内容：

（一）发行人的资产完整。生产型企业应当具备与生产经营有关的生产系统、辅助生产系统和配套设施，合法拥有与生产经营有关的土地、厂房、机器设备以及商标、专利、非专利技术的所有权或者使用权，具有独立的原料采购和产品销售系统；非生产型企业应当具备与经营有关的业务体系及相关资产。

（二）发行人的人员独立。发行人的总经理、副总经理、财务负责人和董事会秘书等高级管理人员不得在控股股东、实际控制人及其控制的其他企业中担任除董事、监事以外的其他职务，不得在控股股东、实际控制人及其控制的其他企业领薪；发行人的财务人员不得在控股股东、实际控制人及其控制的其他企业中兼职。

（三）发行人的财务独立。发行人应当建立独立的财务核算体系，能够独立作出财务决策，具有规范的财务会计制度和对分公司、子公司的财务管理制度；发行人不得与控股股东、实际控制人及其控制的其他企业共用银行账户。

（四）发行人的机构独立。发行人应当建立健全内部经营管理机构，独立行使经营管理职权，与控股股东、实际控制人及其控制的其他企业间不得有机构混同的情形。

（五）发行人的业务独立。发行人的业务应当独立于控股股东、实际控制人及其控制的其他企业，与控股股东、实际控制人及其控制的其他企业间不得有同业竞争或者显失公平的关联交易。

（六）发行人在独立性方面不得有其他严重缺陷。

二、规范运行要求

（一）发行人具有完善的公司治理结构，依法建立健全股东大会、董事会、监事会以及独立董事、董事会秘书、审计委员会制度，相关机构和人员能够依法履行职责。

（二）发行人的董事、监事和高级管理人员已经了解与股票发行上市有关的法律法规，知悉上市公司及其董事、监事和高级管理人员的法定义务和责任。

（三）发行人的董事、监事和高级管理人员应当忠实、勤勉，具备法律、行政法规和规章所规定的资格，且不存在下列情形：

1. 被中国证监会采取证券市场禁入措施尚在禁入期的；

2. 最近三年内受到中国证监会行政处罚，或者最近一年内受到证券交易所公开谴责的；

3. 因涉嫌犯罪被司法机关立案侦查或者涉嫌违法违规被中国证监会立案调查，尚未有明确结论意见。

（四）发行人不得有下列情形：

1. 发行人及其控股股东、实际控制人最近三年内存在未经法定机关核准，擅自公开或者变相公开发行证券，或者有关违法行为虽然发生在三年前，但目前仍处于持续状态的情形；

2. 最近三年内违反工商、税收、土地、环保、海关以及其他法律、行政法规，受到行政处罚，且情节严重；

3. 最近三年内曾向中国证监会提出发行申请，但报送的发行申请文件有虚假记载、误导性陈述或重大遗漏，或者不符合发行条件以欺骗手段骗取发行核准，或者以不正当手段干扰中国证监会及其发行审核委员会审核工作，或者伪造、编造发行人或其董事、监事、高级管理人员的签字、盖章；

4. 报送的发行申请文件有虚假记载、误导性陈述或者重大遗漏；

5. 涉嫌犯罪被司法机关立案侦查，尚未有明确结论意见；

6. 发行人及其控股股东、实际控制人最近三年内存在损害投资者合法权益和社会公共利益的重大违法行为。

（五）发行人具有严格的资金管理制度，不存在资金被控股股东、实际控制人及其控制的其他企业以借款、代偿债务、代垫款项或者其他方式占用的情形。

（六）发行人的公司章程已明确对外担保的审批权限和审议程序，不存在为控股股东、实际控制人及其控制的其他企业进行违规担保的情形。

三、持续经营能力要求

发行人应当具有持续盈利能力，不存在下列影响持续盈利能力的情形：

1. 发行人的经营模式、产品或服务的品种结构已经或者将发生重大变化，并对发行人的持续盈利能力构成重大不利影响；

2. 发行人的行业地位或发行人所处行业的经营环境已经或者将发生重大变化，并对发行人的持续盈利能力构成重大不利影响；

3. 发行人在用的商标、专利、专有技术、特许经营权等重要资产或者技术的取得或者使用存在重大不利变化的风险；

4. 发行人最近一年的营业收入或净利润对关联方或者有重大不确定性的客户存在重大依赖；

5. 发行人最近一年的净利润主要来自合并财务报表范围以外的投资；

6. 其他可能对发行人持续盈利能力构成重大不利影响的情形。

四、财务会计要求

1. 发行人资产质量良好，资产负债结构合理，盈利能力较强，现金流量正常。

2. 发行人内部控制制度健全且被有效执行，能够合理保证公司财务报告的可靠性、生产经营的合法性、营运的效率与效果，并由注册会计师出具无保留结论的内部控制鉴证报告。

3. 发行人会计基础工作规范，财务报表的编制符合企业会计准则和相关会计制度的规定，在所有重大方面公允地反映了发行人的财务状况、经营成果和现金流量，并由注册会计师出具无保留意见的审计报告。

4. 发行人编制财务报表应以实际发生的交易或者事项为依据；在进行会计确认、计量和报告时应当保持应有的谨慎；对相同或者相似的经济业务，应选用一致的会计政策，不得随意变更。

5. 发行人应完整披露关联方关系并按重要性原则恰当披露关联交易。关联交易价格公允，不存在通过关联交易操纵利润的情形。

6. 发行人依法纳税，各项税收优惠符合相关法律法规的规定。发行人的经营成果对税收优惠不存在严重依赖。

7. 发行人不存在重大偿债风险，不存在影响持续经营的担保、诉讼以及仲裁等重大或有事项。

五、募集资金的运用要求

1. 主板公司发行股票所募集资金应当有明确的使用方向，原则上用于主营业务，并有明确的具体用途。除金融类企业外，募集资金使用项目不得为持有交易性金融资产和可供出售的金融资产、借与他人、委托理财等财务性投资，不得直接或者间接投资于以买卖有价证券为主要业务的公司。创业板发行人募集资金应当用于主营业务，并有明确的用途。

2. 无论是主板还是创业板，募集资金数额和投资项目应当与发行人现有生产经营规模、财务状况、技术水平和管理能力等相适应。

3. 募集资金投资项目应当符合国家产业政策、投资管理、环境保护、土地管理以及其他法律、法规和规章的规定。

4. 发行人董事会应当对募集资金投资项目的可行性进行认真分析，确信投资项目具有较好的市场前景和盈利能力，有效防范投资风险，提高募集资金使用效益。

5. 募集资金投资项目实施后，不会产生同业竞争或者对发行人的独立性产生不利影响。

6. 发行人应当建立募集资金专项存储制度，募集资金应当存放于董事会决定的专项账户。

六、首次发行信息披露要求

根据《主板首发办法》和《创业板首发办法》，公司首次公开发行股票需按如下要求披露信息：

1. 发行人应当按照主板和创业板的有关规定编制和披露招股说明书。

2. 中国证监会制定的主板和创业板招股说明书内容与格式准则是信息披露的最低要求。不论准则是否有明确规定，凡是对投资者作出投资决策有重大影响的信息，均应当予以披露。

3. 创业板发行人应在招股说明书显要位置作如下提示：“本次股票发行后拟在创业板市场上市，该市场具有较高的投资风险。创业板公司具有业绩不稳定、经营风险高、退市风险大等特点，投资者面临较大的市场风险。投资者应充分了解创业板市场的投资风险及本公司所披露的风险因素，审慎作出投资决定。”

4. 发行人及其全体董事、监事和高级管理人员应当在招股说明书上签名、盖章，保证招股说明书内容真实、准确、完整。保荐人及其保荐代表人应当对招股说明书的真实性、准确性、完整性进行核查，并在核查意见上签名、盖章。发行人的控股股东、实际控制人应当对招股说明书出具确认意见，并签名、盖章。

5. 招股说明书引用的财务报表在其最近一期截止日后六个月内有效。特别情况下发行人可申请适当延长，但至多不超过一个月。财务报表应当以年度末、半年度末或者季度末为截止日。

6. 招股说明书的有效期为六个月，自中国证监会核准前招股说明书最后一次签署之日起计算。

7. 申请文件受理后、发行审核委员会审核前，发行人应当在中国证监会网站预先披露招股说明书（申报稿）。发行人可在公司网站刊登招股说明书（申报稿），所披露的内容应当一致，且不得早于在中国证监会网站披露的时间。

8. 预先披露的招股说明书（申报稿）不能含有发行价格信息。发行人应当在预先披露的招股说明书（申报稿）的显要位置声明：“本公司的发行申请尚未得到中国证监会核准。本招股说明书（申报稿）不具有据以发行股票的法律效力，仅供预先披露之用。投资者应当以正式公告的招股说明书作为投资决定的依据。”

9. 发行人及其全体董事、监事和高级管理人员应当保证预先披露的招股说明书（申报稿）的内容真实、准确、完整。

10. 发行人股票发行前应当在中国证监会指定网站全文刊登招股说明书，同时在中国证监会指定报刊刊登提示性公告，告知投资者网上刊登的地址及获取文件的途径。发行人应当将招股说明书披露于公司网站，时间不得早于前款规定的刊登时间。

11. 保荐人出具的发行保荐书、证券服务机构出具的文件及其他与发行有关的重要文件应当作为招股说明书备查文件，在中国证监会指定网站和公司网站披露。

12. 发行人应当将招股说明书及备查文件置备于发行人、拟上市证券交易所、保荐人、主承销商和其他承销机构的住所，以备公众查阅。

13. 申请文件受理后至发行人发行申请经中国证监会核准、依法刊登招股说明书前，发行人及与本次发行有关的当事人不得以广告、说明会等方式为公开发行股票进行宣传。

七、创业板与主板及中小板的上市条件差别

（一）与境外市场相比发行条件的区别

境外的创业板市场与主板市场的主要区别是：创业板一般不设立最低盈利的规定，以免高成长的公司因盈利低而不能挂牌；提高对公众最低持股量的要求，以保证公司有充裕的资金周转；设定主要股东的最低持股量及出售股份的限制，如两年内不得出售名下的股份等，以使公司管理层在发展业务方面保持对股东的承诺。此外，创业板使用公告板作为交易途径，不论公司在何地注册成立，只要符合要求即可获准上市。从国际上通行的做法看，在创业板发行股票一般没有严格的询价过程，由发行人和承销商商定价格、实行定价发行的情况较多。

我国创业板市场要求与主板相比要求并不高，但是和美国纳斯达克及新加坡、韩国、香港创业板相比还是很高的。在美国，对盈利是没有要求的。主要原因是世界各地创业板除了美国纳斯达克之外都不是很成功，如果要求太低，会造成鱼龙混杂，整齐不一，风险会比较大，对创业板发展也没有什么好处。我国创业板上市条件做了一个折中。

（二）中国创业板市场与主板市场的发行条件差别

中国创业板主要支持成长型创业企业特别是自主创新企业，与主板市场不同的是有不同的发审委，并且有不同的上市标准，创业板强调成长性，如一年或者两年内盈利等。在发行人主体资格上的要求也略有不同。

1. 重大变革、主营业务和募资投向的不同

主板和中小板要求发行人最近三年内主营业务和董事、高级管理人员没有发生重大变化，实际控制人没有发生变更。而创业板要求发行人最近两年内主营业务和董事、高级管理人员均没有发生重大变化，实际控制人没有发生变更，这是重大变革上的不同。

从主营业务上看，主板和中小板要求发行人的生产经营符合法律、行政法规和公司章程的规定，符合国家产业政策；而创业板要求发行人应当主要经营一种业务，其生产经营活动符合法律、行政法规和公司章程的规定，符合国家产业政策及环境保护政策。

从募集资金去向方面看，主板要求募集资金投资项目应当有明确的使用方向，原则上应当用于主营业务。除金融类企业外，募集资金使用项目不得为持有交易性金融资产和可供出售的金融资产、借与他人、委托理财等财务性投资，不得直接或者间接投资于以买卖有价证券为主要业务的公司。而创业板要求发行人募集资金应当用于主营业务，并有明确的用途。

2. 上市财务指标要求上的差异

创业板上市要求发行前净资产不低于2 000万元，发行后总股本不低于3 000万元，并且按照《公司法》要求，货币出资金额不得低于注册资本的30%。在净利润上有两个标准：一是最近两年连续盈利且净利润不低1 000万元，且持股持续增长；第二个标准是最近一年盈利，且净利润不少于500万元，最近一年营业收入不低于5 000万元，且最近两年营业收入增长不低于30%。

相比而言，主板和中小板要求更加严格，主板和中小板要求发行后总股本不低于5 000万股，最近一期无形资产占净资产不高于20%，净利润最近三年为正且累计超过3 000万元，最近三年营业收入累计超过3亿元，或者最近三年经营现金流量净额累计超过5 000万元。

3. 创业板上市企业的实际财务指标

从2009年创业板上市以来，中小板和创业板企业的实际财务指标远高于《主板首发办法》、《创业板首发办法》规定的上市门槛。

从统计数据上来看，2009年以来在中小板上市的公司，2006年、2007年和2008年归属于母公司股东的净利润平均值分别为3 718万元、6 418万元和7 370万元。2009年以来上市的中小板上市公司2006年、2007年和2008年营业总收入平均值分别为46 294万元、63 380万元和78 698万元。

我们再来看创业板，创业板上市公司2006年、2007年和2008年归属于母公司股东的净利润平均值分别为1 243万元、2 848万元和3 893万元。创业板上市公司2006年、2007年和2008 年营业总收入平均值分别为10 002万元、15 618万元、22 388万元。

从以上统计数据可以看出来，IPO企业实际财务指标远高于国家要求的上市标准。这主要是刚刚推出来的中小板和创业板让一些更好的企业进入，可以促进中小板和创业板的发展，提供一个好的开端。

4. 各板块市场的层次设置的差别

上海证券交易所和深圳证券交易所的主板市场，主要是针对股本规模在1亿股、融资额在4亿元人民币以上的大型企业；深交所的中小板则是高成长企业的首选上市地，尤其适合于细分行业或区域经济的龙头企业；深交所创业板则是专门针对那些技术创新或管理模式创新型企业，尤其是为拥有核心技术、具备高成长性的高科技创业企业准备的。

总之，从首次公开发行股票的基本条件看，中国创业板与主板的区别没有国外那么大，而且设定了最低盈利限制。创业板与主板的上市主体资格的经营时间、财务要求、总股本、公众持股量、经营业务、公司管理五个方面的对比见表2-1。

表2-1　中国主板、中小板与创业板发行上市主要条件对比表

基本条件	主板（含中小板）	创业板
经营时间	持续经营三年以上的股份有限公司。有限责任公司按原账面净资产折股整体变更为股份公司的，经营时间和业绩可连续计算	持续经营三年以上的股份有限公司。有限责任公司按原账面净资产折股整体变更为股份公司的，经营时间和业绩可连续计算
财务要求	最近三个会计年度净利润均为正数且累计超过3 000万元。净利润以扣除非经营性损益前后孰低者为计算依据 最近三个会计年度经营活动产生的现金流量净额累计超过5 000万元，或者最近三个会计年度营业收入累计超过3亿元	标准一：最近两年连续盈利，最近两年净利润累计超过1 000万元，且持续增长。净利润以扣除非经营性损益前后孰低者为计算依据。或标准二：最近一年盈利，且净利润不少于500万元，最近一年营业收入不少于5 000万元，最近两年营业收入增长率均不低于30%。净利润以扣除非经营性损益前后孰低者为计算依据
	最近一期末不存在未弥补亏损	最近一期末不存在未弥补亏损
	最近一期末无形资产（扣除土地使用权、水面养殖权和采矿权等后）占净资产的比例不高于20%	最近一期末净资产不少于2 000万元。最近一期无形资产占净资产的比例未作要求
股本要求	发行前股本总额不少于3 000万元；发行后的股本总额不少于5 000万元	发行后的股本总额不少于3 000万元
公众持股量	公众持股量占公司股份总数的25%以上	公众持股量占公司股份总数的25%以上
业务经营	发行人应当主营业务突出，最近三年主营业务没有发生重大变化。有完整的业务体系，直接面向市场独立经营的能力	发行人应当主要经营一种业务，最近三年主营业务没有发生重大变化。有完整的业务体系，直接面向市场独立经营的能力
董事、管理层和实际控制人稳定情况	最近三年董事和高级管理人员无重大变动，实际控制人没有变更	最近两年董事和高级管理人员无重大变动，实际控制人没有变更
公司管理	董事会下设战略、审计、薪酬委员会，各委员会至少指定一名独立董事担任委员，至少三分之一的董事会成员为独立董事	具有完善的公司治理结构，依法建立健全股东大会、董事会、监事会以及独立董事、董事会秘书、审计委员会制度，相关机构和人员能够依法履行职责
同业竞争	发行人的业务与控股股东、实际控制人及其控制的其他企业之间不得有同业竞争	发行人的业务与控股股东、实际控制人及其控制的其他企业之间不得有同业竞争

续表

基本条件	主板（含中小板）	创业板
关联交易	不得有显失公平的关联交易，关联交易价格公允，不存在通过关联交易操纵利润的情形	不得有严重影响公司独立性或者显失公平的关联交易，不存在通过关联交易操纵利润的情形
成长性与创新能力	无具体要求	具有较高的成长性，具有一定的自主创新能力，符合“两高六新”和“九大新兴领域”
募集资金的用途	有明确的使用方向，原则上用于主营业务，并有明确的具体用途	募集资金应当用于主营业务，并有明确的用途（及使用计划）
违法行为	最近三年内无重大违法行为	最近三年内无重大违法行为
保荐人持续督导	持续督导的期间为证券上市当年剩余时间及其后两个完整会计年度	持续督导的期间为证券上市当年剩余时间及其后三个完整会计年度
创业板其他要求		经营成果对税收不存在严重依赖；对于成长性和自主创新能力需要保荐机构审慎调查，并出具专项意见；发行人控股股东对招股书签署确认意见；发行人在招股书显要位置对投资者作出创业板投资的“高风险提示”

第四节　发行上市的主要法定程序

一、发行人内部程序

《主板首发办法》和《创业板首发办法》对发行人规定了境内首次公开发行股票的公司内部审批程序：

1. 发行人董事会就本次发行股票作出决议

发行人董事会应当依法就本次股票发行的具体方案、本次募集资金使用的可行性及其他必须明确的事项作出决议，并提请股东大会批准。

2. 发行人股东大会就本次发行股票作出决议

股东大会决议至少应包括下列事项：（1）股票的种类和数量；（2）发行对象；（3）价格区间或者定价方式；（4）募集资金用途；（5）发行前滚存利润的分配方案；（6）决议的有效期；（7）对董事会办理本次发行具体事宜的授权；（8）其他必须明确的事项。

二、保荐申报

1. 发行人应当按照中国证监会的有关规定聘请保荐机构进行尽职调查和发行上市辅导，在保荐人和注册会计师、注册资产评估师、律师等证券中介服务机构协助下制作首次公开发行股票申请文件，由保荐人保荐并向中国证监会申报。

2. 特定行业的发行人应当提供管理部门的相关意见。

3. 发行股票并在创业板上市的，保荐人应当对发行人的成长性进行尽职调查和审慎判断并出具专项意见。发行人属自主创新企业的，还应当在专项意见中说明发行人的自主创新能力。

三、中国证监会核准

1. 中国证监会收到申请文件后，在五个工作日内作出是否受理的决定。

2. 中国证监会受理申请文件后，由相关职能部门对发行人的申请文件进行初审，发行股票在主板上市的由主板发行审核委员会审核；在创业板上市的由创业板发行审核委员会审核。

3. 对主板发行上市，中国证监会在初审过程中，将征求发行人注册地省级人民政府是否同意发行人发行股票的意见，并就发行人的募集资金投资项目是否符合国家产业政策和投资管理的规定征求国家发展改革委的意见。

4. 中国证监会依法对发行人的发行申请作出予以核准或者不予核准的决定，并出具相关文件。

5. 发行人应当自中国证监会核准之日起六个月内发行股票；超过六个月未发行的，核准文件失效，须重新经中国证监会核准后方可发行。

6. 发行申请核准后至股票发行结束前发生重大事项的，发行人应当暂缓或者暂停发行，并及时报告中国证监会，同时履行信息披露义务。出现不符合发行条件事项的，中国证监会撤回核准决定。

7. 股票发行申请未获核准的，发行人可自中国证监会作出不予核准决定之日起六个月后再次提出股票发行申请。

四、公开发行及申请上市交易

1. 发行人与承销商签订承销协议，证券公司向中国证监会报送发行与承销方案。

2. 发行人及其主承销商按照中国证监会《证券发行与承销管理办法（2010 年 10 月修订）》（简称《发行承销办法》）进行证券发售与承销。

3. 首次公开发行股票数量在 4 亿股以上的，可以向战略投资者配售股票。发行人应当与战略投资者事先签署配售协议，并报中国证监会备案。

发行人及其主承销商应当向参与网下配售的询价对象配售股票，网下配售股票与网上发行同时进行。

4. 发行完成后，向证交所提交上市申请；办理股份托管与登记；按照交易所确定的日期挂牌上市。

五、暂停上市交易和终止上市交易

根据《证券法》、《上海交易所上市规则》、《深圳交易所上市规则》规定，上市公司有下列情形之一的，由证券交易所决定终止其股票上市交易：（1）公司股本总额、股权分布等发生变化不再具备上市条件，在证券交易所规定的期限内仍不能达到上市条件；（2）公司不按照规定公开其财务状况，或者对财务会计报告作虚假记载，且拒绝纠正；（3）公司最近三年连续亏损，在其后一个年度内未能恢复盈利；（4）公司解散或者被宣告破产；（5）证券交易所上市规则规定的其他情形。

第五节　发行上市的各方责任和主要流程

一、股票发行上市参与各方的责任

《主板首发办法》和《创业板首发办法》总则中明确了股票发行与上市参与各方的责任：

（一）发行人

发行人依法披露信息，必须保证信息的真实、准确和完整，不得有虚假记载、误导性陈述或者重大遗漏，并对所披露的信息负责。

（二）保荐人及其保荐代表人

保荐人及其保荐代表人应当遵循勤勉尽责、诚实守信的原则，认真履行审慎核查和辅导义务，并对其所出具的发行保荐书的真实性、准确性、完整性负责。

（三）证券中介机构和人员

负责为证券发行出具有关文件的证券中介服务机构和人员，应当按照本行业公认的业务标准和道德规范，严格履行法定职责，并对其所出具文件的真实性、准确性和完整性负责。

（四）中国证监会

中国证监会依法核准发行人的首次公开发行股票申请，对发行人股票发行进行监督管理。中国证监会负责对发行人首次公开发行股票进行核准，但这并不表明其对该股票的投资价值或者投资者的收益作出实质性判断或者保证。

（五）证券交易所

证券交易所依法制定证券上市与交易的业务规则，创造公开、公平、公正的市场环境，保障主板和创业板市场的正常运行。

（六）投资者

投资者对证券自主投资，股票依法发行后，因发行人经营与收益的变化引致的投资风险，乃至未来市场波动风险，均由投资者自行负责。

二、股票发行上市的主要流程

根据公司法、证券法、首发办法、发行承销办法、上市规则及中国证监会颁布的其他相关规则、指引等相关规定，企业首次公开发行股票并上市的流程如图 2 – 1 所示。

案例　影视明星云集的华谊兄弟首批登陆创业板

【案例简介】

公司名称：华谊兄弟传媒股份有限公司

上市日期：2009 年 10 月 30 日

上市地点：深圳证券交易所创业板

股票代码：300027. SZ

发行市盈率：发行前后的市盈率分别为 43. 97 倍和 58. 33 倍

融资金额：12 亿元人民币

所属行业：广播电影电视业（影视娱乐传媒）

案例亮点：2009 年 10 月 30 日，华谊兄弟传媒股份有限公司在深圳证券交易所隆重上市，中国第一家影视娱乐股随首批 28 家公司成功登陆中国创业板。华谊兄弟虽然不属高科技产业，但其影视精品定位铸就了行业的领先地位；以突出的创新模式使传统产业在创业板上市是其最大的亮点；独一无二的高级人才激励制度引人注目，核心层人物不仅有商界名流，更让大牌制片人、影视导演和大批影视明星成为股东，构成了突出的人才优势；华谊兄弟影片的票房热

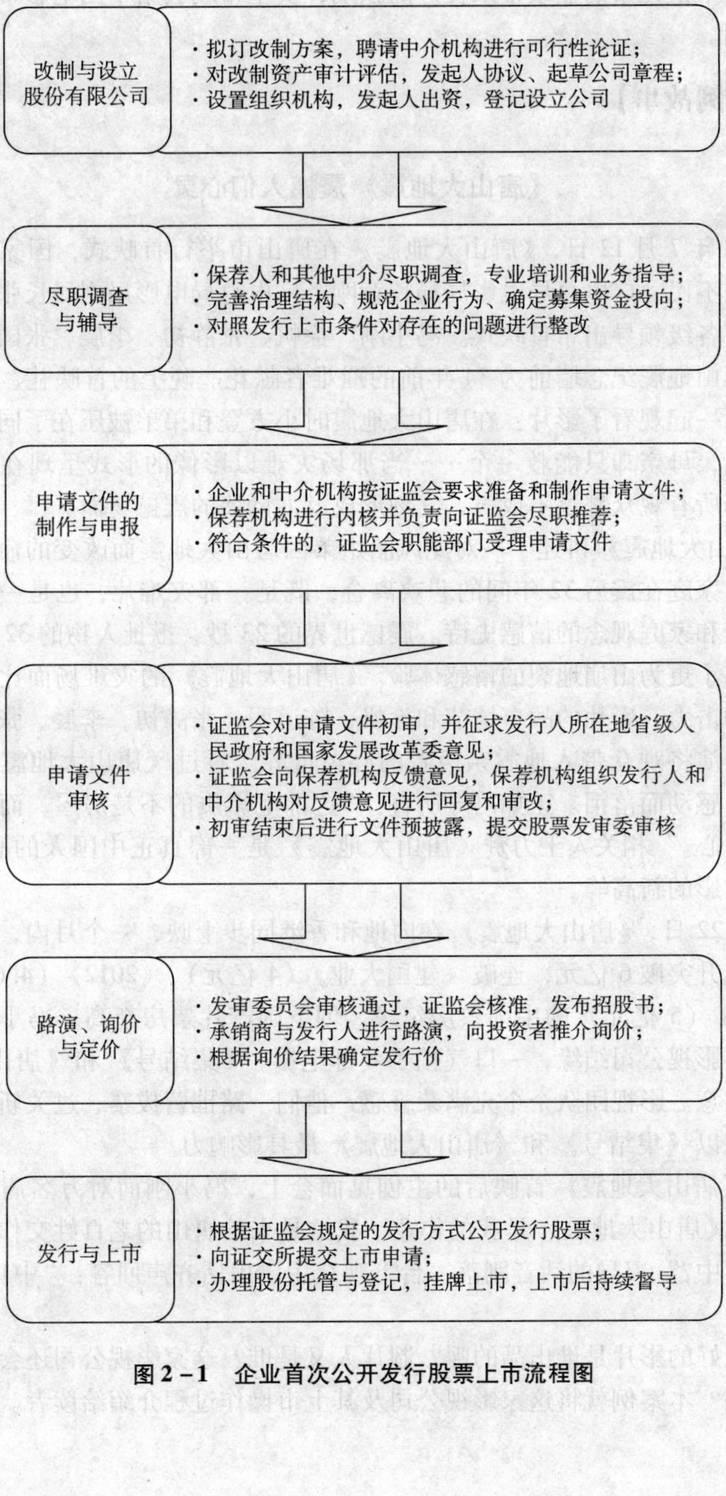

图 2－1　企业首次公开发行股票上市流程图

卖，将给华谊兄弟的业绩带来良好的预期，资本市场会给中国电影带来巨大的发展空间。

【案例故事】

《唐山大地震》震撼人们心灵

2010年7月12日，《唐山大地震》在唐山市举行首映式，国家广电总局副局长张丕民、广电总局电影局局长童刚、广电总局电影局副局长张宏森，以及唐山市各级领导出席首映式。冯小刚、徐帆、张静初、李晨、张国强等主创人员在唐山地震纪念墙前为34年前的罹难者献花。晚上的首映礼，一万余名唐山市民一起观看了影片：在唐山大地震时小方登和弟弟被压在了同一块水泥板的两端，母亲却只能救一个……当那场灾难以影像的形式呈现在大银幕上时，在场所有观众都泣不成声，立刻形成万人恸哭的震撼场面。

《唐山大地震》讲述了一对龙凤胎姐弟因唐山大地震而改变的命运。一个普通唐山家庭在震后32年间的悲欢离合，既是一部灾难片，也是一部描写中国人亲情和家庭观念的情感史诗。震撼世界的23秒，揪扯人物的32年，血浓于水带来了更为山崩地裂的情感体验。《唐山大地震》的灾难场面比大家想象的更具冲击力，影片的故事情节和徐帆、陈道明、张静初、李晨、张国强等人的真情表演将观众带入地震亲历者的心灵世界。看过《唐山大地震》的观众无不为之感动而落泪。正如冯导所言："这部电影震的不是房屋，而是我们每个人的内心。"相关人士力赞《唐山大地震》是一部真正中国人的心灵史诗，是华语电影的新高峰。

7月22日，《唐山大地震》在内地和香港同步上映，一个月内，该影片票房持续飙升突破6亿元，连破《建国大业》（4亿元）、《2012》（4.65亿元）、《阿凡达》（5亿元）的中国票房纪录，创下国产片票房新高。冯小刚称自己很幸运与影视公司结缘，一口气拍了8部电影，《集结号》和《唐山大地震》最让他满意。影视团队个个充满荣誉感，他们一路摧营拔寨、过关斩将，势不可当，尤以《集结号》和《唐山大地震》最具影响力。

在《唐山大地震》首映后的主创见面会上，冯小刚面对万名唐山市民时表示："《唐山大地震》是我的作业，我这是来给唐山的老百姓交作业了，你们说中不中？"冯导的话音刚落，台下观众用唐山话齐声回答："中！"声音震耳欲聋。

这么好的影片是谁出品的呢？制片人又是谁？这家影视公司还会拍出更好的电影吗？本案例就将这家影视公司及其上市操作过程介绍给读者。

华谊兄弟公司概况

（一）注册情况

华谊兄弟传媒股份有限公司注册地点为浙江省东阳市横店影视产业实验区，公开发行前注册资本为12 600万元，实收资本12 600万元，公司类型为股份有限公司，法定代表人为王中军，总裁为王中磊。

（二）公司经营范围

制作、复制、发行专题、专栏、综艺、动画片、广播剧、电视剧；企业形象策划；影视文化信息咨询服务；影视广告制作、代理、发行；国产影片发行；摄制电影（单片）；影视项目的投资管理；经营进出口业务。

（三）公司设立与变更历史沿革

公司由华谊兄弟传媒有限公司（原名浙江华谊兄弟影视文化有限公司）依法整体变更、发起设立为股份有限公司。

2004年11月19日，浙江华谊兄弟影视文化有限公司成立，注册资本500万元。2006年6月28日，浙江华谊的注册资本由500万元增至5 000万元，实收资本为1 500万元。2006年8月14日，公司名称由浙江华谊兄弟影视文化有限公司变更为华谊兄弟传媒有限公司（以下简称华谊有限）。2007年9月18日，华谊有限实收资本变更为5 000万元。2007年11月22日，华谊有限注册资本增至5 264万元。

2008年1月21日，华谊有限依法整体变更为股份公司——华谊兄弟传媒股份有限公司，以截至2007年11月30日公司经审计的净资产116 645 916.07元，按照1∶0.857981的比例折10 008万股，每股面值为1.00元人民币，注册资本为10 008万元，溢价部分计入资本公积金。2008年3月12日，公司注册资本由10 008万元增至12 600万元，并在浙江省工商行政管理局正式办理工商登记变更手续。

（四）业务情况

公司主要从事电影的制作、发行及衍生业务，电视剧的制作、发行及衍生业务，艺人经纪服务及相关服务业务。主要产品包括电影、电视剧，主要服务包括艺人经纪服务及相关服务。主要业务收入来自于电影票房收入、音像、电视播映版权收入、衍生产品（贴片广告等）收入，电视剧播放权收入、音像版权收入、衍生产品（公关活动等）收入，艺人经纪佣金收入、企业客户艺人服务收入等。

公司成立后，先从联合投资电影、电视剧，从事电影衍生业务（贴片广告等）、电视剧发行业务等入手进入广播电影电视行业。2004年，公司成立伊始即投资电影《天下无贼》，年末公映后，实现了1.2亿元的票房，位列年度票房三甲。之后，公司相继出品了《宝贝计划》、《心中有鬼》、《天堂口》、《集结号》、《功夫之王》、《非诚勿扰》等影片，均取得了不错的票房业绩。继《集结号》取得2.5亿元的票房佳绩后，《非诚勿扰》再创逾3亿元的票房辉煌。

2005年，公司取得广播电视节目制作经营许可证后加大了对电视剧的制作投资，先后摄制了《少年杨家将》、《嘉庆传奇》、《钻石王老五的艰难爱情》、《恋爱兵法》、《功勋》、《末路天堂》、《远东第一监狱》、《士兵突击》、《大院子女》、《鹿鼎记》、《身份的证明》、《人间情缘》等优秀电视剧。其中，《士兵突击》卫星频道累计播出21次，排名2007年第一位。

艺人经纪服务方面，公司上市前后旗下签约艺人达76人，李冰冰、周迅、黄晓明、张涵予、陆毅、邓超、任泉、王宝强等一大批国内当红影视艺人均与公司签订了独家演艺经纪合约，葛优、舒淇等明星也与公司签有长期合作协议。

公司推出的影视作品贴近实际、贴近生活、贴近群众，在实现市场价值的同时，还得到了社会的高度评价。主要作品中，《天下无贼》获得了第12届北京大学生电影节最佳观赏效果奖、第5届华语传媒大奖年度杰出电影奖、第11届电影华表奖优秀对外合拍影片奖、第28届大众电影百花奖最佳女主角奖并成为第7届远东国际电影节开幕影片；《心中有鬼》获得第44届台湾金马奖最佳女配角奖和最佳摄影奖；《天堂口》成为第64届威尼斯国际电影节闭幕影片；《集结号》获得第17届金鸡百花电影节最佳影片、最佳男主角、最佳导演、最佳男配角4项大奖，第45届台湾金马奖最佳男主角奖，第15届北京大学生电影节最佳影片奖，并成为第12届釜山国际电影节开幕影片和2008年纽约亚洲电影节参展电影。

控股股东及实际控制人情况

公司股东为75名自然人，控股股东及实际控制人为王中军、王中磊兄弟。截至招股意向书签署日，王中军持有公司34.85%的股权，王中磊持有公司11.03%的股权，两人合计持有公司45.88%的股权。华谊兄弟的部分商界名流和明星股东持股见表2-2和表2-3。

王中军，中国国籍，1960年3月出生，美国纽约州立大学大众传媒硕士。历任物资出版社摄影记者、中国永乐文化发展总公司广告部经理、北京华谊兄弟广告公司总经理、北京华谊兄弟影业投资有限公司董事长。自2005年9月起任公司董事长。

王中磊，中国国籍，1970 年 4 月出生，大专学历。历任中国机电设备总公司职员、北京华谊展览广告公司行政总监、北京华谊兄弟广告有限公司副总经理、北京华谊兄弟影业投资有限公司总经理。2005 年 9 月起任公司董事，2008 年 1 月至今，任公司总经理。

表 2－2　　华谊兄弟 2009 年 7 月股本变动情况表　　单位：股，%

序号	投资者名称	持股数	上市前持股（%）	IPO 上市后（%）
1	王中军	43 908 000	34.85	26.14
2	王中磊	13 896 000	11.03	8.27
3	马云	13 824 000	10.97	8.23
4	江南春	5 904 000	4.69	3.51
5	鲁伟鼎	5 904 000	4.69	3.51
6	赵静	5 000 000	3.97	2.98
7	张毅	5 000 000	3.97	2.98
8	虞锋	4 954 000	3.93	2.95
9	王育莲	4 550 000	3.61	2.71
10	高民	3 680 000	2.92	2.19
11	孙晓璐	3 600 000	2.86	2.14
12	冯小刚	2 880 000	2.29	1.71
13	张纪中	2 160 000	1.71	1.29
14	黄晓明	1 800 000	1.43	1.07
15	唐炬	900 000	0.71	0.54
16	葛根塔娜	720 000	0.57	0.43
17	梁笑笑	720 000	0.57	0.43
18	罗海琼	540 000	0.43	0.32
19	史方敏	540 000	0.43	0.32
20	李冰冰	360 000	0.29	0.21
21	任振泉	360 000	0.29	0.21
22	蒋燕鸣	360 000	0.29	0.21
23	张涵予	360 000	0.29	0.21
24	胡可	360 000	0.29	0.21
25	胡明	360 000	0.29	0.21
	小计	122 640 000	97.37	72.98
26	其他 54 人	3 360 000	2.63	2.02
	上市前总股本	126 000 000	100.00	75.00
	IPO 公众股东	42 000 000	—	25.00
	上市后总股本	168 000 000	—	100.00

表 2－3　　华谊兄弟的部分商界名流和明星股东持股表

姓名	货币出资（万元）	持股数量（万股）	发行前持股比例（%）	市值（万元）	各界名流
马云	689. 24	1 382. 4	10. 97	39 509	阿拉巴巴创始人
鲁伟鼎	310. 54	590. 4	4. 69	16 874	万向集团 CEO
江南春	310. 54	590. 4	4. 69	16 874	分众传媒创始人
虞锋及其母王育莲	456. 70	950. 4	7. 54	27 162	聚众传媒创始人
冯小刚	151. 48	288. 0	2. 28	8 231	著名导演
张纪中	113. 61	216. 0	1. 70	6 173	著名导演
黄晓明	540. 00	180. 0	1. 40	5 144	影视明星
罗海琼	117. 47	54. 0	0. 43	1 543	影视明星
胡可	18. 94	36. 0	0. 28	1 029	影视明星
李冰冰	18. 94	36. 0	0. 28	1 029	影视明星
张涵予	108. 00	36. 0	0. 28	1 029	影视明星

注：按照发行价 28. 58 元/股计算，王中军、王中磊兄弟市值为 16. 53 亿元。

子公司及主要利润来源

发行人共拥有了 7 家参股或控股子公司及孙公司，具体如下：

1. 华谊兄弟国际发行有限公司（香港）：主营业务是为母公司华谊传媒所出品的影片拓展海外发行业务。业务模式为参与投资华谊传媒所摄制的影片并取得该影片在海外一些国家或地区的发行权，然后再以批发商的身份同各个国家或地区的地方电影发行商签署电影代理发行协议。

2. 华谊兄弟影院投资有限公司：华谊影院投资的主营业务为投资、经营、管理影院和院线。业务模式为：首先，选取合适的商业地产物业作为影院的经营场所；其次，与商业地产所有者即业主签署影院投资及物业租赁协议；最后，在影院竣工后经营影院并取得电影票房分账收入、餐饮收入等业务收入。

3. 浙江华谊兄弟天意影视有限公司：主营业务是电视剧的制作、发行及衍生业务。业务模式包括采购模式、生产模式和销售模式，采购模式主要是指对专业人员劳务、摄制耗材、专用设施及设备等各项生产要素的采购；生产模式即为电视剧的摄制模式，通常采取“联合摄制”的模式，具体摄制工作包括艺术创作和行政管理两部分，由剧组负责。已经累计出品包括《士兵突击》和《我的团长我的团》等 5 部电视剧。

4. 北京华谊兄弟娱乐投资有限公司：主营业务、业务模式与浙江华谊天意相同，已经累计出品包括《最后的 99 天》、《黑玫瑰》、《望族》等 6 部电视剧。

5. 蓝海华谊兄弟国际文化传播江苏有限责任公司：主营业务是演唱会的策划、组织、票务销售及广告业务。业务模式是取得歌手及其经纪公司对蓝海华谊主办演唱会的授权并支付授权费，全面负责演唱会的策划、组织及管理等各项工作，通过销售演唱会门票及广告实现收入。已经成功举办了“音乐舞蹈史诗《东方红》”和“东方神起北京演唱会”，筹办了“Junior Young 上海演唱会”。

6. 北京华谊兄弟时代文化经纪有限公司：主营业务是艺人经纪业务，业务模式是在与符合公司需要的艺术条件和发展潜力的艺人签署经纪合作协议之后，公司为艺人提供形象策划及包装、个人发展规划、对外合作、谈判签约等一系列经纪服务。公司利用自身资源及社会关系为签约艺人积极开拓各种演艺机会并从艺人获得的商业活动酬金中按经纪协议的约定比例收取代理服务佣金实现收入。时代经纪拥有包括黄晓明、李冰冰、张涵予等 76 位签约艺人，在国内的艺人经纪业名列前茅。

7. 华谊视觉传媒广告有限公司：公司经营范围为设计、制作、代理、发行广告。主营业务为在电影院以超大清晰大屏幕（LED）为载体的广告营销，利用巨幅银幕、炫彩的画面和动感音效形成视觉和听觉冲击，为广告客户提供独特的媒体平台，将广告客户的品牌、市场营销直接送到消费终端。截至招股书签署日，拥有 127 块 LED 屏，主要分布在北京、上海、广州、深圳等 44 个大中城市的 124 个影院。华谊视觉是公司 2008 年以来的重大收购项目，主要是发行人控股子公司华谊影院投资通过股权转让及增资等方式收购了华谊视觉 82% 的股权。

从华谊兄弟披露的财务报表看，在华谊兄弟所属的 7 家公司中，上市前利润来源主要依靠从事电视剧制作发行的浙江天意影视和北京娱乐投资（见表 2－4）。

表 2－4　2009 年 1～6 月参股或控股子公司及孙公司净利润和净资产

利润排序	子公司名称	净利润	净资产
1	浙江华谊兄弟天意影视有限公司	15 244 764	26 769 402
2	北京华谊兄弟娱乐投资有限公司	14 617 498	77 904 815
3	北京华谊兄弟时代文化经纪有限公司	8 715 650	36 245 949
4	华谊兄弟国际发行有限公司（香港）	－60 612	33 979 203
5	蓝海华谊兄弟国际文化传播江苏有限责任公司	－470 519	9 359 614
6	华谊视觉传媒广告有限公司	－10 371 422	18 236 073
7	华谊兄弟影院投资有限公司	－14 518 285	19 134 893

历史业绩和最近市场表现

由于商业大片的投资回报高、市场影响大、运作模式成熟，在国内市场上成功率高，因此成为了公司电影业务的首选。公司成立以来出品的商业大片，赢得票房热卖的同时还赢得了口碑，对公司的电影业务收入作出了巨大贡献，票房收入曾让其出品人华谊兄弟的股东赚进了不少。作为华谊兄弟创业板审查过会后推出的第一大片《风声》，于新中国成立 60 周年期间公映时作为红色主旋律电影大受观众欢迎，票房超过 1 亿元，市场各方助推这支内地影视第一股在招股上市之前充分表现了其“吸金能力”。

竞争优势及具体表现

公司的核心竞争优势是对影视、文化资源强大的整合能力，这一竞争优势构筑在“三大业务板块联动”和“工业化运作体系”的运营及管理模式之上，具体表现如下。

1. 产业链的优势

公司是国内实现电影、电视剧和艺人经纪三大业务板块有效整合的典范，是在产业链完整性和影视资源丰富性方面较为突出的公司之一。在公司统一平台的整体运作下，电影、电视剧的制作、发行业务与艺人经纪业务形成了显著的协同效应。

一方面，公司的影视业务能够为公司签约演艺人员提供宝贵的演艺机会，保证了公司人才培养机制的有效运作、艺人知名度的提升和商业价值的深度挖掘；另一方面，公司丰富的演艺人才储备又可以为公司影视业务提供知名演职人员，互利的合作能够在保证影视剧质量和市场号召力的同时降低投资成本。

2. 运营体系的优势

在三大业务板块协同联动的产业链基础上，公司通过多年的丰富实践，将国外传媒产业成熟先进的管理理念与中国传媒产业运作特点及产业现状相结合，较早建立了国内领先的“影视娱乐业工业化运作体系”。

该运作体系的核心思想就是将公司各业务环节以模块化和标准化的方式进行再造，主要包括“收益评估 + 预算控制 + 资金回笼”为主线的综合性财务管理模块、强调专业分工的“事业部 + 工作室”的弹性运营管理模块以及强调“营销与创作紧密结合”的创作与营销管理模块等。

公司通过贯穿始终并行之有效的财务管理、组织管理、创作管理（服务管理）、营销管理和人才管理等管理措施确保了各业务模块在具有一定管理弹性的基础上得以标准化运作，进而保证整个业务运作体系的规范化和高效率。

3. 公司品牌的优势

根据世界品牌实验室和世界经济论坛联合主办的世界品牌大会发布的 2006 年"中国 500 最具价值品牌"排行榜，"华谊兄弟"品牌价值 14.25 亿元，居国内传媒企业领先地位。

4. 专业人才的优势

影视及艺人经纪服务行业具有较强的专业性，优秀人才的专业能力及丰富经验是本公司的宝贵财富。公司目前业已建立了包括王中军、王中磊、冯小刚、张纪中、吴毅、李波、杨敏、刘艳、陈磊等在内的一批优秀的影视娱乐业经营管理和创作人才队伍（制片人及导演队伍），同时拥有包括葛优、舒淇、黄晓明、李冰冰、邓超等著名艺人在内的 80 多名国内富有竞争优势的签约艺人队伍，构成了公司突出的人才优势。

5. 合作伙伴的优势

公司在多年的业务发展中积累了一批长期稳定的战略合作伙伴，如各大电影院线、各大电视台以及国外各大电影公司等。这些战略合作伙伴的信任和支持，一定程度上构成了公司影视作品的市场保证。

华谊兄弟的主要财务数据

华谊兄弟上市前的主要财务数据见表 2－5。

表 2－5　　华谊兄弟主要财务指标

财务指标	2009 年中期	2008 年末期	2007 年末期	2006 年末期
营业收入（万元）	26 065.43	40 934.68	23 477.86	12 434.79
净利润（万元）	3 202.87	6 806.45	5 824.46	2 356.41
总资产（万元）	67 448.41	55 510.23	31 746.01	18 915.46
股东权益（万元）	28 004.12	24 801.24	15 520.48	4 696.03
每股收益（元）	0.2500	0.5700	2.4300	2.3600
每股收益（扣除后，元）	0.3100	0.7200	1.4900	2.1000
每股净资产（元）	2.2200	1.9700	2.9500	3.1300
每股未分配利润（元）	0.6011	0.3469	1.5275	1.6138
每股公积金（元）	0.5429	0.5429	0.3298	0.3333
净资产收益率（%）	11.44	27.44	37.53	50.18

募股资金使用计划

公司本次实际募集资金 12.0036 亿元，扣除 5 212 万元（占 4.34%）发行费用后净融资额为11.48亿元，将用于补充影视剧业务营运资金、影院投资项目、补充公司流动资金，超募的5.28亿元资金用途将特殊研究并经批准后使用。

通常一部电影的票房收入，50%由电影院所得，40%归电影制片及发行方，其余10%归院线公司所有。王中军在推介会上透露，公司已决定发展整合院线，目前已签订10多家影院，2009年内能完成的有2家。不止如此，王中军的梦想在于成为中国的迪士尼或环球，缔造一个艺人众多、院线遍布的影视娱乐帝国。

公司计划电影业务继续推行大制作精品策略，年总产量达到6部，其中至少两部为进入国产电影票房前10名的影片。用2年左右的时间达到年出品600集以上电视剧的规模，其中至少有2~3部是当年度具有较大影响力的作品。在2年内将旗下艺人队伍发展到100人以上的规模。2年内建设6家影院，中长期发展目标是在5年内累计建设约15家影院，初具全国性院线的格局，形成一定的市场规模。华谊兄弟的募股资金使用计划见表2-6。

表2-6　　华谊兄弟募股资金使用计划

电影投资计划		电视剧投资计划	
电影名称（暂定）	影片类型	电视剧名称（暂定）	投资集数（暂定）
《狄仁杰》	大制作	《谍变1939》	36集
《唐山大地震》	大制作	《南下南下》	40集
《非诚勿扰2》	大制作	《光荣梦想》	30集
《魔术之王》	大制作	《爱人同志》	30集
《追影》	中小制作	《从一到无穷大》	30集
《热辣辣》	中小制作	多部电视剧	集数未定
电影共6部	投资3.75亿元	电视剧共642集	投资3.85亿元

公司的成长性与盈利预测

（一）影视传媒市场状况

中国电影票房从2003年的约9亿元增长到2008年逾43亿元的规模，增幅近4倍，年复合增长率接近40%。2008年中国电影市场票房收入首次突破40亿元大关，以30%的票房增幅居全球之冠，并且首次成功跻身全球电影票房市场的前十名。2003年至今，国产影片（含中外合拍影片）产量的年复合增长率约为20%。截至2008年底，中国已形成了年产406部故事影片的产业规模。

（二）自主创新能力及核心竞争力

华谊兄弟所处的电影电视行业的景气度不断提升，市场规模持续稳定增长，为华谊兄弟的持续稳定增长提供了市场条件。而华谊兄弟在中国电影和电视剧市场、艺人经纪服务市场竞争中均占据相当的市场份额，华谊兄弟控股股东及核心经营管理人员稳定，自主创新及核心竞争力强，为公司未来的长远发展奠定了良好的基础。

公司的自主创新能力及核心竞争力是影视、文化资源的整合能力。其自主创新能力体现在“电影、电视和艺人经纪三大业务板块联动”和“工业化运作”两个方面。公司的核心竞争力来源于制度化的专业人才的培养机制、创作管理、市场营销等，具有可持续性。王氏兄弟利用传媒业发展的契机，打造了以“华谊兄弟”为品牌的影视、文化资源整合平台。公司目前已经培养和聚集了一批优秀的影视业人才，打造了较为完善的集影视业及艺人经纪业为一体的产业链，建立了一套行之有效的运营管理机制，积累了一批长期稳定的战略合作伙伴，从而确立了公司在企业品牌、专业人才的培养和储备、产业链完整性、运营机制完善性以及合作伙伴资源丰富性等方面的全方位竞争优势。

（三）募股资金助力公司成长

本次募投项目为发行人未来业务增长提供了资金保障。华谊兄弟所从事的影视业务所需的固定资产较少，而流动资金需求量大。并且，影视作品投资摄制普遍存在跨期现象，回笼资金往往需要 1 年以上的时间，营运资金规模直接决定了公司影视剧制作产能和效益。本次募集项目的实施将有效提升公司盈利水平，增强公司竞争能力、提升公司的市场地位，本次发行募集资金项目投产后，资产规模、营业收入和利润将会有较大幅度增长。

（四）2009 年下半年发行人经营业绩展望

根据中瑞岳华专审字〔2009〕第 2399 号盈利预测报告，预计 2009 年下半年发行人电影业务收入 10 354. 98 万元，电视剧业务收入 15 662. 53 万元，艺人经纪业务收入 7 904. 96 万元。2009 年公司预测可实现净利润 8 276. 18 万元，比 2008 年净利润 6 806. 45 万元预计增长 1 469. 73 万元，同比增长 21. 59%。因此，发行人 2009 年仍能保持较快增长，整体经营业绩持续增长的态势不减。

（五）公司成长性的专项评价意见

综上，国产大片具有“供给创造需求”的特点，发行人扩产的电影主要为大制作作品，具有较高思想性和可欣赏性，预计市场接受度高；中国电视黄金时段的精品电视剧重播率相当高，反映精品电视剧的细分市场需求尚未满足，而发行人扩产的电视剧主要针对这一细分市场，因此，发行人产品的市场前景较好，未来业绩成长具有可持续性。

按照创业板首发及上市规则的要求，对影响公司成长性的相关法规、产业政策、所属行业的发展前景及市场地位、竞争优势等方面的情况进行尽职调查和审慎核查，保荐机构得出公司成长性的专项意见如下：

华谊兄弟通过对影视和文化资源的整合形成了较强的自主创新能力，在影视传媒行业拥有较强的竞争优势，并且，该行业的发展符合国家产业政策，在中国经济快速发展的背景下，市场空间广阔。发行人未来发展规划符合行业发展规律，发行人的未来发展将呈现良好增长趋势。

华谊兄弟的上市进程

2008 年 4 月 3 日，中信建投证券受委托作为保荐人对华谊兄弟上市通过立项程序，从此开始了华谊兄弟的上市进程。

2009 年 7 月 17 日，经过一年多的运作，中信建投证券项目负责人提出内核申请，随后保荐人公司内部对项目进行了现场核查并完成内核初审程序，出具了关于项目的内核初审意见。

7 月 23 日，保荐机构召开内核会议对华谊兄弟上市项目通过了审议和表决。随后，保荐人和华谊兄弟公司向证监会递交了上市申请。

9 月 27 日，华谊兄弟上市获证监会发审委会议通过。9 月 29 日，证监会以证监许可〔2009〕1039 号文核准华谊兄弟首发 4 200 万股并在创业板上市。

10 月 9 日，刊登《初步询价及推介公告》、《首次公开发行股票并在创业板上市提示公告》、路演推介。中信建投证券作为本次发行的保荐人（主承销商）组织本次发行的路演推介和初步询价，分别在上海、北京参加现场推介会。招股意向书等招股文件登载于中国证监会指定的五家网站（巨潮资讯网、中证网、中国证券网、证券时报网、中国资本证券网）和华谊兄弟公司网站，招股意向书全文和《首次公开发行股票并在创业板上市提示公告》同时刊登于《上海证券报》、《中国证券报》、《证券时报》及《证券日报》。

10 月 12 日，向询价对象进行初步询价（通过深交所网下发行电子平台）、路演推介。推介会上，主承销商称华谊兄弟是国内唯一一家将电影、电视和艺人经济三大业务板块实现有效整合的传媒企业，并给出了 23.8 ~ 27.3 元的合理估值区间。按摊薄后 EPS 测算，对应 2008 年、2009 年、2010 年、2011 年 PE 分别为 59 ~ 67 倍、48 ~ 55 倍、26 ~ 30 倍和 17 ~ 20 倍。这一估值和创业板目前 50 多倍市盈率基本一致。王中军在推介会上也笑言："卖片很像卖楼花，有好的导演和艺人就像在北京长安街上有块地，还愁没人买么？"

10 月 13 日，华谊兄弟和中信建投证券确定发行价格，刊登《网上路演公告》。

10 月 14 日，刊登《发行公告》、《投资风险特别公告》，网上路演。

10 月 15 日，网下和网下发行申购日、申购缴款日，网下和网上同步发行。

10 月 16 日，网下、网上申购资金验资。

10 月 19 日，刊登《网下配售结果公告》、《网上中签率公告》；网下申购多余款项退款，摇号抽签。

10 月 20 日，刊登《网上中签结果公告》，网上申购资金解冻，股票登记。

10 月 30 日，股票首日上市开盘价 63. 66 元，最高冲到 91. 80 元，收盘价 70. 81 元/股，比发行价 28. 58 元上涨 147. 76%，二级市场市盈率超过 100 倍。

华谊兄弟传媒股份有限公司上市后股本结构见图 2 – 2。

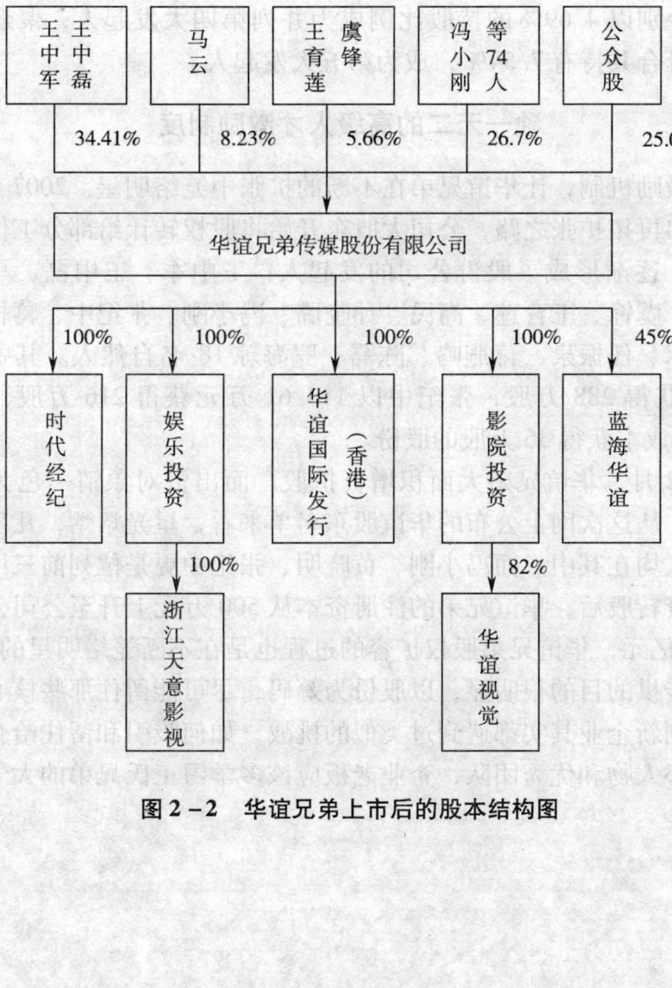

图 2 – 2　华谊兄弟上市后的股本结构图

【案例评析】

华谊兄弟引进战略投资者

在华谊兄弟建立之初，出资方的实际控制人均为亲戚关系。刘晓梅与王中军系夫妻关系，王中磊与王中军是兄弟关系。不过，这种家族式生意从2005年9月起开始发生转变，华谊兄弟开始引进外部战略投资者，其中，2006年6月15日，阿里巴巴创始人马云受让了浙江华谊的部分股权。从那时起，马云就一直持有华谊兄弟的股权。

经过几次股权合作，华谊公司的股权结构变得多元，但王中军依然保持控股地位。发行前王中军拥有华谊兄弟34.85%的股权，王中磊持有11.03%的股权，两人合计拥有45.88%的股权；阿里巴巴创始人马云以持股10.97%的比例成为除王氏兄弟外的第三大发起人；万向集团CEO鲁伟鼎和分众传媒创始人江南春分别以4.69%的持股比例成为并列第四大发起人；聚众传媒创始人虞锋与其母合共持有7.54%，成为第五大发起人。

独一无二的高级人才激励制度

有效的激励机制，让华谊兄弟在不断的扩张中笼络明星。2007年11月19日，华谊兄弟再拓扩张之路，公司大股东开始将股权转让给部分工作人员和影视导演明星，逐渐形成了股份公司的发起人：王中军、王中磊、马云、鲁伟鼎、江南春、虞锋、王育莲、高民、孙晓璐、冯小刚、张纪中、葛根塔娜、梁笑笑、李冰冰、任振泉、蒋燕鸣、陈磊、罗海琼18名自然人。其中冯小刚以151.48万元获得288万股，张纪中以113.61万元获得216万股，李冰冰以18.93万元的成本获得36万股的股份。

2008年2月，华谊兄弟大面积增资扩股，而出资对象清一色为公司员工及签约明星。从这次网上公布的华谊股东名单来看，星光熠熠，几乎华谊可以挑大梁的艺人均在其中。而冯小刚、黄晓明、张纪中更是位列前三甲。在经过上述两类扩资转股后，华谊兄弟的注册资本从500万元上升至公司公开发行股票前的1.26亿元，华谊兄弟股权扩容的过程也是在不断笼络明星的过程。

华谊这步棋的目的很明显，以股份为筹码，尽可能留住那些核心大牌。中国绝大部分创新企业其实都遇到过类似的挑战，如何吸引和留住给企业带来成长业绩的核心人物和优秀团队，企业老板应该多学习王氏兄弟的大气，实现大家共赢。

冯导拍戏真的“不差钱”

2009 年 10 月 13 日晚间，华谊兄弟和主承销商确定发行价格为人民币 28.58 元/股，发行人实际募集资金数量将为 120 036 万元，超募近 1 倍。该发行价格对应的市盈率，按 2008 年净利润计算，发行前后的市盈率分别为 52.93 倍和 69.71 倍，按 2009 年预计净利润计算，发行前后的市盈率分别为 43.97 倍和 58.33 倍。截至 2009 年 10 月 16 日，已经发行的 28 家创业板公司发行后算术平均发行市盈率达到了 55.7 倍。

华谊兄弟由于 IPO 超募，净资产急剧增加。如果募集资金运用不当，投资项目的盈利能力不能同步增长，将给发行人净资产收益率等盈利指标带来负面影响，也将对发行人资金管理运营及内部控制提出严峻挑战。不管怎样，这次募集的资金到位后，王氏兄弟和冯导投资拍戏真的“不差钱”！

华谊兄弟领衔明星富豪

王中军持有公司 4 390.8 万股，王中磊持有 1 389.6 万股，两人共拥有 5 780.4万股，占 34.41%，按照发行价每股 28.5 元计算，两兄弟的身价猛升至 16.52 亿元。马云持有的华谊兄弟股票 1 382.4 万股，市值达 3.95 亿元。潜伏在华谊兄弟中的名人股东的“身家一夜暴涨”：冯小刚、张纪中股权市值分别暴涨至 8 231 万元、6 173 万元，此二人投资回报高达 54 倍；黄晓明持股数量达 180 万股，占发行后总股本的 1.4%，市值 5 144 万元，成为公司签约演员中持股数和市值的第一位；罗海琼 54 万股，市值 1 543 万元；胡可、李冰冰、张涵予各 36 万股，市值 1 029 万元，全部进入资本市场千万富翁行列。黄晓明 2008 年以每股 3 元的价格购入华谊兄弟的股份，现在被媒体称为最会理财的演艺明星。不过华谊一姐周迅并未持有公司股份，已另有所往的周迅于 2010 年 8 月出走华谊，李冰冰稳坐了华谊一姐的位置，而许晴和张静初却在当年加盟了华谊兄弟。看来，明星签约到期后的进出也是平常事。

“大牌明星”出场的股东大会

与其他创业板公司不同，华谊兄弟最吸引眼球的莫过于公司中一个个光鲜无比的影视大腕。在顺利闯关创业板后，这些明星们的钱包也将随着创业板“造富潮”大大扩容。公司公布的招股书显示，在发行前的股东构成中，包括冯小刚、张纪中、黄晓明、张涵予、李冰冰、罗海琼、胡可、任振泉等在内的 50 多位明星大腕出现在其股东名单中。有股民在网上调侃，华谊兄弟未来将成为最大牌的股东大会，如果这些明星能够出席股东大会，现场一定爆棚，除了股民以外，不少追星族也会抓住这次免费见明星的机会。

华谊兄弟和中国影视业的未来

华谊兄弟是中国唯一一家集电影、电视剧和艺人经纪三大业务为一体的民营影视娱乐企业，具有完整产业链。近年来公司以精品定位拍摄出多部成功的商业电影和高品质电视剧，品牌形象已深入人心，基石渐稳，与此同时公司发展已步入快速成长期，2006—2008 年营业收入复合增长率、净利润复合增长率均远高于同行业平均水平。

商业大片抢占先机，拓展电影市场空间。2003—2008 年中国电影票房收入复合增长率为40%，2008 年底规模已达43 亿元，但中国人均票房收入仍仅为3.3 元，远低于美国的10 美元，中国票房收入增长潜力巨大。华谊兄弟在市场竞争中已经占得先机，凭借《集结号》、《功夫之王》、《非诚勿扰》等优秀商业大片，2006—2008 年公司累计票房收入在国内同行业企业中排名第二位，仅次于中影集团。伴随而来的是公司电影收入的爆发式增长，2006—2008 年复合增长率93.1%，远高于国内票房40%左右的增速，毛利率也在50%左右的高水平。

电视剧精品后来居上，进入电视剧市场竞争。目前中国电视剧市场呈现出饱和趋势，行业内企业数量众多，2008 年底国内共有3 343 家机构取得广播电视节目制作许可证，竞争尤其激烈。2006 年华谊整合内部艺人资源进入电视剧领域，相继推出《士兵突击》、《我的团长我的团》、《最后的99 天》等精品电视剧。在此基础上2008 年公司电视剧收入迈上一个新台阶，规模突破1 亿元，同比增长30%，毛利率达到38%，均高于行业均值。

拥有大批当红艺人，经纪服务市场强势地位稳固。艺人经纪服务市场供过于求，但知名艺人仍集中在少数公司手中，他们是经纪业务高利润率的保证。截至2009 年第三季度末，华谊子公司时代经纪已拥有李冰冰、周迅、黄晓明、张涵予、陆毅、邓超、王宝强、罗海琼等85 位当红艺人（后来周迅退出、许晴加盟），数量位居国内第一，预计今后强势地位将得到巩固。

公司IPO 募集资金12 亿元，主要用于补充影视剧业务营运资金，超募部分将投入影院项目。资金到位后将打开一直困扰公司的资金瓶颈，盈利能力将显著增强，预计影视剧产量翻番，即电影年产量6 部，电视剧年产量600 集以上。

2010 年，《唐山大地震》以其感人的剧情、精湛的拍摄，以及徐帆、陈道明、张静初等明星大腕的出色表演成功上映，6.73 亿元的票房创中国电影票房之最。2010 年12 月，《非诚勿扰2》的票房也达到4 亿多元。两部影片的票房占 2010 年中国城市影院总票房 101.72 亿元的 10%，充分展示了公司的发展前景。

中国电影人及影视传媒企业在资本市场的运作融资，将促进中国影视产业的快速发展。相信华谊兄弟会拍出更精品的影片，中国电影的明天也一定会更好。

第三章

保荐制和保荐职责

○保荐制与保荐机构

○保荐机构的职责及其权利和义务

第一节　保荐制与保荐机构

一、资本市场的证券准入体制

（一）准入体制

企业进入资本市场发行证券的准入审批体制通常称为发行监管制度，它的核心内容是股票发行决定权的归属。国际上主要有两种类型的发行审批制度，分别称为注册制和核准制。

注册制属于完全的市场化主导型的股票发行体制，强调股票发行人根据市场需求情况自主决策，但发行人必须按法定程序向证券监管部门提交股票发行有关信息、申请注册并向社会公布，发行人对信息的完整性、真实性、准确性负责。监管部门在法定期限内对发行人的申请无异议，发行人即可通过证券交易所向资本市场发行股票，目前发达国家如美国等均采用注册制。

核准制属于半市场化的政府主导型的股票发行体制，介于政府审批制与注册制之间，强调的是发行人必须符合必备发行条件、强制性信息披露、合规性管理和企业规范治理相结合的原则。在核准制具体操作中是以保荐人为代表的中介机构根据市场需要选择、培育、推荐企业，由发行人诚信披露、中介机构实质性审核并发表专业意见，监管部门进行合规性初审，发行审核委员会独立发表审核意见，最后监管机构依法进行股票发行核准的发行审核体制。中国证券市场的证券准入实行核准制。

（二）核准制中的保荐制

保荐制是核准制向注册制过渡过程中的发行监管制度，也是核准制中的具体程序规则，它体现中介机构实质性审核，旨在进一步明确责任并建立责任追究机制。保荐制是指由保荐人（券商）负责发行人的上市推荐和辅导，核实公司发行文件中所载资料的真实、准确和完整，协助发行人建立严格的信息披露制度，不仅承担上市前的辅导、推荐以及上市后持续督导的责任，还将责任落实到具体的保荐代表人个人。实际上保荐制就是让券商及其责任人对承销发行的股票负有持续性的连带担保责任。

二、保荐机构和主承销商

中国证监会颁布并于2009年5月13日修订的《证券发行上市保荐业务管理办法》（中国证券监督管理委员会令第63号，以下简称《保荐办法》），规范了保荐制、发行人与保荐机构的职责和保荐业务行为。《主板首发办法》和《创业板首发办法》也对保荐机构和上市公司的职责作了明确规定。企业必须聘请保荐机构负责首次公开发行股票并上市的保荐工作，公开发行证券的企业有权依法自主选择保荐机构。

（一）《保荐办法》的基本规定

发行人应当就下列事项聘请具有保荐机构资格的证券公司履行保荐职责：(1) 首次公开发行股票并上市；(2) 上市公司发行新股、可转换公司债券；(3) 中国证监会认定的其他情形。

证券公司从事证券发行上市保荐业务，应依照《保荐办法》规定向中国证监会申请保荐机构资格。保荐机构履行保荐职责，应当指定已取得保荐代表人资格的个人具体负责保荐工作。未经中国证监会核准，任何机构和个人不得从事保荐业务。

证券发行规模达到一定数量的，可以采用联合保荐，但参与联合保荐的保荐机构不得超过两家。

（二）基本规定

1.《保荐办法》规定，保荐机构应当为经中国证监会注册登记并列入保荐机构名单，同时具有证券交易所会员资格的证券经营机构；摘牌公司恢复上市的保荐机构还应当具有中国证券业协会《证券公司从事代办股份转让主办券商业务资格管理办法（试行）》中规定的从事代办股份转让主办券商业务资格。

2. 保荐机构应当与发行人签订保荐协议，明确双方在发行人申请上市期间、申请恢复上市期间和持续督导期间的权利和义务。保荐协议应当约定保荐机构审阅发行人信息披露文件的时点。

3. 保荐机构应当在签订保荐协议时指定两名保荐代表人具体负责保荐工作，并作为保荐机构与证券交易所之间的指定联络人。

4. 保荐代表人应为经中国证监会注册登记并列入保荐代表人名单的自然人。

5. 保荐机构保荐股票或者可转换公司债券上市（股票恢复上市除外）时，应当向交易所提交上市保荐书、保荐协议、保荐机构和相关保荐代表人已经中国证监会注册登记并列入保荐机构和保荐代表人名单的证明文件，保荐机构向保荐代表人出具的由董事长或者总经理签名的授权书，以及与上市保荐工作有关的其他文件。

《保荐办法》规定，证券发行的主承销商可以由该保荐机构担任，也可以由其他具有保荐机构资格的证券公司与该保荐机构共同担任。

（三）保荐机构的资格

1. 注册资本不低于1亿元人民币，净资本不低于5 000万元人民币；

2. 具有完善的公司治理和内部控制制度，风险控制指标符合相关规定；

3. 保荐业务部门具有健全的业务规程、内部风险评估和控制系统，内部机构设置合理，具备相应的研究能力、销售能力等后台支持；

4. 具有良好的保荐业务团队且专业结构合理，从业人员不少于35人，其中最近三年从事保荐相关业务的人员不少于20人；

5. 符合保荐代表人资格条件的从业人员不少于4人；

6. 最近三年内未因重大违法违规行为受到行政处罚；

7. 中国证监会规定的其他条件。

（四）保荐代表人的资格

1. 具备三年以上保荐相关业务经历；

2. 最近三年内在国内首次公开发行股票并上市、上市公司发行新股、可转换公司债券项目中担任过项目协办人；

3. 参加中国证监会认可的保荐代表人胜任能力考试且成绩合格有效；

4. 诚实守信，品行良好，无不良诚信记录，最近三年未受到中国证监会的行政处罚；

5. 未负有数额较大到期未清偿的债务。

如同在香港交易所网站可以查询香港主板和创业板的合法持牌的保荐机构名单，在中国证监会网站可以直接查阅保荐机构及其保荐代表人名单。

三、发行人与其他证券服务中介机构

发行人及其董事、监事、高级管理人员，为证券发行上市制作、出具有关文件的律师事务所、会计师事务所、资产评估机构等证券服务机构及其签字人员，都应当依照法律、行政法规和中国证监会的规定，配合保荐机构及其保荐代表人履行保荐职责，并承担相应的责任。

保荐机构及其保荐代表人履行保荐职责，不能减轻或者免除发行人及其董事、监事、高级管理人员、证券服务机构及其签字人员的责任。

第二节　保荐机构的职责及其权利和义务

一、发行申请前的职责

保荐机构总的职责是依法选择和培育发行人；对发行人进行尽职调查、对

发行人进行上市前辅导，使其达到公司治理准则的要求；对发行人申请文件、证券发行募集文件进行核查，向中国证监会、证券交易所出具保荐意见，接受证监会质询，并在上市后按规定期限对发行人持续督导。保荐机构要保证所出具的文件真实、准确、完整。其中发行申请之前的职责是：

1. 保荐机构应当与发行人签订保荐协议，明确双方的权利和义务，按照行业规范协商确定履行保荐职责的相关费用。保荐协议签订后，保荐机构应在5个工作日内报发行人所在地的中国证监会派出机构备案。

2. 保荐机构应当尽职推荐发行人证券发行上市。保荐机构的保荐业务负责人、内核负责人负责监督、执行保荐业务各项制度并承担相应的责任。保荐机构应当指定2名保荐代表人具体负责1家发行人的保荐工作，出具由法定代表人签字的专项授权书，并确保保荐机构有关部门和人员有效分工协作；保荐机构可以指定1名项目协办人。

3. 保荐机构推荐发行人证券发行上市，应当遵循诚实守信、勤勉尽责的原则，按照中国证监会对保荐机构尽职调查工作的要求，对发行人进行全面调查，充分了解发行人的经营状况及其面临的风险和问题。

4. 保荐机构在推荐发行人IPO前，应当对发行人进行上市辅导。发行人的董事、监事和高级管理人员、持有5%以上股份的股东和实际控制人（或者其法定代表人）应当接受系统的法规知识和证券市场知识培训，全面掌握发行上市、规范运作等方面的有关法律法规和规则，知悉信息披露和履行承诺等方面的责任和义务。

5. 保荐机构辅导工作完成后，应向发行人所在地的中国证监会派出机构申请进行辅导验收。

6. 保荐机构应当确信发行人符合法律、行政法规和中国证监会的有关规定，方可推荐其证券发行上市。

7. 保荐机构决定推荐发行人证券发行上市的，可以根据发行人的委托，组织编制申请文件并出具推荐文件。

8. 对发行人申请文件、证券发行募集文件中有证券服务机构及其签字人员出具专业意见的内容，保荐机构应当结合尽职调查过程中获得的信息对其进行审慎核查，对发行人提供的资料和披露的内容进行独立判断。

9. 保荐机构所作的判断与证券服务中介机构的专业意见存在重大差异的，应当对有关事项进行调查、复核，并可聘请其他证券服务机构提供专业服务。

10. 对发行人申请文件、证券发行募集文件中无证券服务中介机构及其签字人员专业意见支持的内容，保荐机构应当获得充分的尽职调查证据，在对各种证据进行综合分析的基础上对发行人提供的资料和披露的内容进行独立判断，并有充分理由确信所作的判断与发行人申请文件、证券发行募集文件的内容不存在实质性差异。

二、上市辅导的内容与方式

（一）辅导机构和辅导对象

《保荐办法》规定保荐机构负责在推荐发行人首次公开发行股票并上市前对发行人进行上市辅导。辅导对象为发行人的全体董事、监事、经理、副经理、财务负责人、董事会秘书及其他高级管理人员、持有5%以上股份的股东和实际控制人（或者其法定代表人），上述人员必须参与整个辅导过程，并积极配合辅导及核查工作。

（二）辅导与督促的工作目标

1. 促进公司建立规范的公司治理结构，符合《上市公司治理准则》的要求；

2. 形成公司独立运营；

3. 督促公司的董事、监事、高级管理人员全面理解发行上市有关法律法规、证券市场规范运作和信息披露的要求，树立进入证券市场的诚信意识、法制意识；

4. 具备进入证券市场的基本条件；

5. 促进辅导机构及参与辅导工作的其他中介机构履行勤勉尽责义务。

（三）辅导与核查督促内容

保荐机构通常会结合有关法律、法规和规则，以及上市公司的必备知识，针对公司的具体情况和实际需求，确定辅导的具体内容，制订辅导计划及实施方案，实施辅导和督促，以使发行人具备进入证券市场的基本条件。

1. 督促公司的董事（包括独立董事）、监事、高级管理人员及持有5%及以上股份的股东（或其法定代表人）进行全面的法规知识学习或培训，聘请机构内部或外部的专业人员进行必要的授课，确信其理解发行上市有关法律、法规和规则，理解作为公众公司规范运作、信息披露和履行承诺等方面的责任和义务。

2. 通过辅导督促公司按照有关规定初步建立符合现代企业制度要求的法人治理结构，促进公司的董事、监事和高级管理人员以及持有5%及以上股份的股东（或其法定代表人）增强法制观念和诚信意识。

3. 核查公司在公司设立、改制重组、股权设置和转让、增资扩股、资产评估、资本验证等方面是否合法、有效，产权关系是否明晰，股权结构是否符合有关规定。

4. 督促公司实现独立运营，做到业务、资产、人员、财务、机构独立完整，主营业务突出，形成核心竞争力。

5. 核查公司是否按规定妥善处置了商标、专利、土地、房屋、矿产资源、特许经营等的法律权属问题。

6. 督促规范公司与控股股东及其他关联方的关系。

7. 督促公司建立和完善规范的内部决策和控制制度，形成有效的财务、投资以及内部约束和激励制度。

8. 督促公司建立健全公司财务会计管理体系，杜绝会计虚假。

9. 督促公司形成明确的业务发展目标和未来发展计划，并制订可行的募股资金投向及其他投资项目的规划。

（四）辅导方式

辅导前期重点是摸底调查，形成具体的辅导方案并开始实施。辅导中期重点在于集中学习和培训，诊断问题并加以解决。辅导后期重点在于完成辅导计划，进行考核评估。

辅导机构可采取灵活有效的辅导方式，包括组织自学、进行集中授课与考试、问题诊断与专业咨询、中介机构协调会、经验交流会、案例分析会等。

三、编制和提交发行保荐书和上市保荐书

（一）编制和提交发行保荐书

保荐机构推荐发行人发行证券，应当向中国证监会提交发行保荐书、保荐代表人专项授权书以及中国证监会要求的其他与保荐业务有关的文件。发行保荐书应当包括下列内容：（1）逐项说明本次发行是否符合《公司法》、《证券法》规定的发行条件和程序；（2）逐项说明本次发行是否符合中国证监会的有关规定，并载明得出每项结论的查证过程及事实依据；（3）发行人存在的主要风险；（4）对发行人发展前景的评价；（5）保荐机构内部审核程序简介及内核意见；（6）保荐机构与发行人的关联关系；（7）相关承诺事项；（8）中国证监会要求的其他事项。

（二）编制和提交上市保荐书

发行股票在获得证监会核准后，保荐机构推荐发行人证券上市，应当向证券交易所提交上市保荐书以及证券交易所要求的其他与保荐业务有关的文件，并报中国证监会备案。上市保荐书应当包括下列内容：（1）逐项说明本次证券上市是否符合《公司法》、《证券法》及证券交易所规定的上市条件；（2）对发行人证券上市后持续督导工作的具体安排；（3）保荐机构与发行人的关联关系；（4）相关承诺事项；（5）中国证监会或者证券交易所要求的其

他事项。

（三）保荐书中的承诺事项

在发行保荐书和上市保荐书中，保荐机构应当就下列事项作出承诺：(1) 有充分理由确信发行人符合法律法规及中国证监会有关证券发行上市的相关规定；(2) 有充分理由确信发行人申请文件和信息披露资料不存在虚假记载、误导性陈述或者重大遗漏；(3) 有充分理由确信发行人及其董事在申请文件和信息披露资料中表达意见的依据充分合理；(4) 有充分理由确信申请文件和信息披露资料与证券服务机构发表的意见不存在实质性差异；(5) 保证所指定的保荐代表人及本保荐机构的相关人员已勤勉尽责，对发行人申请文件和信息披露资料进行了尽职调查、审慎核查；(6) 保证保荐书、与履行保荐职责有关的其他文件不存在虚假记载、误导性陈述或者重大遗漏；(7) 保证对发行人提供的专业服务和出具的专业意见符合法律、行政法规、中国证监会的规定和行业规范；(8) 自愿接受中国证监会依照《保荐办法》采取的监管措施；(9) 中国证监会规定的其他事项。

四、与证监会沟通并组织发行人接受质询

保荐机构提交发行保荐书后，应配合中国证监会的审核，并承担下列工作：(1) 组织发行人及证券服务机构对中国证监会的意见进行答复；(2) 按照中国证监会的要求对涉及本次证券发行上市的特定事项进行尽职调查或者核查；(3) 指定保荐代表人与中国证监会职能部门进行专业沟通，保荐代表人在发行审核委员会会议上接受委员质询；(4) 中国证监会规定的其他工作。

五、上市后的持续督导及跟踪报告

（一）发行上市后持续督导和关注事项

发行人证券上市后，保荐机构应当针对发行人的具体情况，确定证券发行上市后持续督导的内容，督导发行人履行有关上市公司规范运作、信守承诺和信息披露等义务，审阅信息披露文件及向中国证监会、证券交易所提交的其他文件，并承担下列工作：

1. 督导发行人有效执行并完善防止控股股东、实际控制人、其他关联方违规占用发行人资源的制度；

2. 督导发行人有效执行并完善防止其董事、监事、高级管理人员利用职务之便损害发行人利益的内控制度；

3. 督导发行人有效执行并完善保障关联交易公允性和合规性的制度，并对关联交易发表意见；

4. 持续关注发行人募集资金的专户存储、投资项目的实施等承诺事项；

5. 持续关注发行人为他人提供担保等事项，并发表意见；

6. 中国证监会、证券交易所规定及保荐协议约定的其他工作。

（二）持续督导的期限

1. 首次公开发行股票并在主板上市的，持续督导的期间为证券上市当年剩余时间及其后两个完整会计年度；主板上市公司发行新股、可转换公司债券的，持续督导的期间为证券上市当年剩余时间及其后一个完整会计年度。

2. 首次公开发行股票并在创业板上市的，持续督导的期间为证券上市当年剩余时间及其后三个完整会计年度；创业板上市公司发行新股、可转换公司债券的，持续督导的期间为证券上市当年剩余时间及其后两个完整会计年度。

3. 首次公开发行股票并在创业板上市的，持续督导期内保荐机构应当自发行人披露年度报告、中期报告之日起 15 个工作日内在中国证监会指定网站披露跟踪报告，对上市后的持续督导工作涉及的事项，进行分析并发表独立意见。发行人临时报告披露的信息涉及募集资金、关联交易、委托理财、为他人提供担保等重大事项的，保荐机构应当自临时报告披露之日起 10 个工作日内进行分析并在中国证监会指定网站发表独立意见。

4. 持续督导的期间自证券上市之日起计算。持续督导期届满，如有尚未完结的保荐工作，保荐机构应当继续完成。保荐机构在履行保荐职责期间未勤勉尽责的，其责任不因持续督导期届满而免除或者终止。

六、保荐机构的权利和义务

（一）对发行人行使下列权利

保荐机构及其保荐代表人履行保荐职责可对发行人行使下列权利：

1. 要求发行人按照《保荐办法》规定和保荐协议约定的方式，及时通报信息；

2. 定期或者不定期对发行人进行回访，查阅保荐工作需要的发行人材料；

3. 列席发行人的股东大会、董事会和监事会；

4. 对发行人的信息披露文件及向中国证监会、证券交易所提交的其他文件进行事前审阅；

5. 对有关部门关注的发行人相关事项进行核查，必要时可聘请相关证券服务机构配合；

6. 按照中国证监会、证券交易所信息披露规定，对发行人违法违规的事项发表公开声明；

7. 中国证监会规定或者保荐协议约定的其他权利。

（二）保荐机构撤销保荐和上报的权利

1. 证券发行前，发行人不配合保荐机构履行保荐职责的，保荐机构应当发表保留意见，并在发行保荐书中予以说明；情节严重的，应当不予保荐，已保荐的应当撤销保荐。

2. 证券发行后，保荐机构有充分理由确信发行人可能存在违法违规行为以及其他不当行为的，应当督促发行人作出说明并限期纠正；情节严重的，应当向中国证监会、证券交易所报告。

（三）发行人的通知和报送文件义务

发行人有下列情形之一的，应当及时通知或者咨询保荐机构，并将相关文件送交保荐机构：

1. 变更募集资金及投资项目等承诺事项；

2. 发生关联交易、为他人提供担保等事项；

3. 履行信息披露义务或者向中国证监会、证券交易所报告有关事项；

4. 发生违法违规行为或者其他重大事项；

5. 中国证监会规定或者保荐协议约定的其他事项。

（四）保荐机构对证券服务机构行使的权利、义务

1. 保荐机构应当组织协调证券服务机构及其签字人员参与证券发行上市的相关工作。发行人为证券发行上市聘用的会计师事务所、律师事务所、资产评估机构以及其他证券服务机构，保荐机构有充分理由认为其专业能力存在明显缺陷的，可以向发行人建议更换。

2. 保荐机构对证券服务机构及其签字人员出具的专业意见存有疑义的，应当主动与证券服务机构进行协商，并可要求其作出解释或者出具依据。

3. 保荐机构有充分理由确信证券服务机构及其签字人员出具的专业意见可能存在虚假记载、误导性陈述或重大遗漏等违法违规情形或者其他不当情形的，应当及时发表意见；情节严重的，应当向中国证监会、证券交易所报告。

4. 证券服务机构及其签字人员应当保持专业独立性，对保荐机构提出的疑义或者意见进行审慎的复核判断，并向保荐机构、发行人及时发表意见。

七、关于保荐人的其他规定

1. 保荐机构及其控股股东、实际控制人、重要关联方持有发行人的股份合计超过7%，或者发行人持有、控制保荐机构的股份超过7%的，保荐机构在推荐发行人证券发行上市时，应联合一家无关联保荐机构共同履行保荐职责，且该无关联保荐机构为第一保荐机构。

2. 刊登证券发行募集文件前终止保荐协议的，保荐机构和发行人应当自

终止之日起5个工作日内分别向中国证监会报告，说明原因。刊登证券发行募集文件以后直至持续督导工作结束，保荐机构和发行人不得终止保荐协议，但存在合理理由的情形除外。发行人因再次申请发行证券另行聘请保荐机构、保荐机构被中国证监会撤销保荐机构资格的，应当终止保荐协议。终止保荐协议的，保荐机构和发行人应当自终止之日起5个工作日内向中国证监会、证券交易所报告，说明原因。

3. 证券发行后，保荐机构不得更换保荐代表人，但因保荐代表人离职或者被撤销保荐代表人资格的，应当更换保荐代表人。保荐机构更换保荐代表人的，应当通知发行人，并在5个工作日内向中国证监会、证券交易所报告，说明原因。原保荐代表人在具体负责保荐工作期间未勤勉尽责的，其责任不因保荐代表人的更换而免除或者终止。

4. 保荐机构法定代表人、保荐业务负责人、内核负责人、保荐代表人和项目协办人应当在发行保荐书上签字，保荐机构法定代表人、保荐代表人应同时在证券发行募集文件上签字。

案例　凯美特气 IPO 审查遇阻
更换保荐人中小板二审过关

【案例简介】

公司名称：湖南凯美特气体股份有限公司

上市日期：2011 年 2 月 18 日

上市地点：深圳证券交易所中小板

股票代码：002549. SZ

发行市盈率：发行后 63. 70 倍

发行数量：2 000 万股

发行价格：25. 48 元人民币/股

融资金额：5. 09 亿元人民币

公司地址：湖南省岳阳市七里山

所属行业：工业气体行业

案例亮点：一审闯关失败，IPO 折戟；更换保荐人、适当整改、中介机构补充专项意见后，重新申请二次上会。是什么助力凯美特气通过二审并发行上市？找准原因所在，分析研究为什么能够二次闯关成功，也许更有价值。

【案例故事】

时隔一年 中小板 IPO 卷土重来

2011 年 2 月 9 日，湖南凯美特气体股份有限公司（以下简称凯美特气）以发行价 25.48 元发行新股 2 000 万股，融资 5.09 亿元；2 月 18 日，在深圳证交所中小板上市，首日开盘价 34.80 元，收盘价 37.50 元，比发行价上涨 47.17%。至此，国内以化工尾气为原料、年产能最大的食品级二氧化碳（CO_2）企业登陆资本市场。

湖南岳阳，洞庭湖畔的石化之都，聚集着巴陵石化、长岭炼油厂等大型石化企业，这些企业释放的大量工业废气，成就了地处岳阳的凯美特气。这家以食品级 CO_2 为主打产品的公司，其业务形象地讲，就是“收集工业废气做成 CO_2 给人吃”。公司顺应国家能源利用政策而发展迅速，居于国内细分行业的龙头地位。

一朝上市梦圆，迅即财富等身。63.7 倍的发行市盈率足以让持股高度集中的祝恩福家族此番坐拥逾市值 20 亿元的财富。

凯美特气曾于 2009 年谋划在香港联交所主板上市，并聘请了境外保荐机构、律师事务所、会计师事务所、财务顾问等多家中介机构，前期花费了 319.6 万元中介费，但最终未能成行。同年 11 月，公司转至 A 股中小板冲刺上市，在上市申请审查中折戟。2010 年公司在更换保荐人后卷土重来并过会，公司此次募集资金将投向液体二氧化碳装置、氩气回收等三个项目。

中国证监会发行审核委员会 2010 年第 241 次会议于 2010 年 12 月 8 日召开，发行监管部在当日发布本次会议审核结果公告，宣布凯美特气 IPO 获通过。

早在一年前的 2009 年 11 月 23 日，凯美特气提交 IPO 过会申请时遭到了证监会发审委的否决。对于当初否决的原因，市场众说纷纭：祝恩福家族股权高度集中、公司治理问题、缺乏健全的法人治理结构；股权转让过于频繁；国有股权转让过程中存在一定瑕疵；单一产品对公司毛利贡献的比重高达 99% 以上。

根据凯美特气一年前发布的招股资料，公司成立过程中，其历史股权转让复杂频繁。首先，多个股东在转让公司股权后主体法人资格均被注销，他们与公司实际控制人间的关系也因此很难考察。其次，国有股转让环节疑团众多，在 2001 年的国有股权转让中，国有股权转让定价低于评估价的 90%（评估价值 445.64 万元的股权，实际转让价格 401.076 万元，较 90% 下限略有超出），但整个过程却未见国资部门的批准文件和确认文件。业内人士普遍认为，该公司恐怕需要漫长的整改和等待，近期很难再次上会。

然而几个月后，凯美特气更换平安证券为保荐人，接受新的上市辅导，公司和中介机构也迅速开始补充整改。2010 年 3 月 26 日，中国证监会湖南监管局和凯美特气在湖南日报发布《凯美特气接受上市辅导公告》称：凯美特气拟首次公开发行人民币普通股（A 股）并计划于境内上市，公司已接受平安证券的辅导。根据中国证监会的有关要求，为提高股票发行上市透明度，防范化解证券市场风险，保护投资者合法权益，公司愿意接受社会各界和公众的舆论监督。该公告中公布了公司发起人为香港浩讯科技有限公司（以下简称香港浩讯）、岳阳信安投资咨询有限公司（以下简称岳阳信安）、四川开元科技有限责任公司（以下简称四川开元）。同时，还公布了中国证监会湖南监管局的联系方式和举报电话。

此后 6 个月，凯美特气再度提交 IPO 申请，经证监会有关部门初步审核后同意凯美特气再次上会。凯美特气在发审委审核会议前公开披露了 2010 年 11 月 26 日发行人和中介机构签署的新版招股书（申报稿）。该招股书披露后，市场仍存疑虑，担心能否过会尚存变数。

凯美特气有限诞生记

1991 年 6 月，洞庭氮肥厂（以下简称洞氮厂）和香港信德、深圳化塑合资设立凯美特气干冰有限公司（以下简称凯美特气有限），洞氮厂占比 33.3%。公司的主要业务是利用洞氮厂生产尿素的废气回收后再加工，生产成固体 CO_2（干冰）和液体 CO_2，产品主要用于饮料生产和焊接保护。

凯美特气有限成立早期，依托香港信德在香港地区的人脉关系，以及由其牵线与“香港冰王”肖邦生雪公司合作，牢牢把控着香港市场，公司年年盈利。

1997 年，凯美特气有限增资：大股东洞氮厂将旗下化工分厂的 CO_2 生产车间的资产和人员整体划转给凯美特气有限，包括厂房和机器设备在内，增资资产作价 99.87 万元；而香港信德则以现金和未分配利润增资 36.38 万元。

两年后，香港信德将所持股权转让给香港工贸后退出，此后通过公积金转增股本，凯美特气有限注册资本变为 1 065 万元，洞氮厂和香港工贸分别持股 73.3% 和 26.7%。

香港浩讯收购凯美特气

与家族暴富伴进的是，祝恩福通过香港浩讯和岳阳汇丰等壳公司，一步一步地收购洞氮厂和凯美特气有限的资产。

祝恩福祖籍吉林，高中毕业后随父亲祝培春来到岳阳，其父原为洞氮厂工程师。祝恩福进入华能集团岳阳电厂所属的劳动服务公司从事采购工作，十多年历练之后，他辞职下海，于1995年到长沙创办了华美空调设备工程有限公司，事业蒸蒸日上。洞氮厂内部人士透露，20世纪90年代末期，祝恩福依托其父的关系，结识了原洞氮厂厂长罗明安、金石集团总经理王厚德和凯美特气有限总经理肖新模等，为后来收购凯美特气有限打下了人脉基础。

香港浩讯入主凯美特气的步骤：2001年10月，祝恩福控制的香港浩讯以284.355万元受让香港工贸所持凯美特气有限26.7%股权；2001年11月，金石集团以401.04万元向岳阳汇丰转让其持有的凯美特气有限40%股权，2003年1月，香港浩讯以同样价格收购岳阳汇丰从金石集团受让的凯美特气有限40%股权；2004年11月，金石集团将剩下的33.3%凯美特气有限股权以248.84万元转让给香港浩讯。

至此，短短四年，祝恩福通过三次股权转让将凯美特气有限收入囊中，香港浩讯持股100%。按账面计算，其获得这些股权所付出的成本仅为934.24万元。

2007年7月，凯美特气有限增资扩股，同年10月15日，经商务部批准，以截至2007年7月31日经审计后的合并报表的净资产6 128.18万元按照1.021∶1比例折成6 000万股股份，整体变更设立为股份有限公司。2007年12月4日公司在湖南省工商局完成了工商变更登记手续，股权结构见表3－1。

表3－1　　凯美特气整体改制变更设立前后股本结构

序号	股东名称	改制前出资额（万元）	改制后持股数（万股）	出资与持股比例（%）
1	香港浩讯	3 915.00	5 220.00	87.00
2	岳阳信安	540.00	720.00	12.00
3	四川开元	45.00	60.00	1.00
	合计	4 500.00	6 000.00	100.00

两次资产评估1 500万国资疑似流失

根据媒体调查，2001年9月30日，公司净资产评估值为1 114.1万元。然而到2004年2月29日，公司的净资产却被评估为747.26万元，两年多内净资产减值366.84万元，减值幅度达32.9%。媒体依此怀疑此间的资产评估存在缩水问题，涉嫌国有资产流失。

尽管凯美特气招股书列出了坏账损失、固定资产报废等减值因素，但凯美特气有限2000年下半年上报湖南省科技厅申请创新基金的《CO_2超高提纯技术项目可行性研究报告》显示，公司1999年总资产、净资产分别为1 792万元、1 388万元，而2000—2002年对应的预测数据是2 150万元、1 790万元；2 500万元、2 200万元；2 800万元、2 500万元。

此外，前述报告显示，凯美特气有限1999年净利润为158万元，2000—2004年一直处于盈利状态，且每年净利润均不低于200万元。

“公司两次评估期间一直盈利，为何评估出来的净资产与内部披露的净资产如此悬殊?”市场人士质疑，资产评估减值不排除是为了香港浩讯收购股权铺路。

巧合的是，2004年11月香港浩讯拿下金石集团所持33.3%凯美特气有限股权时所支付的248.84万元对价，参照的即是当年2月的低估结果。

从2001年10月开始到2004年11月，香港浩讯长达四年前后三次，合计仅用934.24万元即全数收购凯美特气有限股权，即便以公司1999年1 388万元净资产计算，国有资产流失不下450万元。若以报告预测的2002年的2 500万元净资产计算，则国有资产流失额超过1 500万元。

壳公司财技

但即便是如此低的入主成本，香港浩讯也未全额付清股权转让款。

凯美特气有限原中层干部向外界透露，2001年香港浩讯受让香港工贸所持凯美特气有限股权时的284.355万元转让款，直至2003年才支付100多万元；而受让岳阳汇丰的40%凯美特气有限股权后也是拖了近两年才付款。

“岳阳汇丰只是祝恩福谋取国有资产的一个壳，公司连牌都没有挂。”多名凯美特气有限老员工向记者证实，虽然岳阳汇丰与金石集团签订了股权受让协议，但由于未向金石集团支付股权转让款，致使股权转让过程并未实质完成。2005年10月，完成了“过桥”使命的岳阳汇丰“因未及时年检被吊销营业执照”。

此外，祝恩福还长期从凯美特气有限大量“抽血”。媒体调查了解到，早在2001年香港浩讯收购凯美特气有限26.7%股权后，祝恩福就利用担任董事的便利，由其妻子通过长沙华美空调公司代销凯美特气有限产品，客户包括长沙卷烟厂和常德卷烟厂等。由于华美空调向凯美特气有限收取高额代理费，使得凯美特气有限的大量利润流入祝恩福手中。

可资印证的是，凯美特气招股书关联交易部分披露，长沙华美空调公司曾为凯美特气有限销售CO_2提供代理，代理费按照市场价格执行。直到2007年8月，凯美特气有限变更为凯美特气后，才停止由长沙华美空调公司代销产品。

至于凯美特气控股股东香港浩讯则形似空壳，尽管招股书称其资产包括控股凯美特气87%股权，持有岳阳银岭化工实业有限公司25%股权，以及持有岳阳凯达科旺汽车零部件制造有限公司（以下简称凯达科旺）51%股权，但其中仅有凯美特气股权算是优良资产。

资料显示，香港浩讯已经在2009年将岳阳银岭股权出让；而主营汽车车桥的凯达科旺2010年9月才成立，尚处于土建阶段，无法产生收益。

二审成功过会，申报材料重大差别何在

在市场疑虑中，凯美特气在发审委"二审"之后却成功过会，终于"功德圆满"。二次上会的凯美特气同一年前的招股资料相比，差别较大的是换了保荐机构，由一年前的财富证券换成了平安证券。由省级券商更换为业务能力更强的全国性券商，或许是凯美特气的明智之举。

事实上，凯美特气二次上会在信息披露细节上作出了一些改进，补充了必要的支撑文件和法律意见书。针对此前市场的疑虑和因公司治理被否的传言，凯美特气作出了一定的澄清。

新版招股说明书存在几大明显变化：一是对金石集团股权转让给岳阳汇丰的行为给出了国资部门解释文件；二是对公司董、监事会近年运转情况作出了简单概述，增添了时间点等细节；三是原来向总经理负责的审计部，此次转由直接向董事会下属的审计委员会负责。不过市场担心的一股独大的股权结构并未变化。

根据新的招股资料，除了在前述细节上作出了补充外，公司对募股项目也作出了微调。公司原定的募股项目为北京燕山项目和氩气回收项目，计划募集1.65亿元。而新版的募股项目在原有基础上增加了工程技术研发项目，募集资金量也增加到1.9亿元。

2010年新版招股书披露，2010年4月29日，中石化集团资产经营管理有限公司巴陵石化分公司出具了《关于我公司原下属企业自1997年以来有关湖南凯美特气气体股份有限公司前身的增资及股权转让相关问题的复函》，分别确认了2001年和2004年金石集团股权转让给岳阳汇丰的行为，认为该两次股权转让经过了有权部门的批准及确认，依法履行了相应的法律程序，符合当时有效的法律、法规和规范性文件的规定。

金石集团转让凯美特气有限的股权属于国有产权转让，是国有企业主辅分离、辅业改制范围的资产处置。该行为经过了中石化集团的批准，后者对相关资产进行了评估。国家国有资产管理局1995年颁布了《国家国有资产管理局关于加强企业国有产权转让监督管理工作的通知》（国资产发〔1995〕54

号），规定转让企业国有产权必须对企业资产统一进行评估，评估价值要经国有资产管理部门确认，并据此作为转让底价，允许成交价在底价的基础上有一定幅度的浮动，如果浮动价低于评估价的90%，要经同级国有资产管理部门批准。依据该规定，2001 年股权转让的成交价按照评估价格的90%计算，并经中石化集团批复通过。

保荐机构平安证券和发行人律师湖南启元律师事务所各自分别就金石集团的两次股权转让出具了明确意见。

保荐机构意见："经核查，本次股权转让经过了相关部门的批准，依法履行了相应的法律程序，符合当时国有资产转让的相关法律法规。"

发行人律师意见："本次股权转让经过了有权部门的批准，依法履行了相应的法律程序，符合有关国有资产转让的相关法律法规，不存在法律纠纷或潜在的法律风险。"

2010 年5 月10 日，国家外汇管理局岳阳市中心支局对凯美特气申请暂时存放香港浩讯转让境内投资所得的报告进行了确认。2010 年 9 月 28 日，凯美特气已将原应付香港浩讯的全部借款予以归还。

律师和保荐机构均认为：发行人因临时保管其控股股东委托收取的股权转让款产生的境内外企业之间的资金借贷行为未损害发行人及其他股东、债权人的利益，且得到了有关外汇管理部门的核准，对本次发行及上市不构成实质法律障碍。

【案例评析】

绝对控制权并非上市的"绊脚石"

凯美特气实际控制人为拥有香港永久居留权的祝恩福。本次发行前，祝恩福持有凯美特气控股股东香港浩讯90%的股权，其夫人周岳陵持有香港浩讯10%的股权，祝恩福共控制香港浩讯100%的股份；岳阳信安为发行人的第二大股东，持有发行人12%的股份，祝恩福的姐姐祝英华持有岳阳信安57.34%的股权，祝恩福的哥哥祝恩奎持有岳阳信安1.84%的股权，祝恩福通过上述关联关系控制岳阳信安59.18%的股权。

祝恩福通过香港浩讯和岳阳信安可直接、间接控制凯美特气99.00%的股权，所享有的表决权足以对股东大会的决议产生重大影响。本次股票发行成功后，祝恩福可直接和间接控制公司的股份比例为74.25%，对公司仍具有绝对控股权。

但凯美特气二次审查过关，这说明第一次上市审查失败并非源于股权高度集中。公司独立董事设有 3 人，但在过往或今后业务上多少与公司都有联系，他们能否完善公司治理及其独立性，维护中小投资者利益，仍是市场普遍担心的问题。

凯美特气在招股书中说明了公司治理情况，京都天华会计师事务所也对凯美特气相关内部控制制度进行了审核，并出具了京都天华专字（2010）第 1690 号《内部控制鉴证报告》，报告的结论意见如下："我们认为，凯美特气公司按照《企业内部控制基本规范》及相关规范于 2010 年 9 月 30 日在所有重大方面保持了与财务报表相关的有效的内部控制。"这应当算做给市场和监管机构的一封安慰信。

有关部门和中介机构补充意见的重要性

事实上，凯美特气披露招股书（申报稿）后，企业内部人员对外界透露公司内情以及媒体的轰炸式报道，对凯美特气极为不利，监管机构也更加严格审核其 IPO 申请，加上本身存在的瑕疵，一审折戟已是市场料想之中。

在二审申请中，新版招股书中披露了国资部门对国有股权转让的复函意见，据此对市场存疑的国有资产流失问题给予了明确答复，这从根本上解决了证监会和市场担忧的法律风险。至于国有资产到底是否低估，自有他人负责。

本次发行的保荐人、律师对发行人历史沿革、股本形成、股权转让变化及验资情况的程序和审批手续的合法性进行了再次核查，认为：发行人整体变更前的历次股权变动合法、合规、真实、有效；整体变更时的股权设置、股本结构合法有效，产权界定和确认不存在纠纷及风险，符合公司发行的条件。这也给证监会发审委吃了定心丸，二次审查也就通过了。

主业发展是否存在隐忧

凯美特气上市二审终于过关了。只是，依然未解决股权过度集中、产品单一等产业缺陷的凯美特气，已经头顶"行业最高毛利率公司"的光环步入资本市场，其气体主业高速成长前景究竟如何呢?

凯美特气是一家从事气体开发、应用、科研生产、经营的专业性公司。主要生产优质食品级二氧化碳和干冰，食品级液体二氧化碳年产能 31 万吨：其中本部年产食品级液体二氧化碳 8 万吨，全资子公司安庆凯美特气年产食品级液体二氧化碳 10 万吨，全资子公司惠州凯美特气年产食品级液体二氧化碳 13 万吨、干冰 2 万吨。拥有完善的物流配送系统，日配送能力达 1 000 吨。

据专家介绍，二氧化碳气体细分行业企业主要专注于从上游石化行业工业废气中进行二氧化碳的回收、提纯和销售，产品广泛应用于饮料、食品、冶金、烟草、石油、农业、化工、电子等多个领域。

祝恩福和他的凯美特气公司一样，都是优缺点异常分明。岳阳一位熟知祝恩福的业内人士评价说："正因如此，第一次上会才会失败，而第二次才成功。"

尽管存在一些瑕疵和市场所关注的存疑问题，但此次凯美特气终究还是过会了，因其利用废气生产 CO_2，使用于饮料生产、焊接保护和石油开采等领域，契合国家能源循环利用政策，是食品级二氧化碳（CO_2）行业的龙头企业。

招股书显示，凯美特气 2008 年、2009 年和 2010 年 1－9 月液体 CO_2 产量分别为 10 万吨、15 万吨和 11 万吨，超过德国林德集团、美国普莱克斯集团等，居国内行业第一位。

除了市场份额第一，凯美特气产品还有着其他工业气体上市公司难以企及的高毛利率。2008 年和 2009 年公司综合毛利率分别为 42.09%、50.28%，而杭氧股份（002430.SZ）同期工业气体产品综合毛利率分别为 24.19%、17.88%，与凯美特气差距较大。

但杭氧股份具有产业链优势，其业务除了生产氧气、氮气、氩气等工业气体外，还涉足空气分离设备等产业链上游产品和乙烯冷箱等下游产品。而国外工业气体巨头如德国林德集团和美国普莱克斯集团等，也都建立了相对完善的产业链，产品种类涵盖氮气、氧气、氢气等，并向产业链上下游延伸。

凯美特气毛利率高，主要是食品级 CO_2 售价相对较高，而非食品用的工业气体产品毛利率则明显偏低。工业气体行业竞争，产业链越完整的公司越有竞争力。

也许正因如此，凯美特气将募集资金开拓氩气产品，但进军氩气产品之后，凯美特气是否仍能保持如此高的毛利率则有待观望。

事实上，2007—2009 年和 2010 年 1－9 月凯美特气净利润分别为2 654.05 万元、2 150.42 万元、3 415.41 万元和 3 134.57 万元，远超中小板的净利润上市条件。但 2007—2009 年，凯美特气液体 CO_2 毛利率分别为 81.28%、72.24% 和 66.65%，已呈逐年下降之势。不过，从上市首日股价表现看，凯美特气募股资金项目的收益和成长性的实现预期还是让投资者看好其估值的。

【二次上会过关的案例链接】

二次上会成功，它们的命运因何改变

一年前，这些公司被创业板发审委否决；一年后，它们又被创业板或中小板接纳。这段时间到底发生了什么，让监管机构的态度彻底改变？

2010年10月，《创业家》“创业板周年特刊”推出《折戟创业板：它们被否的7大原因》，讲述30多家公司闯关创业板失败的原因。但业内人士认为，分析研究为什么一审被否与为什么能够二次上市成功，同样具有借鉴价值。

受此启发，《创业家》和美信咨询联手推出了《二次上会，它们的命运因何改变》。截至2010年12月10日，包括凯美特气在内，闯关创业板失败后二次上会成功的公司共4家，业内人士试图寻找究竟是何种改变让它们得以成功上会。

很遗憾，人们发现，命运的改变很多时候并不在于企业自身状况的改变。

福星晓程——避嫌“特定客户依赖症”，大客户集体消失

二次在创业板上会时，这家公司主营业务定位更为清晰，募投项目可行性论证更充分。比如，旧版招股书中，福星晓程主营产品描述为集成电路和电能表，所属行业定位为跨集成电路设计和电工仪器仪表两个行业，这不契合创业板关于主营业务单一的要求。二次申报时，主营业务描述为集成电路的设计和应用，主营产品为电力线载波芯片。

但是，关于大客户的描述却有“此地无银三百两”之嫌。在第一版招股书上报前，山西临汾供电分公司骤然跃升为第一大客户，由于供电分公司的副总经济师戴晓红是公司“二老板”，公司有包装上市之嫌。而二次申报的招股书中，供电分公司从今年第一季度的前五大客户名单中消失。同时，2007年至2009年稳居前五大客户之列的华北电网、北京市电力公司、西安大兴电气等也集体消失，福星晓程用行动表明自己并未患上“特定客户依赖症”，二次上会审查过关，并于2011年11月12日在创业板上市。

超日太阳——环境变则命运变，都是金融危机惹的祸

超日太阳首次申报中，拟募资金6.0089亿元全部投入年产100MW多晶硅太阳能电池项目，募投项目达产后产能将从40多兆瓦变为100兆瓦。在2009年金融危机背景下，太阳能电池、光伏太阳能行业进入低潮，募投项目被认为产能扩张过快，存在较大风险，因此被否。

后来超日太阳去了中小板，于2010年11月18日上市。难道一年前可能产能过剩的项目，一年后就不过剩了？也许是国家新能源等新兴产业政策扶持，鼓励推荐九类领域公司上市影响所致，2011年多晶硅太阳能电池公司能否接连上市，有待进一步观察。

涪陵榨菜——创业板嫌它不“创新”，登陆门槛更高的中小板

虽然保荐机构和涪陵榨菜在申报时，宣称公司“使用了新技术和新设备改造百年手工作坊式的榨菜产业”、“公司早已从手工作坊转向全自动生产线，在榨菜的种植、腌制、保鲜甚至营销等环节，都在研发利用新技术，产品质量控制实现了由传统经验型向现代数据型的跨越”，强调所属行业符合创业板的定位，但证监会认为榨菜仍然是一种传统食品，其生产工艺和经营模式没什么根本创新，和“两高六新”没什么关系。

创业板不欢迎，业绩达标的涪陵榨菜只好转投中小板，结果成功过会并于2010年11月23日上市。

链接案例点评

创业板要求“两高六新”，特别在2010年之后鼓励新能源、新材料、信息、生物与新医药、节能环保、航空航天、海洋、先进制造、高技术服务九类领域的企业及创新公司上市。但是我们看到也有IT公司还是被发审委否掉，原因是公司规模太小，或技术已经不新，虽然公司规模实际上已经达到创业板上市的纸面规则，但缺乏核心竞争力和成长性，依然难以过会。

没有夕阳的行业，只有夕阳的技术。互联网也有不创新的技术，生产蘑菇的星河生物也能在技术和生产模式上实现创新，得以在创业板上市。所以，发行人及其保荐人应当对公司准确定位，找准合适板块上市。

第四章

发起设立和整体变更设立股份有限公司

〇股份有限公司的设立及申请登记

〇企业改制变更设立股份有限公司

〇股权界定和财务调整的合规性

〇公司设立时发起人和控股股东应注意的问题

第一节　股份有限公司的设立及申请登记

一、股份有限公司设立原则和方式

(一) 设立原则

股份有限公司是指将法人的全部资本分为等额股份，股东以其所持股份为限对公司承担有限责任，公司以其全部资产对其债务承担责任的社团法人。

股份有限公司的设立和企业改制变更设立股份有限公司（统称为公司设立)，是组建形成发行上市主体资格、公司法人框架和经营主体的过程。设立方案和改制方案的优劣是决定企业的股票能否获准顺利发行上市的基础。因此，在股份公司的设立和改制设立上，应遵循合法性、合理性和前瞻性的原则。

1. 合法性。在中国，公司设立实行准则设立原则，即公司设立应遵守《公司法》、《证券法》、《公司登记管理条例》和中国证监会关于企业改制上市的相关法规，对符合规定设立条件的，由工商行政管理局登记为股份有限公司；法律法规规定必须报经批准的，应在登记前依法办理审批手续，并按照规定程序依法登记设立公司，以保证公司的设立不存在重大法律隐患和发行上市的法律障碍。

2. 合理性。公司设立后的股权结构、业务结构应合理，公司主营业务要突出，具有完整的经营体系和独立面对市场的经营能力，有效避免同业竞争和关联交易。

3. 前瞻性。公司设立后应具有核心竞争力、持续盈利能力及合理的资本回报率，具有完善的法人治理结构和制约机制，并保证公司上市后的规范运作。

(二) 设立方式

股份有限公司可采取两种直接设立方式，也可以采用变更设立方式。

1. 发起设立，是指由发起人认购公司应发行的全部股份而设立公司。

2. 募集设立，是指由发起人认购公司应发行股份的一部分，其余股份向社会公开募集或者向特定对象募集两种具体方式而设立公司。以募集方式设立股份有限公司公开发行股票的，还应向工商行政管理局报送中国证监会的核准文件。

3. 整体变更设立，是指有限责任公司和股份有限公司可以互为变更设立，有限责任公司变更为股份有限公司，应当符合《公司法》规定的股份有限公司的条件；公司变更类型的，应当按照拟变更的公司类型的设立条件，在规定的期限内向工商行政管理局申请变更登记，并按《公司登记管理条例》提交有关文件。

二、股份有限公司的设立条件

《公司法》等法规已规定设立股份有限公司应当符合六大方面的条件。

（一）发起人资格、数量和权利义务符合公司法规定

1. 发起人的法律定义

股份公司的发起人也称创办人，是指依照有关法律规定签订发起人协议、提出设立公司申请、认购公司股份并对公司设立承担责任的法人或自然人。发起人既是股份公司成立的要件，也是发起或设立行为的实施者。

2. 发起人的数量限制

设立股份有限公司，应当有 2 人以上 200 人以下为发起人，其中须有半数以上的发起人在中国境内有住所。

3. 发起人的资格

（1）自然人发起人。自然人可以作为股份有限公司的发起人，但必须能够独立承担民事责任；家庭成员共同作为发起人，必须以各自拥有的财产出资，并各自承担相应的责任，登记时须提交财产分割的书面证明或协议。

（2）法人发起人。符合《公司法》等法规要求的境内外法人及其他独立组织以各自拥有的财产出资，并各自承担相应责任，均可作为股份有限公司的发起人。公司作为发起人，其出资应符合《公司法》第十五条和第十六条规定：公司可以向其他企业投资；但是，除法律另有规定外，不得成为对所投资企业的债务承担连带责任的出资人。公司向其他企业投资或者为他人提供担保，依照公司章程的规定，由董事会或者股东会、股东大会决议；公司章程对投资或者担保的总额及单项投资或者担保的数额有限额规定的，不得超过规定的限额。

（3）外商投资企业发起人。外商投资企业作为发起人必须已缴足外商投资企业的出资额、已经完成原审批项目、已经开始缴纳企业所得税。外商投资企业不得作为国家禁止外商投资行业的公司的发起人。

（4）限制规定。工会、职工持股会不能作为公司股东和发起人；银行、证券公司不得作为发起人投资实业；中介机构（会计师事务所、审计事务所、律师事务所、资产评估机构）不得作为投资主体向其他行业投资设立公司。

4. 发起人的权利和义务

股份有限公司发起人具有以下权利：（1）参加公司筹委会；（2）推荐公司董事会候选人；（3）起草公司章程；（4）公司成立后，享受公司股东的权利；（5）公司不能成立时，在承担相应费用基础上，可以收回投资款项和财产产权。

发起人应承担以下责任和义务：（1）负责公司筹办事务。（2）公司不能成立时，对设立行为所产生的债务和费用负连带责任。（3）公司不能成立时，对认股人已缴纳的股款，负返还股款并加算银行同期存款利息的连带责任。（4）在公司设立过程中，由于发起人的过失致使公司利益受到损害的，应当对公司承担赔偿责任。（5）股份有限公司成立后，发起人未按照公司章程的规定缴足出资的，应当补缴；其他发起人承担连带责任。（6）股份有限公司成立后，发现作为设立公司出资的非货币财产的实际价额显著低于公司章程所定价额的，应当由交付该出资的发起人补足其差额；其他发起人承担连带责任。（7）不得虚假出资或者在公司设立后抽逃出资，不得在申请公司登记申请时使用虚假证明文件或者采取其他欺诈手段虚报注册资本，否则，将承担相应的法律责任，严重者依据《中华人民共和国刑法》承担刑事责任。

此外，发起人持有的本公司股份，自公司成立起1年内不得转让。公司公开发行股份前已发行的股份，自公司股票在证券交易所上市交易之日起1年内不得转让。

由多个发起人设立公司时，在发起人协议中应明确规定各自在公司设立过程中的具体权利和义务。

（二）发起人认购和募集的股本达到法定资本最低限额

1. 注册资本最低限额

股份有限公司注册资本的最低限额为500万元人民币；申请在主板发行上市的股份有限公司公开发行前注册资本最低为3 000万元人民币，发行后最低为5 000万元人民币；申请在创业板发行上市的股份有限公司公开发行后注册资本最低为3 000万元人民币。

2. 其他限定

股份有限公司采取发起设立方式设立的，注册资本为在公司登记机关登记的全体发起人认购的股本总额。

股份有限公司采取募集方式设立的，注册资本为在公司登记机关登记的实收股本总额。

股份有限公司的股东以其认购的股份为限对公司承担责任。

3. 发起人的出资方式

股东可以用货币出资，也可以用实物、知识产权、土地使用权、采矿权等可以用货币估价并可以依法转让的非货币财产作价出资；对作为出资的非货币财产应当评估作价，核实财产，不得高估或者低估作价。

股东不得以劳务、信用、自然人姓名、商誉、特许经营权或者设定担保的财产等作价出资。

全体股东的货币出资金额不得低于公司注册资本的30%。

以非货币财产出资的，应当依法办理其财产权的转移手续。以货币出资的，在资金到位后由会计师事务所验资并出具验资报告。

4. 注册资本缴纳期限

股份有限公司采取发起设立方式设立的，公司全体发起人的首次出资额不得低于注册资本的20%，其余部分由发起人自公司成立之日起两年内缴足；其中，投资公司可以在5年内缴足。但在缴足前，不得向他人募集股份。

以募集设立方式设立股份有限公司的，发起人认购的股份不得少于公司股份总数的35%。但是，法律、行政法规另有规定的，从其规定。

以发起设立方式设立股份有限公司的，发起人应当书面认足公司章程规定其认购的股份；一次缴纳的，应即缴纳全部出资；分期缴纳的，应即缴纳首期出资。

发行股份的股款缴足后，必须经依法设立的验资机构验资并出具证明。

（三）股份发行、筹办事项符合法律规定

1. 股份发行及前置审批

股份有限公司的筹备、股份发行和发起设立、募集设立、改制设立股份有限公司，必须按照《公司法》、《证券法》等法律和行政法规规定的程序执行；需要报各级人民政府和主管机关审批的，应在公司登记注册前办理前置审批文件。

2. 验资和申请登记

发起人首次缴纳出资后，应当选举董事会和监事会，由董事会向公司登记机关报送公司章程，由依法设定的验资机构出具的验资证明以及法律、行政法规规定的其他文件，申请设立登记。

3. 承销与代收股款

发起人向社会公开募集股份，应由依法设立的证券公司承销，签订承销协议，并应同银行签订代收股款协议。

（四）发起人制定公司章程，采用募集方式设立的经创立大会通过

公司章程按照公司法规定制定；发起人应当自股款缴足之日起三十日内主持召开公司创立大会。创立大会由发起人、认股人组成。

（五）有公司名称，建立符合股份有限公司要求的组织机构

公司名称需经工商部门预核名，公司按照《公司法》规定建立股东大会、

董事会、监事会和经营管理机构。《公司法》对股份有限公司的组织机构和股东、董事、监事、经理等人员的权利义务责任作了明确而严格的规定，设立股份有限公司时必须遵循《公司法》的上述规定。发行股票上市的公司还要按照《公司法》、首发办法关于上市公司组织机构的特别规定建立机构并明确其职责权限。

（六）有公司住所

股份有限公司在登记注册前，必须向工商登记管理机关出具生产经营场所使用证明，该房产的使用期限不能少于一年；公司的生产经营场所只能有一处，而且必须处于公司登记管理机关的辖区之内；该生产经营场所是股份有限公司在法律上的住所。

必须同时符合以上六个方面的条件，股份有限公司才能依法设立。有限责任公司和股份有限公司的区别见表4－1。

表4－1　　有限责任公司和股份有限公司的区别

区别点	有限责任公司	股份有限公司
合作性质	人合兼资合，股东之间关系较密切	资合，公司组成和信用基础是资本，大部分股东之间关系不密切
设立的宽严不同	设立程序简单	设立程序复杂、法定条件严格
股东数量	1人以上、50人以下出资设立	2人以上、200人以下发起人发起
股本划分及股东责任	资本按股东各自认缴的出资额划分，分成出资比例；股东以其出资额为限承担责任	其全部资本分为等额股份，每一股金额相等；股东以其所持股份对公司承担责任
募集资金方式	募股集资是封闭的，不得向社会公开募集股份	募股集资是开放的，经核准可以向社会公开募集股份
股份转让自由度	股东的出资可在股东之间转让，也可向股东以外的人转让，但须过半数股东同意	股东所拥有股份可以依法自由交易和转让，但不能退股
股权证明形式	出资证明书，出资证明不能转让流通	股票是公司签发的证明股东所持股份的凭证，可转让流通
公司治理结构	股东人数少，组织机构比较简单，可只设立董事会而不设股东会或不设监事会，股东会的权限较大	股东人数多且分散，组织机构复杂，必须设立股东大会、董事会、经理和监事会，股东大会的权限受到一定限制，董事会的权限较大
财务状况公开程度	依照公司章程规定期限将财务会计报告送交股东	财务会计报告应在召开股东大会前20日前置于公司供股东查询；上市公司必须公告经审计的财务报告

三、股份有限公司章程和设立招股说明书

(一) 股份有限公司章程

《公司法》规定了股份有限公司章程由发起人制定，必须载明下列事项：

1. 公司名称和住所；
2. 公司经营范围；
3. 公司设立方式；
4. 公司股份总数、每股金额和注册资本；
5. 发起人的姓名或者名称、认购的股份数、出资方式和出资时间；
6. 董事会的组成、职权和议事规则；
7. 公司法定代表人；
8. 监事会的组成、职权和议事规则；
9. 公司利润分配办法；
10. 公司的解散事由与清算办法；
11. 公司的通知和公告办法；
12. 股东大会会议认为需要规定的其他事项。

拟在证券交易所上市的股份公司应当参照《上市公司章程指引（2006 年修订)》（中国证监会证监公司字［2006］38 号，以下简称《章程指引》）起草或修订公司章程。

(二) 股份有限公司设立的招股说明书

发起人向社会公开募集股份，必须公告招股说明书，并制作认股书。

认股书应当由认股人填写认购股数、金额、住所，并签名、盖章。认股人按照所认购股数缴纳股款。

公司设立的招股说明书主要载明下列事项：（1）发起人认购的股份数；(2）每股的票面金额和发行价格；（3）无记名股票的发行总数；（4）募集资金的用途；（5）认股人的权利、义务；（6）本次募股起止期限及逾期未募足时认股人可撤回所认股份的说明。招股说明书后应当附有发起人制定的公司章程。

公开募股发行的招股说明书内容及格式请参见本书第八章第三节内容。

四、创立大会和第一届董事会、监事会会议

发起人应当自股款缴足之日起 30 日内主持召开公司创立大会。创立大会由发起人、认股人组成。发起人应当在创立大会召开 15 日前将会议日期通知各认股人或者予以公告。创立大会应有代表股份总数过半数的发起人、认股人

出席，方可举行。

创立大会行使下列职权：（1）审议发起人关于公司筹办情况的报告；（2）通过公司章程；（3）选举董事会成员；（4）选举监事会成员；（5）对公司的设立费用进行审核；（6）对发起人用于抵做股款的财产的作价进行审核；（7）发生不可抗力或经营条件发生重大变化直接影响公司设立的，可作出不设立公司的决议。

创立大会对前款所列事项作出决议，必须经出席会议的认股人所持表决权过半数通过。

董事会、监事会成员产生后，即可召开股份公司第一届第一次董事会会议、第一届监事会会议，选举产生董事长、董事会秘书、监事会主席、公司总经理等高级管理人员。

五、股份有限公司的申请登记

（一）公司的登记事项

根据《公司登记管理条例》，公司的登记事项包括：（1）名称；（2）住所；（3）法定代表人姓名；（4）注册资本；（5）实收资本；（6）公司类型；（7）经营范围；（8）营业期限；（9）股份有限公司发起人的姓名或者名称，以及认缴和实缴的出资额、出资时间、出资方式。

股东以货币、实物、知识产权、土地使用权以外的其他财产出资的，其登记办法由国家工商行政管理总局会同国务院有关部门规定。

（二）申请名称预先核准

法律、行政法规或者国务院决定中规定设立公司必须报经批准，或者公司经营范围中属于法律、行政法规或者国务院决定中规定在登记前须经批准的项目的，应当在报送批准前办理公司名称预先核准，并以公司登记机关核准的公司名称报送政府有关部门进行前置审批。

设立股份有限公司，应当由全体发起人指定的代表或者共同委托的代理人向公司登记机关申请名称预先核准。

申请名称预先核准，应当提交下列文件：（1）有限责任公司的全体股东或者股份有限公司的全体发起人签署的公司名称预先核准申请书；（2）全体股东或者发起人指定代表或者共同委托代理人的证明；（3）国家工商行政管理总局规定要求提交的其他文件。

预先核准的公司名称保留期为 6 个月。预先核准的公司名称在保留期内，不得用于从事经营活动，不得转让。

（三）申请设立登记

设立股份有限公司，应当由董事会向工商行政管理局申请设立登记。以募集方式设立股份有限公司的，应当于创立大会结束后30日内向工商行政管理局申请设立登记。

申请设立股份有限公司，应当向工商行政管理局提交下列文件：

1. 公司法定代表人签署的设立登记申请书；

2. 董事会指定代表或者共同委托代理人的证明；

3. 公司章程；

4. 依法设立的验资机构出具的验资证明；

5. 发起人首次出资是非货币财产的，应当在公司设立登记时提交已办理其财产权转移手续的证明文件；

6. 发起人的主体资格证明或者自然人身份证明；

7. 载明公司董事、监事、经理姓名、住所的文件以及有关委派、选举或者聘用的证明；

8. 公司法定代表人任职文件和身份证明；

9. 企业名称预先核准通知书；

10. 公司住所证明；

11. 国家工商行政管理总局规定要求提交的其他文件。

以募集方式设立股份有限公司的，还应当提交创立大会的会议记录；以募集方式设立股份有限公司公开发行股票的，还应当提交中国证监会的核准文件。

法律、行政法规或者国务院决定中规定设立股份有限公司必须报经批准的，还应当提交有关批准文件。

公司申请登记的经营范围中属于法律、行政法规或者国务院决定中规定在登记前须经批准的项目的，应当在申请登记前报经国家有关部门批准，并向公司登记机关提交有关批准文件。

第二节　企业改制变更设立股份有限公司

一、企业改制变更的条件和要求

（一）改制或变更设立股份有限公司应达到的要求

一般来说，设立股份公司或者由有限责任公司变更为股份有限公司的目的，大多是为了企业上市。所以，不论采用何种方式设立股份公司，都应达到以下基本要求：形成清晰的业务发展战略目标；突出主营业务，形成核心竞争力和可持续发展能力；避免同业竞争，减少和规范关联交易；产权关系清晰，不存在法律障碍；建立公司治理的基础，股东大会、董事会、监事会以及经理层规范运作；具有完整的业务体系和直接面向市场独立经营的能力，做到资产完整、人员独立、财务独立、机构独立、业务独立；建立健全财务会计制度，会计核算符合《企业会计准则》等财务会计法规、规章的要求；建立健全有效的内部控制制度，能够保证财务报告的可靠性、生产经营的合法性和营运的效率与效果。

（二）企业改制变更设立股份有限公司的条件

企业改制变更设立股份有限公司的条件和要求与股份有限公司的设立条件和要求一致。同时，有限责任公司变更为股份有限公司还应执行以下规定：

1. 有限责任公司变更为股份有限公司，应当符合《公司法》关于股份有限公司的条件，即有 2 名以上的股东、注册资本达到 500 万元人民币、建立符合股份有限公司要求的组织机构、制定公司章程等。有限责任公司变更为股份有限公司的，公司变更前的债权、债务由变更后的公司承继。

有限责任公司整体变更设立股份公司仅仅是公司形态的变化，因此，除国务院批准采取募集方式外，在变更时不能增加资本，也不能增加新股东。对于不符合股份有限公司一般条件的有限责任公司，如股东少于 2 人、净资产不到 500 万元的，只能在变更行为发生前进行重组，如增资扩股。为了能连续计算业绩，重组时要符合有关规定，如公司实际控制人不能发生变更，管理层不能有重大的变化，主营业务也不能发生重大变化。

2. 有限责任公司变更为股份有限公司时，折合的实收股本总额不得高于公司的净资产额。有限责任公司变更为股份有限公司，为增加资本公开发行股份时，应当依法办理。按中国证监会有关规定，企业为上市而改制时，变更时必须聘请有证券从业资格的会计师事务所和资产评估机构进行审计和评估。

二、企业改制设立股份有限公司的程序

根据《公司登记管理条例》，公司变更类型的，应当按照拟变更的公司类型的设立条件，在规定的期限内向公司登记机关申请变更登记，并提交有关文件。

有限责任公司改制变更为股份公司属于变更公司类型，应当按照重新设立的程序和规定办理。

（一）成立有保荐人等中介机构参加的改制上市团队

企业投资人或股东决策实施改制，由国有企业或有限责任公司改制为股份有限公司，应成立公司改制上市团队——改制上市筹备组，首先确定企业内部

总协调人和团队成员，随后选择该团队的核心——保荐机构，可由保荐机构推荐并与企业协商确定其他中介机构，如律师事务所、会计师事务所、资产评估机构、行业技术咨询机构等。该团队的前期工作任务是企业改制尽职调查、改制方案的制订。在企业自己进行调查摸底、策划及选择中介机构的过程中，最好事先聘请财务顾问，协助企业进行选择、比较和判断。中介机构团队的实力和相互之间的配合协调对企业改制、辅导、发行和上市至关重要。

（二）尽职调查和改制方案的制订

尽职调查是中介机构进场后的首要工作，其目的是了解企业基本情况，找出存在的问题，为下一步提出改制方案奠定基础。企业改制尽职调查与企业并购尽职调查的范围、方法、程序和调查清单基本相同，请参见本系列丛书《企业兼并与收购》一书第三章和第四章的相关内容。

（三）中介机构协助企业完成的工作

1. 改制方案，包括下列内容：（1）发起人的企业概况，如历史沿革、经营范围、控股参股企业、资产规模、经营业绩；（2）改制重组方案，包括改制后的业务、资产、人员、机构、财务状况；（3）改制后企业的运行模式，包括股份公司股权结构、法人治理结构、管理体制、资产与人员剥离后的处置与安置；（4）上市融资计划，包括拟发行股份、预计融资额度、募股资金投资项目；（5）发展战略和经营计划及盈利预测。

2. 签订发起人协议。有限责任公司整体改制设立股份公司的发起人自愿以其持有的有限责任公司的股权作为股份有限公司发起人的出资，协商确定下列内容并签订发起人协议：（1）股份公司名称、宗旨、经营范围及管理形式；（2）股份公司设立方式、注册资本；（3）发行股份总额、类别和金额；（4）发行人认缴的股份数额、方式及缴付时限；（5）公司改制设立筹建中发起人的分工及责任；（6）发起人的权利与义务、改制变更费用；（7）违约条款及争议解决方式；（8）其他条款如协议修改补充、终止等。

3. 拟定公司章程。由律师起草，参照《公司法》和《章程指引》关于章程内容的规定编制。

4. 审计和评估。对非货币出资进行审计和评估，并出具审计报告和资产评估报告、土地评估报告。对于发起人出资的非货币资产进行评估作价、资产核实，折合为股份，并及时办理财产权的移转手续。

国有企业改制为股份有限公司的，评估的资产涉及国有的，还应当由同级国有资产管理部门进行核资、确认，并由注册会计师进行验资和界定原有企业净资产产权。对原国有企业的资产进行清查，清理债权债务，资产评估，界定产权，是国有企业改制为股份有限公司时必不可少的步骤。它既能够确定各出资人的权利和义务，也有助于保护国有资产不致流失。

5. 向工商行政管理部门申请公司名称预核准。

6. 取得土地评估结果的确认报告书及土地使用权处置方案的批复（以土地使用权作价入股、缴纳土地出让金、缴纳土地租金、授权经营四种方式）。

7. 取得国有资产评估结果的核准，即国有股权管理方案的批复。

（四）向审批机关报送申请设立股份有限公司的文件

发起人或发起人委托的代理人应当按照国务院授权部门或省级人民政府的要求，向审批机关提交下列文件：（1）公司设立申请书；（2）公司名称预核准通知书；（3）公司发起人协议书；（4）公司发起人营业执照有效复印件或身份证复印件；（5）公司改制方案；（6）设立公司的可行性研究报告和资金运用可行性研究报告；（7）公司章程草案；（8）资产评估报告及国有资产评估结果确认文件；（9）国有资产管理部门批准的国有股权管理文件；（10）企业改制设立股份有限公司的法律意见书；（11）发起人投入资产的有效期内的审计报告；（12）国有土地使用权评估报告结果确认及处理方案的批复，发起人出资涉及国家矿产资源的应取得采矿许可证以及矿产资源评估结果的确认报告书和矿产资源处置方案的批复；（13）上级主管部门对企业改制方案的批复；（14）审批部门要求补充的文件。

（五）政府或授权部门审批

国企改制设立股份有限公司，必须经过国务院授权的部门或者省级人民政府批准。如果涉及外商投资或高科技等，还要经过商务部门或经贸部门及科技部门的批准。政府有关部门对发起人提交的上述文件经过审核后，如果认为符合国家有关规定，即予以批准。如果不符合国家有关规定，则予以退回要求补充、修改后再行提交，或者不予批准。

（六）发起人出资

企业设立验资账户，发起人先以书面方式认购公司章程规定发起人的股份后，应立即缴纳全部股款。

出资缴款方式和额度规定：（1）以发起方式设立股份有限公司，由发起人认缴全部股份；（2）以募集方式设立公司，并向社会公开发行股票的，发起人应当认缴不少于公司股份总额的35%；（3）有限责任公司变更为股份有限公司时，折合的实收股本总额不得高于公司净资产额；（4）发起人用工业产权、非专利技术折价出资金额所占注册资本的比例不得超过20%。

有限责任公司变更为股份有限公司的，公司变更前的债权、债务由变更后的公司承继。

（七）募集股份

除发起人出资以外其余股份的募集分两种办法：如果是定向募集，可以向特定的法人募集；如果是社会公开募集，可以股票的形式向社会公开发行。发行时仍要遵循上述各项规定和程序。

有限责任公司变更为股份有限公司，为增加资本而公开发行股份时，应当依法办理。未经国务院证券管理部门批准，发起人不得向社会公开发行股票。

发起人向社会公开募集股份，必须向中国证监会递交募集申请，并报送下列主要文件：（1）国务院授权的部门或者省级人民政府批准设立股份有限公司的文件；（2）公司章程；（3）经营预算书或经营预测报告；（4）发起人姓名或名称、发起人认购的股份数、出资种类以及验资证明；（5）招股说明书；（6）代收股款的银行名称以及地址；（7）保荐人、承销机构名称及有关承销协议、银行代收股款协议。

发起人向社会公开募集股份时，必须公告招股说明书并制作认股书，代收银行应当向缴纳股款的认股人出具收款单据，并负有向有关部门出具收款证明的义务。

（八）验资机构验资

以实物、工业产权、非专利技术、土地使用权抵做股款的，应当依法办理财产权的转移手续，资金到位后，应由会计师事务所验资并出具报告。

发行股份的股款募足后，必须经过法定验资机构验资并出具证明。会计师事务所以及办理验资的注册会计师必须对验资证明的真实性承担责任。

验资分为设立验资和变更验资，具体验资范围、各方责任、验资方法、验资程序和验资报告请参见本系列丛书《企业兼并与收购》一书第四章第一节的内容。

（九）召开创立大会

如果公司应募股份的股款全部按期足额缴付，经过验资并出具验资证明，则发起人应当在股款缴纳后30日内主持召开创立大会。

股份有限公司的创立大会是公司成立前的决议机关，有权依法决定公司成立前的重大事项。创立大会决议公告后，股份有限公司的股东大会将行使重大事项的决定权，创立大会的使命即告终结。

募集失败或公司不能成立的，发起人应当对认股人已经缴纳的股款，负返还股款并加算银行同期存款利率的连带责任；同时发起人应当对于因设立公司行为所引起的债务和费用负连带责任。公司成立的，在公司设立过程中，因发起人的过错致使公司利益受到损害的，发起人还应当对公司承担赔偿责任。这是发起人在公司设立过程中的主要责任。

（十）申请登记设立及公告

公司登记机关对股份有限公司的设立申请予以登记的，签发营业执照。营业执照签发之日即为公司成立之日。

股份有限公司成立后，应当进行公告。采取募集方式设立公司的，还应当将募集股份的情况报国务院证券监督管理机构备案。

三、设立或变更设立外商投资股份有限公司的要求

近年来，有许多企业通过私募融资引进境外战略投资者，企业性质也变成了外商投资企业（如西部矿业、海普瑞），根据现行法规，这类企业要想在中国境内上市，应当首先经国家商务部审批变更或改制设立外商投资股份有限公司。

根据《关于设立外商投资股份有限公司若干问题的暂行规定》（外经贸部令1995年第1号）、《关于上市公司涉及外商投资有关问题的若干意见》（外经贸资发〔2001〕538号）的规定，设立或由外商投资企业改制设立外商投资股份有限公司应执行以下规定：

（一）外商投资股份有限公司的设立要求

1. 以发起方式设立的公司，除应符合公司法规定的发起人条件外，其中至少有一个发起人应为外国股东。公司注册资本的最低限额为3 000万元人民币（实收资本），其中外国股东购买并持有的股份应不低于公司注册资本的25%。

2. 已设立中外合资经营企业、中外合作经营企业、外资企业（以下简称外商投资企业），如果已有最近连续三年的盈利记录，可以申请转变为外商投资股份有限公司。

3. 已设立的国有企业、集体所有制企业，如果营业时间超过五年并有最近连续三年的盈利记录，也可申请转变为外商投资股份有限公司，外国股东应占该企业注册资本的25%以上。

4. 已设立的股份有限公司，可通过增资扩股、转股、发行境内上市外资股（B股）或境外上市外资股（如H股）等形式，转变为外商投资股份有限公司。

5. 原境内公司中国自然人作为原公司股东一年以上的，经批准，可以继续作为变更后所设立的外商投资股份有限公司的中方股东，暂不允许境内中国自然人以新设和收购方式与外资成立外商投资企业。

（二）外商投资股份有限公司公开发行股票上市的要求

除须满足《公司法》、《证券法》、各交易所上市规则外，还须满足：

1. 经营范围符合外商投资产业政策，符合《指导外商投资方向暂行规定》与《外商投资产业指导目录》和《西部地区外商投资优势产业目录》等要求。

2. 申请上市前三年均已通过外商投资企业联合年检。

3. 上市发行股票后，其外资股占总股本的比例不低于10%。

4. 按规定需由中方控股（包括相对控股）或对中方持股比例有特殊规定的外商投资股份有限公司，上市后应按有关规定的要求继续保持中方控股地位或持股比例。

5. 符合发行上市股票有关法规要求的其他条件。

（三）境内企业通过增资扩股、转股设立外商投资企业的其他规定

根据国家商务部《关于外国投资者并购境内企业的规定》（商务部令2009年第6号，即2009年修订的原2006年10号文件）、《公司登记管理条例》和《公司法》，境内企业通过增资扩股引进外国投资者设立外商投资有限责任公司或外商投资股份有限公司时，应执行以下规定：

1. 缴款时限。外国投资者认购境内公司增资，以及有限责任公司股东和以发起方式设立的境内股份有限公司的股东应当在公司申请外商投资企业营业执照时缴付不低于20%的新增注册资本，其余部分的新增注册资本自领取外商投资企业营业执照之日起两年内缴足。

2. 向具有相应审批权限的审批机关报送的下列主要文件，包括：境内公司依法变更设立为外商投资企业的申请书；经公证和依法认证的外国投资者的身份证明文件或注册登记证明；外国投资者认购境内公司增资的协议或购买境内公司股东股权的协议；增资扩股后所设外商投资企业的合同、公司章程；境内公司上一财务年度的财务审计报告；资产评估应采用国际通行的评估方法，禁止以明显低于评估结果的价格转让股权或出售资产，变相向境外转移资本。

四、外国投资者对境内企业增资扩股的价格确定

商务部《关于外国投资者并购境内企业的规定》中明确规定，外国投资者认购境内有限责任公司增资的，增资并购后所设外商投资企业的注册资本为原境内公司注册资本与增资额之和。外国投资者与境内公司原其他股东，在境内公司资产评估的基础上，确定各自在外商投资企业注册资本中的出资比例。

在考虑未来上市时，外国投资者对境内企业增资扩股的入股价格或股权购买价格的确定，须由具有证券资质的资产评估机构，采用国际通行的评估方法对境内企业进行资产评估，据此协商确定最终价格。但是，如果需要业绩连续计算，不能按评估值进行财务调账。

【例1】 某境内企业原注册资本2 000万元，经双方认可的审计后净资产值为9 590万元，上一年度税后净利润为2 130万元。企业为发展所需，拟增资扩股30%引进外国投资者，中方以原公司净资产出资并保留70%股权。请

计算外国投资者的出资额、领取外商投资企业应执照前的首期出资额、外商增资后的注册资本、外商认购股价、认购市盈率、总股本和中外方持股数量各是多少？

按照商务部《关于外国投资者并购境内企业的规定》，计算得出外国投资者的认购金额应为4 110万元，首期出资额20%为822万元，新注册资本应为6 110万元，外商出资额4 110万元全部进入公司新的注册资本。这相当于外商出资后的总股本为6 110万元，外商认购股价为每股2.2422元，增资后每股净收益为0.3486元/股，外商认购市盈率为6.43倍；中方持有股份4 277万股，外商认购股份为1 833万股（见表4－2和表4－3）。

外国投资者认购境内公司增资扩股的股份及收购境内公司股权的行为，应执行商务部《关于外国投资者并购境内企业的规定》。在具体操作中的并购程序与流程、尽职调查、审计、独立技术审查、协议签订与商务报批以及工商登记和财税处理等，请参见本系列丛书《企业兼并与收购》的相关内容及案例。外国投资者参股或并购境内企业的企业价值和股票估价方法，请参见本系列丛书《企业融资与投资》第六章内容及案例和《企业兼并与收购》第六章内容及案例。

无论内资企业或是外资企业，其经营时间和业绩连续计算问题，到底用评估值验资还是用审计后的净资产验资问题，以及权衡业绩连续时间与评估增值的取舍等问题，请见下文和本章案例一中的“案例小结与解决对策”。

表4－2　　增资扩股后注册资本和认购股价计算表

项　目	总值（万元）	中方（万元/万股）	外方（万元/万股）	外商认购价格（元/股）	外商出资额（万元）
原注册资本	2 000.00	2 000.00	0.00	—	—
资产评估价值	9 590.00	9 590.00	0.00	—	—
增资额辅助计算	13 700.00	9 590.00	4 110.00	—	—
新注册资本比例	100.00%	70.0%	30.0%	—	—
新注册资本及认股价格	6 110.00	4 277.00	1 833.00	2.2422	4 110.00
外商首期出资额下限	20.00%	—	—	—	822.00

表4－3　　增资后每股净收益和外资认购市盈率

项　目	上年净利润（万元）	总股本（万股）	每股净收益（元/股）	外商认购股价（元/股）	认购市盈率（倍）
增资扩股后指标	2 130.00	6 110.00	0.3486	2.2422	6.43

第三节　股权界定和财务调整的合规性

一、股权界定

（一）新设立的股份公司的股权界定

1. 国家股。代表国家或国家授权投资的机构和部门直接向新设立的股份有限公司投资形成的股份界定为国家股。

2. 法人股。

（1）国有法人股。具有法人资格的国有企业、事业单位及其他国有单位以其依法占有的法人资产直接向新设立的股份有限公司投资形成的股份界定为国有法人股。

（2）其他法人股

①社会法人股。具有法人资格的非国有企业、事业单位及其他单位以其依法占有的法人资产直接向新设立的股份有限公司投资形成的股份界定为社会法人股。

②集体法人股。集体企业以非国有权属的资产按照财政部《城镇集体所有制企业、单位清产核资产权界定工作的具体规定》界定确认后向新设立的股份有限公司投资形成的股份界定为集体法人股。

3. 自然人股。自然人以其合法拥有的个人资产直接向新设立的股份有限公司投资形成的股份界定为个人股。

4. 外资股。外国投资者以可兑换货币直接向新设立的股份有限公司投资形成的股份界定为外资股。

（二）企业改制设立股份公司的股权界定

1. 有限责任公司整体改制设立的股份有限公司的股权界定

有限责任公司整体改制设立股份有限公司，原公司依法注销，公司原有投资人或股东直接成为股份公司的股东，各股东的股权界定参照上述新设立的股份有限公司的股权界定方法划分。

2. 国有企业改制为股份公司的股权界定

（1）代表国家或国家授权投资的机构和部门直接投资设立的国有企业以其全部资产改制设立为股份有限公司的，原企业撤销，原企业的国有净资产折成的股份界定为国家股。

（2）代表国家或国家授权投资的机构和部门直接投资设立的国有企业以

其部分资产（连同部分负债）改制设立为股份有限公司的，如进入股份公司的净资产（评估前）累计高于或等于原国有企业净资产的50%，或主营生产部分的全部或大部分资产进入股份公司，其净资产折成的股份界定为国家股，一般由代表国家或国家授权投资的机构和部门持有；进入股份公司的净资产低于原国有企业净资产的50%，其净资产折成的股份界定为国有法人股，一般原国有企业不注销，由原国有企业持有。

（3）国有法人单位（行业性总公司和具有政府行政管理职能的公司除外）所拥有的国有企业（集团公司）的全资和控股子企业（子公司），及其下属企业，以全部或部分资产改制设立股份公司，进入股份公司的净资产折成的股份也界定为国有法人股。

（三）国有资产的折股

国有企业改制设立股份有限公司，在资产评估和产权界定后须将净资产折价入股，其股本由依法确定的国有持股单位统一持有。

国有资产折股时不得低估作价折股，一般应以评估确认后的净资产折为国有股本。在一定的市场条件下，允许公司净资产不完全折股，即国有资产折股的票面总额可略低于评估确认净资产总额，但折股方案须与募股方案和预计发行价一并考虑，折股比率（国有股股本÷发行前国有净资产）不得低于65%；股票发行溢价倍率（股票发行价格÷股票面值）应不低于折股倍数（发行前国有净资产÷国有股股本）。净资产未全部折股的差额部分应计入资本公积金，不得以任何形式将资本（净资产）转为债务。净资产折股后，股东权益等于净资产。

二、财务调整的合规性与业绩连续计算问题

（一）股份公司的实收资本计量

根据《公司法》规定，股份有限公司以超过股票票面金额的发行价格发行股份所得的溢价款，应当列为公司资本公积金。因此，股份公司的实收资本是按发行股票票面金额所实收的资本金额，发行溢价款不能列入实收资本。

（二）会计要素的确认与计量

根据《企业会计准则》的规定，首次执行企业会计准则，是指企业第一次执行企业会计准则体系（包括基本准则、具体准则和会计准则应用指南），在首次执行日，企业应当对所有资产、负债和所有者权益按照企业会计准则的规定进行重新分类、确认和计量，并编制期初资产负债表。

企业在对会计要素进行计量时，一般应当采用历史成本；会计计量在历史成本计量下，资产按照购置时支付的现金或者现金等价物的金额，或者按照购

置资产时所付出的对价的公允价值计量。除法律、行政法规和国家统一的会计制度另有规定者外，企业一律不得自行调整其账面价值。

（三）财务调整的合规性与业绩连续计算

中国证监会《首次公开发行股票资产评估资料审核指引》规定对股份公司新股发行的主要审核内容之一，就是审核公司依据资产评估结果进行财务调整的合规性，即根据《企业会计准则》，判断公司依据资产评估结果进行财务调整是否符合《公司法》及《企业会计准则》。

1. 新设立的股份有限公司发起人可在资产评估结果基础上协商确定投入股份公司资产的价值，并据以折为股份。如果发起人共同认可了其资产评估结果，则应将资产评估价值作为入账价值，并据以折为股份。但依此评估折股新设股份有限公司申请股票发行上市应满足开业三年以上且三年连续盈利的条件。

2. 有限责任公司整体变更设立股份有限公司前后虽然企业性质不同，但根据《企业会计准则》，该企业仍为一个持续经营的会计主体，不应改变历史成本计价原则，不应当按照资产评估结果进行账务调整。

有限责任公司按审计后原账面净资产值折股整体变更为股份有限公司的，持续经营时间可以从有限责任公司成立之日起计算。改制变更成为股份公司后，公司运行不足三年申请发行股票的，需连续计算原有限责任公司的经营业绩。

3. 如果有限责任公司或非公司制企业整体改制设立股份有限公司时，根据资产评估结果进行了账务调整，则应将其视为新设立的股份公司，按《公司法》规定应在股份有限公司开业三年后方可申请发行股票。

4. 国有企业改制设立股份有限公司，按照国有资产管理办法，需要根据资产评估结果进行账务调整。

5. 国有企业整体改制设立的股份有限公司、有限责任公司整体改制设立股份有限公司经国务院批准豁免运行三年期限的，可以不受开业三年和连续三年盈利的限制。

第四节　公司设立时发起人和控股股东应注意的问题

一、控股股东和实际控制人及其财务状况要求

（一）控股股东和实际控制人的界定

《章程指引》对控股股东、实际控制人和关联关系作出了如下界定：

1. 控股股东，是指其持有的股份占公司股本总额50%以上的股东；持有股份的比例虽然不足50%，但依其持有的股份所享有的表决权已足以对股东大会的决议产生重大影响的股东。

2. 实际控制人，是指虽不是公司的股东，但通过投资关系、协议或者其他安排，能够实际支配公司行为的人。

3. 关联关系，是指公司控股股东、实际控制人、董事、监事、高级管理人员与其直接或者间接控制的企业之间的关系，以及可能导致公司利益转移的其他关系。但是，国家控股的企业之间不能仅因为同受国家控股而具有关联关系。

（二）控股股东和实际控制人的财务状况要求

《股票发行审核标准备忘录》规定，对发行人的控股股东或实际控制人最近一年末的母公司资产负债表存在巨额债务（负债额2亿元以上且资产负债率超过70%）或出现资不抵债，且最近一年的合并利润表反映该控股股东或实际控制人处于微利甚至亏损状态的，在提请发审委审核时，审核人员应按规定程序提出关注其高风险的建议。

如上市公司的控股股东或实际控制人因存在巨额债务或出现资不抵债，为摆脱困境而采取各种手段占用上市公司资金，将严重破坏上市公司的正常经营秩序，损害股份公司及中小投资者的利益，导致上市公司的经营状况和经营业绩不断恶化，给证券市场造成恶劣影响。因此，股份公司设立时和发行前如果存在上述情况，将难以通过中国证监会核准发行股票，上市后如发生上述现象，也将受到法规惩处。

二、发起人和12个月内增资扩股的股份转让限制

《公司法》规定发起人持有的本公司股份，自公司成立之日起一年内不得转让。公司公开发行股份前已发行的股份，自公司股票在证券交易所上市交易之日起一年内不得转让。

《深圳证券交易所上市规则》和《上海证券交易所上市规则》都规定，公司首次公开发行股票前12个月内增资扩股的股份，其持有人在公司提出IPO申请时应该公开承诺：自持有新增股份之日起的36个月内，不转让其持有的该部分股份。发行人应当在上市公告中公告上述承诺。

三、关联交易与同业竞争

根据《上市公司治理准则》（中国证监会证监发〔2002〕1号文），股份公司设立时就应考虑公司上市后采取有效措施防止关联人以垄断采购和销售业务渠道等方式干预公司的经营，损害公司利益。关联交易活动应遵循商业原

则，关联交易的价格原则上应不偏离市场独立第三方的价格或收费的标准。公司应对关联交易的定价依据予以充分披露。另外，按照发行上市要求，关联人尤其是公司控股股东和实际控制人在发行股票前应出具避免同业竞争承诺函。

四、控股股东对拟上市公司改制重组时的禁止行为

控股股东对拟上市公司改制重组时应分离其社会职能，剥离非经营性资产，非经营性机构、福利性机构及其设施不得进入上市公司。

控股股东为上市公司主业服务的存续企业或机构可以按照专业化、市场化的原则改组为专业化公司，并根据商业原则与上市公司签订有关协议。从事其他业务的存续企业应增强其独立发展的能力。无继续经营能力的存续企业，应按有关法律、法规的规定，通过实施破产等途径退出市场。企业重组时具备一定条件的，可以一次性分离其社会职能及分流富余人员，不保留存续企业。

上市公司业务应完全独立于控股股东。控股股东及其下属的其他单位不应从事与上市公司相同或相近的业务。控股股东应采取有效措施避免同业竞争。

上市公司的重大决策由股东大会和董事会依法作出。控股股东不得直接或间接干预公司决策及依法开展的生产经营活动，不得损害公司及其他股东的权益。

案例　股东出资和公司设立瑕疵的12个典型案例深度剖析

【案例导读】

在企业上市申报时，经常遇到公司设立时的股东出资瑕疵和公司到底是新发起设立，还是整体变更登记设立问题，一不小心就会对上市审核造成障碍。实物资产资产投资入股未经评估、出资未及时到位、净资产出资未评估、无形资产出资比例超限、以公司资产出资、资本公积转增超可用额度、资产评估增值增加实收资本、混淆新设和整体变更登记设立、由此影响财务业绩连续计算等问题是企业易犯的错误。本案例中对12个典型案例进行深度分析，并给出解决措施。

【案例回放】

【例2】　二重重装涉嫌虚设出资和业绩连续计算问题

虚设出资成为IPO闯关的硬性障碍，即便是具有国有背景的公司也不

例外。

2008 年 4 月 24 日，中国二重集团重型装备股份有限公司（以下简称二重重装）的 IPO 申请未获批准，原因是对审核部门对虚设出资及出资是否影响业绩存在质疑。

深交所披露信息显示，2007 年 7 月二重重装的国有大股东中国第二重型机械集团公司（以下简称二重集团），以原来由二重重装无偿使用的 58 项专利和 136 项非专利技术，向申请人前身——重装公司增资，评估价为 2.16 亿元。

但是重装公司设立时，二重集团已将设计研究院、工艺研究所等科研部门投入重装公司，相关权利及非专利技术已由重装公司和二重重装掌握并使用多年，且已体现在二重重装过往的业绩中。

证监会据此判断认为，上述无形资产作价增资的合理性严重不足。如果将这些无形资产按综合年限 10 年进行摊销，将导致二重重装的过往经营期间盈利能力的可比性存在严重缺陷，对投资者造成误导。

在申请被否一年半后，二重重装的 IPO 申请于 2009 年 12 月 9 日再次上会并获批。二重重装在第二次申请上市的招股说明书对此问题补充说明解释如下：

1. 本次增资的基本情况

为避免同业竞争、减少关联交易、进一步完善重装公司的业务和资产体系，经重装公司于 2007 年 7 月 16 日召开的 2007 年第二次临时股东会审议批准，并经国务院国资委于 2007 年 7 月 20 日以规划函〔2007〕61 号文备案，根据二重集团、华融公司和信达公司于 2007 年 7 月 27 日签署的《增资协议》，二重集团以其下属重容分厂和金结分厂的经营性资产及其拥有的与重装公司生产经营相关的 58 项专利权和 136 项非专利技术对重装公司增资。

2. 投入的专利权和非专利技术对公司生产经营的重要性

本次增资的专利权和非专利技术是公司核心竞争力的技术保证，是形成公司可持续发展的业务基础。58 项专利权和 136 项非专利技术系二重集团经过长期技术研发形成的公司生产经营所需的核心技术的原型技术。而公司产品主要为定制的大型及特大型非标产品，所承接的订单在正式生产前均需花费较长时间进行大量的产品转化设计和工艺设计等生产准备，如缺少该类专利权和非专利技术，仅靠现有设备将无法生产出合格和有竞争力的产品，因而该类专利权及非专利技术不仅代表了国家在重大技术装备领域的先进程度，而且在公司生产中也发挥着非常重要的作用。

例如，公司拥有的专利及非专利技术使公司在中国大型宽厚板装备领域拥有主机、矫直机、滚切式双边剪、滚切式定尺剪、飞剪、圆盘剪、旋转式翻版机等关键设备、配套设备的自主知识产权优势，许多专利技术解决了本领域关键技术难题，大量成台套专利产品填补了国内空白，替代了进口，在国内居领先地位。

本次投入的专利及非专利技术均为公司主要产品生产正在使用技术和后续产品开发所需的原型技术。由于重型机械行业本身特点，相关技术使用周期长，公司主导产品生命周期也较一般产品长，故投入的专利及非专利技术能在较长时间内为公司的生产经营发挥重要作用。

3. 专利权和非专利技术作价增资投入的必要性

公司前身重装公司在2001年12月以债转股方式设立时，各股东出于股本规模和股权结构的考虑，二重集团未将重装公司生产所需的专利权和非专利技术评估作价投入，而是继续由二重集团下属技术中心统一负责主导产品的技术开发和技术归口管理，与此同时，为保证重装公司的生产经营所需，允许重装公司无偿使用相关的专利权和非专利技术，并将设计研究院、工艺研究所、大锻件研究所和计量计算中心等与产品生产直接相关的机构和人员投入，以保证上述技术能被有效运用。

2007年重装公司在变更为股份公司前，为保证其业务和资产体系的完整性，上述无形资产应投入重装公司；同时，根据国务院办公厅《关于规范国有企业改制工作的意见》（国办发［2003］96号）的规定，企业的专利权、非专利技术等无形资产必须纳入评估范围，评估结果由有权批准国有企业改制和转让国有产权的单位核准。

4. 本次增资对公司资产、收入和利润的影响

（1）本次增资的会计处理

根据《企业会计准则》，二重集团投入的专利权和非专利技术按单独的资产投资处理，重装公司按专利权和非专利技术的评估价值扣除评估基准日至资产交付日期间（2007年1-6月）的摊销值后在2007年7月1日确认入账并编制申报报表。

（2）本次增资对公司资产的影响

上述专利权和非专利技术的评估值为21 673.56万元，扣除其在2007年1-6月的摊销额，上述专利权和非专利技术投入公司时实际作价20 589.88万元，占公司本次增资前总资产的2.91%，对公司的资产规模影响较小。

（3）本次增资对公司收入和利润的影响

截至评估基准日2006年12月31日，上述专利权和非专利技术的评估值为216 735 600元，公司以其扣除评估基准日至资产交付日期间（2007年1-6

月）摊销值后的价值 205 898 820 元作价入账。截至 2007 年 7 月 1 日，上述发明专利权的剩余法律保护年限为 13 ~ 18 年（以 18 年为主），实用新型专利权剩余法律保护年限为 1 ~ 9 年（以 8 ~ 9 年为主），专利权的剩余法律保护年限综合不低于 10 年；非专利技术预计的最低使用年限为 10 ~ 23 年。从稳健性原则出发，并便于实际操作，重装公司对上述专利权和非专利技术按受益年限能够预计的无形资产处理，并综合按 10 年进行直线摊销，摊销金额计入管理费用。因此，本次增资后，公司每年将增加无形资产摊销额 20 589 882 元，占利润总额的比重不大。

5. 本次增资对经营业绩连续计算的影响

二重集团增资投入的专利权及非专利技术实际作价 20 589. 88 万元，占公司本次增资前总资产的 2. 91%。二重集团本次增资投入的资产占公司资产的比例较低，不直接增加或减少公司收入，不会对公司的资产结构及主营业务产生实质性影响。因此，本次增资不影响公司经营业绩的连续计算。

6. 专利权及非专利技术摊销额对报告期公司盈利能力可比性的影响

公司财务报告期间为 2006 年度、2007 年度、2008 年度和 2009 年 1 – 6 月，2007 年增资投入的 58 项专利权和 136 项非专利技术在报告期实际摊销期间为 2007 年 7 月至 2009 年 6 月共 24 个月，即使考虑上述摊销因素后，公司模拟后的净利润仍分别为 8 508. 83 万元、39 972. 05 万元、34 666. 15 万元和 10 170. 29 万元，申报报表中的净利润与模拟后净利润的差异情况不会影响对报告期公司盈利能力的实质判断。因此，专利权及非专利技术摊销额对报告期公司盈利能力不构成可比性的影响。

经进一步尽职调查后，保荐机构宏源证券认为：二重集团以评估价出资投入的专利权和非专利技术，在投入前一直由发行人无偿使用，是发行人主导产品生产所必需的核心技术，是取得公司经营收入的前提条件，因此是必要的。而且，本次增资对公司资产、收入、利润和业绩可比性不构成实质性不利影响。

【例 3】　中原内配存疑复杂的股权纠纷

2010 年 7 月 16 日登陆深交所中小板河南省中原内配股份有限公司（以下简称中原内配）曾在 2008 年首次闯关 IPO，但当时被否。深交所披露的信息显示，中原内配当时被否的原因主要是存在股权纠纷。

2003 年 4 月，中原内配董事长薛德龙等 38 名高管，用 1 元/股的价格收购了 2 955 名自然人股东所持的 1 505. 13 万股公司股份。但所签订的 2 955 份收购协议中，转让人署名与股东名册姓名不符，且中原内配当时的申报材料称这类协议仅有 280 份。

深交所指出，在当时申请IPO期间，有举报信反映上述股份转让存在未经员工同意等情况，但申请人申报材料认为其股份不存在潜在纠纷。最终，证监会认为中原内配的陈述缺乏说服力。

在停滞了两年之后，中原内配的IPO申请重整旗鼓，二次闯关。

中原内配在2010年3月17日签署的二次申请IPO招股说明书（申报稿）中详细说明和解释了内部职工股转让问题，北京市博金律师事务所和国信证券出具了确定性意见，公司股东也出具了责任承诺。

（一）内部职工股的发行及变化情况

经孟县人民政府、中国人民银行焦作分行及河南省深化企业改革领导小组办公室批准，1990年3月25日，河南省中原内燃机配件股份有限公司成立，并发行内部职工股300万股，共有内部职工股东1 598人出资。

2000年9月8日，公司增资扩股，注册资本由1 216万元增加到6 101.05万元，内部职工股增至1 505.13万股。

2003年6月13日，内部职工股股份转让予薛德龙等38名自然人并完成工商变更手续，自此，内部职工股股份不再存续。

（二）企业改制时内部职工股的转让情况

2003年1月期间，薛德龙作为38名自然人代表与除其本人以外的全体内部职工股股东签订《职工股转让协议》，按照每股1元的价格受让全部内部职工股。根据薛德龙等38名自然人签署的《关于对中原内配出资的协议》，薛德龙再将受让股份按38人协议约定比例进行分配。2003年1月11日，薛德龙等38名股东将股权转让款交至公司财务部代为发放，并由内部职工股东逐一签收。2003年6月13日，上述股权变更在工商局进行了变更登记。

（三）受让公司内部职工股的定价依据

1. 定价基础是评估报告

2002年内部职工股股权转让给薛德龙等38名自然人之前，为了提供定价基础，公司委托孟州市土地估价所、孟州市德信会计师事务所以2002年6月30日为基准日对公司全部资产进行了评估，分别出具了《土地估价技术报告》和《资产评估报告》，公司净资产评估值为5 216.31万元，折合每股净资产为0.85元。上述资产评估报告在孟州市财政局办理了资产评估备案。

2. 转让价格由双方协商确定

根据上述评估值，内部职工股的每股价值为0.85元。协商作价时，38名自然人就转让价格与职工股东进行协商，并经职工代表大会及股东大会的讨论，最终转让方和受让方达成了一致，确定转让价格为每股1元，且全部过程均由当时孟州市企业改制工作组监督进行。

(四) 38 名自然人受让公司股权资金来源

38 名自然人受让法人股及职工股支付的资金来源均为自筹，包括自有资金和向亲属、朋友借款取得，不存在挪用公司或公司客户、供应商资金、通过公司融资或以资产或产权为其借款提供担保等行为，资金来源合法。

(五) 内部职工股转让的核查情况

截至招股说明书签署日，公司及 38 名自然人股东均未涉及因受让法人和内部职工股而产生的诉讼或仲裁事项。

2009 年 8 月至 11 月，国信证券和博金律师事务所对职工股转让情况予以全面核查：

1. 核查程序和过程

(1) 国信证券及博金律师事务所对公司的《职工股股东名册》、全部 2 955份《职工股转让协议》、及职工股领款凭证进行了逐一核对、核查。

(2) 国信证券人员与律师组成核查小组，当面对被核查对象逐一核查，查验被核查人员身份证明并与《职工股东名册》和《职工股转让协议》核对，留存身份证复印件或记录身份证号码，由其本人填写《改制情况调查表》确认 2003 年改制前本人是否是职工股股东、改制时是否自愿将所持全部股份转让、是否已足额收到股份转让款。

(3) 鉴于部分原职工股股东因离职、地址变更等原因无法取得联系，公司分别于 2009 年 9 月 22 日、26 日、30 日在省级报刊《河南商报》上刊登公告："公司于 2003 年改制期间，原职工股股东进行了股份转让。目前需要对该次转让及改制前发生过的职工股转让情况进行复核，请尚未与公司取得联系的原职工股股东与国信证券、博金律师所、孟州市人民政府信访局或公司进行联系。"

另外，核查小组于 2009 年 9 月 23 日起在公司厂区和职工居住密集的住宅区分别张贴了公告，内容与报纸公告相同。

2. 核查结果

在本次核查中，共对 2 848 名原职工股东进行了逐一核查（其中有 19 名人员已经死亡，国信证券及律师对其继承人或直系亲属进行了当面核查）。上述 2 848 名被核查对象均可确认其 2003 年改制前是职工股股东、改制时自愿将所持全部股份转让、已足额收到股份转让款。

上述经确认的 2 848 名被核查对象占原 2 955 名职工股股东人数的 96.38%，其所持股份占原职工股股份总额的 95.98%。

除上述 2 848 名已核实原职工股东外，另有 107 名原职工股东（占原职工股股份总额的 4.02%、占当时发行人总股本的 0.99%），公司未能与其本人取得联系，经核查小组在厂区、生活区刊登公告及在《河南商报》上连续三次刊登公告后，仍然未能与其取得联系。国信证券及律师对该等被核查对象进行了书面核查，经核对《职工股转让协议》、《内部职工股东登记表》、职工股领款凭证等书面文件，转让协议签署、领款凭证签名与股东名册相一致，确认其均为由本人签署协议并亲自领取了转让款。

截至招股说明书签署之日，国信证券、博金律师事务所、孟州市人民政府信访局和公司均未接到上述人员以任何方式进行的联系。

3. 进一步核查股权转让事项是否存在潜在纠纷

（1）国信证券和博金律师事务所于2009年9月29日走访了2003年改制期间由政府部门派出的改制工作组负责人员，根据其签署确认谈话记录，上述人员均已明确表示在改制期间没有接收或处理过公司职工股股份转让纠纷的事宜。

（2）国信证券和博金律师事务所于2010年2月5日走访了孟州市人民法院，该院出具证明："经查证，从河南省中原内配股份有限公司1990年设立到2003年公司改制及至我院本说明开具之日，我院从未受理及审理过有关涉及河南省中原内配股份有限公司的股份转让等事宜的股权权属纠纷诉讼案件。包括不存在关于河南省中原内配股份有限公司股权权属纠纷的起诉后又主动撤诉或本院裁定不予立案的其他情况。"

（3）国信证券和博金律师事务所于2010年2月5日走访了孟州市人民政府信访局，该局出具证明如下：

"根据我局对内部资料查询及对有关负责部门人员的询问，经查证，截至本说明开具之日：我局未收到涉及河南省中原内配股份有限公司股份转让的公民、法人或者其他组织采用书信、电子邮件、传真、电话、走访等形式，向我局反映情况，提出建议、意见或者投诉请求的活动。公司于2009年9月份在报纸媒体上刊登关于职工股转让情况复核公告后，我局作为公告的联系方之一没有收到过公民、法人、其他组织对上述问题反映情况的电话、书信、走访活动。"

4. 河南省人民政府确认情况

经过核查，河南省人民政府于2009年10月21日出具《关于中原内配内部职工股转让事项的批复》意见："河南省中原内配股份有限公司2003年内部职工股向薛德龙等38名自然人转让事项履行了相应程序，符合相关法律、法规，合法有效，不存在纠纷或潜在纠纷。"

5. 保荐人及发行人律师意见

国信证券发表意见如下：发行人职工股股份转让合法有效，不存在未经职工股股东同意等情况，不存在纠纷和潜在纠纷。

发行人律师发表意见如下：中原内配 2003 年改制期间的职工股转让及改制前的职工股转让行为合法有效，不存在未经职工股东同意等情况，也不存在纠纷及潜在纠纷。

6. 股东承诺情况

为进一步避免内部职工股的发行、转让等有关事宜存在争议或诉讼而给公司和其他股东造成损失，薛德龙等 38 名股东承诺："如因公司内部职工股发行、转让等有关事宜而导致公司或其他股东被追究法律责任，将按 2003 年 6 月 13 日在河南省工商行政管理局备案的 38 名股东持有公司的股份比例，就公司或其他股东由此遭受的一切经济损失足额作出补偿，并承担连带责任。"

2010 年 5 月 28 日，中原内配 IPO 申请二次上会并获批，并于 2010 年 6 月 25 日招股，7 月 16 日挂牌上市。

【例 4】　科大讯飞实为新设，但工商局按变更登记设立

股份有限公司新设与整体变更设立存在瑕疵的企业较多，科大讯飞就是其中一例。

安徽科大讯飞信息科技股份有限公司（以下简称科大讯飞）是 1999 年 12 月由硅谷天音公司的全体股东以硅谷天音的全部净资产作为出资，同时吸收其他股东发起设立的。但当时工商局采取了变更登记方式，而硅谷天音并未注销，其债务由谁偿还、到底还了没有，是否存在法律风险？科大迅飞在接受上市审查时遇到了一连串的问题。

科大迅飞于 2008 年 4 月 17 日公告的《首次公开发行股票招股说明书》，披露了"关于硅谷天音债务情况，以及注销时未履行向债权人公告、工商注销手续事宜的说明"。

（一）硅谷天音的债务情况

根据安徽资产评估事务所出具的《资产评估报告书》，截至 1999 年 9 月 30 日，硅谷天音的应付款为 1 150. 00 元，其他应付款为 67 199. 55 元，应付福利费 31 820. 00 元，应交税金为 1 384. 08 元。

硅谷天音的全部债权债务已由 1999 年 12 月 30 日成立的科大讯飞承继，并在科大讯飞设立前全部清偿完毕，目前不存在纠纷。

科大讯飞实际控制人（以刘庆峰为代表的 14 位自然人股东）已承诺："硅谷天音如有任何在科大讯飞设立前之尚未清偿债务或者潜在的、或有的债务纠纷，将由我们全部承担。"

（二）公司设立及硅谷天音注销情况

科大讯飞设立时，硅谷天音未向债权人发出公告，未办理注销登记手续，是由于科大讯飞在设立时对整体改制理解有偏差，误以为公司是整体改制，而硅谷天音的债权债务自然由新的科大讯飞承继，所以没有向债权人、债务人发出通知和公告，也没有办理原企业硅谷天音的注销登记。工商登记机关也将科大讯飞视为是由硅谷天音变更而来，因此科大讯飞当时是通过变更登记而设立的。

2007 年 8 月 27 日，安徽省工商局出具了《关于科大讯飞设立情况的说明》：科大讯飞于 1999 年 12 月 30 日由硅谷天音公司的全体股东以公司的全部净资产作为出资，同时吸收其他股东设立科大讯飞，并经我局依法登记。当时为便于新老公司之间的业务衔接及保障硅谷天音公司债权人的利益，对科大讯飞的设立，我局采取了变更登记方式。根据《公司法》等相关法律、法规及实际情况，该次工商变更登记应属科大讯飞的新设登记。因此，科大讯飞成立的日期为 1999 年 12 月 30 日。硅谷天音公司在 1999 年 12 月 30 日之后已不再以该公司名义从事经营活动，其法人主体资格亦同时终止。

保荐人及发行人律师认为，硅谷天音终止时，虽在对相关债权债务处置程序及工商注销登记手续上存在一定的瑕疵，但因硅谷天音包括债权债务在内的整体资产均已进入科大讯飞，原硅谷天音的债权债务全部由科大讯飞承继，原硅谷天音的债务得到了有效处置，未使硅谷天音原债权人的利益受到实际损害；同时，硅谷天音的法人主体资格于 1999 年 12 月 30 日虽未注销，但终止业务的事实也得到有权工商登记管理机关的确认。因此，硅谷天音终止时出现的上述不规范行为不会导致科大讯飞设立无效，因而不会对科大讯飞本次发行上市构成实质性法律障碍。

【例 5】　国脉科技股东以其他公司的股权出资，混淆新设与变更设立

与科大讯飞类似，福建国脉科技股份有限公司（以下简称国脉科技、发行人）也发生过公司设立瑕疵及债务问题。该公司 2006 年 11 月 24 日公告的《首次公开发行股票招股意向书》，解释了股东以其他公司的股权出资及公司设立信息。

（一）关于股权出资合法性的说明

公司设立时涉及以发起人在其他公司（国脉通信、国嘉通信、泰讯网络）的股权作为出资。发行人律师经核查后认为：股权出资符合国际惯例以及国家、中国证监会有关法律、法规、规范性文件的规定，符合已有的先例。陈国鹰、林惠榕、林金全、陈运新四人的股权出资行为，已征得发行人其他发起人的同意，评估作价，并折合成股份；股权所在公司的股东会均通过决议，一致同意有关股东将其股权作价后作为出资投入发行人；而且，股权所在公司在公司股东出资后办理了国脉科技对股权所在公司出资的工商变更登记手续。

（二）国脉通信未履行注销手续、是否存续及债权债务问题的说明

陈国鹰、林金全及林惠榕三人将其所持有的国脉通信合计100%的股权作为出资投入发行人，没有向债权人发出公告，国脉通信没有办理注销登记手续。但国脉通信目前已不再存续。

1. 根据发行人所述，造成上述问题的原因是由于发行人在设立当时对整体改制理解有偏差，误以为整体改制的原企业的债权债务自然由新的股份有限公司承继，所以没有向债权债务人发出通知和公告，也没有办理原企业的注销登记。工商登记机关也将发行人视为是由国脉通信变更而来，因此当时发行人是通过变更登记而设立的，发行人与国脉通信的企业注册号相同。

2. 福建省工商局2002年6月13日出具《关于福建国脉科技股份有限公司设立情况的说明》："根据《中华人民共和国公司法》及相关法律、法规的规定，福建国脉科技股份有限公司的设立方式应为发起设立，其成立的日期应为2000年12月29日。"福建省工商局于2004年8月11日出具《关于福建国脉科技股份有限公司设立过程的说明》："国脉科技的设立日期为2000年12月29日。福建省国脉通信技术有限公司在2000年12月29日之后已不再以该公司名义从事经营活动，其法人主体资格亦同时终止。"

3. 2003年3月17日，福建省改革与对外开放委员会办公室股份制与证券管理处在发行人出具给福建省工商局的书面说明中盖章确认发行人为发起设立，并同意发行人办理设立登记。

4. 根据福建中兴资产评估有限公司《资产评估报告书》，国脉通信在2000年10月19日的净资产评估值为人民币12 058 677.47元。

5. 根据发行人所述并经核查，发行人2000年设立时，国脉通信的整体资产（包括债权债务）均已进入发行人；由于国脉通信在2000年10月19日的净资产评估值为12 058 677.47元人民币，而发行人设立时的注册资本为3 500万元，发行人设立后的偿债能力较国脉通信增强，未对债权人的利益构成损害。

6. 根据发行人所述并经核查，发行人设立至今，未有因国脉通信的债权债务问题导致诉讼、仲裁、行政处罚和其他任何纠纷；发行人已于2001年11月前将原国脉通信的债权清理完毕；于2000年11月缴清原国脉通信应交的税费，并于2001年1月前将原国脉通信欠第三人的债务全部清偿完毕，未实际损害债权人的利益。

7. 国脉通信原股东陈国鹰、林惠榕、林金全承诺：国脉通信"如有任何福建国脉科技股份有限公司设立前之未清偿债务或者潜在的、或有的债务纠纷，将由我等三人全部承担"。

8. 基于上述不规范行为发生在最近三年以前，经核查，国脉通信原股东投入发行人的资产所涉及的所有权/使用权证书均已转移至发行人，发行人所持有的该等所有权/使用权证书均合法有效且产权清晰，不存在法律障碍或潜在法律风险的情形，也没有发行人存在因国脉通信的债权债务问题导致诉讼、仲裁、行政处罚和其他任何纠纷的情形。

发行人律师认为："国脉通信与发行人是二个不同的法人主体，国脉通信在2000年12月29日已终止法人主体资格，国脉通信的整体资产（包括债权、债务）在该日均已进入发行人。国脉通信的终止经营虽然没有办理注销手续，在程序上存在一定的瑕疵，但鉴于原国脉通信的债权债务得到了妥善的处置，不存在尚未清偿的遗留债务，未实际损害国脉通信原债权人的利益，国脉通信与发行人之间的法律关系也得到了有关政府部门的确认，上述不规范行为不会对发行人本次发行上市构成法律障碍。"

【例6】　梅花伞股东新购实物资产出资未评估

梅花伞业股份有限公司于2007年9月7日公告《首次公开发行股票招股意向书》，披露其2002—2004年历次增资过程中向梅花伞业的实物出资作价没有进行资产评估，直接以购买价投入梅花伞业。

发行人股东以有关设备的购买价格作价并未对发行人生产经营和出资作价的合规性构成实质性的影响，具体理由如下：

1. 设备均按当时的市场同类产品价格定价。因此，上述设备作价符合《外资企业法实施细则》的有关实物资产出资作价的相关规定。

2. 直接以购买发票和进口报关单所载明的价值作为作价依据，是因为其所投入设备均为新购设备，实际投入时间与购买时间间隔较短（约1个月），有关资产价值未发生重大变化。因此，以购买价格直接作价出资并不存在高估或低估设备价值的情况，不存在出资不实的情形。

3. 上述实物出资均已依法经有关会计师事务所进行了验资，并据此办理了工商注册变更登记手续，符合《公司法》、《公司登记管理条例》中有关变更注册资本的相关规定。

4. 2005年3月，大股东恒顺香港向厦门宝德利等4家单位转让持有的部分发行人股份后，其他股东均未对股权转让的作价和发行人资产和股本的真实性提出异议，并均已作出声明对股权转让不存在任何纠纷或潜在纠纷。

5. 恒顺香港已于2007年9月3日出具承诺，若因为实物出资作价而产生任何法律纠纷，其愿意承担相应的法律责任。

综上，公司2002—2004年实物出资的作价符合《外资企业法实施细则》等特别法的相关规定，不存在高估或低估设备价值的情形。虽然未进行资产评估，但是不会造成出资不实的情形，不会对公司的生产经营活动造成不利影响，也不会损害其他股东的合法权益。

【例 7】　川润股份股东出资未及时到位、非货币资产出资未评估

四川川润股份有限公司于 2008 年 9 月 5 日公告《首次公开发行股票招股说明书》，披露其在出资过程中存在的出资未及时到位和非货币资产出资未经评估的问题。

1. 公司前身川润集团的出资及验资情况。1997 年 9 月 12 日，川润集团成立，注册资本 3 000 万元。1997 年 9 月 9 日，四川亚通会计师事务所出具了《验资报告》，审验了对拟设立的川润集团截至 1997 年 9 月 9 日的实收资本及相关的资产情况，川润集团合计实收资本 3 000 万元，其中货币资金 1 000 万元，实物资产 2 000 万元。

2001 年 1 月，川润集团股权发生变更。自贡亚中会计师事务所出具了《验资报告》，审验了川润集团截至 2001 年 1 月 16 日的注册资本及投入资本变更情况，川润集团变更前后的注册资本和投入资本均为 3 000 万元。

2. 实际出资情况及上市申报会计师的验资复核情况。川润集团成立时各股东的实际出资形式、出资时间与四川亚通会计师事务所自贡办事处和自贡亚中会计师事务所验证的出资情况存有不符之处。

经北京兴华会计师事务所有限公司于 2007 年出具《注册资本实收情况的专项复核报告》确认：川润集团截至 2004 年 12 月 16 日，已足额收到各股东认购的注册资本合计 3 000 万元人民币。

川润集团历次投入的注册资本的账目处理情况：自 1999 年 12 月 31 日第一笔资本金到位起，至 2004 年 12 月 16 日最后一笔资金到位，川润集团注册资本科目一直按实际到位资金和时间陆续入账，且部分实物资产出资未经评估。

3. 股东承诺。川润集团出资设立过程中，存在股东未及时出资、净资产出资未评估等问题。对此，本公司实际控制人罗丽华、钟利钢夫妇于 2008 年 1 月 10 日出具承诺：对于股份公司由于前身川润集团自设立至首次公开发行股票前存在的任何出资问题而导致的股份公司的任何费用支出、经济损失或其他损失，罗丽华、钟利钢夫妇将共同、无条件对发行人承担全部连带赔偿责任。公司所有股东于 2008 年 5 月 18 日、19 日作出书面承诺："川润集团自设立至四川川润股份有限公司首次公开发行股票前，存在的任何出资问题而导致的四川川润股份有限公司的任何费用支出、经济赔偿或其他损失，现有全体股东承诺将共同、无条件对发行人承担全部连带赔偿责任。"

4. 保荐机构和发行人律师意见

对于上述问题，保荐机构国金证券发表意见如下：

（1）发行人前身川润集团的股东未按照川润集团成立时的约定及时出资，不符合《公司法》及相关法律法规的规定，存在法律上的瑕疵。但该情形已经川润集团及其股东自行纠正，经北京兴华会计师事务所有限公司专项复核报告验证，所有注册资本截至2004年12月16日全部缴纳到位。该情形消除后，发行人已规范运作三年以上；自贡市工商局也已出文确认：发行人最近36个月未发生因违反工商行政管理法律、法规而受到处罚的情形，并于2007年11月10日出具《关于川润集团工商登记有关事项的证明》，确认川润集团股东已于2004年12月16日前足额履行完毕缴纳注册资本的义务，根据有关法律政策规定，本局决定不予处罚。

（2）2000年西润厂以净资产4 142 941.95元出资未评估、2001年股东罗丽华投入实物资产79 400.00元未经评估，不符合《公司法》及相关法律法规的规定，存在法律上的瑕疵。对此：①上述净资产虽未评估，但该净资产出资是以原账面价值作为作价依据，且已分别经过西润厂全体股东会议决议、川润集团全体股东会议决议确认，原账面价值已经北京兴华会计师事务所出具的专项复核报告验证；②罗丽华、钟利钢夫妇作为西润厂和川润集团的同一实际控制人，已承诺对于因上述问题导致的股份公司的任何损失承担完全的赔偿责任。

综上，国金证券认为：发行人前身川润集团出资设立过程中的不规范问题已自行纠正，发行人已依法规范运作三年以上，上述问题不构成本次发行上市的实质性障碍。

发行人律师认为：上述川润集团股东未及时出资到位及出资不规范的情形不会对发行人本次公开发行和上市构成实质性障碍。

【例8】　陕天然气验资报告存在瑕疵、净资产出资未经评估

陕西省天然气股份有限公司于2008年7月22日公告《首次公开发行股票招股意向书》，披露其在出资复核过程中发现的问题。

上海东华会计师事务所对公司的前身自设立以来的历次出资以及公司设立过程中的出资情况进行了复核，并于2008年出具了《关于陕天然气股本到位的复核报告》。上海东华会计师事务所认为：

经复核，陕西宏达会计师事务所于1994年12月30日出具的陕宏会验字［1994］第166号验资报告未客观反映省石化局以陕西省天然气公司275万元的净资产出资改制设立靖西天然气公司的情形，陕西宏达有限责任会计师事务所于2001年1月8日出具的陕宏验字（2001）第011号验资报告也未客观反映其余125万元的净资产增资靖西天然气公司的情形，上述验资报告均未反映共计400万元的净资产投入到靖西天然气公司未经评估的事实，陕西高德会计师事务所于2004年3月18日、岳华会计师事务所陕西分所于2005年6月30日出具的《验资报告》相应地存在瑕疵。未发现其他验资报告在重大方面有不符合当时中国注册会计师协会颁布的验资相关规定的情形。

鉴于：（1）陕西石油化学工业厅石化局原投入陕西省天然气公司的资金全部用于靖西天然气管道建设的勘察设计，是建设靖西天然气管道工程资金的组成部分，其形成的全部净资产、业务成果与靖西天然气输气管道的建设权和运营权均由靖西天然气承继，陕西省石化局已实际交付相关资产；（2）靖西天然气公司的合资对方也为国有企业，故没有评估作价，未造成国有资产流失；（3）靖西天然气承继的陕西省天然气公司债务已由靖西天然气公司偿还或转为出资，未损害债权人利益；（4）靖西天然气公司设立后，根据1999年7月15日陕西省国有资产管理局《关于靖西天然气输气工程国有资产划转的批复》，已将相关方投入的资金均划归陕投集团并按原始投入资金额划转，包括了陕西石油化学工业厅投入到陕西省天然气公司的全部出资；（5）靖西天然气公司成立后，陕西省天然气公司已经变成空壳公司处于歇业状态，且现已注销，无法律纠纷；（6）公司改制为股份有限公司时按经审计的净资产折股，申报报表按当时有效及现行会计准则确认、计量公司资产、负债和净资产以及披露财务状况和经营成果，已消除了公司设立时以净资产出资未经评估的计价问题；（7）陕投集团的所有出资也于2008年得到了陕西省国资委《关于核实陕西省天然气股份有限公司有关股权结构的函》的确认。

基于以上原因，上海东华会计师事务所认为，靖西天然气公司设立和第一次增资时省石化局以400万元净资产出资未经评估的计价问题所存在的瑕疵，最终未对陕西省天然气股份有限公司的股本到位产生实质影响。保荐人同意此意见。

【例9】　宝德股份股东以无形资产出资是否导致出资不实

2009年10月30日首批创业板上市公司宝德股份在2004年12月第三次增资时，赵敏用于出资的“石油钻机电传动控制系统”无形资产经评估作价941.7万元，占增资后宝德股份注册资本总额的62.78%。

根据当时有效的《公司法》（2004年修订）及科学技术部、国家工商行政管理局《关于以高新技术成果作价入股有关问题的通知》（国科发政字〔1999〕351号）的要求，高新技术成果作价金额在500万元人民币以上，且超过公司或企业注册资本35%的，由科学技术部审查认定。因此，赵敏本次出资的无形资产未经具备相应权限的科技主管部门认定（只是西安市科技局认定为“石油钻机电传动控制系统”属于高新技术产品领域），其作价出资的金额占注册资本的比例不符合当时的《公司法》和有关规定，出现了出资瑕疵。

根据2006年1月1日实施的《公司法》及2006年5月23日发布的《关

于废止以高新技术成果出资入股有关文件的通知》（国科发政字〔2006〕150号）废止了前述规定的要求。按照现行的《公司法》的规定，全体股东的货币出资金额不得低于有限责任公司注册资本的百分之三十。就是说，在新公司法实施后，股东非货币出资可以达到最多70%。

2009年5月4日，公司由西安宝德自动化股份有限公司依法整体变更为股份有限公司，名称为“西安宝德自动化股份有限公司”，公司变更后的注册资本为4 500万元。本次整体变更是以公司截至2009年3月31日经审计的净资产为基数，由中瑞岳华会计师事务所陕西分所于出具验资报告验证，折合4 500万股，溢价部分作为公司的资本公积金，各股东在股份公司中的持股比例不变。

在运作公司赴创业板上市时，保荐人和律师除考虑新的《公司法》及国务院部门规章实施后的条款变化外，同时考虑到以下情形：

1. 此次以“石油钻机电传动控制系统”无形资产出资是真实的，作价金额经过专业评估机构评估与复核，出资行为经过审计机构验资，不存在虚假出资、出资不实的情形。

2. 此次增资时的股东邢连鲜已书面声明，对赵敏“石油钻机电传动控制系统”无形资产作价出资的金额予以认可，且不以其作价出资的金额占注册资本的比例超过当时的有关规定为由向发行人或赵敏主张权利或追究责任。

3. 此次增资至今，公司从未因“石油钻机电传动控制系统”无形资产作价出资的金额占注册资本的比例超过当时的有关规定而与股东、债权人发生任何争议或纠纷，也未因此而受到工商或科技主管部门的调查或处分。

4. 2009年7月21日，西安市工商局高新分局出具《关于西安宝德自动化股份有限公司2004年无形资产出资说明》确认此次“石油钻机电传动控制系统”无形资产出资符合政策规定。

发行人的律师和保荐人在出具的法律意见书和发行保荐书中发表了一致意见：此次赵敏用于出资的“石油钻机电传控制系统”无形资产权属明确、价值确定，对本公司的生产经营具有实际价值，投入后产生了实际的积极效果。虽然曾存在无形资产出资金额占比超过规定比例上限的法律瑕疵，但是随着法律环境的变化，该法律瑕疵已自行消除；同时公司已采取妥善、有效的措施防止争议出现，且有关政府部门已对此次无形资产出资事项予以认可。故此次以无形资产出资的行为不存在争议或潜在纠纷的可能，不构成公司现在合法存续的障碍，不会对本次股票发行上市构成障碍。

【例10】 拓日新能股东以无形资产出资比例超限

中小板公司深圳市拓日新能源科技股份有限公司于2008年1月28日公告

《首次公开发行股票招股意向书》，披露：

2002 年 8 月 15 日，拓日新能注册登记成立，注册资本为 268 万元人民币，法人股东京和鑫公司以现金 100 万元人民币作为出资，自然人股东陈五奎以其持有的太阳能多功能充电器、太阳能移动电话充电器、太阳能汽车蓄电池维护器和手提式太阳能发电机四项专有技术作价 168 万元出资入股。

上述四项专有技术经深圳市科学技术局《出资入股高新技术成果认定书》认定为高新技术，并经深圳市中衡信资产评估有限公司《资产评估报告》评估价值为 169 万元人民币。2002 年 8 月 1 日，京和鑫与陈五奎签署协议书，同意陈五奎投资入股的四项专有技术作价 168 万元，同日，陈五奎和京和鑫出具承诺函，同意股东陈五奎以技术成果作价出资，出资比例占注册资本的 62.69%，全体股东同意对公司注册资本内的债务承担连带责任；全体股东同意对高新技术作价出资共同提供担保。上述出资情况经深圳市永明会计师事务所有限责任公司《验资报告书》验证。

公司设立之初，自然人股东陈五奎以 4 项专有技术等无形资产出资，占注册资本的 62.69%，超过 1993 年 12 月 29 日颁布的《公司法》“以工业产权、非专利技术作价出资的金额不得超过有限责任公司注册资本的 20%”的规定。为此，公司股东陈五奎和京和鑫在公司设立时已共同签署承诺书，同意对公司债务承担连带责任。

发行人律师认为，深圳市拓日电子科技有限公司设立时无形资产出资超过其当时生效的《公司法》关于无形资产出资比例的规定。但是，在公司整体变更为股份有限公司时，无形资产占发行人注册资本的比例已低于 20%，且全体股东已共同出具承担企业债权债务连带责任的书面承诺，不会实质性地损害拓日电子利益相关方的权利及/或权益，也不会实质性地损害发行人利益相关方的权利及/或权益，不会构成本次发行上市的实质性障碍。

【例 11】 合肥城建股东以国有划拨土地出资

合肥城建发展股份有限公司于 2008 年 1 月 9 日公告《首次公开发行股票招股意向书》，披露其以国有划拨土地出资的情况，对房屋土地转让行为补充确认。

针对可能出现的追缴土地出让金风险，公司现有股东承诺：

如果公司因建筑物的已经转让行为被国家有关部门追缴土地出让金，本次发行前股东将按其持股比例承担土地出让金。

保荐人对上述情况进行了核查，核查结论与上述内容一致，并发表了以下结论性意见：

合肥城建设立时发起人作为出资的评估值为 1 077 万元的土地使用权，从合肥城建设立时至2002年7月全部转出公司时止，合肥城建没有办理该土地出让手续；上述资产的转让价格超过了原始出资价格，未导致发起人出资不实的情形，没有损害公司及公司股东的权益。

发行人律师对上述情况进行了核查，核查结论与上述内容一致，并发表了以下结论性意见：

发起人作为出资的评估值为1 077万元的土地使用权，从合肥城建设立时至2002年7月全部转出公司时止，合肥城建没有办理土地出让手续；上述资产的转让价格均系按照评估价值确定，未导致发起人出资不实的情形，不存在损害公司及公司其他股东权益的情况。

合肥城建于2000年和2002年五宗划拨地及地上房屋建筑物转让时未履行当地政府的批准手续，但上述转让行为均已履行完毕，不存在任何争议；合肥市人民政府以合政秘〔2007〕115号文对上述转让行为补充确认，完善了合肥城建的转让行为，符合《城市房地产管理法》等法律法规的规定。因此不构成上市障碍。

【例12】　金风科技以公司资产增资、资本公积转增超可用金额

新疆金风科技股份有限公司于2007年12月6日公告《首次公开发行股票招股意向书》，披露：

（一）1999年增资

1999年5月4日，新风科工贸第三次股东会决议将公司注册资本由300万元增至1 563.28万元，新增出资1 263.28万元，按1∶1的折算比例增加注册资本1 263.28万元。1999年6月10日，新疆恒远会计师事务所对该次增资扩股出具验资报告验证：截至1999年6月7日，新风科工贸收到新增资本1 263.28万元，其中各股东投入货币资金400万元，风能研究所以2台600kW风力发电机组经新疆审计师事务所出具的资产评估报告书评估作价863.28万元出资新风科工贸。

北京五洲联合会计师事务所于2007年8月26日出具的《关于新疆金风科技股份有限公司历史沿革中验资报告复核情况说明》，对新风科工贸1999年增资扩股事项的复核结论为：武钢等8名自然人以货币资金方式出资为95.60万元；风能公司以货币资金方式出资115万元；陈旗代表自治区科委下设自治区火炬计划办公室以专项款出资82.50万元；新疆风能研究所共计出资970.18万元，其中专项款转股286.28万元，出资不实683.90万元。

此次增资存在出资不实，主要是由于新疆风能研究所用于增资的固定资产，实际为新风科工贸资产，故新疆风能研究所不能以该固定资产进行出资。此次增资风能研究所683.90万元的不实出资，之后通过以下方式补足：

1. 1999 年 10 月 26 日，风能研究所与胡楠等 4 位自然人签订了《股权转让协议书》，胡楠等 4 名自然人受让了风能研究所所持新风科工贸 38.20 万元股权，以货币方式补足了风能研究所对新风科工贸 38.20 万元的不实出资。

2. 风能公司以受让风能研究所所持新风科工贸股权的方式，于 2000 年 8 月 14 日以债权方式补足了风能研究所对新风科工贸 645.70 万元的不实出资。

（二）1999—2000 年资本公积金转增

1999 年 10 月 26 日，新风科工贸第四次股东会会议决议用 159.46 万元资本公积金按 1∶1 的比例转增注册资本，其中，向 8 名自然人股东转增 32.76 万元、向风能公司转增 126.70 万元；并同意风能公司将所获转增的 126.70 万元股权转让给新疆风能公司工会委员会持有。同意新疆风能研究所将其所持股本 38.20 万股转让给胡楠、陶毅、郭健和王黎明。

2000 年 3 月 20 日，新疆恒远有限责任会计师事务所为本次资本公积金转增出具《验资报告》验证：截止到 1999 年 12 月 31 日，新风科工贸新增资本 159.46 万元，变更后的资本总额为 1 722.74 万元。

此次增资实质为通过资本公积金定向转增实施股权奖励，并由工会持股。

根据北京五洲联合会计师事务所 2007 年出具的《关于金风科技历史沿革中验资报告复核情况说明》，对新风科工贸 1999 年 10 月 26 日的资本公积转增事项的复核结论为：可用于转增注册资本的资本公积仅为 112 万元，与新疆恒远的验资报告验证转增 159.46 万元的差额 47.46 万元，通过陶毅受让股权以货币资金补齐出资。此事项在 2000 年规范验资时已规范。

（三）2000 年规范

2000 年 7 月 28 日，新疆恒远对新风科工贸截至 2000 年 7 月 28 日的注册资本、投入资本股权变更事项的真实性和合法性进行了审验并出具了验资报告。

新风科工贸于 2000 年 8 月 14 日在乌鲁木齐市工商局办理了上述股权转让的变更登记手续。

五洲联合会计师事务所《关于金风科技历史沿革中验资报告复核情况说明》的复核结论为：（1）对此次验资的复核结论为："公司验资资料充分、完整，同时规范调整了前两次增资中的不足及错误情况。"（2）对新风科工贸自设立验资至 2000 年 7 月规范验资的复核结论为："经本次对新疆金风科技股份有限公司历史沿革验资报告复核查明，股份公司的前身新风科工贸公司自设立起至 2000 年 7 月期间共经历 4 次验资，历次注册资本变更中存在的问题已得到有效解决，各股东出资均足额到位。"

发行人律师发表的法律意见为："截至 2000 年 8 月 14 日，新风科工贸各股东的出资均足额到位，新风科工贸自设立起至2000年8月期间历次注册资本变化中存在的问题已得到有效解决。”

【例13】 信隆实业资产评估增值增加实收资本

实践中，很多企业发生过以资产评估转增资本公积后以资本公积转增注册资本的瑕疵。企业在当时或是由于对法规的误解，或是出于增加注册资本以满足资质认证、投标要求等考虑，聘请评估机构按企业的要求对企业本身拥有的固定资产、无形资产（如商标、专利权等价值弹性大的资产）进行评估，进而得到一个较高的评估值，然后将评估增值计入资本公积再以该资本公积转增注册资本。

但是，对于有上市打算的企业来讲，这是极为明显的瑕疵，在上市申报前务必尽早解决。信隆实业在1994年时的增资即是其中的一个典型实例。

深圳信隆实业股份有限公司于2006年12月20日公告《首次公开发行股票招股意向书》披露：1994年公司以资本公积转增资本，注册资本由1 650万港元增至5 000万港元，出资额业经深圳深信会计师事务所验资报告验证，股东为香港利田。公司于1994年5月19日办理了注册资本变更登记。

本次增资系根据深圳南方审计师事务所的评估报告，将调账计入资本公积（固定资产评估增值）48 541 449.79元中的26 860 536.61元转增资本。上述增资行为不符合《企业会计准则》及关于改变固定资产原值条件的相关规定，公司于2000年1月31日进行更正处理，冲减固定资产原值48 541 449.79元，并补交相应纳税期间因多提折旧而少交的所得税288 866.85元，同时香港利田补足了增资扩股部分的资金。

【案例小结与解决对策】

是否属虚假出资须解释清楚

二重集团以评估价出资投入到二重重装的专利权和非专利技术，在投入前一直由二重重装无偿使用，这是产品生产所必需的核心技术，转让给二重重装是必要的，同时也避免同业竞争，而且按照国资委规定进行了评估作价。在申报文件中，发行人、保荐机构和律师应当分析评价本次增资对公司资产、收入、利润和业绩可比性的影响，并明确发表意见，让监管部门和投资者确信其真实性。

对职工股转让情况全面核查

民营企业收购国企或企业改制重组时经常涉及职工安置问题，历史上也可能存在内部职工股问题。此类问题解决不好，就会影响上市进程，甚至被否。中原内配从2008年首次闯关IPO被否，到2010年二次过会通过，从其间所进行的补充尽职调查可看出证监会对涉及职工问题审查之严格。发行人务须详细说明职工安置与内部职工股转让或处置情况，保荐机构、律师应全面逐一核查，发布公告，并通过市、省级政府、信访局、法院等出具证明文件，最后由保荐机构、律师出具明确意见，监管部门由此方能确信股权不存在纠纷。

发起设立与募集设立及整体变更设立的区别

在实践中，对于不是专业从事法律、投行等领域的企业人士来说，在股份有限公司设立时，容易混淆新发起设立、募集设立和变更登记设立，甚至整天从事企业登记工作的工商局对新设和变更设立都存在不同的理解。类似于科大讯飞和国脉科技，很多企业在股份有限公司设立时曾出现瑕疵，这说明现实并不如想象中的那样简单，必须引起拟上市企业的足够重视。

（一）发起设立与募集设立的区别

1. 发起设立，是指由发起人认购公司应发行的全部股份而设立公司。

2. 募集设立，是指由发起人认购公司应发行股份的一部分，其余股份向社会公开募集或者向特定对象募集而设立公司。

（二）有限责任公司整体变更为股份公司的发起设立与募集设立

1. 原有限责任公司股东持有股份有限公司的全部股权，则属于发起设立。

2. 经国务院批准，股份有限公司注册资本中除原有限责任公司股东持有部分股权外，还有认购公开发行股票的公众股股东或特定募集对象持有的股份公司的其余股份，则属于募集方式设立。

（三）新设与整体变更设立的区别及应注意的问题

发起设立是一个新的法律主体产生，而整体变更是股份公司全部承继原变更前有限责任公司的债权债务而设立股份公司。在国脉科技案例中，陈国鹰等人将其所持有的国脉通信的100%股权作为出资投入到新设的拟上市主体国脉科技，但由于发起人在设立当时对整体变更理解有偏差，误以为原企业国脉通信整体改制且债权债务自然由新的股份有限公司承继，所以没有向债权债务人发出通知和公告，也没有办理原企业国脉通信的注销登记。但事实上，一个企业的全部股权或资产已作为出资投入到另一个新公司时，原企业已不再存续，必须注销，且必须通知原企业的债权人，约定债权债务的承继人。

从法理上讲，新设立股份公司与由其他企业形式整体变更为股份公司，并不难区分，但从实践中看，对此发生混淆的并不是个别现象。

新设是股东将货币资产或可用于出资的非货币资产作价去设立一个新的法

人主体——股份公司。原公司股东可以将原公司的全部股权或全部资产作为出资认购股份公司的股份而设立一个新公司，除了原有企业股东以原有企业的全部股权或资产出资外，还可以吸引新的股东出资入股一并作为发起人设立新公司。新设立的公司不是法定地承继原企业的债权债务，而是要通过协议确定承继人。如果新公司为原公司承债，则入股的资产必须相应折价。

整体变更设立则是原公司的所有股东以其拥有的在原公司经审计的净资产折为股份公司的股份而变更登记成立，原公司不注销，而是整体变更公司名称、变更为股份有限公司形式，不得同时增加新股东（整体变更设立以后才可以增资扩股），按照《公司法》等有关规定，原公司债权债务、资产、业务、人员自然地全部由股份公司承继。

如果股东将某一企业的全部资产或股权投入至另一新设企业时，易被误认为相应负债也自然进入了所投入的企业，尤其是新设企业时更易产生这种误解而对原企业不管不问，以为其已经“自然消亡”了。这其实是混淆了新设与变更的区别。股份有限公司设立时一定要依法设立，出资方式须符合《公司法》规定，原公司债务须妥善安排。一旦历史上出现前述问题，就会影响企业上市。出现此种情况时需工商局出具证明或有关说明文件，并处理好债务问题，方可运作上市。

审计与评估及业绩连续计算

特别值得注意的是，新发起设立或整体变更设立股份有限公司，涉及公司的经营历史和业绩的连续计算，这才是问题的核心之一。从中介机构尽职调查的角度来看，尽职调查的起点，对新设公司而言是新设公司成立之时；而对整体变更设立的股份公司而言，由于其法定地承继了原公司的债权、债务、资产、业务，因而其起点必须是原公司设立之时（再进一步讲，比如原公司是有限责任公司，而该有限责任公司又是由某企事业单位或某国有企业整体改制设立而来，则尽职调查的起点需要追溯至该公司或该国企成立之时，业绩也连续计算）。

《公司法》、《证券法》、《主板首发办法》、《创业板首发办法》等规定：(1) 有限责任公司变更为股份有限公司时，折合的实收股本总额不得高于公司净资产额。(2) 有限责任公司、原非公司企业的净资产应当由具有证券执业评估资格的资产评估机构评估作价，并由验资机构进行验资。(3) 股东以非货币资产出资均要进行评估作价。(4) 发行人自股份有限公司成立后，持续经营时间应当在三年以上，但经国务院批准的除外。(5) 有限责任公司按经审计的原账面净资产值折股整体变更为股份有限公司的，持续经营时间可以从有限责任公司成立之日起计算。

无论内资企业还是外商投资企业，连续计算经营时间（业绩）还要满足以下条件：(1) 最近三年内（创业板为两年内）主营业务没有发生重大变化；(2) 最近三年内董事、高级管理人员没有发生重大变化；(3) 最近三年内实际控制人没有发生变更。

因此，在具体操作中涉及到底是牺牲评估价值增值获得业绩连续计算时间，还是牺牲业绩连续计算时间而获得评估价值增值的问题。企业可根据自己的需要，权衡利弊得失。由此可见，有必要了解整体变更与整体改制为股份公司的区别。

整体变更与整体改制为股份公司有何区别

为了业绩连续计算，由有限责任公司整体变更为股份公司，是设立拟上市主体最常见和最易行的方式。但在整体变更及工商登记过程中，有些企业不知道整体变更与整体改制为股份公司有何区别，也不清楚是否需要审计和评估，是否需要验资，到底是以审计结果作为依据验资还是以评估结果作为依据验资。这里有必要加以说明。

(一) 关于整体变更或者整体改制为股份公司的区别

1. 整体变更是以审计后的净资产折为股份公司注册资本的设立方式，而不以评估值验资折股；但整体改制为股份公司一般是以评估值验资、折股。

2. 整体变更以净资产折为股份公司的股份，可以连续计算业绩；而以评估值验资调账的整体改制为股份有限公司时，则不能连续计算原有业绩。

3. 整体变更前的企业形式是有限责任公司，整体改制前的企业形式可以是有限责任公司，也可以是国有企业、事业单位或集体企业。

4. 整体变更的债权债务由变更后的股份公司自然继承，但整体改制的债务转移需要获得债权人的同意。

5. 整体变更是将原有有限责任公司的资产纳入股份公司的范围，而整体改制也可以剥离非经营性资产，只将经营性资产纳入股份公司的范围。

(二) 关于审计、评估及验资依据问题

第一，整体变更时进行审计是为了确定公司的净资产数额，以此进一步将“净资产”折为“股份”。如果企业需要计算原有限责任公司的业绩，应采用整体变更为股份公司的方式，只能以拥有证券从业资格的审计机构出具的审计报告作为验资的依据。如果没有连续计算业绩的需要，也可以评估结果进行验资。

第二，整体变更时进行评估是为了确定经审计的、将来用以折股的“净资产”值不大于经评估的“净资产”值。有的地方工商局要求评估，其主要目的是确认出资资产的价值。如果工商局坚持要评估报告，而评估后的净资产数额高于经审计的净资产数额，可以与工商局协商，以审计值验资，而以评估值作参考。

第三，在现实中，一般企业没有进行评估而只凭审计报告就能取得整体变更登记，但对拟上市企业而言，必须进行评估作为日后备查文件。不过，企业绝不能依据评估值调账，否则，财务业绩不能连续计算，这一点提醒企业特别注意。

以实物资产出资易漏掉评估程序

在现实中，对于实物资产这种原先有账面价值或原始购买价值的资产，在出资过程中不经过评估的相当常见，尤其是在实物资产成新率较高时，更是倾向于将实物资产以账面价值或购买发票上记载的价值出资。但这属于出资瑕疵问题。

1. 出资方式规定。《公司法》采取概括的形式对出资方式予以了规定，包括货币、实物、知识产权、土地使用权等可以用货币估价并可以依法转让的非货币财产作价出资（法律、行政法规规定不得作为出资的财产除外），这当然也包括了一般企业以债权转股权这种出资形式。国家工商总局《公司注册资本登记管理规定》明确规定“股东或者发起人不得以劳务、信用、自然人姓名、商誉、特许经营权或者设定担保的财产等作价出资”。

2. 以非货币资产出资评估以及限额的规定。《公司法》明确规定“以非货币资产出资必须进行评估作价”。2006 年实行的新《公司法》关于非货币资产出资的限额比旧法规更加宽松，只要非货币出资总额加起来不超过 70% 即可，而没有单独对工业产权、非专利技术这类无形资产进行一个最高比例的限定，这是适应市场经济和鼓励“中国制造”及“中国创造”的新变化。

具体案例的分析和解决措施

虚设出资、股权纠纷、公司设立等问题，往往成为IPO 闯关的几个大“地雷”。虚设出资即便是具有国有背景的公司也不例外，会作为实质性障碍而被否。

1. 无论是何种出资瑕疵，首先要确保此出资确实到位、资本确实是充足的，需要相关股东补足的，要通过后续投入或股权转让给他人出资方式使资本到位。

2. 要经过注册会计师的验资报告确认，或经申报会计师事务所对出资情况进行复核并出具复核报告。

3. 尽管《公司法》对出资不到位的情况已有明确的责任归属，即责任股东要负补缴义务、其他股东负连带责任，为进一步明确责任，避免拟上市企业的不必要纠纷，责任股东或相关股东要出具对该出资瑕疵承担相应责任的承诺。

如果能同时再有其他股东出具承诺，承诺不追究出现出资瑕疵股东的责任，则为更好，因为本质上对于出资问题，在发起设立时，法律性质上是一种发起人之间的合伙协议；在公司成立后的增资，增资股东也对已成立的公司和其他股东负有按照有关协议切实履行的义务，出资首先是这种协议所约定义务的履行。

4. 需要相关主管部门、工商管理部门、资产所有权单位出具证明或文件时，务求取得。在可能的情况下，请主管工商部门出具相关说明或证明材料，对出资瑕疵问题进行说明，明确公司此问题已规范或得到解决。

5. 发行人所聘请的律师、保荐机构要发表明确意见。

6. 如果此问题影响较大，则需运行三年。当然，如果此问题本身就发生在三年以前，且在最近三年经实践证明能够规范运行，对上市申报的影响就会更小。

由于出资问题是历史沿革中的典型问题，因而其解决思路，可进行适度扩展：判断是否构成重大法律障碍，实际可分为两个层次解决不规范问题。

第一个层次，经过规范，现在已不存在不规范的问题，即不规范问题已解决，且当时涉及的金额较小从而对企业的经营影响不大，此时自然不会有法律障碍。

第二个层次，经过规范，现在仍然存在一定程度的问题，此种会分两种情况：一种是虽有不规范的问题，但并不会对发行上市造成重大影响；另一种则是，目前仍存在的不规范问题，会对发行上市有重大障碍，对企业正常运营有重大影响，公司必须迅速整改使这个问题得以有效解决。

总之，企业设立与出资存在瑕疵，并不是个别现象。对于拟上市企业而言，企业在历史上曾存在不规范问题不要紧，只要找到合适的思路和方式加以解决，“不要带着问题申报”，就不会成为实质性的障碍。

企业的设立和股东出资瑕疵问题虽然形式多样，但毕竟还是有规律可循的，本案例选取了上述 12 个典型案例，来反映企业存在的种种问题，并通过对案例的介绍和深入剖析，使我们看到如何以监管部门认可的思路和操作方式去解决，使企业顺利通过发行上市申请的审查。

第五章
公司治理

○公司治理问题与治理现状

○公司治理结构

○企业内部控制

第一节　公司治理问题与治理现状

一、公司治理的基本目标和基本问题

公司治理（Corporate Governance）又名公司治理结构或公司管治，经济合作与发展组织（OECD）在《公司治理结构原则》中给出了一个有代表性的定义："公司治理结构是一种据以对工商公司进行管理和控制的体系。"

公司作为法人，需要有相适应的组织体制和管理机构，使之具有决策能力、管理能力，行使权力并承担责任。这种体制和机构被称为公司法人治理结构，也可以称为公司内部管理体制。公司治理结构是现代企业制度中最重要的组织架构，是公司制度的核心。

公司治理结构问题产生于现代企业所有权与经营权的分离。正是由于所有者利益与经营者利益的不完全一致，才引致公司利益各方出现了矛盾和问题。公司治理涉及的利益相关者，在公司内部主要包括股东、董事会、经理层的责任、权力和利益分配，这些利益关系决定着企业的发展方向和业绩。

公司治理的基本目标是保护股东权益。公司治理的基本问题，则是如何使企业的经营管理者在利用资本所有者提供的资产并发挥资产用途的同时，承担起对资本所有者的责任。而利用公司治理的结构和机制，明确不同利益相关者的权力、责任，建立所有者与经营管理者之间激励与约束兼容的制度安排，是提高企业决策能力，为投资者创造价值并使企业得到持续发展的前提和保证。

在中国，理论界对公司治理有着多个观点，尤其是吴敬琏的观点更加揭示了公司治理的本质。著名经济学家吴敬琏认为，在现代公司中的股东和经理人员之间，以及公司与其他利益相关者、小股东与大股东之间，存在着利益矛盾，需要在他们之间建立起制衡关系。这一套制衡机制就叫做公司治理（又叫法人治理结构）。在所有者和经营者之间建立起责任、权力和利益制衡关系的法人治理结构，是现代企业制度的核心。

二、上市公司治理现状

（一）2008—2009年上市公司治理整体状况

中国社会科学院世界经济与政治研究所公司治理研究中心、国家行政学院领导人员考试测评研究中心及甫瀚咨询公司联合发布《2009年中国上市公司100强公司治理评价》，详解了中国优秀上市公司的公司治理现状与问题。

据报告调查，2008年度中国100强公司对内部控制的认识还处于较低的层次：96%的公司未能建立自己的公司治理原则，82%的公司未设立反舞弊程序和举报系统，73%的公司达不到IT系统政策和IT安全政策的标准。

报告认为，中国上市公司对于内部控制的重要性已经有了一定的认识，但是对于如何实现有效的内部控制，还没有形成成熟的风险管理文化和管理体系。

报告还强调指出，国际金融危机给公司治理带来了很大的启示，股东、董事会和管理层要在风险控制与管理上加强能力建设，将风险管理列入日常的重点监测领域，而改善公司治理需要社会各界特别是政府、企业、股东和其他利益相关者的积极参与。

报告在中国上市公司100强中评比出2009年中国上市公司治理评价20强，招商银行凭借领先优势获评公司治理评价第一名。报告认为，招商银行在合理的董事会结构和规范运作、完备的风险管理体系、全面及时和高质量的信息披露等方面取得了突出成绩。

（二）近年来公司治理状况与问题

根据《中国上市公司治理结构现状、问题及对策研究报告（2007）》等诸多公司治理研究报告，中国上市公司治理结构的现状主要存在如下问题：

1. 股权结构不合理

上市公司流通股分散，机构投资者比重较小，股权结构相对集中，一股独大现象比较突出。如此股权结构导致多方面问题：（1）控股股东或实际控制人滥用职权，占用公司资产或公司资源，公司战略过分偏向大股东自身发展方向，使公司目标偏离公司和全体股东利益最大化；（2）控股股东与公司不合理的关联交易，损害公司利益、损害中小股东利益；（3）公众股东对公司缺乏有效控制力。

2. 国有企业的实际控制权错位

国家股股东权力执行机制不健全，导致对企业决策的干预或政企不分，甚至公司实际控制权掌握在相关政府和官员手中，导致内部人控制、内部人滥用股东资产和公司资源，损害公司乃至全体股东的利益。

国有企业的出资人是国有资产管理机构或部门，但有些机构部门缺乏管理资产的人才和能力，加上政府部门多头管理，最后谁都不对企业经营成败承担最终责任，导致权力滥用或权力失控，少数人内部人掌握着公司控制权，最大限度地满足了个人私利。

3. 中小投资者利益维权仍然困难

公司法和公司治理与监管法规尽管日趋改善，但其构架尚未配套成熟。中小投资者在遭到证券侵权、大股东对小股东利益侵权时，大多难以运用民事诉讼手段维护自己的合法权益。

4. 关键人控制权过度

关键人控制仍是中国公司治理结构的主要表现模式。当控股股东是私人或民企时，关键人控制往往与家族企业或亲信掌权结合在一起，关键人以公司实际控制人身份掌控公司的一切，置股东会、董事会、监事会和经理层于唯命是从之中，连经营班子会议都由实际控制人亲自主持，甚至关键人、实际控股人主持召开的会议有时比企业每周的生产调度会都频繁。这样的公司其行为完全以关键人的利益与好恶为准则，谈何公司治理结构，更不要说规范运行了。其结果是关键人轻易控制三会、经理和财务，极易使公司成为实际控制人或内部人追求个人私利的“提款机”，而把巨额的银行债务和应付账款留给了公司，从而严重损害中小股东的利益，甚至造成社会危害。

5. 缺乏董事问责机制与董事会独立性不强

中国上市公司还没有配套的董事问责机制，董事行使职权时还没有真正顾及滥用表决权导致决策失误或董事失职给自己带来的行政问责和法律追责。另外，尽管上市公司建立了独立董事制度，董事会中有1/3是独立董事，独立董事一般是行业专家、学者偏多，在诸多专业领域发挥了很好的作用，但是，在董事会中的独立董事实际上并没有真正的决策权，董事会仍然是在股东委派的董事控制下，董事会的决策独立性依然不强。

6. 监事会的作用得不到切实发挥

股东虽然向公司委派了监事，但监事一般并不驻在企业实施经常性监督，每年召开两次监事会，审阅两次财务报表，难以发挥监督作用。

7. 债权人对公司实施的监控作用较小

国有债权人和其他债权人除非通过法律程序，否则很少能真正进入公司掌控公司运行状况，无法及时索取应收账款。

8. 经理层治理结构的两种现象

第一种现象是公司股东或实际控制人根本不认同现代职业经理人，他们只相信自己的亲信，企业重要岗位都由其亲信担任，聘用的所谓职业经理人只是从事没有实权的管理岗位和技术工作，无法发挥治理企业的职能作用。企业未形成一种成熟的公司治理文化，缺乏社会责任感，而是秉承“老板文化”，企业治理结构存在严重问题。

第二种现象是企业对经理层缺乏有效的制衡手段来规范经理人的管理行为，或缺乏必要的激励机制，从而难以使经理人充分发挥价值创造力，通过有效的管理控制，实现股东利益的最大化。

9. 信息披露质量仍显不够

在大多数公众投资者看来，上市公司所披露的信息的及时性和可靠性难以保证。主要原因一是披露形式重于披露实质，缺乏对信息披露主体的有效法律约束机制；二是企业内部缺乏有效的信息披露机制，或由于大股东与公众股东的利益差异，企业进行内部操纵或内部交易，致使信息不对称，从而不能及时准确地对外披露信息。

吴敬琏在总结分析公司出现问题的原因时指出：一方面是外部监管的问题，比如说当前国家的一些金融机构出现的问题大部分就是跟监管不到位有关；另一方面就是企业内部的问题，主要是公司治理失效。例如安然公司，很明显就是公司治理有问题。本来按照美国公司制度，在董事会里面独立董事应该占优势，但是后来检查发现安然的独立董事其实是不独立的，都是一些与高级管理人员，特别是首席执行官（CEO）有关联的人士，所以高管能够操纵整个公司，董事会只是一个橡皮图章。结果就把股东坑了，也把雇员坑了。因此，所有的企业或公司，都应当建立起有效的公司治理机制。

黄桂田在2009年6月发表的题为“相信商业伦理，还是依靠公司治理”的文章指出：或许利己、逐利、贪婪，只有程度不同，本质差异又有多少呢？与生俱来的逐利性和贪婪性创造了巨大的生产力，又伴生了周期性的经济危机。次贷危机之后，将起因归于贪婪，归因于人的本性，这些道德批判，取巧有余，解决问题则未必是正途。难道可以通过商业伦理的教化去净化人的本性，从而抑制对经济的挑战和伤害吗？

他还认为，理解并尊重逐利，这是顺应个体的本性，自然而本该；规范或治理公司行为，这是响应整体的约束，合规也恰当。更深层次地看，与其说是人性的贪婪，还不如说是公司治理机制的缺陷，导致了次贷的泛滥。次贷危机的泛滥，有人性贪婪的一面，有金融监管缺失的一面，更本质的是，在社会和个人之外的第三种组织，也就是公司这种组织本身治理机制的缺陷。

三、公司治理是公司上市审核的重要选择标准

公司治理是公司申请股票上市审核的主要选择标准之一，完善的法人治理能够有效保护中小投资者利益。《公司法》、《证券法》、《企业内部控制基本准则》（财政部财会〔2008〕7号）、《企业内部控制配套指引》（财政部财会〔2010〕11号）等相关法规明确了公司治理的目的和治理重点。对于一个公司的法人治理结构情况，主要是按照证券交易所《上市公司规范运作指引》、《上市规则》等考察企业规范运作的具体状况。

为规范创业板公司的运作行为，深圳证券交易所针对上市公司容易出现的

公司治理和内部控制问题，于2009年和2010年连续发布了《深圳证券交易所创业板上市公司规范运作指引》，自2009年10月15日起实施；《深圳证券交易所主板上市公司规范运作指引》和《深圳证券交易所中小企业板上市公司规范运作指引》，均自2010年9月1日起实行。上海证券交易所也发布了类似的上市公司规范运作指引，拟上市公司应遵照相关规定完善公司治理，方可具备上市条件。

第二节　公司治理结构

一、公司法人治理结构及上市公司治理准则

（一）公司治理结构的功能

权力配置功能，即设定权力、分配权力和调整权力的功能。公司应当根据《公司法》、《章程指引》等法规设定权力，没有授予的权力不得擅自行使；在股东大会、董事会、监事会、经理层之间合理分配权力；根据发展的需要和职能的转变而调整权力，赋予各层面新的权力，或取消原有的一些权力，对权力重新分配等。

权力制衡功能，就是直接实现企业各层次权力的制约与平衡，结合企业运作实际实现权力的动态制衡，使企业权力制衡成为公司治理的一种有效手段。

效益激励功能，强调管理人员的激励、注重目标激励、员工奖励等方面的激励，让管理层和员工收入与企业效益和股东利益密切相关，实现利益相关者多赢。

（二）公司法人治理结构的组成部分

按照公司法的规定，公司法人治理结构由四个部分组成。

1. 股东大会，由公司的股东组成，所体现的是所有者对公司的最终所有权；

2. 董事会，由股东大会选举产生，对公司的发展目标和重大经营活动作出决策，维护出资人的权益；

3. 监事会，是公司的监督机构，对公司的董事、经营者和财务负责人的行为发挥监督作用；

4. 经理，由董事会聘任，是公司的经营者，股东大会、董事会决议的执行者。

公司法人治理结构的四个组成部分，都是依法设置的，它们的产生和组

成、行使的职权、行事的规则等，在公司法中作了具体规定。所以说，公司法人治理结构是以法制为基础，按照公司本质属性的要求形成的。

（三）上市公司治理准则

1. 建立公司法人治理结构的原则

（1）法定原则

公司法人治理结构关系到公司投资者、决策者、经营者、监督者的基本权利和义务，凡是法律有规定的，应当遵守法律规定。

（2）职责明确原则

公司法人治理结构的各组成部分应当有明确的分工，在这个基础上各行其职，各负其责，避免职责不清、分工不明而导致的混乱，影响各部分正常职责的行使，以致整个功能的发挥。

（3）协调运转原则

公司法人治理结构的各组成部分是密切地结合在一起运行的，只有相互协调、相互配合，才能有效率地运转，有效地治理公司。

（4）有效制衡原则

公司法人治理结构的各部分之间不仅要协调配合，而且还要有效地实现制衡，包括不同层级机构之间的制衡、不同利益主体之间的制衡。

2. 上市公司治理准则

2002 年 1 月 7 日，中国证监会、国家经贸委联合发布《上市公司治理准则》（以下简称《治理准则》），2006 年修订《章程指引》，旨在推动上市公司建立和完善现代企业制度，规范上市公司运作，促进中国证券市场健康发展。《治理准则》阐明了中国上市公司治理的基本原则、投资者权利保护的实现方式，以及上市公司董事、监事、经理等高级管理人员所应当遵循的基本的行为准则和职业道德等内容。上市公司改善公司治理，应当贯彻该准则所阐述的精神。上市公司制定或者修改公司章程及治理细则，应当体现准则所列明的内容。该准则是评判上市公司是否具有良好的公司治理结构的主要衡量标准。拟上市的公司应当按照上述法律、法规、准则和指引来规范公司的运作行为。

二、股东与股东大会

（一）股东的权利

股东作为公司的所有者，享有法律、行政法规和公司章程规定的合法权利。上市公司应建立能够确保股东充分行使权利的公司治理结构。上市公司的治理结构应确保所有股东，特别是中小股东享有平等地位。股东按其持有的股份享有平等的权利，并承担相应的义务。股东对法律、行政法规和公司章程规定的公司重大事项，享有知情权和参与权。

股东有权按照法律、行政法规的规定，通过民事诉讼或其他法律手段保护其合法权利。股东大会、董事会的决议违反法律、行政法规的规定，侵犯股东合法权益，股东有权依法提起要求停止上述违法行为或侵害行为的诉讼。董事、监事、经理执行职务时违反法律、行政法规或者公司章程的规定，给公司造成损害的，应承担赔偿责任。股东有权要求公司依法提起要求赔偿的诉讼。《章程指引》规定了公司股东享有以下具体权利：（1）依照其所持有的股份份额获得股利和其他形式的利益分配；（2）依法请求、召集、主持、参加或者委派股东代理人参加股东大会，并行使相应的表决权；（3）对公司的经营进行监督，提出建议或者质询；（4）依照法律、行政法规及本章程的规定转让、赠与或质押其所持有的股份；（5）查阅章程、股东名册、公司债券存根、股东大会会议记录、董事会会议决议、监事会会议决议、财务会计报告；（6）公司终止或者清算时，按其所持有的股份份额参加公司剩余财产的分配；（7）对股东大会作出的公司合并、分立决议持异议的股东，要求公司收购其股份；（8）法律、行政法规、部门规章或章程规定的其他权利。

（二）股东大会的权利

根据《公司法》，股东大会行使下列职权：（1）决定公司的经营方针和投资计划；（2）选举和更换非由职工代表担任的董事、监事，决定有关董事、监事的报酬事项；（3）审议批准董事会的报告；（4）审议批准监事会或者监事的报告；（5）审议批准公司的年度财务预算方案、决算方案；（6）审议批准公司的利润分配方案和弥补亏损方案；（7）对公司增加或者减少注册资本作出决议；（8）对发行公司债券作出决议；（9）对公司合并、分立、解散、清算或者变更公司形式作出决议；（10）修改公司章程；（11）公司章程规定的其他职权。

（三）上市公司股东大会的特别职权

根据《公司法》和《章程指引》的规定，上市公司股东大会除拥有股东大会的职权外，还拥有如下特别职权：

1. 上市公司在一年内购买、出售重大资产或者担保金额超过公司最近一期经审计总资产 30% 的事项，应当由股东大会作出决议，并经出席会议的股东所持表决权的三分之二以上通过。

2. 审议批准公司下列对外担保事项：（1）公司及公司控股子公司的对外担保总额，达到或超过最近一期经审计净资产的 50% 以后提供的任何担保；（2）公司的对外担保总额，达到或超过最近一期经审计总资产的 30% 以后提供的任何担保；（3）为资产负债率超过 70% 的担保对象提供的担保；（4）单笔担保额超过最近一期经审计净资产10%的担保。

3. 审议批准变更募集资金用途事项。

4. 审议股权激励计划。

5. 对公司聘用、解聘会计师事务所作出决议。

6. 审议法律、行政法规、部门规章或章程规定应当由股东大会决定的其他事项。

股东大会的职权不得通过授权的形式由董事会或其他机构和个人代为行使。

（四）关联交易的规范运作

1. 股东大会审议关联交易事项时，关联股东不得参与投票表决，其所代表的有表决权的股份数不计入有效的表决总数。

2. 上市公司与关联人之间的关联交易应签订书面协议。协议的签订应当遵循平等、自愿、等价、有偿的原则，协议内容应明确、具体。公司应将该协议的订立、变更、终止及履行情况等事项按照有关规定予以披露。

3. 上市公司应采取有效措施防止关联人以垄断采购和销售业务渠道等方式干预公司的经营，损害公司利益。关联交易活动应遵循商业原则，关联交易的价格原则上应不偏离市场独立第三方的价格或收费的标准。公司应对关联交易的定价依据予以充分披露。

4. 上市公司的资产属于公司所有。上市公司应采取有效措施防止股东及其关联方以各种形式占用或转移公司的资金、资产及其他资源。

5. 上市公司不得为股东、实际控制人及其关联方提供担保。

（五）股东大会召集、决议及议事规则

1. 股东大会会议的召开。应当每年召开一次年会，并应于上一会计年度结束之日起6个月内举行。有下列情形之一的，应在两个月内召开临时股东大会：（1）董事人数不足公司法规定人数或者公司章程所定人数的2/3时；（2）公司未弥补的亏损达实收股本总额1/3时；（3）单独或者合计持有公司10%以上股份的股东请求时；（4）董事会认为必要时；（5）监事会提议召开时；（6）公司章程规定的其他情形。

2. 股东大会的召集。股东大会会议由董事会召集，董事长主持；董事长不能履行职务或者不履行职务的，由副董事长主持；副董事长不能履行职务或者不履行职务的，由半数以上董事共同推举一名董事主持。董事会不能履行或者不履行召集股东大会会议职责的，监事会应当及时召集和主持；监事会不召集和主持的，连续90日以上单独或者合计持有公司10%以上股份的股东可以自行召集和主持。

3. 会议通知。召开股东大会会议，应当将会议召开的时间、地点和审议的事项于会议召开 20 日前通知各股东；临时股东大会应当于会议召开 15 日前通知各股东；发行无记名股票的，应当于会议召开 30 日前公告会议召开的时间、地点和审议事项。

4. 股东大会提案。股东大会审议的提案一般由董事会提出，但持有公司 3% 以上股份的股东，可以在股东大会召开 10 日前提出临时提案并书面提交董事会；董事会应当在收到提案后 2 日内通知其他股东，并将该临时提案提交股东大会审议。临时提案的内容应当属于股东大会职权范围，并有明确议题和具体决议事项。股东大会不得对前两款通知中未列明的事项作出决议。

5. 股东出席和代理出席。股东可以亲自出席或委托代理人代为出席和表决，委托出席时股东应以书面形式委托代理人，代理人应当向公司提交授权委托书，并在授权范围内行使表决权。无记名股票持有人出席股东大会会议的，应当于会议召开 5 日前至股东大会闭会时将股票交存于公司。

6. 表决权。股东出席股东大会会议，所持每一股份有一表决权。但是，公司持有的本公司股份没有表决权。

7. 普通决议与特别决议。股东大会作出普通决议，须经出席会议的股东所持表决权过半数通过。股东大会作出特别决议，须经出席会议的股东所持表决权的 2/3 以上通过。下列事项须由股东大会以特别决议通过：（1）修改公司章程；（2）增加或者减少注册资本；（3）公司合并、分立、解散；（4）变更公司形式；(5)公司转让、受让重大资产或者对外提供担保等事项；(6)公司章程规定或股东大会以特别决议认定会对公司产生重大影响的、需要以特别决议通过的其他事项。

8. 会议记录。股东大会应当对所议事项的决定作成会议记录，主持人、出席会议的董事应当在会议记录上签名。会议记录应当与出席股东的签名册及代理出席的委托书一并保存。

股东大会的决议违反法律、法规，侵犯股东合法权益的，股东有权向人民法院提起要求停止该违法行为的诉讼。

三、控股股东与上市公司

（一）控股股东行为的规范

1. 控股股东对拟上市公司改制重组时应遵循先改制、后上市的原则，并注重建立合理制衡的股权结构。控股股东对拟上市公司改制重组时应分离其社会职能，剥离非经营性资产。

2. 控股股东为上市公司主业服务的企业或机构按照市场化的原则与上市

公司签订有关协议。

3. 控股股东应支持上市公司深化劳动、人事、分配制度改革，转换经营管理机制，建立管理人员竞聘上岗、能上能下，职工择优录用、能进能出，收入分配能增能减、有效激励的各项制度。

4. 控股股东对上市公司及其他股东负有诚信义务。控股股东对其所控股的上市公司应严格依法行使出资人的权力，控股股东不得利用资产重组等方式损害上市公司和其他股东的合法权益，不得利用其特殊地位谋取额外的利益。

5. 控股股东对上市公司董事、监事候选人的提名，应严格遵循法律、法规和公司章程规定的条件和程序。控股股东提名的董事、监事候选人应当具备相关专业知识和决策、监督能力。控股股东不得对股东大会人事选举决议和董事会人事聘任决议履行任何批准手续；不得越过股东大会、董事会任免上市公司的高级管理人员。

6. 上市公司的重大决策应由股东大会和董事会依法作出。控股股东不得直接或间接干预公司的决策及依法开展的生产经营活动，损害公司及其他股东的权益。

7. 公司控股股东、实际控制人、董事、监事、高级管理人员与其直接或间接控制的企业之间与上市公司存在业务、人员、资产、财务、机构等关联关系的，上述关联人不得利用其关联关系损害公司利益。如违反此规定，给公司造成损失的，应当承担赔偿责任。

（二）上市公司的独立性

控股股东与上市公司应实行人员、资产、财务分开，机构、业务独立，各自独立核算，独立承担责任和风险。

1. 上市公司人员应独立于控股股东。上市公司的经理人员、财务负责人、营销负责人和董事会秘书在控股股东单位不得担任除董事以外的其他职务。控股股东高级管理人员兼任上市公司董事的，应保证有足够的时间和精力承担上市公司的工作。

2. 控股股东投入上市公司的资产应独立完整、权属清晰。控股股东以非货币性资产出资的，应办理产权变更手续，明确界定该资产的范围。上市公司应当对该资产独立登记、建账、核算、管理。控股股东不得占用、支配该资产或干预上市公司对该资产的经营管理。

上市公司应按照有关法律、法规的要求建立健全财务、会计管理制度，独立核算。控股股东应尊重公司财务的独立性，不得干预公司的财务、会计活动。

3. 上市公司的董事会、监事会及其他内部机构应独立运作。控股股东及其职能部门与上市公司及其职能部门之间没有上下级关系。控股股东及其下属机构不得向上市公司及其下属机构下达任何有关上市公司经营的计划和指令，也不得以其他任何形式影响其经营管理的独立性。

4. 上市公司业务应完全独立于控股股东。控股股东及其下属的其他单位不应从事与上市公司相同或相近的业务。控股股东应采取有效措施避免同业竞争。

四、董事与董事会

（一）董事会的权利

公司设董事会，对股东大会负责。《章程指引》规定上市公司董事会行使下列职权：（1）召集股东大会，并向股东大会报告工作；（2）执行股东大会的决议；（3）决定公司的经营计划和投资方案；（4）制订公司的年度财务预算方案、决算方案；（5）制订公司的利润分配方案和弥补亏损方案；（6）制订公司增加或者减少注册资本、发行债券或其他证券及上市方案；（7）拟订公司重大收购、收购本公司股票或者合并、分立、解散及变更公司形式的方案；（8）在股东大会授权范围内，决定公司对外投资、收购出售资产、资产抵押、对外担保事项、委托理财、关联交易等事项；（9）决定公司内部管理机构的设置；（10）聘任或者解聘公司经理、董事会秘书；根据经理的提名，聘任或者解聘公司副经理、财务负责人等高级管理人员，并决定其报酬事项和奖惩事项；（11）制定公司的基本管理制度；（12）制订公司章程的修改方案；（13）管理公司信息披露事项；（14）向股东大会提请聘请或更换为公司审计的会计师事务所；（15）听取公司经理的工作汇报并检查经理的工作；（16）法律、行政法规、部门规章或公司章程授予的其他职权。

（二）关联关系的董事表决权限制规定

上市公司董事与董事会会议决议事项所涉及的企业有关联关系的，不得对该项决议行使表决权，该董事也不得代理其他董事行使表决权。该董事会会议由过半数的无关联关系董事出席即可举行，董事会会议所作决议须经无关联关系董事过半数通过。出席董事会的无关联关系董事人数不足三人的，应将该事项提交上市公司股东大会审议。

（三）董事长及其职权

董事会设董事长 1 人，可以设副董事长。董事长和副董事长由董事会以全体董事的过半数选举产生。

董事长行使下列职权：（1）主持股东大会和召集、主持董事会会议；（2）督促、检查董事会决议的执行；（3）董事会授予的其他职权。上市公司弱化董事长的个人权利，董事会应谨慎授予董事长职权，例行或长期授权须在章程中明确规定。

（四）董事会决议及议事规则

1. 董事会会议应有过半数董事出席方可举行。董事会作出决议，必须经全体董事的过半数通过。董事会决议表决实行一人一票。

2. 在公司章程中应规定董事会议事规则，董事会应定期召开会议，并根据需要及时召开临时会议。上市公司董事会会议应严格按照规定的程序进行。董事会应按规定的时间事先通知所有董事，并提供足够的资料。当2名或2名以上独立董事认为资料不充分或论证不明确时，可联名以书面形式向董事会提出延期召开董事会会议或延期审议该事项，董事会应予以采纳。

3. 董事会会议记录应完整、真实。董事会秘书对会议所议事项要认真组织记录和整理。出席会议的董事、董事会秘书和记录人应在会议记录上签名并作为公司重要档案妥善保存，以作为日后明确董事责任的重要依据。

4. 董事会授权董事长在董事会闭会期间行使董事会部分职权的，上市公司应在公司章程中明确规定授权原则和授权内容，授权内容应当明确、具体。凡涉及公司重大利益的事项应由董事会集体决策。

（五）董事的选聘程序

1. 上市公司应在公司章程中规定规范、透明的董事选聘程序，保证董事选聘公开、公平、公正、独立。

2. 上市公司应在股东大会召开前披露董事候选人的详细资料，保证股东在投票时对候选人有足够的了解。

3. 董事候选人应在股东大会召开之前作出书面承诺，同意接受提名，承诺公开披露的董事候选人的资料真实、完整并保证当选后切实履行董事职责。

4. 在董事的选举过程中，应充分反映中小股东的意见，股东大会在董事选举中应积极推行累积投票制度。控股股东控股比例在30%以上的上市公司，应当采用累积投票制。采用累积投票制度的上市公司应在公司章程里规定该制度的实施细则。

5. 上市公司应和董事签订聘任合同，明确公司和董事之间的权利义务、董事的任期、董事违反法律法规和公司章程的责任以及公司因故提前解除合同的补偿等内容。

（六）董事的义务

董事履行下列基本义务：

1. 董事应根据公司和全体股东的最大利益，忠实、诚信、勤勉地履行职责；遵守有关法律、法规及公司章程的规定，严格遵守其公开作出的承诺。

2. 董事应以认真负责的态度出席董事会，对所议事项表达明确的意见。董事确实无法亲自出席董事会的，可以书面形式委托其他董事按委托人的意愿代为投票，委托人应独立承担法律责任。

3. 董事应积极参加有关培训，以了解作为董事的权利、义务和责任，熟悉有关法律法规，掌握作为董事应具备的相关知识。

4. 董事会决议违反法律、法规和公司章程的规定，致使公司遭受损失的，参与决议的董事对公司承担赔偿责任。但经证明在表决时曾表明异议并记载于会议记录的董事除外。

《章程指引》规定董事应当遵守法律、行政法规和公司章程，对公司负有下列忠实义务：（1）不得利用职权收受贿赂或者其他非法收入，不得侵占公司的财产；（2）不得挪用公司资金；（3）不得将公司资产或者资金以其个人名义或者其他个人名义开立账户存储；（4）不得违反公司章程的规定，未经股东大会或董事会同意，将公司资金借贷给他人或者以公司财产为他人提供担保；（5）不得违反本章程的规定或未经股东大会同意，与本公司订立合同或者进行交易；（6）未经股东大会同意，不得利用职务便利，为自己或他人谋取本应属于公司的商业机会，自营或者为他人经营与本公司同类的业务；（7）不得接受与公司交易的佣金归为己有；（8）不得擅自披露公司秘密；（9）不得利用其关联关系损害公司利益；（10）法律、行政法规、部门规章及公司章程规定的其他忠实义务。董事违反上述规定所得的收入，应当归公司所有；给公司造成损失的，应当承担赔偿责任。

《章程指引》规定董事应当遵守法律、行政法规和公司章程，对公司负有下列勤勉义务：（1）应谨慎、认真、勤勉地行使公司赋予的权利，以保证公司的商业行为符合国家法律、行政法规以及国家各项经济政策的要求，商业活动不超过营业执照规定的业务范围；（2）应公平对待所有股东；（3）及时了解公司业务经营管理状况；（4）应当对公司定期报告签署书面确认意见，保证公司所披露的信息真实、准确、完整；（5）应当如实向监事会提供有关情况和资料，不得妨碍监事会或者监事行使职权；（6）法律、行政法规、部门规章及公司章程规定的其他勤勉义务。

（七）董事的责任

新《公司法》实施后，相关的法律法规对于董事责任问题也进行了相应的调整。一般来说，董事责任可以按照几种不同的方式分类。根据董事责任的相对方不同，董事责任可以分为相对于公司的责任、相对于股东的责任和相对于第三人的责任。根据董事责任的不同形式，董事责任可以分为民事责任、行政责任和刑事责任。

1. 民事责任

新《公司法》明确规定了董事的赔偿责任。董事违反法律法规或公司章程给公司造成损失，应当承担赔偿责任；董事利用关联关系损害公司利益，应当承担赔偿责任；同时，董事对董事会决议的内容也应承担相应责任。董事会决议内容违反法律法规的无效。

《治理准则》对于董事的抗辩理由进行了规定。对于因董事会决议违法要求董事承担赔偿责任的指控，董事可以提出以下理由作为抗辩：（1）在表决时曾提出异议；（2）异议已记载于会议记录。

除赔偿责任外，当公司董事承担民事责任时，《中华人民共和国民法通则》中规定的其他承担民事责任的方式（如停止侵害、返还财产等）也同样适用。

2. 行政责任

上市公司或经营特殊行业公司的董事还应遵守国家相应的法律规定及中国证监会或行业主管部门的行政法规。董事的违法行为还会受到行政制裁。例如，根据《证券法》的规定，公司董事在6个月之内买入/卖出本公司股票的，除承担其所得收益归公司的民事责任外，还将受到警告及罚款的行政责任。此外，根据《证券市场禁入规定》（中国证监会令第33号），证临会对于有违法行为的董事可以采取证券市场禁入措施，及要求其停止履行董事职务等行政制裁措施。

3. 刑事责任

公司董事违法，除应承担民事责任、行政责任外，情节严重的，还应承担刑事责任。新《公司法》实施后，中国《刑法》也进行了相应修改。由于新《公司法》明确规定董事对公司负忠实义务，因此《刑法》修正案也相应增加了“董事、监事、高级管理人员违背忠实义务罪”。根据《刑法》及其修正案的规定，公司董事因违法行为还可能被判处提供虚假公司信息罪、受贿罪、隐瞒事实发行股票和证券罪、竞业罪、渎职罪、内幕交易罪、操纵证券价格罪等。

（八）董事会的构成和职责履行保证

1. 董事会的人数及人员构成应符合有关法律、法规的要求，确保董事会能够进行富有成效的讨论，作出科学、迅速和谨慎的决策；董事会应具备合理的专业结构，其成员应具备履行职务所必需的知识、技能和素质。

2. 上市公司治理结构应确保董事会能够按照法律、法规和公司章程的规定行使职权。董事会应认真履行有关法律、法规和公司章程规定的职责，确保公司遵守法律、法规和公司章程的规定，公平对待所有股东，并关注其他利益相关者的利益。

（九）独立董事制度

新《公司法》、中国证监会发布的《关于在上市公司建立独立董事制度的指导意见》（证监发〔2001〕102号）和《治理准则》等法规的实施，使上市公司独立董事制度进入实施阶段。

1. 独立董事制度及独立董事数量。上市公司应按照有关规定建立独立董事制度，公司董事会应有1/3独立董事，且独立董事中至少包括一名会计专业人士（具有高级会计师或注册会计师资格）。独立董事应独立于所受聘的公司及其主要股东。独立董事不得在上市公司担任除独立董事外的其他任何职务。

2. 独立董事对公司及全体股东负有诚信与勤勉义务。独立董事应按照相关法律、法规、公司章程的要求，认真履行职责，维护公司整体利益，尤其要关注中小股东的合法权益不受损害。独立董事应独立履行职责，不受公司主要股东、实际控制人以及其他与上市公司存在利害关系的单位或个人的影响。

3. 独立董事的任职条件。包括：（1）根据法律、行政法规及其他有关规定，具备担任上市公司董事的资格；（2）具有上市公司独立董事所要求的独立性；（3）具备上市公司运作的基本知识，熟悉相关法律、行政法规、规章及规则；（4）具有五年以上法律、经济或者其他履行独立董事职责所必需的工作经验；（5）公司章程规定的其他条件。

独立董事必须具有独立性，下列人员不得担任独立董事：（1）在上市公司或者其附属企业任职的人员及其直系亲属、主要社会关系（直系亲属是指配偶、父母、子女等；主要社会关系是指兄弟姐妹、岳父母、儿媳女婿、兄弟姐妹的配偶、配偶的兄弟姐妹等）；（2）直接或间接持有上市公司已发行股份1%以上或者是上市公司前十名股东中的自然人股东及其直系亲属；（3）在直接或间接持有上市公司已发行股份5%以上的股东单位或者在上市公司前五名股东单位任职的人员及其直系亲属；（4）最近一年内曾经具有前三项所列举情形的人员；（5）为上市公司或者其附属企业提供财务、法律、咨询等服务的人员；（6）公司章程规定的其他人员；（7）中国证监会认定的其他人员。

4. 上市公司独立董事的特别职权。包括：（1）重大关联交易（指上市公司拟与关联人达成的总额高于300万元或高于上市公司最近经审计净资产值的5%的关联交易）应由独立董事认可后，提交董事会讨论；独立董事作出判断前，可以聘请中介机构出具独立财务顾问报告，作为其判断的依据。（2）向董事会提议聘用或解聘会计师事务所。（3）向董事会提请召开临时股东大会。（4）提议召开董事会。（5）独立聘请外部审计机构和咨询机构。（6）可以在股东大会召开前公开向股东征集投票权。

独立董事行使上述职权应当取得全体独立董事的二分之一以上同意。如上述提议未被采纳或上述职权不能正常行使，上市公司应将有关情况予以披露。如果上市公司董事会下设薪酬、审计、提名等委员会的，独立董事应当在委员会成员中占有二分之一以上的比例。

5. 独立董事对重大事项发表独立意见

独立董事除履行上述职责外，还应当对以下事项向董事会或股东大会发表独立意见：(1) 提名、任免董事；(2) 聘任或解聘高级管理人员；(3) 公司董事、高级管理人员的薪酬；(4) 上市公司的股东、实际控制人及其关联企业对上市公司现有或新发生的总额高于300万元或高于上市公司最近经审计净资产值的5%的借款或其他资金往来，以及公司是否采取有效措施回收欠款；(5) 独立董事认为可能损害中小股东权益的事项；(6) 上市公司管理层、员工收购本公司时，收购要约条件是否公平合理、收购可能对公司产生的影响等事项；(7) 公司章程规定的其他事项。

独立董事应当就上述事项发表以下几类意见之一：同意；保留意见及其理由；反对意见及其理由；无法发表意见及其障碍。如有关事项属于需要披露的事项，上市公司应当将独立董事的意见予以公告，独立董事出现意见分歧无法达成一致时，董事会应将各独立董事的意见分别披露。

6. 独立董事开展工作应具备的条件

上市公司应当为独立董事提供必要工作条件，保证独立董事的知情权，公司人员配合独立董事工作，独立董事聘请中介机构的费用及其行使职权时所需的费用由公司承担，给予独立董事适当的津贴等。

(十) 董事会专门委员会

1. 上市公司董事会可以按照股东大会的有关决议，设立战略、审计、提名、薪酬与考核等专门委员会。专门委员会成员全部由董事组成，其中审计委员会、提名委员会、薪酬与考核委员会中独立董事应占多数并担任召集人，审计委员会中至少应有一名独立董事是会计专业人士。

2. 战略委员会的主要职责是对公司长期发展战略和重大投资决策进行研究并提出建议。

3. 审计委员会的主要职责是：(1) 提议聘请或更换外部审计机构；(2) 监督公司的内部审计制度及其实施；(3) 负责内部审计与外部审计之间的沟通；(4) 审核公司的财务信息及其披露；(5) 审查公司的内控制度。

4. 提名委员会的主要职责是：(1) 研究董事、经理人员的选择标准和程序并提出建议；(2) 广泛搜寻合格的董事和经理人员的人选；(3) 对董事候选人和经理候选人进行审查并提出建议。

5. 薪酬与考核委员会的主要职责是：（1）研究董事与经理人员考核的标准，进行考核并提出建议；（2）研究和审查董事、高级管理人员的薪酬政策与方案。

6. 各专门委员会可以聘请中介机构提供专业意见；各专门委员会对董事会负责，各专门委员会的提案应提交董事会审查决定。

五、公司经理及其他高级管理人员

（一）经理的任职资格和聘任

根据《公司法》和《章程指引》规定，公司设经理 1 名，由董事会聘任或解聘；公司设副经理若干名，由董事会聘任或解聘。公司高级管理人员是指公司经理、副经理、财务负责人、董事会秘书和公司章程规定的其他人员。

董事可以兼任经理。在公司控股股东、实际控制人单位担任除董事以外其他职务的人员，不得担任公司的高级管理人员。经理连聘可以连任。

经理可以在任期届满以前提出辞职。有关经理辞职的具体程序和办法由经理与公司之间的劳务合同规定。

（二）高管人员的忠诚勤勉义务

《章程指引》关于董事的忠实义务和勤勉义务的规定，同时适用于经理和其他高级管理人员。

（三）经理的职责

经理对董事会负责，行使下列职权：（1）主持公司的生产经营管理工作，组织实施董事会决议，并向董事会报告工作；（2）组织实施公司年度经营计划和投资方案；（3）拟订公司内部管理机构设置方案；（4）拟订公司的基本管理制度；（5）制定公司的具体规章；（6）提请董事会聘任或者解聘公司副经理、财务负责人；（7）决定聘任或者解聘除应由董事会决定聘任或者解聘以外的负责管理人员；（8）公司章程或董事会授予的其他职权。

经理列席董事会会议。经理应当根据董事会或监事会的要求，向董事会或者监事会报告公司重大合同的签订及执行情况、资金运用情况、生产经营情况和盈亏情况。经理必须保证报告的真实性。

（四）经理工作细则

经理应制定经理工作细则，报董事会批准后实施。

经理工作细则包括下列内容：（1）经理会议召开的条件、程序和参加的人员；（2）经理及其他高级管理人员各自具体的职责及其分工；（3）公司资金、资产运用，签订重大合同的权限，以及向董事会、监事会的报告制度；（4）董事会认为必要的其他事项。

公司根据自身情况，在章程中应当规定副经理的任免程序、副经理与经理的关系，并可以规定副经理的职权。

六、监事与监事会

（一）监事会职权

监事会行使下列职权：（1）对董事会编制的公司定期报告进行审核并提出书面审核意见。（2）检查公司财务。（3）对董事、高级管理人员执行公司职务的行为进行监督，对违反法律、行政法规、本章程或者股东大会决议的董事、高级管理人员提出罢免的建议。（4）当董事、高级管理人员的行为损害公司的利益时，要求董事、高级管理人员予以纠正。（5）提议召开临时股东大会，在董事会不履行《公司法》规定的召集和主持股东大会职责时召集和主持股东大会。（6）向股东大会提出提案。（7）依照《公司法》第一百五十二条的规定，对董事、高级管理人员提起诉讼。（8）发现公司经营情况异常，可以进行调查；必要时可以聘请会计师事务所、律师事务所等专业机构协助其工作，费用由公司承担。

（二）监事会的构成和议事规则

1. 监事应具有法律、会计等方面的专业知识或工作经验。监事会的人员和结构应确保监事会能够独立有效地行使对董事、经理和其他高级管理人员及公司财务的监督和检查。

2. 上市公司应在公司章程中规定规范的监事会议事规则。监事会会议应严格按规定程序进行。

3. 监事会应定期召开会议，并根据需要及时召开临时会议。监事会会议因故不能如期召开，应公告说明原因。

4. 监事会可要求公司董事、经理及其他高级管理人员、内部及外部审计人员出席监事会会议，回答所关注的问题。

5. 监事会会议应有记录，出席会议的监事和记录人应当在会议记录上签字。监事有权要求在记录上对其在会议上的发言作出某种说明性记载。监事会会议记录应作为公司重要档案妥善保存。

七、董事会秘书

上市公司董事会秘书属于公司高管人员，董事会秘书对董事会负责，并作为公司与证券交易所之间的指定联络人。董事会秘书应当保证交易所可以随时与其取得工作联系。

（一）董事会秘书的职责

上交所和深交所的上市规则都规定董事会秘书应当履行如下职责：

(1) 负责公司和相关当事人与证交所及其他证券监管机构之间的沟通和联络；(2) 负责处理公司信息披露事务，督促公司制定并执行信息披露管理制度和重大信息的内部报告制度，促使公司和相关当事人依法履行信息披露义务，并按照有关规定向证交所办理定期报告和临时报告的披露工作；(3) 协调公司与投资者之间的关系，接待投资者来访，回答投资者咨询，向投资者提供公司信息披露资料；(4) 按照法定程序筹备股东大会和董事会会议，准备和提交有关会议文件和资料；(5) 参加董事会会议，制作会议记录并签字；(6) 负责与公司信息披露有关的保密工作，制定保密措施，促使董事、监事和其他高级管理人员以及相关知情人员在信息披露前保守秘密，并在内幕信息泄露时及时采取补救措施，同时向证交所报告；(7) 负责保管公司股东名册、董事和监事及高级管理人员名册、控股股东及董事、监事和高级管理人员持有本公司股票的资料，以及股东大会、董事会会议文件和会议记录等；(8) 协助董事、监事和其他高级管理人员了解信息披露相关法律、行政法规、部门规章、上市规则、证交所其他规定和公司章程，以及上市协议中关于其法律责任的内容；(9) 促使董事会依法行使职权；在董事会拟作出的决议违反法律、行政法规、部门规章、上市规则、证交所其他规定或者公司章程时，应当提醒与会董事，并提请列席会议的监事就此发表意见；如果董事会坚持作出上述决议，董事会秘书应将有关监事和其个人的意见记载于会议记录，同时向证交所报告；(10)《公司法》和证交所要求履行的其他职责。

公司应当为董事会秘书履行职责提供便利条件，董事、监事、其他高级管理人员和相关工作人员应当支持、配合董事会秘书的工作。

董事会秘书为履行职责，有权了解公司的财务和经营情况，参加涉及信息披露的有关会议，查阅涉及信息披露的所有文件，并要求公司有关部门和人员及时提供相关资料和信息。

(二) 董事会秘书的任职资格

董事会秘书应当具备履行职责所必需的财务、管理、法律等专业知识，具有良好的职业道德和个人品质，并取得证券交易所颁发的董事会秘书培训合格证书。具有下列情形之一的人士不得担任董事会秘书：(1)《公司法》第一百四十七条规定的任何一种情形；(2) 最近三年受到过中国证监会的行政处罚；(3) 最近三年受到过证券交易所公开谴责或者三次以上通报批评；(4) 公司现任监事；(5) 证交所认定不适合担任董事会秘书的其他情形。

八、公司的财务会计

(一) 一般规定

公司应当依照法律、行政法规和国家财政部的规定建立本公司的财务、会计制度。公司应当在每一会计年度终了时依照《企业会计准则》编制财务会计报告，并依法经会计师事务所审计。上市公司在每一会计年度结束之日 4 个月内向证监会和证券交易所报送年度财务会计报告。

股份有限公司的财务会计报告应当在召开股东大会年会的 20 日前置备于公司，供股东查阅；上市公司必须公告其财务会计报告。

（二）利润分配

公司分配当年税后利润时，应当提取利润的 10% 列入公司法定公积金。公司法定公积金累计额为公司注册资本的 50% 以上的，可以不再提取。公司的法定公积金不足以弥补以前年度亏损的，在依照前款规定提取法定公积金之前，应当先用当年利润弥补亏损。公司从税后利润中提取法定公积金后，经股东大会决议，还可以从税后利润中提取任意公积金。公司弥补亏损和提取公积金后所余税后利润，按照股东持有的股份比例分配，但股份有限公司章程规定不按持股比例分配的除外。股东大会或者董事会违反前款规定，在公司弥补亏损和提取法定公积金之前向股东分配利润的，股东必须将违反规定分配的利润退还公司。公司持有的本公司股份不得分配利润。

（三）公积金及其用途

股份有限公司以超过股票票面金额的发行价格发行股份所得的溢价款以及国务院财政部门规定列入资本公积金的其他收入，应当列为公司资本公积金。

公司的公积金用于弥补公司的亏损、扩大公司生产经营或者转为增加公司资本。但是，资本公积金不得用于弥补公司的亏损。法定公积金转为资本时，所留存的该项公积金不得少于转增前公司注册资本的 25%。

（四）会计师事务所的聘用和会计账簿设置

上市公司聘用、解聘承办公司审计业务的会计师事务所，依照公司章程的规定，由股东大会决定，董事会不得自股东大会决定前委任会计师事务所。

公司应当向聘用的会计师事务所提供真实、完整的会计凭证、会计账簿、财务会计报告及其他会计资料，不得拒绝、隐匿、谎报。

公司除法定的会计账簿外，不得另立会计账簿。对公司资产，不得以任何个人名义开立账户存储。

九、绩效评价与激励约束机制

（一）建立董事、监事、经理人员的绩效评价体系

公司应建立公正透明的董事、监事和经理人员的绩效评价标准和程序。董事和经理人员的绩效评价由董事会或其下设的薪酬与考核委员会负责组织。独

立董事、监事的评价应采取自我评价与相互评价相结合的方式进行。

董事报酬的数额和方式由董事会提出方案报请股东大会决定。在董事会或薪酬与考核委员会对董事个人进行评价或讨论其报酬时，该董事应当回避。

董事会、监事会应当向股东大会报告董事、监事履行职责的情况、绩效评价结果及其薪酬情况，并予以披露。

（二）建立高级管理人员的聘任机制

公司高级管理人员的聘任，应严格按照有关法律、法规和公司章程的规定进行。任何组织和个人不得干预公司经理人员的正常选聘程序。

应尽可能采取公开、透明的方式，从境内外人才市场选聘高级管理人员，并充分发挥中介机构的作用。

公司应和高级管理人员签订聘任合同，明确双方的权利义务关系。高级管理人员的任免应履行法定的程序，并向社会公告。

（三）建立高级管理人员的激励与约束机制

公司应建立高级管理人员的薪酬与公司绩效和个人业绩相联系的激励机制，以吸引人才，保持高管人员队伍的稳定。

公司对高管人员的绩效评价应当成为确定高管人员薪酬以及其他激励方式的依据。高管人员的薪酬分配方案应获得董事会的批准，向股东大会说明，并予以披露。

公司应在公司章程中明确高管人员的职责。高管人员违反法律、法规和公司章程规定，致使公司遭受损失的，公司董事会应积极采取措施追究其法律责任。

十、尊重利益相关者并履行社会责任

公司应尊重银行及其他债权人、职工、消费者、供应商、社区等利益相关者的合法权利，应向银行及其他债权人提供必要的信息，以便其对公司的经营状况和财务状况作出判断和进行决策。

公司应与利益相关者积极合作，共同推动公司持续、健康地发展。公司应为维护利益相关者的权益提供必要的条件，当其合法权益受到侵害时，利益相关者应有机会和途径获得赔偿。

公司应鼓励职工通过与董事会、监事会和经理人员的直接沟通和交流，反映职工对公司经营、财务状况以及涉及职工利益的重大决策的意见。

公司在保持公司持续发展、实现股东利益最大化的同时，应关注所在社区的福利、环境保护、公益事业等问题，重视公司的社会责任。

十一、强制性的信息披露制度

（一）信息披露的基本原则和一般规定

上交所和深交所上市规则都明确规定了上市公司信息披露的基本原则和一般规定。最重要的就是上市公司及其董事、监事、高级管理人员应当保证信息披露的内容真实、准确、完整，没有虚假记载、误导性陈述或者重大遗漏。不能保证公告内容真实、准确、完整的，应当在公告中作出相应声明并说明理由。

上市公司董事、监事、高级管理人员和其他知情人在信息披露前，应当将该信息的知情者控制在最小范围内，不得泄露公司内幕信息，不得进行内幕交易或者配合他人操纵股票及其衍生品种交易价格。

上市公司应当制定并严格执行信息披露管理制度和重大信息的内部报告制度，明确公司各部门（含控股子公司）和有关人员的信息披露职责范围及保密责任，以保证公司的信息披露符合上市规则要求。

（二）上市公司的持续信息披露

持续信息披露是上市公司的责任。公司应严格按照法律、法规和公司章程的规定，真实、准确、完整、及时地披露信息。

公司除按照强制性规定披露信息外，应主动、及时地披露所有可能对股东和其他利益相关者决策产生实质性影响的信息，并保证所有股东有平等的机会获得信息。

公司披露的信息应当便于理解。公司应保证使用者能够通过经济、便捷的方式（如互联网、指定报刊媒体等）获得信息。

董事会秘书负责信息披露事项，包括建立信息披露制度、接待来访、回答咨询、联系股东，向投资者提供公司公开披露的资料等。董事会及经理人员应对董事会秘书的工作予以积极支持。任何机构及个人不得干预董事会秘书的工作。

（三）公司治理信息的披露

上市公司应按照法律、法规及其他有关规定，披露公司治理的有关信息，包括但不限于：（1）董事会、监事会的人员及构成；（2）董事会、监事会的工作及评价；（3）独立董事工作情况及评价，包括独立董事出席董事会的情况、发表独立意见的情况及对关联交易、董事及高级管理人员的任免等事项的意见；（4）各专门委员会的组成及工作情况；（5）公司治理的实际状况及与《治理准则》存在的差异及其原因；（6）改进公司治理的具体计划和措施。

（四）股东权益的披露

上市公司应按照有关规定，及时披露持有公司股份比例较大的股东以及一致行动时可以实际控制公司的股东或实际控制人的详细资料。

上市公司应及时了解并披露公司股份变动的情况以及其他可能引起股份变动的重要事项。当上市公司控股股东增持、减持或质押公司股份，或上市公司控制权发生转移时，上市公司及其控股股东应及时、准确地向全体股东披露有关信息。

（五）定期报告

上市公司年度报告应当在每个会计年度结束之日起 4 个月内，中期报告应当在每个会计年度的上半年结束之日起 2 个月内，季度报告应当在每个会计年度前 3 个月、9 个月结束后的 1 个月内编制完成并披露。第一季度季度报告的披露时间不得早于上一年度年度报告的披露时间。

（六）临时报告

上市公司披露的除定期报告之外的其他公告为临时报告。临时报告的内容涉及董事会、监事会和股东大会决议、应当披露的交易、关联交易、其他重大事件等重大事项，具体披露事项、披露内容、披露时间和相关审议程序必须满足证券交易所上市规则关于信息披露的各项规定要求。

十二、股份转让与收购限制

（一）对股东转让股份的限制

《公司法》规定，股份有限公司发起人持有的本公司股份，自公司成立之日起 1 年内不得转让。公司公开发行股份前已发行的股份，自公司股票在证券交易所上市交易之日起 1 年内不得转让。

（二）对公司收购本公司股份的限制

公司不得收购本公司股份。但有下列情形之一的除外：（1）减少公司注册资本；（2）与持有本公司股份的其他公司合并；（3）将股份奖励给本公司职工；（4）股东因对股东大会作出的公司合并、分立决议持异议，要求公司收购其股份的。

（三）对高管人员转让股份的限制

公司董事、监事、高级管理人员应当向公司申报所持有的本公司的股份及其变动情况，在任职期间每年转让的股份不得超过其所持有本公司股份总数的 25%；所持本公司股份自公司股票上市交易之日起一年内不得转让。上述人员离职后半年内，不得转让其所持有的本公司股份。公司章程可以对公司董事、监事、高级管理人员转让其所持有的本公司股份作出其他限制性规定。

2010 年 11 月 4 日，深圳证交所在其网站上公布了《关于进一步规范创业板上市公司董事、监事和高级管理人员买卖本公司股票行为的通知》。该通知规定，创业板上市公司董事、监事和其他高管人员在首次公开发行股票上市之日起6个月内（含第6个月）申报离职的，自申报离职之日起18个月内不得转让其直接持有的本公司股份；在首次公开发行股票上市之日起第7个月至第12个月之间（含第7个月、第12个月）申报离职的，自申报离职之日起12个月内不得转让其直接持有的本公司股份。另外，通知还鼓励上市公司董事、监事和高级管理人员追加延长锁定期、设定最低减持价格等承诺。要求保荐机构重点关注上市公司董事、监事和高级管理人员离职情况，督导董事、监事和高级管理人员履行其承诺，并对董事、监事和高级管理人员限售股份上市流通的合规性进行核查。

上述规定兼顾了保持创业板公司管理层稳定以及董事、监事和高级管理人员股份转让需求之间的适度平衡，有利于进一步加强对创业板上市公司董事、监事和高级管理人员买卖公司股票行为的监管，保持管理层和核心技术人员的稳定，保护投资者合法权益。

第三节　企业内部控制

一、内部控制基本规范的框架体系

（一）企业内部控制基本规范的由来

中国财政部、证监会、审计署、银监会、保监会发布《企业内部控制基本规范》（财会〔2008〕7号文件，以下简称《内控规范》），于2009年7月1日起在上市公司范围内施行，并鼓励非上市的大中型企业执行。根据这一基本规范，上市公司应当对本公司内部控制的有效性进行自我评价，披露年度自我评价报告，并可聘请具有证券、期货业务资格的中介机构对内部控制的有效性进行审计。这部《内控规范》已被国内称为“中国版萨班斯法案的基本法案”。

近年来有咨询公司发布中国上市公司的内部控制情况最新调查报告显示，50%以上的受访公司尚未建立内部控制机制或者其内部控制机制尚未完善，管理松弛、内控弱化、风险频发，资产流失、营私舞弊、损失浪费等问题在中国一些企业内比较突出。目前中国多数企业在内部控制上均存在不足，主要表现为没有完善的内部控制制度、公司治理机构混乱、公司机构权责不清、内部控制制度不科学、执行力差、缺乏明确的监督机制等。

中国财政部曾根据企业财务会计控制的需要连续发布过7项《内部会计控

制规范》，审计署、国资委、证监会、银监会、保监会以及上海、深圳证券交易所等也从不同角度对加强内部控制提出明确要求。但是，随着市场经济的发展和企业环境的变化，单纯依赖会计控制已难以应对企业面对的市场风险，会计控制必须向风险控制发展。

为了加强和规范企业内部控制，提高企业经营管理水平和风险防范能力，促进企业可持续发展，维护市场经济秩序和社会公众利益，根据《公司法》、《证券法》、《会计法》和其他有关法规，财政部、证监会等部门联合制定了《内控规范》。《内控规范》的发布，标志着中国企业内部控制规范体系建设取得重大突破，为企业如何建立内部控制体系，提供了一个有力的指引。

（二）企业内部控制基本规范的目标

《内控规范》的颁布旨在健全企业内控规范体系，逐步建立一套以基本规范为统领，以评价指引、应用指引和内部控制鉴证指引等配套办法为补充的内控标准体系，并不断完善以法制为推动、以企业实施为主体、以政府监管和社会评价为保障、以各方面积极参与为促进的企业内控实施体系。

《内控规范》强调，内部控制的目标是合理保证企业经营管理合法合规、资产安全、财务报告及相关信息真实完整，提高经营效率和效果，促进企业实现发展战略。

（三）企业内部控制规范的框架体系

1. 基本规范的总体结构

《内控规范》共七章五十条，各章分别是：总则、内部环境、风险评估、控制活动、信息与沟通、内部监督和附则。

该规范有机地融合了世界主要经济体加强内部控制的做法和经验，提出了企业建立与实施有效内部控制的要素，即构建以内部环境为重要基础、以风险评估为重要环节、以控制活动为重要手段、以信息与沟通为重要条件、以内部监督为重要保证，相互联系、相互促进的五要素内部控制框架，与国际领先的内部控制框架体系在所有主要方面保持了一致。

该规范还开创性地建立了以企业为主体、以政府监管为促进、以中介机构审计为重要组成部分的内部控制实施机制，要求企业实行内部控制自我评价制度，并将各责任单位和全体员工实施内部控制的情况纳入绩效考评体系；国务院有关监管部门有权对企业建立并实施内部控制的情况进行监督检查；明确企业可以依法委托会计师事务所对本企业内部控制的有效性进行审计，出具审计报告。这一制度安排有利于强化企业的受托责任，提高企业经济和财务行为的透明度。

2. 内控管理与过程控制的含义

《内控规范》界定了“内部控制”的内涵，即内控管理是由企业董事会、监事会、经理层和全体员工实施的，旨在实现控制目标的过程，有利于树立全面、全员、全过程控制的理念。《内控规范》强调实现目标的过程控制，内控是关键。

企业的内部控制，应该贯穿于企业经营活动的决策、执行和监督的始终，涵盖企业各种业务和事项。企业每一项经营活动，从工作的效率性及风险的控制性来讲，都应强调“过程”。“过程”包括宏观上公司治理结构的确立、机构设置及权责分配、人力资源政策、企业文化等，也包括微观上企业股东会和董事会的决策程序，经理层及员工的执行程序和要求，监事会、内部审计委员会的监督程序，员工奖励计划，以及违反公司内部控制体系的罚则等。

之所以强调过程控制，是为了达到一个令人满意的结果：第一，内部控制的基本出发点是以预防为主，而不是单纯为了对不良行为结果的处罚，这意味着每一项内控都向某一终点努力，但不是终点本身；第二，过程产生结果，通常而言只要过程科学合理有序有效，那么一般就会获得好的预期效果，所以过程的控制也就会实现对结果的控制；第三，过程控制可以节约控制成本、提高控制效率，如果仅强调对差错或舞弊结果的处罚，势必增加控制的成本和代价，形成事后诸葛亮、亡羊补牢甚至死后验尸的弊端。

3. 企业文化被正式列入企业内部控制的基础要素

值得注意的是，《内控规范》明确了内部环境是企业实施内部控制的基础，企业文化与治理结构和机构设置及权力分配等被并列为企业内部环境要素。《内控规范》规定，企业应当加强文化建设，培育积极向上的价值观和社会责任感，倡导诚实守信、爱岗敬业、开拓创新和团队协作精神，树立现代管理理念，强化风险意识。拟上市的民营企业应当按照《内控规范》重塑企业文化，仅仅习惯或满足于秉承老板文化的企业，将难以符合《内控规范》的要求。

拟上市企业应该知道的是，考察公司董事长或实际控制人是保荐机构的调查重点之一。在中国目前经济环境和企业文化背景下，公司实际领军人物的文化素质、经营理念、战略思想、诚信程度和人格魅力乃至个人好恶，往往决定一家民营企业的未来走向和命运。

二、内部控制应用指引、评价指引和审计指引

为了促进企业建立、实施和评价内部控制，规范会计师事务所内部控制审计行为，根据国家有关法律法规和《内控规范》，财政部会同证监会、审计署、银监会、保监会制定了《企业内部控制应用指引第 1 号——组织架构》等 18 项应用指引、《企业内部控制评价指引》和《企业内部控制审计指引》

（以下统称《内控指引》），自 2011 年 1 月 1 日起在境内外同时上市的公司施行，自 2012 年 1 月 1 日起在上海证券交易所、深圳证券交易所主板上市公司施行；在此基础上，择机在中小板和创业板上市公司施行。

《内控指引》中的《企业内部控制评价指引》包括内控评价的内容、标准、程序和方法、内控缺陷的认定和内控评价报告。

《企业内部控制应用指引》包括组织架构、发展战略、人力资源、社会责任、企业文化、资金活动、采购业务、资产管理、销售业务、研究与开发、工程项目、担保业务、业务外包、财务报告、全面预算、合同管理、内部信息传递、信息系统 18 个方面的内部控制应用指引。其中包括长期股权投资、筹融资、对子公司的控制、企业并购、关联交易等方面的内容。

《企业内部控制审计指引》包括计划审计工作、实施审计工作、评价控制缺陷、完成审计工作、出具内控审计报告、记录审计工作等内容。

执行《内部规范》及《内控指引》的上市公司，应当对内部控制的有效性进行自我评价，披露年度自我评价报告，同时应当聘请会计师事务所对财务报告内部控制的有效性进行审计并出具审计报告。上市公司聘请的会计师事务所应当具有证券、期货业务资格。

三、内控规范和内控指引为企业境外上市创造了条件

针对安然、世通等财务欺诈事件，美国国会出台并经美国总统批准实施《2002 年公众公司会计改革和投资者保护法案》。该法案由美国众议院金融服务委员会主席奥克斯利和参议院银行委员会主席萨班斯联合提出，又被称做《萨班斯—奥克斯利法案（2002）》（以下简称《萨班斯法案》）。该法案对美国《1933 年证券法》、《1934 年证券交易法》作了不少修订，在会计职业监管、公司治理、证券市场监管等方面作出了许多新的规定。

由于《萨班斯法案》内部控制的高标准要求增加了上市公司的合规性成本，美国财务经理协会（FEI）调查显示，上市公司因实施《萨班斯法案》而增加的审计费和初始上市费用平均在 130 万美元以上。

尽管《萨班斯法案》的颁布主要是针对数量众多的美国上市公司，但赴美国上市的外国公司同样受到《萨班斯法案》的管辖。由《萨班斯法案》所带来的上市成本增加及严格规定，已使不少外国公司望而却步。德国豪华跑车公司 Porsche（保时捷）明确表示因为《萨班斯法案》而放弃了纽交所（NYSE）上市计划。在美国上市的中国公司对美国实施《萨班斯法案》也抱怨不断，也有一些原计划在美国上市的国内企业放弃赴美而绕道香港地区上市。但是，无论将来到哪里上市，都会感受到《萨班斯法案》的内控监管

精神。

很多国家通过立法强化企业内部控制，内部控制日益成为企业进入资本市场的“入门证”和“通行证”，因此，建立健全企业内部控制制度必将成为中国企业实施“走出去”战略的必备条件。业内人士分析，《内控规范》和《内控指引》的颁布，明确了统一的企业内部控制规范和应用指引，促进中国企业规范内部控制管理，逐步实现与国际接轨，为企业无障碍赴境外上市创造了基础条件。

案例　解决一股独大　完善公司治理的4个案例

【案例简介】

很多拟上市企业的控股股东或一致行动人持股比例相当高，甚至在新股发行后仍然达到70%以上，上市后依然“一股独大”，容易产生随意控制公司的运营、占用资金、非公允关联交易、公司缺乏独立性等问题，这在家族企业中更为普遍，对于新进入的投资者而言存在很大风险，因此成为公司治理审核的重要内容。

如何减轻外部投资者进入的疑虑？如何使监管部门确信控股股东不会滥用控股地位损害公众投资者利益？如何去除上市之路的“减分因素”？本案例中的四个案例将从不同侧面提供有益的借鉴和启示。

【案例回放】

【例1】　七匹狼增加董事会和高管层非家族成员比例

福建七匹狼实业股份有限公司（以下简称七匹狼、公司）于2004年7月19日公告《首次公开发行股票招股说明书》，披露了家族控制风险。

公司控股股东福建七匹狼集团有限公司（以下简称七匹狼集团）在本次发行前持有公司75%的股权，本次发行后持有公司52.94%的股权，处于控股地位。在七匹狼集团股权结构中，周连期、周少雄、周少明、陈鹏玲为同一家族成员（以下简称周氏家族），周氏家族共持有七匹狼集团95%的股权，即发行前间接持有七匹狼71.25%的股权，本次发行后间接持有50.29%的股权，因此，周氏家族为公司的实际控制人。公司实际控制人可通过七匹狼集团行使表决权对公司的人事、生产经营决策等进行控制。同时，在周氏家族成员中，周连期为公司董事长，周少雄、周少明为公司高管人员，他们可直接参与公司的生产经营决策。因此，公司存在一定的家族控制风险。

七匹狼通过在股东大会制度设计，尤其是通过在董事会和高管层人员的安排（因为股东大会制度及公司章程可以自由设计的余地并不多），有效降低了控股股东控制的风险。

首先，在股东大会层面进行制度安排（这虽然是格式条款，但仍有一定的创新之处）：

1. 拥有公司5%以上股权的股东在提名董事候选人时，必须依据《公司法》和公司章程中的有关规定。

2. 七匹狼集团与公司签署了《避免同业竞争的承诺函》，承诺在其作为公司控股股东期间不从事与公司相同或相似的业务，不投资与公司从事的业务相同或相似的企业或项目，不对与公司从事业务相同或相似的企业或项目提供资金支持、担保等协议合作。

3. 公司章程、公司关联交易规则具体规定了对关联交易事项进行表决时关联方必须回避的有关制度；为提高关联交易透明度，公司还建立了完善的信息披露制度。同时，控股股东也承诺不会利用控股地位损害公司或其他股东利益，尽量减少关联交易，在与公司进行关联交易时遵循公平原则，并严格执行回避制度。实际控制人也承诺将不利用对公司的实际控制地位，损害公司或其他股东利益。

4. 公司聘请了4名独立董事，独立董事人数占董事会人数的三分之一以上。公司章程规定，独立董事应对重大关联交易、聘任或解聘高管人员、公司董事及高管人员的薪酬以及其认为可能损害中小股东权益的事项发表独立意见，充分保证公司及其他股东的利益。

其次，在董事会和高管层面的人事安排，更具有借鉴意义：

1. 减少周氏家族成员在董事会成员中的比例。将董事人数从原有的5名增加至9名，在9名董事中周氏家族成员控制在3名以内，非周氏家族成员在董事会中占有半数以上的席位，充分保证董事会决策的公正性。

2. 提高独立董事在董事会成员中的比例。公司独立董事4名，占董事总人数的44.44%。公司上市后，将视实际情况增加独立董事人数，提高独立董事在董事会成员中的比例。而且公司章程、独立董事制度已赋予了独立董事较大的权限，有效地降低了家族控制可能带来的风险。

3. 控制家族成员在高管人员中的比例。公司上市前的总经理、副总经理、财务负责人和董事会秘书等高级管理人员中，周氏家族成员有2名，占总人数的半数以下，这可以有效减少家族成员在公司的日常经营中利用职务之便损害公司和股东利益。

4. 公司上市后，将在股东大会中逐步推行“征集投票权制度”、“累积投票制度”，以保护中小股东的利益。

【例2】　华东数控增加独立董事在董事会的比例

威海华东数控股份有限公司（以下简称华东数控、发行人）于2008年6月2日正式公告《首次公开发行股票招股说明书》，发行人特别提醒投资者注意“风险因素”中的股东及内部人控制风险。

汤世贤、高鹤鸣、李壮及刘传金共计持有发行人股份4 842.1421万股股份，占发行人总股本53.80%。自发行人前身威海华东数控有限公司设立以来至今，汤世贤先生、高鹤鸣先生、李壮先生、刘传金先生实际通过一致行动实施了对公司及发行人的控制、管理，为发行人控股股东和实际控制人。同时，汤世贤为发行人董事长兼总经理、高鹤鸣为董事兼副总经理、李壮为副总经理、刘传金为监事会主席。

如果上述人员利用其股东、董事、高级管理人员身份，对发行人发展战略、生产经营决策、人事安排和利润分配等重大事宜实施不当影响，则存在可能损害发行人及中小股东利益的风险。

按照《公司法》、《证券法》、《章程指引》等法律法规和规范性文件的要求，公司建立了比较完善和规范的法人治理结构，并在董事会9名成员中设5名独立董事，超过董事会人数的1/2。

首先，在董事会设立独立董事。

2006年4月11日，为适应发行上市需要，公司建立规范的公司治理结构，增加独立董事，发行人召开2005年度股东大会，接受王明山辞去董事职务；选举于成廷、王玉中、任辉为发行人第一届董事会独立董事。独立董事人数占董事会9名成员的1/3，符合《关于在上市公司建立独立董事制度的指导意见》（证监发［2001］102号）的规定。

其次，增加独立董事在董事会的比例。

为进一步完善公司治理结构，发行人于2007年8月30日召开2007年第二次临时股东大会，审议通过调整董事会结构的议案，将原董事会9名董事中设9名独立董事调整为9名董事中设5名独立董事，并选举杨晨辉、刘庆林为新增独立董事。本次增选后，独立董事人数占董事会成员的1/2以上。

最后，独立董事发挥作用的制度安排。

华东数控公司章程规定：公司设5名独立董事。公司董事会成员中应当有1/2以上独立董事，其中至少有1名会计专业人士。

独立董事除应当具有公司其他董事的职权外，还行使下列特别职权：（1）重大关联交易（指公司拟与关联人达成的总额高于500万元或高于公司最近经审计净资产值的5%的关联交易）应由独立董事认可后，提交董事会讨论；独立董事作出判断前，可以聘请中介机构出具独立财务顾问报告，作为其判断的依据；（2）向董事会提议聘用或解聘会计师事务所；（3）向董事会提请召开临时股东大会；（4）提议召开董事会；（5）独立聘请外部审计机构和咨询机构；（6）可以在股东大会召开前公开向股东征集投票权。独立董事行使前述第（1）项至第（5）项的职权应当取得全体独立董事的1/2以上同意，行使第（6）项职权应当取得全体独立董事同意。如上述提议未被采纳或上述职权不能正常行使，公司应将有关情况予以披露。

独立董事除履行前述职责外，还应当就以下事项向董事会或股东大会发表独立意见：（1）提名、任免董事；（2）聘任或解聘高级管理人员；（3）公司董事、高级管理人员的薪酬；（4）公司的股东、实际控制人及其关联企业对公司的属于重大关联交易的借款或其他资金往来，以及公司是否采取有效措施回收欠款；（5）董事会未作现金利润分配预案；（6）变更募集资金投资项目；（7）独立董事认为可能损害中小股东权益的事项。

发行人建立的上述独立董事制度将进一步确保董事会相对独立于控股股东、实际控制人和公司高级管理层，从而进一步确保董事会对公司各项事务作出客观决策，维护公司全体股东共同利益。发行人独立董事制度有利于提高公司决策科学性、效益性，并将在维护中小股东利益等方面发挥积极作用。

事实上，华东数控在公司治理上严格执行了独立董事制度。例如，2008年至2011年1月期间，对于公司募股资金使用、非独立董事提名等重大事项，独立董事都根据中国证监会《关于在上市公司建立独立董事制度的指导意见》、深交所上市规则和华东数控公司章程、公司独立董事工作制度等有关规定，认真审阅有关资料，基于独立判断的立场，就重大议案公开发表了独立意见。

【例3】　星河生物向关联方提供资金，涉及内控和独立性问题

广东星河生物科技股份有限公司（以下简称发行人、公司、星河生物）于2010年3月向中国证监会提交了在创业板首次公开发行股票并上市（以下简称IPO）的申请文件。2010年4月2日，中国证监会对星河生物发出了针对股票发行上市审查的反馈意见通知书，其中涉及关联资金和公司内部控制的存疑问题，反馈意见如下：

发行人报告期内存在多项关联资金往来，发行人流向关联方的资金和关联方流向发行人的资金数额累计达到数千万元。证监会要求：（1）请发行人说明并披露发行人向关联方提供资金履行的程序、资金的用途、还款情况。（2）请保荐机构和律师对发行人内控制度的有效性核查并发表意见。（3）请保荐机构详细核查发行人财务独立情况，并对发行人是否具备独立经营能力以及报告期是否发生严重影响公司独立性或者显失公允的关联交易的情况发表明确意见。

基于上述，发行人律师广东信达律师事务所（以下简称信达律师）在原《法律意见书》及原《律师工作报告》的基础上，对所涉事实进行了补充调查，并就有关事项向相关人士作出询问及核查了相关的证明和材料后，根据对现行有效的法律、法规及规范性文件的理解发表了补充法律意见，于2010年7月18日出具了《补充法律意见书（一）》，并保证不存在虚假记载、误导性陈述及重大遗漏。

根据证监会反馈意见要求，星河生物的保荐机构民生证券有限责任公司（以下简称民生证券或保荐机构）也对相关问题进行了详细核查，并在修改后的《证券发行保荐书》中出具了针对证监会反馈意见的补充说明。

律师答复摘要：

（一）关于报告期内发行人向关联方提供资金履行的程序、资金的用途

1. 发行人于2005年12月25日向其实际控制人叶运寿提供250万元资金，用途为借款。该笔款项已于2007年全部归还。

2. 发行人在2007年10月31日至2009年1月19日，分4次向星河装饰提供资金1 640万元。星河装饰于2007年11月1日、2008年3月25日和26日、2009年1月15日、2009年1月19日、1月21日分6次偿还该款项。原因：发行人先将资金汇入星河装饰银行账号，星河装饰再将款项汇入发行人需偿还贷款的银行账号内归还到期贷款。选择星河装饰是为了保证资金安全。理由是某一家银行贷款到期，而另一家银行贷款账户的资金尚有余额，但银行不允许将贷款资金直接转到作为民营企业的发行人其他贷款银行归还将到期贷款。

3. 发行人子公司韶关星河于2007年7月3日向南丰集团提供资金600万元，用途为流动资金临时周转。借款原因是2007年上半年南峰集团为发行人及子公司韶关星河无偿提供了短期资金支持800万元，2007年7月因南峰集团临时资金周转困难，韶关星河向南丰集团提供借款。南丰集团已于2007年9月27日前，分两次各向韶关星河还款。

4. 发行人2007年度向永华电子累计提供资金1 350万元，用途为流动资金临时周转。借款原因是永华电子为发行人银行贷款2 400万元提供资产抵押担保，在永华电子资金周转困难时，发行人为其提供临时资金支持。永华电子已于2007年12月28日前，分9次向发行人结清了欠款。

发行人上述各项资金流出均签订了《资金使用协议》，每次借款议案均经

董事会议通过并经临时股东大会追认，履行了内部审批的程序；资金支付经过了财务部门负责人和总经理审批。

（二）关于发行人内控制度的建立情况

根据发行人提供的资料并经信达律师核查，发行人于 2008 年 9 月 17 日改制为股份有限公司以来，逐步建立并完善了以下的内部控制制度：

1. 发行人于 2009 年 6 月 10 日、2009 年 6 月 26 日分别召开了第一届董事会第七次会议和 2009 年第二次临时股东大会，审议了《股东大会议事规则》、《董事会议事规则》、《监事会议事规则》、《独立董事工作制度》、《内部审计工作制度》、《重大信息内部报告制度》、《对外担保制度》、《对外投资管理工作制度》、《关联交易决策制度》，建立了内部控制制度。

2. 发行人于 2009 年 7 月 1 日发布了一系列的内部控制制度，除前述第 1 条所述各项制度外，还包括《内部控制基本规范》及配套的资金、合同协议、采购、销售、人力资源、固定资产、预算、各部门架构职责等方面的内部管理规范。

3. 发行人于 2009 年 10 月 30 日召开了第一届董事会第十一次会议，审议通过了《防范控股股东及关联方资金占用管理办法》，并分别修订《股东大会议事规则》、《董事会议事规则》、《独立董事工作制度》、《关联交易决策制度》及其他议案，就防范控股股东及关联方占用发行人资金的原则、措施、责任追究等问题进行了规定，建立了防范发行人资金被控股股东及关联方占用的制度。

4. 发行人于 2009 年 11 月 16 日召开了 2009 年第五次临时股东大会，分别审议通过了修订《股东大会议事规则》、《董事会议事规则》、《独立董事工作制度》、《关联交易决策制度》的有关议案及其他议案，对与关联交易有关的各项内部控制制度进行了修订，强化了发行人独立董事、董事会、股东大会在关联交易决策程序中的监督管理职能。

5. 天健正信会计师事务所于 2010 年 1 月 18 日针对发行人的内部控制情况出具了“天健正信审〔2010〕专字第 090005 号”《内部控制鉴证报告》，认为发行人“按照财政部、证监会制定的相关规范、标准于 2009 年 12 月 31 日在所有重大方面保持了与财务报表相关的有效的内部控制”。

综上，信达律师经核查后认为，发行人已建立有效的内部控制制度。

（三）关于针对发行人关联资金往来方面内控制度的完善

1. 根据发行人提供的资料、《审计报告》并经信达律师核查，发行人 2008 年 9 月 17 日改制为股份公司前发生的资金往来，已由发行人改制为股份公司后于 2008 年 10 月 24 日召开的 2008 年第一次临时股东大会进行了审议并予以追认。

2. 根据发行人提供的资料、《审计报告》并经信达律师核查，发行人2008年9月17日改制为股份公司后的历次资金往来均履行了发行人《公司章程》或《关联交易决策制度》以及其他涉及关联交易方面内控制度所规定的程序。同时，发行人对尚未结清的关联资金往来，陆续进行清理，截至2009年12月31日，发行人与关联资金往来已清理完毕。

3. 根据发行人提供的资料、《审计报告》并经信达律师核查，发行人于2009年10月30日召开第一届董事会第十一次会议，通过了《防范控股股东及关联方资金占用管理办法》并于2009年11月16日召开2009年第五次临时股东大会，修订了《股东大会议事规则》、《董事会议事规则》、《独立董事工作制度》、《关联交易决策制度》等与关联交易有关的各项内控制度后，发行人未再发生与关联方的资金往来，截至2009年12月31日，发行人与关联方之间的资金往来余额为零。因此，信达律师经核查后认为，发行人建立并针对关联资金往来完善了内控制度后，有效地防止了关联资金往来的再次发生。

综合以上三点，信达律师经核查后发表明确意见：发行人已建立了有效的内部控制制度，现行内部控制制度是健全、并被有效执行的。

保荐机构补充说明摘要：

通过对发行人董事、监事、高管人员，内部审计人员以及申报会计师访谈，查阅董事会、总经理办公会等会议记录、内部审计报告、监事会报告，以及各项业务和管理规章制度，查阅公司管理层出具的截至2010年6月的内部控制自我评价报告及公司审计机构天健正信会计师事务所有限公司出具的《内部控制审核报告》，对公司内部控制的完整性、合理性及有效性进行了全面、认真的核查。同时，保荐机构还专门针对发行人自2009年10月末解决关联资金往来以来的资金往来情况进行详细核查，确认没有发生新的资金往来和占用，与之相关的公司治理和加强内控的措施也得到落实并发挥作用。

保荐机构认为：发行人内部控制制度健全且被有效执行。发行人现有的内部控制制度符合我国有关法规和证券监管部门的要求，在所有重大方面保持了与企业业务及管理相关的有效的内部控制。

通过对发行人高管和财务部门人员访谈，查阅发行人财务会计制度、银行开户资料、纳税资料，核查资金往来业务背景，查阅发行人资金往来明细账和资金支付审批单据，保荐机构认为：发行人财务独立，报告期不存在严重影响公司独立性或者显失公允的关联交易的情况。

通过与发行人实际控制人以及董事、监事高级管理人员访谈，查阅发行人实际控制人控制的企业星河装饰的有关文件，实地考察发行人的产、供、销系统，保荐机构认为：发行人具备独立经营能力。

【例4】　星河生物被要求补充说明股东任职、关联关系和委托持股

中国证监会在审查星河生物上市申请文件后提出反馈意见："发行人有2家法人股东和21名自然人股东。请发行人说明并披露自然人股东在公司的任职情况、股东之间及其发行人董事、监事、高级管理人员之间是否存在关联关系和委托持股情形，发行人股权是否清晰。请保荐机构和律师核查并发表意见。"

律师进一步尽职调查及答复摘要：

1. 发行人股东基本情况

根据发行人提供的资料并经信达律师核查，自然人股东持股及在发行人任职的情况、法人股东持股的情况如表5－1所示。

表5－1　股东持股及在发行人任职的情况（截至招股书发布日）

股东名称	持股数（股）	持股比例（%）	在发行人担任职务的情况
叶运寿	24 484 716	48.97	发行人董事长及韶关星河执行董事（2005年至新股发行），2009年3月19日辞去发行人总经理职务
南峰集团	8 471 846	16.94	法人股东
御新软件	5 000 000	10.00	法人股东
叶龙珠	3 413 245	6.83	曾任发行人董事（2009年9月23日辞去董事职务）
冯建荣	2 116 753	4.23	无
杨忠义	1 111 942	2.22	无
莫淦明	891 295	1.78	无
梁锋	860 232	1.72	曾于2005年10月至2007年11月任韶关星河监事
张力江	780 217	1.56	无
王秋云	635 275	1.27	无
黄清华	444 080	0.89	无
唐笋英	344 261	0.69	无
吴汉平	290 173	0.58	发行人董事、财务总监（2005年至新股发行）
谈震宇	211 909	0.42	曾任发行人项目经理、董事（2007年6月至2008年1月）
阮航	178 166	0.36	无
顾春虎	178 166	0.36	无
魏心军	165 000	0.33	发行人总经理（2009年3月至新股发行）、韶关星河总经理（2009年8月至新股发行）
叶金权	106 900	0.21	无

续表

股东名称	持股数（股）	持股比例（%）	在发行人担任职务的情况
叶权坤	106 900	0.21	无
郑列宜	69 641	0.14	发行人监事会主席（2008 年至新股发行）、工程技术中心负责人（2005 年至新股发行）
黄千军	69 641	0.14	发行人生产经理及生产部经理（2007 年至新股发行）
许喜佳	34 821	0.07	发行人监事（2008 年至今）、韶关星河生产部经理（2007 年至新股发行）
胡斌	34 821	0.07	曾任发行人董事（2008 年 8 月至 2009 年 9 月）
合计	50 000 000	100.00	

根据发行人提供的资料并经信达律师核查，截至《补充法律意见书（一）》出具之日，上述现任董事、监事、高管人员的自然人股东具备在发行人任职的法定资格，其选举、聘任履行了法定程序，是合法、有效的。

2. 股东之间、股东与董监高之间是否存在关联关系及委托持股情形

根据发行人提供的资料、信达律师与有关人员的沟通访谈以及发行人股东所出具的声明并经信达律师核查，截至《补充法律意见书（一）》出具之日，发行人的股东中叶运寿与叶龙珠为兄弟关系、叶金权与叶权坤为兄弟关系，其他股东之间不存在《深圳证券交易所创业板股票上市规则》所规定的关联关系。

截至《补充法律意见书（一）》出具之日，御新软件为发行人董事吴宁担任董事、总经理的御银股份的子公司，发行人其他股东与发行人董事、监事、高级管理人员之间不存在《深圳证券交易所创业板股票上市规则》所规定的关联关系。

根据发行人提供的资料、信达律师与有关人员的沟通访谈以及发行人股东出具的承诺函并经信达律师核查，截至《补充法律意见书（一）》出具之日，发行人股东之间、发行人股东与发行人董事、监事、高级管理人员之间不存在委托持股情形。

保荐机构进一步尽职调查及答复摘要：

保荐机构民生证券通过查阅发行人员工名册以及与董事、监事、高级管理人员选聘与任命有关的三会文件，核查了发行人自然人股东在公司的任职情况；通过与发行人股东、董事、监事、高级管理人员以及发行人律师信达律师事务所访谈，查阅发行人股东、董事、监事、高级管理人员及其关联方的工商登记资料或个人身份证明文件，查阅发行人股东、董事、监事、高级管理人员出具的声明和承诺，查阅发行人历次三会文件资料，对发行人各股东之间及其

与发行人董事、监事、高级管理人员之间是否存在关联关系和委托持股情形进行了核查。

经再次尽职调查，民生证券发表明确意见：发行人的股权清晰，股东中除叶运寿与叶龙珠系兄弟关系、叶金权与叶权坤为兄弟关系外，其他股东之间不存在关联关系；公司股东御新软件的执行董事吴宁目前担任公司的董事。其他股东与发行人董事、监事、高级管理人员之间不存在关联关系；目前发行人的股份均为股东实名持有，不存在委托持股的情况。

【案例评析与小结】

控制一股独大的公司治理结构操作

在控制一股独大、完善公司治理的现实操作中，可通过以下几种方式解决这个问题：

第一，减少家族成员在董事会成员中的比例。常见的方式是，增加非由家族成员控制和推荐的董事名额。如有可能，应使非家族成员占半数以上的席位；如果仍坚持家族成员拥有半数以上董事会席位，也应尽可能使比例不致相差悬殊。

第二，提高独立董事在董事会成员中的比例。目前，拟上市企业一般安排了三分之一的独立董事，对于家族企业，则可在上市后，视实际情况适当进一步增加独立董事人数，提高独立董事在董事会成员中的比例。这样，将会有效增加独立董事的话语权，降低家族控制可能带来的风险。

第三，控制家族成员在高管人员中的比例。在公司总经理、副总经理、财务负责人和董事会秘书等高级管理人员中，家族成员比例占半数以下甚至降到三分之一以下，将会有效减少家族成员在公司的日常经营中利用职务之便损害公司和股东利益，也更易取信于公众投资者。

第四，通过公司章程明确规定，公司上市后，将在股东大会中更多的议案投票中推行“征集投票权制度”、“累积投票制度”，保护中小股东的利益。

七匹狼和华东数控在上市时的公司治理结构安排中，就综合运用了上面所提到的几点。这两个案例在解决民营企业控股股东一股独大的措施上，有着很好的借鉴意义。

总之，公司治理结构的核心在于符合公众公司的要求，实质重于形式。许多民营企业都是家族企业，控股股东拥有绝对的控股权，但作为一家即将成为公众公司的企业来讲，要使人相信你这个企业不是一股独大、一言堂，必须要有适当的公司治理方面的制度安排。实践中，很多公司不仅通过条款制度安排，也更多地通过人员的安排来改善公司治理结构，包括在董事会和高管层增加非家族成员的比例、在董事会增加独立董事的比例，从而对控股股东形成有力的制衡。这样才会给上市之途“加分”，也才更符合上市公司的要求。

控制关联方资金往来、实现财务独立

发行人与关联方应尽量避免资金往来，以免控制人或关联方占用公司资金，使公司失去财务和经营上的独立性。如果确需资金往来，则发行人与关联方须签订借款合同，并经董事会和临时股东大会审议通过或予以追认，资金支付必须经过财务部门负责人和总经理审批。

为顺利通过证监会的上市核准，发行在上市前应将发行人与关联方的资金往来清理完毕（归零）。同时，发行人应建立针对关联资金往来的内控制度，有效地防止关联资金往来的再次发生，以保证发行人自身的财务独立和经营独立。

避免一股独大、股东及高管关联关系及委托持股

在发行人担任董事、监事、高管人员的自然人股东必须具备在发行人任职的法定资格，其选举、聘任履行法定程序，合法、有效；其持股情况、关联关系和任职情况需如实全面披露。发行人股东之间、发行人股东与发行人董事、监事、高管人员之间一般不得存在委托持股情形。此项需律师发表明确的法律意见。

在星河生物的案例中，通过几次股权转让，公司实际控制人叶运寿的持股比例在公开发行前已经下降到48.97%，避免了一股独大。从2005年至新股发行前一直担任发行人董事长及韶关星河执行董事的叶运寿，在2009年3月19日又辞去了星河生物的总经理职务，聘任与其没有关联关系的魏心军担任星河生物总经理和韶关星河总经理，实现了所有权与经营权的分离，体现了现代企业制度和上市规则中关于公司治理的要求。魏心军持有的16.5万股，是对管理层的激励股权，仅占星河生物发行前总股本的0.33%。这说明星河生物在上市前已经实施所有权与经营权的分离，并将股权分批转让，降低个人持股比例，防止一股独大，加上独立董事制度，进一步完善了公司治理。

第六章

发行上市尽职调查与审计评估

○尽职调查的目的与方式

○保荐机构尽职调查内容及文件清单

○审计与评估

○法律意见书和律师工作报告

○企业内部控制尽职调查与鉴证

第一节　尽职调查的目的与方式

一、上市尽职调查的重要性

2010年9月末，创业板上市公司2010年半年报已经披露完毕。数据显示，创业板公司整体业绩增长幅度不仅低于中小板公司，同时也落后于以大盘股和传统行业为主的主板上市公司。短短一年时间，部分创业板上市公司已经脱下“上市前业绩高增长、从事高科技业务、具有较高成长性”的“三高”外衣，利润出现大幅下滑，业绩变脸成为一大特色。

其中，宝德股份（300023. SZ）、华平股份（300074. SZ）、南都电源（300068. SZ）分列创业板业绩下滑前三位，净利润同比下降幅度分别高达82. 07%、76. 60% 和 69. 79%。另有朗科科（300042. SZ）、网宿科技（300017. SZ）等9家公司，净利润降幅超过20%。虽然创业板直接退市制度还没有正式建立，但它们已经俨然形成了一个“准退市公司”阵营，高风险提前凸显。

由此可见，一些在上市前呈现高速增长的创业板公司，实际上大部分有业绩“包装”的成分，一旦完成了上市圈钱就开始回归真实，导致上市公司业绩出现了巨大的滑坡。对此，充当企业上市尽职调查和保荐工作的保荐机构，责任显然不可推卸。这也充分说明企业上市前尽职调查和盈利预测审核的重要性。

二、上市尽职调查的工作准则及业务要求

（一）上市尽职调查的工作准则

为规范和指导保荐人尽职调查工作，提高尽职调查工作质量，中国证监会于2006年发布《保荐人尽职调查工作准则》（证监发行字〔2006〕15号，以下简称《尽调准则》）。根据《尽调准则》，保荐人应当组织全体保荐代表人及相关部门工作人员，切实采取有效措施，努力提高尽职调查工作质量。《尽调准则》是衡量保荐人、保荐代表人是否勤勉尽责、诚实守信的基本标准，也是拟上市企业配合上市尽职调查的基本依据。

企业上市尽职调查是指保荐人对拟推荐公开发行证券的公司（以下简称发行人）进行全面调查，充分了解发行人的经营情况及其面临的风险和问题，并有充分理由确信发行人符合《证券法》等法律法规和中国证监会规定的发

行条件以及确信发行人申请文件和公开发行募集文件真实、准确、完整的全部过程。

（二）尽职调查的业务要求

《尽调准则》主要针对首次公开发行股票的工业企业的基本特征而制定。保荐人应当根据发行人所处的行业、业务、融资类型不同，在不影响尽职调查质量前提下调整、补充、完善尽职调查工作的相关内容。《尽调准则》是对保荐人尽职调查工作的一般要求，不论是否有明确规定，凡涉及发行条件或对投资者作出投资决策有重大影响的信息，保荐人均应当勤勉尽责地进行尽职调查。

保荐人尽职调查时，应当考虑其自身专业胜任能力和专业独立性，并确保参与尽职调查工作的相关人员能够恪守独立、客观、公正的原则，具备良好的职业道德和专业胜任能力。

对发行人公开发行募集文件中无中介机构及其签名人员专业意见支持的内容，保荐人应当在获得充分的尽职调查证据并对各种证据进行综合分析的基础上进行独立判断。

对发行人公开发行募集文件中有中介机构及其签名人员出具专业意见的内容，保荐人应当结合尽职调查过程中获得的信息对专业意见的内容进行审慎核查。对专业意见存有异议的，应当主动与中介机构进行协商，并可要求其作出解释或出具依据；发现专业意见与尽职调查过程中获得的信息存在重大差异的，应当对有关事项进行调查、复核，并可聘请其他中介机构提供专业服务。

保荐人应在尽职调查基础上形成发行保荐书，同时，应当建立尽职调查工作底稿制度。工作底稿应当真实、准确、完整地反映尽职调查工作。

中国证监会依照法律、法规、规章和《尽调准则》的规定，对保荐人的尽职调查工作进行监管。

三、上市尽职调查目的和方式

保荐上市过程中的尽职调查与本系列丛书《企业兼并与收购》中的尽职调查方式有许多相同或类似之处，但由于企业并购与企业上市的尽职调查目的不同，后者涉及的法律法规较多，尤其要重点考虑保护中小投资者利益。所以，企业上市尽职调查的内容和范围更广泛、更深入，侧重点也有所不同。

（一）保荐上市的尽职调查目的

通过保荐机构和其他中介机构的尽职调查，全面了解、核查、分析、判断和评价发行人在尽职调查范围内所有重大方面基本情况的真实性、发行人的独立性、运作合规性、合法性及其面临的各种风险，以便发现问题，规范发行人的运作行为，为推荐发行人上市奠定基础；在尽职调查基础上，审核并确信发行人是否符合《证券法》等法律法规及中国证监会规定的发行条件；确信发行人申请文件和公开发行募集文件真实、准确和完整。

（二）尽职调查的方式

1. 向发行人提交尽职调查文件清单，收集相关文件和资料；

2. 实地调查并查阅、核查、审验、核对发行人相关文件资料；

3. 与发行人董事、监事、高管人员、财务人员及其员工谈话；

4. 前往政府、行业主管部门、工商、税务、土地、环保、海关询证；

5. 前往银行、保险、社保机构走访及获取函证；

6. 咨询会计师、律师、评估师、行业技术专家等中介机构；

7. 走访发行人的主要供应商、销售商、客户；

8. 通过政府文件、官方网站、专业报刊、专业机构报告了解宏观经济政策、产业政策、行业未来发展方向；

9. 根据相关文件资料和情况，综合分析、判断和评价，得出结论。

第二节　保荐机构尽职调查内容及文件清单

《尽调准则》明确规定了保荐机构对发行人进行尽职调查的详细内容、调查范围、资料要求和调查目的。下面是根据《尽调准则》整理出的保荐机构尽职调查内容和文件清单，拟上市企业必须按照《尽调准则》规定的内容范围和文件清单提供文件资料，组织各方面人员全力配合中介机构的尽职调查，并保证文件资料的全面性和真实性。

一、发行人基本情况调查

1－1　改制与设立情况

1－1－1　改制前原企业（或主要发起人）的相关财务资料及审计报告

1－1－2　上级主管部门同意改制的批复文件等

1－1－3　发行人的改制方案，包括业务、资产、债务、人员等重组情况

1－1－4　国企改制人员安置方案及职代会决议文件

1－1－5　改制设立时的专项审计报告、评估报告、验资报告等

1－1－6　国有资产评估的核准或备案文件、国有股权管理文件

1－1－7　发行人设立时的政府批准文件、法律意见书、营业执照、工商登记文件资料

1－1－8　发起人协议、创立大会文件

1－1－9　发起人设立时的公司章程

1－1－10　改制前原企业资产构成和业务构成情况说明

1－1－11　发行人成立时拥有的主要资产和业务情况说明

1－1－12　发行人成立后主要发起人拥有的主要资产和实际业务情况说明

1－1－13　改制前原企业的业务流程、改制后发行人的业务流程，以及原企业和发行人业务流程间联系的说明

1－1－14　发行人成立以来，在生产经营方面与主要发起人的关联关系及演变情况

1－2　历史沿革情况

1－2－1　发行人历次变更的营业执照以及相关的工商登记文件

1－2－2　历次备案的公司章程和年度检验资料

1－3　发起人、股东的出资情况

1－3－1　发行人设立时各发起人的营业执照（或身份证明文件）、财务报告

1－3－2　发行人设立及历次股本变动时的验资报告及验资资料

1－3－3　发行人设立后与股东之间的非交易性资金往来凭证

1－3－4　发起人与股东之间资金占用情况的说明及相关凭证

1－3－5　发起人、股东以实物资产出资时涉及的资产评估报告、审计报告及国有资产评估结果核准或备案文件

1－3－6　发起人、股东以实物资产出资时涉及的资产产权变更登记资料文件

1－3－7　自然人发起人直接持股和间接持股的有关情况，及其在发行人内部的任职情况

1－4　重大股权变动情况

1－4－1　发行人重大股权变动涉及股东的内部决策文件，即股东大会、董事会、监事会（以下简称三会）决议等

1－4－2　发行人审议重大股权变动的三会决议等

1－4－3　重大股权变动涉及的政府批准文件

1－4－4　重大股权变动涉及的审计报告、评估报告、验资报告、国有资产评估结果核准或备案文件、国有资产管理文件

1－4－5　重大股权变动涉及的股权转让协议、增减资协议、债权人同意文件、工商变更登记文件、股权转让价款支付情况说明和支付凭证等

1－4－6　重大股权变动时，其他股东放弃优先购买权的承诺函

1－5　重大重组情况

1－5－1　重大重组涉及的三会决议文件、独立董事意见

1－5－2　重组协议文件

1－5－3　政府批准文件

1－5－4　重大重组涉及的审计报告、评估报告、中介机构专业意见、国有资产评估结果核准或备案文件

1－5－5　重大重组涉及国有资产转让的，国有资产进场交易的文件

1－5－6　债权人同意债务转移的相关文件、重组相关的对价支付凭证和资产过户文件

1－5－7　重大重组对发行人业务、控制权、管理层、财务状况和经营业绩等方面的影响情况说明

1－6　控股股东及实际控制人、发起人及主要股东情况

1－6－1　发行人的控股股东或实际控制人的组织结构（包括参控股子公司、职能部门设置）

1－6－2　发行人的组织结构（包括参控股子公司、职能部门设置）

1－6－3　控股股东及实际控制人、发起人及主要股东的营业执照、公司章程、最近一年及一期的财务报告及审计报告

1－6－4　控股股东及实际控制人、发起人及主要股东如为自然人的，应提供关于国籍、永久境外居留权、身份证号码以及住所的证明

1－6－5　控股股东及实际控制人控制的其他企业的营业执照、公司章程、最近一年及一期的财务报告及审计报告

1－6－6　控股股东及实际控制人、发起人及主要股东所持发行人股份的质押、冻结和其他限制权利或权属争议情况的说明及相关文件

1－6－7　控股股东及实际控制人、发起人及主要股东及作为股东的董事、监事、高级管理人员作出的重要承诺及其履行情况的说明

1－6－8　发行人关于全部股东名称、持股数量及比例、股份性质的说明

1－6－9　股东中战略投资者持股情况及相关资料

1－6－10　主要股东和实际控制人最近三年内变化情况或未来潜在变动情况

1－7　发行人控股子公司、参股公司的情况

1－7－1　发行人控股子公司、参股公司的营业执照、公司章程、最近一年及一期的财务报告及审计报告

1－7－2　发行人控股子公司、参股公司的主要其他合作方的情况和相关资料

1－8　员工及其独立性情况

1－8－1　发行人员工的年龄、教育、专业等结构分布及近年变化情况

1－8－2　执行国家用工制度、劳动保护制度、社会保障制度、住房制度和医疗保障制度改革情况说明

1－8－3　劳动合同样本

1－8－4　发行人董事会成员、高管人员在控股股东、实际控制人及其控制的其他企业中担任除董事、监事以外的其他职务等兼职情况说明

1－8－5　社保保险证明和相关费用缴纳凭证

1－8－6　员工名册及工资明细表，发行人高管人员、财务人员在控股股东、实际控制人及其控制的其他企业领取薪酬情况

1－9　资产权属及其独立性情况

1－9－1　房屋所有权证

1－9－2　土地使用权证

1－9－3　主要生产经营设备、建筑物、构筑物等主要财产的权属凭证及实物资产盘点资料

1－9－4　商标权、专利权、非专利技术、版权、探矿权、采矿权、水面养殖权、特许经营权等无形资产的权属证明

1－9－5　是否存在资产被控股股东或实际控制人及其关联方控制和占用的情况的说明

1－10　业务、财务、机构的独立情况

1－10－1　控股股东、实际控制人与发行人从事的主要业务与拥有的资产情况

1－10－2　如存在业务交叉、相互占用资产、资源的情况，要特别说明解决措施和效果

1－10－3　控股股东、实际控制人与发行人的财务会计部门设置以及独立运作情况

1－10－4　控股股东、实际控制人与发行人的基本银行开户资料、税务登记证、重要税种的完税凭证

1－10－5　控股股东、实际控制人与发行人的生产经营场所、采购和销售部门的设置及各自运作情况

1－10－6　发行人关于机构独立情况的说明

1－10－7　发行人内部各机构的规章制度及业务流程

1－11　商业信用情况

1－11－1　重大商务合同及其履约情况

1－11－2　工商、税务、海关、土地管理、环保、银行、保险等机构关于按期缴纳相关税、费及合同履约情况的调查反馈文件

1－11－3　银行贷款及偿还情况、主要银行给予发行人的授信额度、信用评级情况以及发行人获得的主要荣誉和奖励

1－11－4　行业主管部门和行业监管机构的监管记录和处罚文件

1－11－5　主要供应商、销售商、客户供销合同或服务合同履约反馈情况

1－12　内部职工股等情况

1－12－1　内部职工股审批文件、募股文件、缴款证明文件及验资报告

1－12－2　历年转让文件、历年托管证明文件

1－12－3　内部职工股发行过程中的违法违规情况，包括超范围、超比例发行，通过增发、配股、国家股和法人股转配等形式变相增加内部职工股数量，违法违规转让和交易、法人股个人化等情况

1－12－4　内部职工股潜在问题和风险隐患

1－12－5　股份形成及演变的法律文件，包括相关的工商登记资料及三会文件

1－12－6　内部职工股清理的决策文件、相关协议、价款支付凭证

1－12－7　省级人民政府对发行内部职工股托管情况及真实性的确认文件

1－12－8　发行人是否存在工会持股、职工持股会持股、信托持股或股东数量超过 200 人的情况说明

二、业务与技术调查

2－1　行业情况及竞争状况

2－1－1　行业主管部门制定的发展规划、行业管理方面的法律法规及规范性文件

2－1－2　行业研究资料、行业杂志、行业分析报告

2－1－3　行业分析师和技术专家意见、行业协会意见、主要竞争对手意见

2－1－4　国家宏观经济政策、有关产业政策及发展规划（或纲要）

2－1－5　同行业竞争对手的资料及行业经营模式、经营理念、市场份额、利润水平

2－2　采购情况

2－2－1　行业和发行人的采购模式的说明文件

2－2－2　主要原材料、重要辅助材料、能源动力的市场供求状况研究报告和统计资料

2-2-3　发行人过往三年的采购情况以及产品成本价格变动分析，主要原材料、所需能源动力价格变动、可替代性、供应渠道变化等因素对发行人生产成本的影响，采购受到资源或其他因素限制的情况

2-2-4　主要供应商（至少前10名）各自采购额占全年采购总额的比例说明

2-2-5　与主要供应商（至少前10名）的供货合同

2-2-6　是否存在严重依赖个别供应商的情况，发行人原材料供应来源及价格稳定性的说明

2-2-7　与采购相关的各项管理制度及其实施情况

2-2-8　发行人关于关联采购情况的说明

2-2-9　董事、监事、高管人员、核心技术人员、主要关联方或持有发行人5%以上股份的股东在主要供应商中所占权益的说明

2-3　生产情况

2-3-1　行业和发行人生产模式的说明文件

2-3-2　主要产品或服务的用途

2-3-3　主要产品的工艺流程图或服务的流程图

2-3-4　生产工艺、技术在行业中的领先程度说明

2-3-5　主要产品的设计生产能力和历年产量有关资料

2-3-6　主要设备、房产等资产的占用和使用情况

2-3-7　房屋、土地、设备租赁合同

2-3-8　发行人设备、房产、土地抵押贷款的情形，借款合同及还款情况

2-3-9　关键设备、厂房等重要资产的保险合同或其他保障协定

2-3-10　专利、非专利技术、土地使用权、水面养殖权、探矿权、采矿权等主要无形资产的相关许可文件

2-3-11　发行人许可或被许可使用资产的合同文件

2-3-12　发行人拥有的特许经营权的法律文件及对持续生产经营的影响

2-3-13　境外拥有资产的详细资料及重要境外资产的权属证明

2-3-14　质量控制制度文件及实施情况

2-3-15　质量技术监督部门出具的产品质量证明文件

2-3-16　安全生产及以往安全事故处理资料、保障安全生产的措施

2-3-17　生产工艺是否符合环境保护相关法规的说明

2-3-18　历年来在环境保护方面的投入及未来可能的投入情况说明

2-3-19　历年成本中直接材料、直接人工、燃料及动力、制造费用等成

本要素的变动情况，较同行业公司在成本方面的竞争优势或劣势

2－4　销售情况

2－4－1　行业和发行人的销售模式及产品品牌优势的说明文件

2－4－2　销售合同（包括关联销售合同）、销售部门对销售退货的处理资料

2－4－3　权威市场调研机构关于销售情况的报告

2－4－4　主要产品市场的地域分布和市场占有率资料

2－4－5　报告期按区域分布的销售记录

2－4－6　报告期发行人产品销售价格的变动情况

2－4－7　报告期对主要客户（至少前10名）的销售额占年度销售总额的比例及回款情况

2－4－8　主要客户（至少前10名）的销售合同及回款情况

2－4－9　会计期末销售收入异常增长的情况的收入确认凭证

2－4－10　最近几年产品返修率、客户诉讼和产品质量纠纷等方面的资料

2－4－11　重大关联销售情况的说明

2－4－12　董事、监事、高管人员、核心技术人员、主要关联方或持有发行人5%以上股份的股东在主要客户中所占权益的说明

2－4－13　是否过分依赖某一客户的说明

2－4－14　是否存在大股东与发行人之间的利润输送或资金转移现象的说明

2－5　核心技术人员、技术与研发情况

2－5－1　研发体制、研发机构设置、激励制度、研发人员资历等资料

2－5－2　专利、非专利技术、技术许可协议、技术合作协议

2－5－3　核心技术的取得方式及使用是否存在纠纷或潜在纠纷及侵犯他人知识产权的情形的说明

2－5－4　与非专利技术相关的保密制度及其与核心技术人员签订的保密协议

2－5－5　主要研发成果、在研项目、研发目标及历年研发费用投入情况说明

2－5－6　主要产品技术成熟程度、生产技术所处的阶段（如基础研究、中试、小批量生产或大批量生产阶段）

2－5－7　核心技术人员的奖励制度、股权激励计划，是否有效避免了关键技术人才的流失和技术秘密的外泄等情况说明

三、同业竞争与关联交易调查

3－1　同业竞争情况

3－1－1　发行人改制重组方案

3－1－2　发行人、控股股东或实际控制人及其控制的企业主营业务情况说明

3－1－3　控股股东或实际控制人关于避免同业竞争的承诺函及履行情况

3－2　关联方及关联交易情况

3－2－1　关联方的工商登记资料

3－2－2　关联交易管理制度

3－2－3　关联交易相关的会议资料

3－2－4　关联交易协议

3－2－5　发行人高管人员及核心技术人员是否在关联方任职、领取薪酬的情况说明

3－2－6　与关联交易相关的独立董事意见

3－2－7　关联交易在销售和采购中的占比及其对发行人经营独立性的影响程度

3－2－8　关联交易相关的应收、应付款项占发行人应收、应付款项的比例

3－2－9　关联交易的必要性、持续性、真实性说明

3－2－10　经常性和偶发性关联交易及其对发行人长期持续运营的影响

3－2－11　与关联交易相关的同类交易的市场价格数据

3－2－12　发行人关于减少关联交易的措施说明

四、董事、监事、高管人员及核心技术人员调查

4－1　任职情况及任职资格

4－1－1　与任职情况和任职资格有关的三会文件

4－1－2　董事、监事、高管人员及核心技术人员相互之间是否存在亲属关系、聘任是否符合公司章程规定的任免程序和人事聘用制度的说明

4－1－3　监管部门对于上述人员的任职资格核准或备案文件

4－2　经历及行为操守

4－2－1　董事、监事、高管人员及核心技术人员简历

4－2－2　是否存在违法、违规行为或不诚信行为的说明

4－2－3　发行人与高管人员所签订的协议或承诺及履行情况

4-3　胜任能力和勤勉尽责

4-3-1　上述人员曾担任高管职务的其他公司的规范运作情况及该公司经营情况

4-3-2　上述人员投入发行人业务的时间说明以及相关查阅三会及总经理办公会纪要或记录

4-3-3　按照上市条件，上述人员是否具备上市公司高管人员的资格，是否具备足够的诚信水准和管理上市公司的能力及经验的说明

4-4　薪酬及兼职情况

4-4-1　与薪酬情况相关的三会文件

4-4-2　在发行人内部或外部的兼职情况说明

4-4-3　从关联企业领取报酬以及享受其他待遇情况的说明

4-5　报告期内变动情况

4-5-1　与报告期内上述人员变动有关的三会文件

4-6　持股及其他对外投资情况

4-6-1　董事、监事、高管人员及核心技术人员就持股及其他对外投资情况发出的声明文件

4-6-2　董事、监事、高管人员及核心技术人员及其直系亲属是否存在自营或为他人经营与发行人同类业务的情况的声明文件

4-6-3　上述人员及其直系亲属是否存在于公司利益发生冲突的对外投资，是否存在重大债务负担及声明文件

4-6-4　上述人员是否涉及诉讼、是否有到期未偿还债务的声明及相关资料

4-6-5　上述人员及其近亲属持有发行人股份的情况，近三年所持股份的增减变动情况

五、组织结构与内部控制调查

5-1　公司章程及其规范运行情况

5-1-1　与公司章程历次修改相关的三会文件、公司章程进行工商变更登记的资料

5-1-2　发行人就其三年内不存在违法违规行为发出的明确的书面声明

5-2　组织结构和三会运作情况

5-2-1　组织结构及关于部门职能描述的文件

5-2-2　公司治理制度规定，包括三会议事规则、董事会专门委员会议事规则、总经理工作制度、内部审计制度等文件资料

5-2-3　三会会议文件，包括书面通知副本、会议记录、会议决议等

5-2-4　三会和高管人员的职责及制衡机制的有效运作情况

5-3　独立董事制度及其执行情况

5-3-1　独立董事简历及任职资格说明

5-3-2　独立董事制度

5-3-3　独立董事所发表的意见

5-4　内部控制环境

5-4-1　有助于分析发行人内部控制环境的董事会、总经理办公会等会议记录

5-4-2　各项业务及管理规章制度

5-5　业务控制

5-5-1　各类业务规程和其中的控制标准、控制措施的相关制度规定

5-5-2　发行人存在因违反工商、税务、审计、环保、海关、劳动保护等部门的相关规定而受到处罚的情况说明

5-6　信息系统控制

5-6-1　信息系统控制相关的业务规章制度

5-7　会计管理控制

5-7-1　会计管理的相关资料（会计制度，会计人员培训制度，控制风险的规定，会计岗位责任分离、相互制约原则，执行重要会计业务和电算化操作授权规定，按规定组织对账等）

5-8　内部控制的监督

5-8-1　内部审计报告、监事会报告

5-8-2　发行人管理层对内部控制完整性、合理性及有效性的自我评价书面意见

5-8-3　发行人内部审计稽核部门设置情况及内部审计制度

5-9　股东资金占用情况

5-9-1　最近三年是否存在资金被控股股东、实际控制人及其控制的其他企业占用情况的说明及相关资料

5-9-2　发行人关于是否为控股股东、实际控制人及其控制的其他企业担保的说明及相关资料

六、财务与会计调查

6-1　财务报告及相关财务资料

6-1-1　最近三年及一期经审计的财务报告及原始财务报表

6－1－2　下属子公司最近三年及一期经审计的财务报告或原始财务报表

6－1－3　披露的参股子公司最近三年及一期的财务报告及审计报告

6－1－4　如发行人最近一年及一期内收购兼并其他企业资产（或股权），且被收购企业资产总额或营业收入或净利润超过收购前发行人相应项目20%（含20%），需要被收购企业收购前一年的利润表并核查其财务状况

6－1－5　如接受过国家审计，需要该等审计报告

6－1－6　对财务资料中重点事项进行调查、复核或进行专项核查的相关资料

6－1－7　发行人运行不足三年的，核查发行人设立前利润表编制的会计主体及确定方法，财务报表存在剥离调整的，还应核查剥离调整的原则、方法和具体剥离情况

6－2　有关评估报告

6－2－1　公司设立时（含有限责任公司改制期间）及报告期内历次资产评估报告

6－2－2　公司设立时（含有限责任公司改制期间）及报告期内历次土地评估报告

6－2－3　其他评估报告（矿产资源、房地产开发存货等）

6－3　有关内控制度

6－3－1　公司管理层对内部控制完整性、合理性及有效性的自我评估

6－3－2　注册会计师关于发行人内部控制的鉴证意见报告

6－3－3　注册会计师关于内部控制的整改建议及企业的整改措施

6－4　销售收入

6－4－1　发行人收入的产品构成、地域构成及其变动情况的详细资料

6－4－2　主要产品报告期价格变动的资料

6－4－3　主要产品报告期内销售数量的变化情况

6－4－4　报告期主要产品的成本明细表

6－4－5　补贴收入的批复或相关证明文件

6－4－6　金额较大的营业外收入明细表

6－4－7　对主要客户的函证文件

6－5　期间费用

6－5－1　营业费用明细表

6－5－2　管理费用明细表

6－5－3　财务费用明细表

6－5－4　经注册会计师验证的发行人报告期加权平均净资产收益率和非

经常性损益明细表

6-6　发行人银行账户资料及货币资金情况

6-7　应收款项

6-7-1　应收款项明细表和账龄分析表

6-7-2　主要债务人及主要逾期债务人名单

6-7-3　与应收款项相关的销售合同

6-7-4　应收持发行人5%及以上表决权股份的股东账款情况

6-8　存货明细表及构成分析

6-9　重要的对外投资

6-9-1　被投资公司的营业执照

6-9-2　被投资公司报告期的财务报告

6-9-3　投资协议

6-9-4　被投资公司的审计报告

6-9-5　报告期发行人购买或出售被投资公司股权时的财务报告、审计报告及评估报告

6-9-6　重大委托理财的相关合同

6-9-7　重大项目的投资合同

6-9-8　发行人内部关于对外投资的批准文件

6-10　固定资产的折旧明细表和减值准备明细表

6-11　主要债务

6-11-1　银行借款合同

6-11-2　委托贷款合同

6-11-3　应付持发行人5%及以上表决权股份的股东账款情况

6-11-4　发行人是否存在重大仲裁、诉讼和其他重大或有负债事项，并分析该等已决和未决仲裁、诉讼与其他重大或有事项对发行人的重大影响

6-12　纳税情况

6-12-1　报告期的纳税申报表和税收缴款书、发行人及其控股子公司所执行的税种、税基、税率

6-12-2　历史上所有关于税务争议和欠税、滞纳金缴纳以及重大税务纠纷的详细情况和有关文件及信函

6-12-3　公司及控股子公司的所得税缴纳凭证

6-12-4　发行人享有的税收优惠或财政补贴的有关政府部门的批复

6-12-5　报告期内产品出口退税税率变动情况及相关文件

6-12-6　当地税务部门出具的关于发行人报告期缴税情况的证明文件

6－13　无形资产摊销和减值情况

6－14　报告期内发行人主要财务指标情况表

6－15　报告期内重大会计差错更正情况

6－16　报告期内重大会计政策、估计变更情况

6－17　报告期内发行人管理层关于商誉减值测试情况说明

6－18　盈利预测报告（并分析评价预测期间的经营计划、投资计划和融资计划安排是否得当）

6－19　境内外报表差异调节表

6－20　历次验资报告

七、业务发展目标调查

7－1　发展战略

7－1－1　中长期发展规划资料

7－1－2　战略委员会会议纪要

7－1－3　独立董事意见

7－2　历年发展计划及年度报告

7－3　业务发展目标

7－3－1　未来二至三年的发展计划

7－3－2　业务发展目标相关文件

7－3－3　制定业务发展目标的依据性文件

7－3－4　业务发展目标与现有业务的关系

7－3－5　募集资金投向与未来业务发展目标的关系

八、募集资金运用调查

8－1　本次募集资金运用的相关资料

8－1－1　募集资金投资项目的可行性研究报告

8－1－2　本次募集资金运用股东大会、董事会议案、决议和会议纪要

8－1－3　本次募集资金项目有关部门的批复或核准、备案文件

8－1－4　本次募集资金项目涉及安全、环保、土地等需相关政府部门出具的批复

8－1－5　用于收购资产的，拟收购资产的财务报告、审计报告、资产评估报告及收购协议

8－1－6　若收购的资产为在建工程，收购协议和相关工程资料（已投资情况、还需投资的金额、负债情况、建设进度、计划完成时间等）

8－1－7　拟增资或收购的其他企业最近一年及一期经具有证券业务资格的会计师事务所审计的资产负债表和利润表

8－1－8　增资资金折合股份或收购股份的评估、定价情况，增资或收购前后持股比例及控制情况，增资或收购行为与发行人业务发展规划的关系

8－2　历次募集资金使用情况

8－2－1　发行人关于历次募集资金运用情况的说明

8－2－2　会计师出具的专项报告以及募集资金项目的核算资料

8－2－3　历次募集资金投向变更的相关决策文件

8－2－4　变更后项目的审批或备案文件

8－2－5　历次募集资金的验资报告

8－3　募集资金运用对财务状况及经营成果影响的详细分析

8－4　建立募集资金专项存储、使用的文件

8－4－1　募集资金专项管理的相关制度文件

8－4－2　募集资金专项账户的开户证明、使用情况说明

8－5　募集资金投向产生的关联交易

8－5－1　关联方资料

8－5－2　评估报告和审计报告

8－5－3　项目合作协议及合资公司设立文件

九、股利分配情况调查

9－1　最近三年的股利分配政策

9－2　发行人关于实际股利分配情况的说明

9－3　发行人关于发行后股利分配政策的说明

9－4　与股利分配相关的三会文件

十、风险因素及其他重要事项调查

10－1　既往经营业绩发生重大变动或历次重大事件的相关资料

10－2　重大合同（包括已履行完毕但属于报告期内且对发行人有重大影响的合同）

10－3　诉讼和担保

10－3－1　与重大诉讼或仲裁事项相关的合同、协议、法院或仲裁机构受理的相关文件

10－3－2　所有对外担保（包括抵押、质押、保证等）合同

10－3－3　在公司治理、研发、采购、生产、销售、投资、融资、募集资

金项目、行业经济政策等方面可能产生的风险因素对发行人业绩和持续经营带来的主要影响，以及主要应对措施和重大风险防范机制

从上述尽职调查内容和文件可以看出，大部分调查内容涉及的文件资料是企业现有的，但也有相当一部分文件需要企业组织人员根据实际情况和现有资料整理和编制，更有一些是需要企业进行一系列的运作才能完成或达到上市要求的，有时需要几个月甚至一年内以上的辅导期和运作时间。否则，难以符合上市条件和《尽调准则》的规定要求。因此，企业在保荐机构进行上市尽职调查之前和尽调过程中，应组织有关人员认真学习领会《尽调准则》的各项条款和文件清单要求，并应指定总协调人及上市团队，全面组织、整理、编制、审核企业自身所提供的文件资料，保证所提供资料、文件、情况的真实性、完整性和可信性。对于尚不符合条件或缺乏文件资料的，应尽快运作，使之满足尽职调查的要求，从而保证尽职调查的质量，提高上市操作的成功率。

第三节　审计与评估

一、发行上市的审计

发行人在股票发行上市前须聘请具有证券资格的注册会计师对企业进行独立审计。独立审计是指注册会计师依法接受委托，根据《中国注册会计师审计准则》等规范所规定的程序和方法，针对拟进行股票发行上市的被审计单位的会计报表及其相关资料进行独立审查、发表审计意见并出具审计报告。独立审计的具体目的是对被审计单位会计报表的合法性、公允性及会计处理方法的一贯性发表审计意见。

关于审计的程序、内容和方法以及发起人出资和募集资金的验资方法，以及审计报告的内容、审计意见的类型，参见本系列丛书《企业兼并与收购》一书第四章的有关内容及案例。发行人的财务报告编制参见本书第九章第四节的有关内容。企业内部控制审计请参见本章第五节内容。

二、发行上市的资产评估

（一）资产评估的要求

发行人在股票发行上市前须聘请具有证券资质的资产评估机构对发行人进行资产评估（或企业价值估值），据此对发行人拟发行的股票进行估价。资产评估就是委托方聘请评估师开展专业化的企业资产价值评估工作，评估师本着

客观、独立、公正、科学的原则，根据中国财政部和资产评估协会发布的《资产评估基本准则》、《资产评估具体准则》和资产评估协会发布《资产评估指南》和《资产评估指导意见》等所规定的评估程序和评估方法，对于为发行上市评估目的而涉及的发行人的全部资产和负债进行评估。评估人员按照必要的评估程序对发行人的全部资产和负债实施实地勘察、市场调查与询证，履行公认的其他必要评估程序，采用适当的评估方法对发行人的全部资产和负债在评估基准日所表现的市场价值进行评定和估算，并出具资产评估报告（或企业估值报告）。

中国证监会2001年发布的《首次公开发行股票资产评估资料审核指引》规定，证监会将重点审核发行人申报的资产评估资料的完整性、有效性和合规性；证监会2004年发布的《关于进一步提高上市公司财务信息披露质量的通知》对资产评估提出了更严格的要求。资产评估机构和注册评估师应严格执行资产评估准则和资产评估操作规范，明确收益现值法的评估目的，慎重使用收益现值法；评估机构不得出具不实的资产评估报告。

（二）资产评估和企业估值的方法

关于资产评估的具体程序、内容和方法，参见本系列丛书《企业兼并与收购》一书第六章的有关内容及案例；关于股票定价和企业估值的基本方法请参见本系列丛书《企业融资与投资》一书第六章的有关内容及案例。

第四节　法律意见书和律师工作报告

一、法律意见书和律师工作报告的基本要求

（一）法律意见书和律师工作报告概述

1. 法律意见书

根据中国证监会《公开发行证券公司信息披露的编报规则第12号——公开发行证券的法律意见书和律师工作报告》（以下简称12号规则）规定，企业发行股票并上市必须聘请证券执业律师进行尽职调查，法律意见书和律师工作报告是发行人向中国证监会申请公开发行证券的必备文件。

法律意见书是指律师对发行人本次发行上市的法律问题依法明确作出的若干结论性意见。律师工作报告是对律师工作过程、法律意见书所涉及的事实及其发展过程、每一法律意见所依据的事实和有关法律规定作出的详尽、完整的阐述，具体说明律师制作法律意见书的过程。

2. 律师工作底稿

工作底稿是指律师在为发行人制作法律意见书和律师工作报告过程中形成的工作记录及工作中获取的所有文件、会议纪要、谈话记录等资料。

3. 本次发行上市的总体结论性意见

在法律意见书中律师应对发行人是否符合股票发行上市条件，发行人行为是否存在违法违规，以及招股说明书及其摘要引用的法律意见书和律师工作报告的内容是否适当，明确发表总体结论性意见。

律师已勤勉尽责仍不能发表肯定性意见的，应发表保留意见，并说明相应的理由及其对本次发行上市的影响程度。

4. 发行人招股说明书法律风险的评价

在律师工作报告中，律师应说明是否参与招股说明书的编制及讨论，是否已审阅招股说明书，特别对发行人引用法律意见书和律师工作报告相关内容是否已审阅，对发行人招股说明书及其摘要是否存在虚假记载、误导性陈述或重大遗漏引致的法律风险进行评价。

提交中国证监会的法律意见书和律师工作报告应是经两名以上具有执行证券期货相关业务资格的经办律师和其所在律师事务所的负责人签名，并经该律师事务所加盖公章、签署日期的正式文本。

（二）法律意见书和律师工作报告的基本要求

发行人所聘请的律师事务所及其委派的律师（以下律师均指签名律师及其所任职的律师事务所）应按12号规则的要求出具法律意见书、律师工作报告并制作工作底稿。12号规则的部分内容不适用于增发股份、配股、发行可转换公司债券等的，发行人律师应结合实际情况，根据有关规定进行调整，并提供适当的补充法律意见。

律师在法律意见书中应对12号规则规定的事项及其他任何与本次发行有关的法律问题明确发表结论性意见。

律师在律师工作报告中应详尽、完整地阐述所履行尽职调查的情况，在法律意见书中所发表意见或结论的依据、进行有关核查验证的过程、所涉及的必要资料或文件。

律师出具法律意见书和律师工作报告所用的语词应简洁明晰，不得使用“基本符合条件”或“除×××以外，基本符合条件”一类的措辞。对不符合有关法律、法规和中国证监会有关规定的事项，或已勤勉尽责仍不能对其法律性质或其合法性作出准确判断的事项，律师应发表保留意见，并说明相应的理由。

律师应在法律意见书和律师工作报告中承诺对发行人的行为以及本次申请

的合法、合规进行了充分的核查验证，对招股说明书及其摘要进行了审慎审阅，并在招股说明书及其概要中发表声明："本所及经办律师保证由本所同意发行人在招股说明书及其摘要中引用的法律意见书和律师工作报告的内容已经本所审阅，确认招股说明书及其摘要不致因上述内容出现虚假记载、误导性陈述及重大遗漏引致的法律风险，并对其真实性、准确性和完整性承担相应的法律责任。"

发行人向中国证监会报送申请文件前，或在报送申请文件后且证券尚未发行前更换为本次发行证券所聘请的律师或律师事务所的，更换后的律师或律师事务所及发行人应向中国证监会分别说明。更换后的律师或律师事务所应对原法律意见书和律师工作报告的真实性和合法性发表意见。如有保留意见，应明确说明。在此基础上更换后的律师或律师事务所应出具新的法律意见书和律师工作报告。

二、法律意见书的必备内容

（一）律师声明和承诺事项

律师应承诺已依据12号规则的规定及本法律意见书出具日以前已发生或存在的事实和中国现行法律、法规及中国证监会的有关规定发表法律意见。

律师应承诺已严格履行法定职责，遵循了勤勉尽责和诚实信用原则，对发行人的行为以及本次发行申请的合法、合规、真实、有效进行了充分的核查验证，保证法律意见书和律师工作报告不存在虚假记载、误导性陈述及重大遗漏。

律师应承诺同意将法律意见书和律师工作报告作为发行人申请公开发行股票所必备的法律文件，随同其他材料一同上报，并愿意承担相应的法律责任。

律师应承诺同意发行人部分或全部在招股说明书中自行引用或按中国证监会审核要求引用法律意见书或律师工作报告的内容，但发行人作上述引用时，不得因引用而导致法律上的歧义或曲解，律师应对有关招股说明书的内容进行再次审阅并确认。

律师在进行充分核查验证的基础上，对本次股票发行上市的下列（包括但不限于）事项明确发表结论性意见。所发表的结论性意见应包括是否合法合规，是否真实有效，是否存在纠纷或潜在风险。

（二）法律意见书正文

法律意见书正文的内容包括：（1）本次发行上市的批准和授权；（2）发行人本次发行上市的主体资格；（3）本次发行上市的实质条件；（4）发行人的设立；（5）发行人的独立性；（6）发起人和股东（追溯到发行人的实际控

制人）；（7）发行人的股本及其演变过程；（8）发行人的业务；（9）关联交易及同业竞争；（10）发行人的主要财产；（11）发行人的重大债权债务；（12）发行人的重大资产变化及收购兼并；（13）发行人公司章程的制定与修改；（14）发行人股东大会、董事会、监事会议事规则及规范运作；（15）发行人董事、监事和高级管理人员及其变化；（16）发行人的税务；（17）发行人的环境保护和产品质量、技术等标准；（18）发行人募集资金的运用；（19）发行人业务发展目标；（20）诉讼、仲裁或行政处罚；（21）原定向募集公司增资发行的有关问题（如有）；（22）发行人招股说明书法律风险的评价；（23）律师认为需要说明的其他问题。

三、律师工作报告的必备内容

（一）律师工作报告引言

简单介绍律师及律师事务所，包括（但不限于）注册地及时间、业务范围、证券执业律师人数、本次签名律师的证券业务执业记录及其主要经历、联系方式等。

简要说明律师制作法律意见书的工作过程，包括（但不限于）与发行人相互沟通的情况，对发行人提供材料的查验、走访、谈话记录、现场勘查记录、查阅文件的情况，以及工作时间等。

（二）律师工作报告正文

律师工作报告的正文内容与法律意见书相对应，详细说明律师尽职调查及法律意见书的形成过程。

四、律师尽职调查的程序、方法和途径

关于律师尽职调查的内容、程序、方法和途径，请参见本系列丛书《企业兼并与收购》一书第三章的有关内容及案例。

第五节　企业内部控制尽职调查与鉴证

一、内部控制尽职调查的作用和内控环境调查内容

（一）内部控制尽职调查的作用

《企业内部控制基本规范》已在2009年7月1日起上市公司范围内施行。上市公司应当对本公司内部控制的有效性进行自我评价，披露年度自我评价报

告，并可聘请具有证券、期货业务资格的中介机构对内部控制的有效性进行审计。《内控规范》对企业内部控制及内控尽职调查作出了明确规定。

1. 内部控制是企业的决策者、管理者和全体员工为了维护财产物资的安全完整，保证会计信息的真实可靠，保证经营管理活动的经济性、效率性和效果性，以及各项法律规范的遵循性，而对经济管理活动进行调整、检查和制约所形成的内部管理机制，是企业组织为实现管理目标而形成的自控系统。

2. 内部控制尽职调查是指注册会计师通过调查了解被调查单位内部控制的建立和实施情况、对其内部控制进行调查，并进行相关测试对企业内部控制系统的健全性和有效性作出评价。

3. 内部控制尽职调查的作用是向企业管理者和投资者指出企业内部控制系统存在的薄弱环节，提出纠正建议和改进完善措施。

4. 企业内部控制鉴证报告是发行人首次公开发行股票并上市的必备文件，发行人必须按照相关规定委托中介机构进行内部控制鉴证服务。

（二）内部控制环境尽职调查的内容

开展内部控制审计与尽职调查，首先应对内部控制环境信息进行调查，评价该公司管理层和管理部门对控制重要性的态度和内部控制环境建立情况。

对一个公司的内部控制环境进行调查，可采取预先设计好的问卷调查。同时，还要审阅被审计单位的规章和制度手册、会计凭证和相关原始记录。内部控制环境调查主要包括下列内容：

1. 决策和管理层方面。公司决策层能否有效地对经营管理实施控制，公司是通过哪些措施实施控制的，重大投资、购置重要资产、长期工程签订重要经济合同或协议是否经总经理核准，高层管理人员是否能及时采纳外部、内部审计人员所提出的审计建议，公司管理层是否参与资金预算的编制和审核，公司管理层是否对经营业务和财务管理中的失控情况及时采取应急措施，使之恢复正常。

2. 组织机构方面。公司在重大生产经营方面的决策权限是否划分清楚，各部门所拥有的权力和应承担的责任是否有明确规定。

3. 管理制度方面。重大投资和资产购置是否有可行性研究并经财务部门会审制度，公司内部是否有较严格的经济责任制并对完成情况进行考核，是否有资金预算管理制度、资金归口管理制度、资产定期盘点制度。

4. 信息系统方面。会计信息及相关业务信息的报告制度是否健全，总经理在控制、评估业务活动时是否使用会计、统计和业务资料。

5. 内部审计方面。公司是否建立了内部审计机构，内审工作是否有成效。

6. 财务主管方面。财务主管能否参与公司生产经营的重大决策，对重大支出是否亲自核准。

7. 会计机构人员方面。业务分工是否明确并坚持批准、执行和记录职能分开的内部牵制原则，会计人员离职或轮换是否办理交接手续。

8. 会计核算与管理方面。原始凭证是否经稽核人员和有关领导审核，是否有企业财务收支审批制度，是否有会计核算业务手册。

二、内部控制制度和业务循环的具体调查内容

（一）内部控制制度的调查内容

1. 责任控制制度。责任控制制度是以确定经济组织内部各部门、各环节、各层次及其人员的经济责任为中心的内部控制制度。它由工作岗位责任制和各部门、各环节、各层次的责任制两方面组成。审阅这种制度主要是检查各种岗位责任制赋予各职能部门和经办人员的责任是否达到分工明确、职责分明的目的。

2. 内部牵制制度。内部牵制制度是为了保证会计资料的正确性、可靠性及保护财产而形成的一种制度。审阅这种制度主要是检查会计事项的处理或不相容职务是否遵循必须经过两个以上的人员或部门的原则，以防止差错、舞弊的发生。

3. 会计控制制度。会计控制制度是指经济组织为了保证会计数据的正确性和可靠性而采取的各种措施和方法，主要是各种凭证的记录、传递，资金的使用，债权债务反映，会计报表编制等各个环节的控制制度和程序。审阅时主要是通过账证、账账、账表之间的相符关系，检查会计数据的可靠性；通过账实核对检查账实是否相符，以保证会计数据的真实性；通过严格的复核审批制度，以保证会计业务处理的合法性；通过定期编制计算平衡表检查所有数据的正确性等。

4. 经营方面各个循环系统的控制制度。它是经济组织内部为实现经营目标而实现生产经营和管理所必须经过的环节和业务操作的规程和控制制度。如成本控制、购销控制、物资控制、生产经营过程的控制制度等。通过检查这些环节的控制是否严密，反映企业是否能正常地进行经营活动及企业的生存和发展。

5. 财产、凭单管理制度。财产、凭单管理制度是为了确保经济组织的财产和各种凭证单据而建立的控制制度，它包括财产管理责任制和凭证单据管理责任制两部分。如财产物资的保管、清点、验收、领用、计划、预算、合同、单据等各个环节，都应实行专人管理。

进行内部控制制度调查，其重点是放在对于制度内各个控制环节的审查

上，目的在于发现制度中控制的薄弱环节。

（二）业务循环的调查内容

企业的生产经营业务循环调查主要包括如下内容：销售与收款循环内控调查、采购与付款循环内控调查、生产循环内控调查、仓储与存货循环内控调查、融资与投资循环内控调查、工薪与人事循环内控调查等。

调查实施前，一般由中介机构向企业发出内部控制业务循环审计与尽职调查文件清单、业务循环调查问卷（见表6－1），按照分项业务循环具体实施调查、测试和评价。

表6－1　　内部控制审计与尽职调查文件

被审计单位名称：	
检查年度：	
调查人员：	日期：
复核人员：	日期：
结论：	

目　录

序号	调查内容及文件
一、	管理机构、管理制度的调查
1	内部环境调查记录
2	会计系统控制调查记录
2.1	会计系统
2.2	计算机系统
3	内部环境和会计系统内控调查小结
二、	业务循环内控调查
1	销售与收款循环内控调查问卷
2	采购与付款循环内控调查问卷
3	生产循环内控调查问卷
4	仓储与存货循环内控调查问卷
5	融资与投资循环内控调查问卷
6	工薪与人事循环内控调查问卷
三、	各业务循环控制评价小结及评分表
四、	企业风险评估小结

三、内部控制的调查程序与方法

（一）内部控制制度的调查程序和方法

通过查阅有关规章制度、方针及政策等文件，查看组织机构系统图和部门职责权限，询问有关人员、进行实地观察、查阅前期审计报告或审计工作底稿等手段，全面了解掌握企业机构设置、权力分配、部门职能、业务流程和规章制度，它为描述企业内部控制制度奠定了基础。

描述反映企业内部的制度的方法主要有以下几种：

1. 书面说明法。将所了解掌握的内部控制制度的情况以文字的形式描述出来。这种描述方法一般是按不同的业务经营环节，分别说明各个业务处理环节上应完成的各种工作、办理业务所填制的各种凭证、有关人员所管的记录和实物以及他们的职务分工情况等，表述控制点存在情况。

2. 调查表法。利用表格形式，通过查询来了解内部控制制度情况的一种方法。例如，审计人员可以把被审单位业务环节的控制点及其主要问题预先编制一套标准格式的调查表或调查问卷。在表中，为每个问题设置“是”、“否”、“不适用”等专栏，通过填写结果，了解被审计单位内部控制情况。

3. 流程图法。用图解形式来描述业务程序及其控制点，显示有关控制环节和凭证记录的产生、传递、检查、保存及其相互关系，便于直观地表现内部控制制度实际状况的一种方法。它是目前在国外审计工作中广泛应用的一种方法。审计人员应熟悉每一业务环节及其相互关系，识别其中的控制点，牢握制图的技术与方法。

在描述某一单位内控制度时，可对不同业务环节使用不同的方法，上述三种方法结合使用，比采用一种方法效果更好。

（二）具体业务循环内部控制点的调查程序与方法

以物资采购与付款内部控制为例，调查程序与方法如下：

（1）批准性目标。采购事项是否经使用部门申报、采购合同由公司经理批准；每一项采购是否经过招投标或竞争性比价，货比三家并经领导批准；采购部门是否对质量认真对比检查；采购是否由专职采购人员按规定的采购程序进行；支付货款的凭证是否经有关领导批准；签发支票要求两人签章，以实施双重控制。

（2）管理环境。采购、财务、验收货物、运输部门是否相互独立，货物验收报告是否分别送交采购部门、存货保管部门、财会部门，未经批准不得存取空白支票，除零星现金外付款必须用支票或通过银行结算，支票及在银行备案的印鉴应由两人分管，不允许签发空白支票。

(3) 有效性目标。应付账款登记入账前，应将供应商的发货单与购货发票、货物验收报告相核对；供应商发货单、验收报告、购货发票应由支票签发人员检查；付款凭证在交回付款会计登账前加盖“付讫”印鉴，以防重复汇付；支票只能由出纳人员汇付。

(4) 完整性目标。购货发票和货物验收报告是否预先编号，并且经常按顺序检查，防止丢失。货物拒收退回供应商后，是否及时通知付款会计，供应商发货单是否根据收到日期顺序列出清单，未核对的验收报告是否经常与有关凭证、记录相核对。

(5) 正确性目标。购入货物的数量、质量是否由独立于采购部门的验收人员来检验；付款会计是否将供应商发货单明细与购货发票、货物验收报告的数量、单价、时间相核对；现金保管和银行、现金账簿登记人员不得核对银行对账单。

(6) 归属期目标。会计手册是否规定采购、应付账款入账日期填列应采用收到货物日期，现金支出日记账登记日与支票签发日应相一致。

(7) 使用性目标。延伸到采购货物投入使用的全过程，检查购入货物是否办理入库单、出库单、使用单位验收手续、货物作为原材料进入生产成本，或生产设备登记、维修保养和大修记录、列入固定资产清单、按规定提取折旧记入成本等。如此完成整个业务循环的内控调查。

四、初步评价内部控制

在完成控制环境和具体业务调查后，调查人员已对企业内部控制有了初步的认识和了解，在此基础上，就可以对内部控制的可依赖程度、内部控制的健全性以及内部控制风险初步评价。

(一) 评价内部控制制度

这一步骤的主要目的是在了解和描述内部控制制度的基础上，就内部控制制度本身的完善程度进行评价，评价内部控制是否健全完善，初步形成意见和建议。

一般根据下列标准进行评价：(1) 控制对象：目标是否明确？重点是否突出？(2) 控制程序：是否清晰明确？是否固定化？(3) 组织机构：是否健全？是否适应控制要求？(4) 执行人员：素质如何？权责是否对立？分工是否明确？相互能否制约？赏罚是否分明？(5) 规章制度：是否健全？是否可行？(6) 信息资料：记录、凭证等是否健全完备？填制、传递、核对有无严格规定？(7) 成本效益：控制机构、人员、程序、措施、信息等是否进行成本效益评价？是否达到满足要求、成本最低原则。

（二）评价业务循环控制的健全性与可依赖程度

1. 对业务循环健全性的评价。业务循环控制健全性评价不取决于企业所建立的业务循环流程、操作规程、规章制度的数量多少，而是要分析业务循环中是否建立了关键控制点和控制的有效性。

2. 确认内部控制风险和内部控制是否可依赖。内部控制风险确定可采用每点得分制，每建立一个控制点得 10 分，没有建立控制点或控制点不适用的不得分。用控制点总得分占设计控制点总分比例评估风险程度的高低：

（1）得分比例在 75% 以上的，可确认为控制风险估计水平“低”，内部控制可依赖程度“高”；

（2）得分比例在 50% ~75% 的，可确认为控制风险估计水平“中”，内部控制可依赖程度“中”；

（3）得分比例在 25% ~50% 的，可确认为控制风险估计水平“高”，内部控制可依赖程度“低”；

（4）得分比例在 25% 以下的，可确认为控制风险估计水平“最高”，内部控制不能依赖。

通过对内部控制进行初步评价，可基本掌握被审计单位内部控制的强弱环节，为进行符合性测试确定了前提。

五、内部控制测试评价

（一）内部控制测试的类型

1. 内部控制的符合性测试。符合性测试是对内部控制情况进行检查评审的活动，针对被审计单位内部控制强度令人满意的部分才须进行符合性测试。其目的是确定被审计单位的各项措施是否真实地存在于经营业务和财务活动之中，所有人员在实际执行内部控制过程中是否确实遵守了内部控制的规定，内部控制本身是否有效。

内部控制符合性测试主要以“证据检查法”为主，即审阅证据、跟踪重做，并与“询问”、“现场观察”相结合的方法。测试范围和符合性测试规模的大小，取决于内部控制初步评价中的风险估计水平。风险估计水平低的测试范围就大，风险估计水平高的测试范围就小或直接列入实质性审计的范围。

2. 内部控制的实质性测试。实质性测试是对被审单位的经济信息，各种数据进行审核检查的活动，其目的在于验证、评估信息本身的合法性、真实性。实质性测试的常用方法有盘存法、询证法、账户分析法、调节法、鉴定性等。

（二）测试评价内部控制制度

内部控制制度测试的一般程序是：（1）检查执行内部控制制度的经济业

务并对检查所发现的错弊逐一作出记录；（2）分析审查样本中发现的错弊的性质和原因；（3）根据错弊的情况，结合内部控制制度本身完善程度的评价，对内部控制制度以及执行其业务的可予信赖程度进行判断；（4）写出内控制制度的测试情况报表。

对内部控制制度的评价测试一方面是对各项制度本身是否健全、合理进行评价，并且指出其薄弱环节的部分。另一方面是对制度的执行情况进行评价，即评价已有的制度在经济活动中的实际执行情况和功能。

（三）测试评价业务循环内部控制

仍以物资采购与付款内部控制为例，符合性测试程序如下：

1. 抽取购货合同，对购货合同及请购单的下列内容进行核对：（1）货物名称、规格、型号、请购量；（2）授权批准、批准采购量、采购报价；（3）单价、合计金额等。

2. 审核与所抽取与购货合同执行有关的凭证：供应发票、验收报告、入库单、付款结算凭证、记账凭证，并追查至相关的明细与总账。

3. 付款业务内部控制的符合性测试。抽取付款凭证作如下检查：（1）是否实行费用预算控制，是否明确款项支付权限；（2）编制付款凭证时是否与订货合同、验收单和发票相核对；（3）支付货款的付款凭证和银行存款日记账及有关明细账、总账的记录是否正确；（4）计入有关明细账户的原始凭证，如订货单、验收单、购买发票的正确性、合法性及其金额是否与相关明细账一致，有关凭证是否经过批准；（5）款项支付凭证是否及时入账，货款支出与记账的职责是否分离。

（四）内部控制的最终评价

有的企业虽然建立了内部控制，但在符合性测试中会发现在实际运行中企业内部没有完全遵守，甚至有些内部控制根本没有执行，形成部分内部控制本身无效。这就要对被审计企业的内部控制风险估计水平进行调整并作出综合评价，然后利用评价结果制订出实质性审计方案。综合评价的主要内容有：

1. 重新调整内部控制的可依赖程度，制订出实质性审计方案。

在经过内部控制测试后，若发现部分内部控制没有得到切实执行，就应根据内部控制测试结果对内部控制的风险估计水平和可靠性重新进行调整。调整方式是适当扩大实质性审计的范围，即对符合性测试中执行无效的内部控制内容扩大为实质性审计的范围。

2. 针对内部控制的缺陷，制订出实质性审计方案。

内部控制测试后对内部控制存在的具体缺陷有了初步的了解，但这些缺陷对内部控制产生的实际影响只有进行实质性审计才能发现。因此，应制订出下一步实质性审计方案，其方案的审计范围应属于在初步评价中不得分的内部控制内容和符合性测试中存在缺陷的内部控制内容。

3. 针对内部控制的缺陷，向企业管理层提出改进建议。

完成测试后，要将内部控制中存在的问题进行汇总，具体分析这些问题产生的原因和可能带来的后果，并进一步提出可采取的改进措施，然后反映给企业管理层。

六、内部控制鉴证报告

经过上述调查、初步评价、符合性测试、实质性测试和最终评价后，把评价测试分析的结果，列入审计工作底稿，写出内部控制鉴证报告。鉴证报告应说明调查和评价企业内部控制的目的、范围、存在问题、审计结论及对改善内部控制的建议。内部控制鉴证报告的格式和内容如下：

无保留意见的内部控制鉴证报告

××股份有限公司全体股东：

我们接受委托，审核了××股份有限公司（以下简称贵公司）管理层《××股份有限公司关于内部控制的自我评价报告》。管理层的责任是建立健全内部控制并保持其有效性，同时按照财政部颁布的《内部会计控制规范——基本规范（试行）》、《企业内部控制基本规范》及相关具体规范对贵公司的内部控制有效性作出认定。我们的责任是对贵公司截至 2010 年 12 月 31 日内部控制的有效性发表签证意见。

我们按照《中国注册会计师其他鉴证业务准则第 3101 号——历史财务信息审计或审阅以外的鉴证业务》、《内部控制审核指导意见》和《中国注册会计师鉴证业务基本准则》的规定执行了鉴证业务。上述规定要求我们计划和实施鉴证工作，以对鉴证对象信息是否不存在重大错报获取合理保证。在鉴证过程中，我们实施了包括调查了解、符合测试和评价内部控制系统设计的合理性和执行的有效性，以及我们认为必要的其他程序。我们相信，我们的鉴证工作为发表鉴证意见提供了合理的基础。

内部控制具有固有限制，存在由于错误或舞弊而导致错报发生和未被发现的可能性。此外，由于情况的变化可能导致内部控制变得不恰当，或降低对控制政策、程序遵循的程度，根据内部控制评价结果推测未来内部控制有效性具有一定的风险。

我们认为，贵公司管理层按照财政部颁布的《内部会计控制规范——基本规范（试行）》、《企业内部控制基本规范》及相关具体规范的控制标准于

2010 年 12 月 31 日在所有重大方面保持了有效的内部控制。

××会计师事务所有限公司　　中国注册会计师：

中国　××城市　　中国注册会计师：

2011 年×月×日

××股份有限公司关于内部控制的自我评价报告

一、公司的基本情况

二、公司组织架构及内部控制制度建立健全情况

主要包括内容：（一）内部控制目标；（二）内部组织结构；（三）制度体系；（四）业务循环控制体系。

三、公司的内部控制结构及要素

主要包括内容：（一）内部环境；（二）风险评估；（三）控制活动；（四）信息与沟通；（五）内部监督。

四、公司主要内部控制制度的执行情况和存在的问题

主要包括如下方面：（一）基本控制制度；（二）业务控制制度；（三）资产管理控制制度；（四）投资管理；（五）对外担保；（六）成本及费用控制制度；（七）内部监督控制制度。

五、公司准备采取的改进措施

六、公司对内部控制的自我评估意见

××股份有限公司

2011 年×月×日

案例　创业板严审星河生物　屡次补充尽职调查

【案例导读】

星河生物（300143. SZ）于 2010 年 12 月 9 日在深圳交易所创业板成功上市，公司所属行业为种植、加工、销售农副产品的现代农业。在上市申请过程中，其上市保荐人、发行人律师曾按照中国证监会的《上市申请文件反馈意见》的要求完善尽职调查，五次补充法律意见书，并在证券发行保荐书中对证监会的反馈意见进行多项补充说明，上市申请递交后历时半年之久的补充完善，律师费也高达 215. 9 万元，被业内专家称为严审之最，可见中国证监会对上市申请核准时的审慎程度以及尽职调查的重要性。

本案例针对证监会在审核星河生物上市申请文件时提出的存疑问题和瑕疵之处进行深度剖析，介绍发行人律师、保荐机构针对上市相关问题进行补充调查的过程、内容和解决对策。

【案例回放】

签订《法律顾问聘请协议》，开展法律事务尽职调查

广东星河生物科技股份有限公司（以下简称星河生物、发行人、公司、广东星河）于2009年委托广东信达律师事务所（以下简称“信达律师”）担任首次公开发行股票并在创业板上市的特聘专项法律顾问，并签订了《法律顾问聘请协议》。

信达律师选派证券执业律师韦少辉和杨洁实施法律事务尽职调查，调查人员根据《公司法》、《证券法》、《创业板首发办法》和《公开发行证券公司信息披露的编报规则第12号——公开发行证券的法律意见书和律师工作报告》等有关法律、法规和规范性文件的规定，对发行人的行为以及申请在创业板发行上市的合法、合规、真实、有效性进行了充分的核查验证。律师调查和查阅了出具《法律意见书》必须调查和查阅的事实和文件，并就发行人本次发行上市的有关事项向发行人的董事、监事、高级管理人员等相关人员进行了必要的询问。信达律师于2010年1月28日出具了《关于广东星河生物科技股份有限公司首次公开发行股票并在创业板上市的法律意见书》（以下简称《法律意见书》）。

《法律意见书》就星河生物本次发行上市涉及的22个法律事务问题发表了法律意见，包括本次发行上市的批准和授权、本次发行上市的主体资格、本次发行上市的实质条件、发行人的设立、发行人的独立性、发起人或股东（实际控制人）、发行人的股本及演变、发行人的业务、关联交易及同业竞争、发行人的主要财产、发行人的重大债权债务、发行人重大资产变化及收购兼并、发行人公司章程的制定与修改、发行人股东大会、董事会、监事会议事规则及规范运作、发行人董事、监事和高级管理人员及其变化、发行人的税务、发行人的环境保护和产品质量、技术标准、发行人募集资金的运用、发行人业务发展目标、诉讼、仲裁或行政处罚、发行人招股说明书法律风险评价、其他需说明的问题。《法律意见书》最后出具了本次发行上市的总体结论性意见。

信达律师认为，截至《法律意见书》出具日，发行人不存在影响其本次发行上市的违法、违规行为；《招股说明书（申报稿）》中引用的信达律师出具的《法律意见书》和《律师工作报告》的相关内容适当；除尚需取得中国

证监会和深圳证券交易所核准同意外，发行人已具备《公司法》、《证券法》、《创业板首发办法》等相关法律、法规及规范性文件所规定的股票发行上市条件。信达律师同意将本《法律意见书》作为发行人申请公开发行股票所必备的法律文件，随同其他材料一同上报，并愿意承担相应的法律责任。

信达律师声明，在前述调查中，已得到发行人如下承诺与保证：发行人已向信达提供了出具《法律意见书》所必需的全部事实材料，所提供的文件复印件与原件一致；文件中的盖章及签字均全部真实；所提供的文件以及有关的口头陈述均真实、准确、完整、无遗漏，且不包含任何误导性的信息；一切足以影响信达律师出具《法律意见书》的事实和文件均已向信达律师披露，且无任何隐瞒、疏漏之处。

信达律师还声明，仅就与本次发行上市有关的事实与法律问题发表意见，并不对会计、审计、资产评估等专业事项发表意见。在《法律意见书》中对有关会计报表、审计报告、资产评估报告书中某些数据和结论的引述，并不意味着信达律师对这些数据、结论的真实性和准确性作出任何明示或默示的认可——对于这些文件的内容信达律师并不具备核查和作出评价的适当资格。

签订保荐协议，选派保荐代表人开展尽职调查

2009 年，星河生物的生产经营已经初具规模，按照创业板的标准衡量已经具备上市条件。如果能够从资本市场取得融资，就可以通过复制其生产模式，实现公司的迅速扩张。经一番比较筛选后，星河生物委托民生证券有限责任公司（以下简称民生证券或保荐机构），担任星河生物首次公开发行股票并在创业板上市的保荐人，双方签订了保荐协议，明确了双方在星河生物申请上市期间和持续督导期间的权利和义务。

民生证券成立于 1986 年，注册资本为 21.77 亿元，注册地为北京，是全国性综合类证券公司。民生证券具备中国证监会批准的各项业务资格，包括证券经纪，证券投资咨询，与证券交易、证券投资活动有关的财务顾问，证券承销与保荐，证券自营，证券资产管理，证券投资基金代销等。民生证券在广东星河本次 IPO 的发行保荐书中声明，其与发行人之间不存在任何关联关系。

民生证券为本次保荐上市调集了精兵良将：指定刘小群和余华为两人为星河生物首次公开发行股票并在创业板上市（以下简称本次发行）的保荐代表人。

刘小群为民生证券投资银行事业部董事总经理，拥有保荐代表人资格，工商管理硕士，经济师，从事投资银行业务 16 年，具有丰富的保荐业务执业经验，先后负责或参与华立高科、茂化实华、金马集团、韶钢松山、广州友谊、超声电子、白唇鹿、西宁特钢、潞安环能、东方锆业、宜华木业、达意隆、南洋股份等多个 IPO 和再融资项目，并曾负责、参与过多家公司的股份制改造及发行上市工作。

余华为是民生证券有限责任公司投资银行事业部董事副总经理，保荐代表人，大学学历，中国注册会计师；从事投资银行业务 6 年。先后担任北京利尔、三友化工公开发行 A 股、哈空调配股项目负责人，并负责、参与过多个企业的股份制改造、发行上市辅导等工作。

民生证券还选派了项目协办人马清锐及其他项目组成员卢景芳、丁芳、孔俊文、张绪勇协助星河生物的 IPO 运作。

民生证券及其保荐代表人根据《公司法》、《证券法》、《创业板首发办法》等有关法律、法规和中国证监会的有关规定，经过一系列的审慎调查、事实核查和文件验证，本着诚实守信，勤勉尽职，严格按照依法制订的业务规则、行业执业规范和道德准则，于 2010 年 2 月出具了第一版《关于广东星河生物科技股份有限公司首次公开发行股票并在创业板上市之证券发行保荐书》（以下简称《发行保荐书》），并保证所出具文件的真实性、准确性和完整性。

证监会发出反馈意见，第一次补充法律意见书

2010 年 4 月 2 日，星河生物及其保荐人将上市申请文件提交中国证监会有关部门一个月左右，中国证监会作出了第 100144 号《行政许可项目审查一次反馈意见通知书》及其附件《广东星河生物科技股份有限公司首次公开发行股票并在创业板上市申请文件反馈意见》（以下简称“反馈意见”）。反馈意见要求发行人律师对发行人本次发行上市所涉及的相关问题进行核查并发表意见。

基于上述，信达律师在原《法律意见书》及原《律师工作报告》的基础上，对所涉的事实进行了补充调查，并就有关事项向相关人士作出询问及核查了相关的证明和材料后，根据对现行有效的法律、法规及规范性文件的理解发表了补充法律意见，于 2010 年 7 月 18 日出具了《补充法律意见书（一）》，并保证不存在虚假记载、误导性陈述及重大遗漏。

（一）一年之内的增资扩股情况

反馈意见：“广州御新软件有限公司（简称御新软件）2009 年 4 月以货币 1 500 万元以认缴公司新增股份 500 万股，御新软件为上市公司御银股份（代码 002177. SZ）的全资子公司。请发行人说明并披露上述增资履行的程序、是否涉及御银股份公开发行证券募集的资金及御新软件与发行人的其他股东、董事、监事、高级管理人员是否存在关联关系。请保荐机构和律师核查并发表

意见。”

信达律师答复摘要：

1. 本次增资发行人履行的程序

(1) 根据发行人提供的资料，并经信达律师核查，发行人就御新软件2009年4月以1 500万元认缴发行人新增股份500万股的增资行为履行了下列程序：

2009年4月9日，发行人召开2008年度股东大会，决议同意以增资扩股方式引进新股东御新软件。

2009年5月12日，发行人与御新软件签署了《增资扩股协议》，根据该协议，约定御新软件投入货币1 500万元，以3元/股的价格认购发行人新增股份500万股，其中500万元计入发行人注册资本，1 000万元计入发行人资本公积，本次增资完成后发行人注册资本增至5 000万元。

2009年5月21日，发行人召开了2009年第一次临时股东大会，会议审议通过了根据本广东次增资情况修订的公司章程。

2009年5月23日，天健正信出具了《验资报告》。根据该报告并经信达律师核查，截至2009年5月18日，星河生物已收到御新软件的货币形式出资1 500万元。

2009年6月9日，东莞市工商局向发行人核发了《核准变更登记通知书》核准了此次增资，并向发行人换发了变更后的《企业法人营业执照》。

经核查，信达律师认为，本次增资行为合法、合规、真实、有效。

(2) 御新软件对本次增资的程序

根据御银股份提供的《公司章程》(2009年4月修订)、《对外投资管理制度(2008年7月修订)》以及情况说明等资料并经信达律师核查，御新软件于2009年4月以货币1 500万元认缴发行人新增股份500万股的增资行为属于御银股份董事会对董事长授予的对外投资审批权限范围之内，符合《公司章程(2009年4月修订)》以及《对外投资管理制度(2008年7月修订)》的相关规定，且前述增资行为已经御银股份总经理办公会议审议通过。因此，信达律师经核查后认为，御新软件认购发行人新增股份500万股的行为履行了必要的内部批准程序。

2. 本次增资投入的资金是否涉及御银股份公开发行证券募集的资金

根据御银股份出具的《募集资金2009年度使用情况专项报告》并经信达律师核查，御银股份于2007年10月25日向社会首次公众公开发行普通股股票1 900万股，每股面值1.00元，每股发行价人民币13.79元。截至2007年10月25日，御银股份共募集资金2.62亿元，扣除发行费用1 896万元，募集资金净额 2 430. 4 元。截至 2009 年 6 月 30 日募集资金已全部投资募股资金项目。

根据御新软件出具的《关于广州御新软件有限公司向广东星河生物科技股份有限公司增资的资金来源说明》并经信达律师核查，截至 2009 年 5 月份御新软件投资发行人，御新软件总资产为 5 190. 03 万元，净资产为 5 257. 80 万元，累计实现软件销售 6 910 万元，累计实现利润总额 5 241. 86 万元，累计实现净利润 4 959. 09 万元。御新软件向发行人的投资行为履行了必要的内部批准程序，不存在涉及广州御银公开发行证券募集资金的情况。

根据立信大华会计师事务所有限公司于 2010 年 3 月 23 日出具的《控股股东及其他关联方资金占用情况专项说明》，2009 年度不存在御新软件占用御银股份资金的情况。

综上，信达律师经核查后认为，御新软件本次增资投入的资金不存在涉及御银股份公开发行证券募集的资金的情形。

3. 御新软件与发行人的其他股东、董事、监事、高级管理人员是否存在关联关系

根据发行人、御新软件提供的资料并经信达律师核查，御新软件现任法定代表人为吴宁；御银股份实际控制人杨文江持股 53. 99%，其他限制流通、流通股股东持股 46. 01%。

根据发行人提供的资料、信达律师对御新软件法定代表人进行的访谈以及御新软件出具的声明并经信达律师核查，截至《补充法律意见书（一）》出具之日，御新软件与发行人的其他股东之间不存在《上市规则》所规定的关联关系；发行人董事吴宁为御新软件执行董事，兼任御新软件的母公司御银股份董事、总经理职务，除上述情形外，御新软件与发行人其他董事、监事、高级管理人员之间不存在《上市规则》所规定的关联关系。

（二）享受税收优惠的持续稳定性和对政府补助的依赖性

反馈意见：“发行人报告期享受了农产品免征增值税和从事农业项目免征企业所得税优惠，2007—2009 年计入当期损益的政府补助分别为 282. 00 万元、298. 51 万元和 278. 59 万元。请发行人补充说明并披露享受税收优惠未来的持续性和稳定性。请保荐机构和律师核查发行人是否对税收优惠和政府补助存在严重依赖并发表明确意见。”

信达律师答复摘要：

1. 发行人享受税收优惠未来的持续性和稳定性

根据发行人提供的资料并经信达律师核查，发行人按照《中华人民共和国增值税暂行条例》、《中华人民共和国增值税暂行条例实施细则》规定，销

售自产农产品免征增值税，期限为长期；发行人按照《中华人民共和国企业所得税法》、《中华人民共和国企业所得税法实施条例》规定，农产品种植部分所得免征企业所得税。

根据发行人主管税务部门出具的减、免税批准通知书，纳税人减免税申请审批表，备案类减免税报备表，企业所得税减免优惠备案表等资料并经信达律师核查，发行人与韶关星河所享受的销售自产农产品免征增值税期限分别为2007年1月1日至2049年12月31日与2009年1月1日至2049年12月31日。关于享受农产品种植部分所得免征企业所得税的优惠，发行人2007年度、2008年度、2009年度、2010年度均向税务主管部门办理了税收优惠备案。韶关星河于2008年度向其主管税务部门办理了税收减免报备手续，减免年限为2008年1月1日起至长期。

信达律师经核查后认为，发行人所享受的上述税收优惠政策的依据分别是国务院所制定的行政法规和全国人民代表大会所制定的法律，法律和行政法规具有长期的持续性和稳定性，发行人持有主管税务部门核发的税收优惠备案批准文件且继续办理相关税收优惠备案手续不存在重大法律障碍。因此，发行人未来享受税收优惠具有持续性和稳定性。

2. 发行人是否对税收优惠和政府补助存在严重依赖

（1）根据发行人提供的资料、《审计报告》并经信达律师核查，2007年、2008年、2009年按照发行人所享受的税收优惠政策，在报告期内减免金额分别为358.30万元、239.75万元、440.23万元，税收减免金额占当期利润总额的比例分别为34.36%、20.67%、21.59%，报告期内发行人收入和利润总额保持增长，税收优惠占利润总额的比例呈现总体下降的趋势。因此，信达律师经核查后认为，发行人的经营成果对税收优惠不存在严重依赖。

（2）根据发行人提供的资料、《审计报告》并经信达律师核查，2007年、2008年、2009年发行人计入当期损益的政府补贴分别为282.00万元、298.5万元和278.59万元，当期利润总额的比例分别为27.05%、25.73%、13.66%，发行人收入和利润保持增长，政府补贴占利润总额的比例逐年下降。因此，信达律师经核查后认为，发行人的经营成果对政府补贴不存在严重依赖。

（三）与经销商的关联关系以及对重大客户的依赖

反馈意见：“发行人2007—2009年前五大经销商的销售收入占公司营业收入的比例分别为85.00%、75.14%、75.47%。请发行人补充披露：（1）经销商中是否与发行人存在关联关系以及发行人如何降低对大客户的依赖和对销售渠道的管理措施；（2）2009年新增经销商的情况，包括名称、销售价格、金额和销售比例。请保荐机构补充说明是否履行了对发行人主要经销商的尽职调查程序，以及尽职调查的具体过程及结果，并请保荐机构和律师对发行人是否符合《首次公开发行股票并在创业板上市管理暂行办法》中'发行人最近一年的营业收入或净利润对关联方或者有重大不确定性的客户存在重大依赖'的规定进行核查并发表明确意见。"

信达律师答复摘要：

1. 发行人主要客户和经销商的基本情况

根据发行人、经销商提供的有关资料并经信达律师核查，发行人2007年、2008年、2009年的主要经销商基本情况如下：

（1）个体工商户客户和经销商包括深圳市罗湖区布吉农产品中心批发市场百益佳批发行、广州市白云区松洲创益食用菌行、东莞市塘厦李仔蔬菜档、深圳市罗湖区布吉农产品中心批发市场山地果蔬批发行、广州市白云区松洲永联蔬菜经营部、广州市白云区松洲永联蔬菜经营部。

经核查，截至《补充法律意见书（一）》出具之日，上述5家经销商为有效存续的菌类、蔬菜批发和零售个体工商户。

（2）企业客户和经销商

根据发行人、经销商提供的有关资料并经信达律师核查，发行人的企业客户主要有深圳市茂雄实业有限公司，经营范围为农副产品的购销，注册资本1 000万元；昭兴蔬果（深圳）有限公司，经营范围为蔬菜、水果的加工、包装、冷冻与购销，注册资本为1 000万港元；阳山粤普果蔬发展有限公司，经营范围为种植、销售：蔬菜、水果，注册资本为100万元。

经核查，截至《补充法律意见书（一）》出具之日，上述企业客户和经销商为有效存续的企业。

2. 发行人主要经销商是否与发行人存在关联关系

根据发行人提供的资料、《审计报告》、主要经销商提供的资料、出具的声明并经信达律师核查，同时发行人2007年、2008年、2009年主要个体销售客户声明：均未以任何方式直接或间接持有发行人股份，未曾在发行人担任董事、监事、高级管理人员，未曾在直接或间接控制发行人的法人或其他组织中担任董事、监事或高级管理人员，与发行人的股东、发行人的董事、监事、高级管理人员不存在关系密切的家庭成员关系，与发行人不存在其他《上市规则》所规定的关联关系。

发行人2007年、2008年、2009年主要企业销售客户声明：均未以任何方式直接或间接持有发行人股份，未以任何方式直接或间接对发行人实施控制或参与经营管理，未以任何方式被直接或间接控制发行人的公司或其他组织控制，未以任何方式被发行人的关联自然人直接或间接控制，不存在广东星河的关联自然人在本公司担任董事、监事、高级管理人员的情形，与发行人不存在其他《上市规则》所规定的关联关系。

经信达律师核查，发行人的主要个体客户和经销商的经营者与发行人之间不存在关联关系，发行人的主要企业客户和经销商，主要企业客户和经销商的法定代表人、股东、成员与发行人之间不存在关联关系。因此，信达律师认为，截至《补充法律意见书》出具之日，发行人的主要客户和经销商与发行人不存在关联关系。

综上，信达律师经核查后认为，发行人最近一年的营业收入或净利润不存在对关联方存在重大依赖的情形。

3. 营业收入或净利润是否对有重大不确定性的客户存在重大依赖

（1）2007—2009 年的主要客户和经销商销售发行人产品的情况

发行人 2007 年主要客户和经销商销售发行人产品的情况如表 6－2 所示。

表 6－2　2007—2009 年的主要客户和经销商销售发行人产品的情况

经销商简称	2007 年		2008 年		2009 年	
	销售金额（万元）	占主营业务收入比例（%）	销售金额（万元）	占主营业务收入比例（%）	销售金额（万元）	占主营业务收入比例（%）
深圳山地果蔬批发行	1 903. 62	31. 47	1 573. 30	21. 29	922. 59	9. 63
深圳百益佳批发行	1 502. 63	24. 84	2 292. 86	31. 03	3 219. 17	33. 61
深圳茂雄实业公司	640. 79	10. 59				
昭兴蔬果（深圳）公司	548. 03	9. 06				
东莞塘厦李仔蔬菜档	546. 72	9. 04	412. 08	5. 58		
阳山粤普果蔬公司			767. 84	10. 39	1 200. 49	12. 54
广州松洲永联蔬菜部			506. 00	6. 85	558. 47	5. 83
广州松洲创益食用菌行					1 327. 41	13. 86
合计	5 141. 79	85. 00	5 552. 08	75. 14	7 228. 13	75. 47

根据发行人资料以及《审计报告》并经信达律师核查，发行人 2007—2009 年的主要客户和经销商数量分别为 12 家、21 家、35 家，2007—2009 年的产品销售率分别为 99. 20%、98. 77%、99. 32%。发行人的主要客户和经销商数量在 2007—2009 年大幅度增加，但发行人的产品销售率未发生重大波动的情形。

（2）2009 年的主要客户和经销商中是否存在重大不确定性的客户

根据发行人提供的资料并经信达律师核查，2009 年前五大客户和经销商销售发行人产品的金额占发行人主营业务收入的比例为 75.47%（见表 1）。

其中深圳市罗湖区布吉农产品中心批发市场百益佳批发行、深圳市罗湖区布吉农产品中心批发市场山地果蔬批发行、阳山粤普果蔬发展有限公司、广州市白云区松洲永联蔬菜经营部 2007 年、2008 年、2009 年均主要从事蔬菜销售业务，并名列发行人客户和经销商销售金额前十名，是发行人的长期合作伙伴。因此发行人前述四家主要客户和经销商均不是 2009 年发行人的重大不确定性客户。

广州市白云区松洲创益食用菌行为发行人 2009 年新增加的销售客户，但 2009 年其销售金额占发行人主营业务收入的比例为 13.86%，对发行人 2009 年的营业收入或净利润不存在重大影响。因此广州市白云区松洲创益食用菌行不是 2009 年发行人的重大不确定性客户。

综上，信达律师经核查后认为，发行人 2009 年的主要客户和经销商中不存在重大不确定性的客户。

（3）2009 年净利润是否对有重大不确定性的客户存在重大依赖

根据发行人提供的资料并经信达律师核查，发行人 2009 年的主要客户和经销商中不存在重大不确定性的客户，因此信达律师认为发行人 2009 年的营业收入或净利润不存在对有重大不确定性的客户存在重大依赖的情形。

综上，信达律师经核查后认为，发行人最近一年的营业收入或净利润不存在对重大不确定性的客户存在重大依赖的情形。

（四）关联方资金往来、内部控制、财务独立和经营独立问题

已在本书第五章案例一【例 3】中介绍。

（五）股东的任职、股东及高管人员关联关系、是否有委托持股问题

已在本书第五章案例一【例 4】中介绍。

申请上市跨越半年报时段，第二次补充审计和法律意见

鉴于星河生物申请发行上市期间跨越了 2010 年上半年时段，天健正信会计师事务所对发行人截至 2010 年 6 月 30 日的财务报表进行了审计，并于 2010 年 7 月 13 日出具了上半年度无保留意见的天健正信审〔2010〕GF 字第 090013 号《审计报告》。根据中国证监会的相关规定，信达律师在对发行人与本次发行上市的相关情况进一步查证的基础上，于 2010 年 7 月 18 日出具了《广东信达律师事务所关于广东星河生物科技股份有限公司首次公开发行股票并在创业板上市的补充法律意见书（二）》（以下简称《补充法律意见书（二）》），结合跨半年度的变化情况对已经出具的法律意见的相关内容进行修

改补充或作进一步的说明。

（一）本次发行上市的实质条件

经核查，信达律师认为，截至2010年6月30日，《律师工作报告》中“四、本次发行上市的实质条件（一）本次发行的实质条件”所披露的发行人符合《公司法》、《证券法》以及《暂行办法》规定的公开发行股票条件的情形中，下列情形发生了变更。

根据《审计报告》并经信达律师核查，星河生物最近一期末净资产为13 004.5万元，不少于两千万元，且不存在未弥补亏损，符合《创业板首发办法》。

根据《审计报告》及发行人的声明与承诺并经信达律师核查，发行人会计基础工作规范，财务报表的编制符合企业会计准则和相关会计制度的规定，在所有重大方面公允地反映了发行人的财务状况、经营成果和现金流量，并由注册会计师出具了无保留意见的审计报告，符合《创业板首发办法》的规定。

根据最新出具的“天健正信审〔2010〕专字第090119号”《内部控制鉴证报告》及发行人的声明与承诺并经信达律师核查，发行人内部控制制度健全且被有效执行，能够合理保证公司财务报告的可靠性、生产经营的合法性、营运的效率与效果，注册会计师已出具了无保留结论的内部控制鉴证报告，符合《创业板首发办法》的规定。

根据《审计报告》、《内部控制鉴证报告》以及发行人的声明与承诺并经信达律师核查，发行人制定了严格的资金管理制度，截至《补充法律意见书（二）》出具之日不存在资金被控股股东、实际控制人以借款、代偿债务、代垫款项或者其他方式占用的情形，符合《创业板首发办法》的规定。

经核查，信达律师认为，除上述发生变更的情形之外，已经披露的其他各项符合《公司法》、《证券法》以及《创业板首发办法》规定的公开发行股票条件的情形均未发生变更。且发行人在本次发行依法获得中国证监会的批准并发行完毕后，仍符合《公司法》、《证券法》等法律、法规规定的股票上市条件。

综上，信达律师认为，截至《补充法律意见书（二）》出具之日，发行人本次发行上市符合《公司法》、《证券法》、《创业板首发办法》等相关法律、法规及规范性文件规定的各项实质性条件。

（二）发行人的分支机构

根据发行人提供的资料并经律师核查，截至《补充法律意见书（二）》出具之日，发行人新增加的分支机构为广东星河生物科技股份有限公司清溪第二分公司，经营范围为种植、销售食用菌等农副产品，食（药）用菌和其他有益微生物育种、引种及相关产品的研究和开发，食（药）用菌高效生产工艺及其培养基再利用技术的研究和开发。

（三）发行人的业务

1. 根据《审计报告》并经律师核查，截至 2010 年 6 月 30 日，发行人 2010 年 1—6 月发行人的主营业务收入为 6 545.5 万元，主营业务占营业收入的比例为 100%。因此，信达律师认为发行人 2010 年 1—6 月的主营业务突出。

2. 根据发行人的资料并经律师核查，截至《补充法律意见书（二）》出具之日，发行人及其子公司、分公司已通过 2009 年度工商年检，未出现根据法律、法规、规范性文件和《公司章程》规定的终止事由，发行人经营所需的资质证书均在有效期内。信达律师认为，发行人不存在可能影响其持续经营的法律障碍。

（四）关联交易

根据发行人的声明与承诺以及《审计报告》并经信达律师核查，自《法律意见书》签署之日至本《补充法律意见书（二）》出具之日，发行人与关联方之间的重大关联交易主要包括发行人接受关联方叶运寿和南峰集团为发行人提供银行借款的三项担保，总计额度 12 279.9 万元。

根据发行人提供的资料并经信达律师核查，关联方为发行人的银行借款提供担保的行为属于平等民事主体间意思自治的行为，并签订了关联交易协议，发行人接受关联方担保已履行了必要的内部审批程序。

因此，信达律师经核查后认为，发行人与关联方关联交易协议的内容真实，定价依据体现了市场化原则，不构成对公司独立性的重大影响，符合公允性原则，不存在损害发行人及其他股东利益的情形。

（五）其他方面

1. 无形资产的产权及使用。根据发行人提供的资料并经律师核查，信达律师认为，发行人新取得的商标和专利权等无形资产不存在产权纠纷或潜在纠纷，不存在质押等限制该等商标权、专利权行使的情形。

2. 财产所有权或使用权受到限制的情况。信达律师还对在建工程、主要财产中新设立抵押权、租赁土地使用权进行了核查。信达律师认为，发行人对财产的使用不存在法律障碍。

3. 重大债权债务及重要合同。经核查发行人新签署的正在履行或将要履行的借款合同、担保合同、原材料采购合同、土地租赁合同、设备采购、工程施工、销售等重要合同，信达律师认为，发行人上述合同的履行不存在法律障碍。

4. 经核查发行人历次股东大会及董事会的书面文件记录，信达律师认为，自《律师工作报告》签署之日起至《补充法律意见书（二)》签署之日这一期间内，发行人历次股东大会、董事会、监事会的召开、决议内容及签署和股东大会或董事会历次授权或重大决策行为均是合法、合规、真实、有效的。

5. 根据发行人主管税务部门于2010年4月29日出具的两份《企业所得税减免优惠备案表》，发行人已分别办理了2010年度的农产品种植部分所得免征企业所得税以及高新技术企业减按15%的税率征收企业所得税优惠备案。因此，信达律师经核查后认为，发行人2010年度享受农产品种植部分所得免征企业所得税以及高新技术企业减按15%的税率征收企业所得税的优惠政策是合法、合规、真实、有效的。经核查，信达律师认为，发行人享受的财政补贴也真实、合法、有效。

6. 经核查，发行人依法为员工办理了社会保险缴纳手续并缴纳了社会保险，但未依照有关法律法规为部分员工缴纳住房公积金。鉴于发行人控股股东叶运寿针对社会保险、住房公积金作出了补缴承诺，信达律师认为，发行人未为部分员工缴纳住房公积金对于本次发行上市不构成实质性法律障碍。

7. 诉讼、仲裁或行政处罚情况。根据发行人和持股5%以上的主要股东以及发行人的控股子公司的声明并经信达律师核查，截至《补充法律意见书(二)》出具日，发行人、持股5%以上的主要股东以及发行人的控股子公司不存在尚未了结或可预见的重大诉讼、仲裁及行政处罚案件。根据发行人董事长、总经理的声明与承诺并经信达律师的核查，截至《补充法律意见书(二)》出具日，发行人董事长、总经理不存在尚未了结或可预见的重大诉讼、仲裁及行政处罚案件。

工程款和设备款的交易频繁，第三次补充上市申请文件

根据中国证监会的反馈，信达律师在对发行人与本次发行上市的相关情况进一步查证的基础上，于2010年8月1日出具了《广东信达律师事务所关于广东星河生物科技股份有限公司首次公开发行股票并在创业板上市的补充法律意见书（三)》(以下简称《补充法律意见书（三)》)，对发行人涉及本次发行上市的相关事宜进行修改补充或作进一步的说明。

反馈问题：报告期，发行人与广东宏达工贸集团有限公司、广东宏达建设工程有限公司发生多次工程款、设备款的交易，请保荐机构和会计师就该等交易的背景、交易的真实性，该两家公司与发行人是否存在关联关系、其股东背景、发行人与其合同签订、款项的结算等进行核查，并发表明确意见。

信达律师答复摘要：

会计师和信达律师对广东宏达工贸集团有限公司（以下简称宏达集团）

和广东宏达建设工程有限公司（以下简称宏达工程）的合法性、经营范围、股权结构、高管人员等基本情况进行了核查。

根据发行人提供的资料、宏达集团和宏达工程提供的资料、出具的声明并经信达律师核查，宏达集团和宏达工程均未以任何方式直接或间接持有发行人股份，未以任何方式直接或间接对发行人实施控制或参与经营管理，未以任何方式被直接或间接控制发行人的公司或其他组织控制，未以任何方式被发行人的关联自然人直接或间接控制，不存在发行人的关联自然人在宏达集团或宏达工程担任董事、监事、高级管理人员的情形。

信达律师经核查后认为，发行人与宏达集团、宏达工程不存在《上市规则》所规定的关联关系，或其他根据实质重于形式的原则认定的，可能造成发行人对其产生利益倾斜的关联关系。

股权转让和整体改制是否缴税，第四次补充上市申请文件

根据中国证监会的反馈，信达律师在对发行人与本次发行上市的相关情况进一步查证的基础上，于2010年9月16日出具了《广东信达律师事务所关于广东星河生物科技股份有限公司首次公开发行股票并在创业板上市的补充法律意见书（四）》（以下简称《补充法律意见书（四）》），对发行人涉及本次发行上市的相关事宜进行修改补充或作进一步的说明。

反馈问题：发行人历次股权转让是否涉及缴纳个人所得税问题，发行人整体变更为股份公司的税收是否足额缴纳，请保荐机构及律师核查并发表意见。

答复摘要如下：

（一）发行人历次股权转让是否涉及缴纳个人所得税问题

1. 发行人历次股权（股份）转让情况

（1）2003年5月18日，叶春桃与叶龙珠签订了《股权转让合同》，叶春桃同意将其所持有的东莞星河50%的股权以50万元的价格转让给叶龙珠。

（2）2003年11月26日，陈书勤与叶运寿签订了《股权转让合同》，陈书勤同意将其所持有的东莞星河6%的股权以60万元的价格转让给叶运寿。

（3）2005年2月25日，黄千军与叶运寿签订了《股权转让合同》，黄千军同意将其所持有的东莞星河0.7%的股权以7万元的价格转让给叶运寿。

（4）2005年12月8日，冯满堂、张懿琳分别与叶运寿签订《股权转让合同》，冯满堂同意将其所持有的东莞星河8.06%的股权以80.6万元的价格，张懿琳同意将其所持有的东莞星河4.03%的股权以40.3万元的价格转让给叶运寿。

（5）2007年12月20日，叶运寿分别与冯建荣、张力江、唐笋英、杨忠义、郑列宜、黄千军、黄清华、吴汉平、许喜佳、吴金凤、叶金权、叶权坤签订了《股权转让合同》，叶运寿同意将其所持有的东莞星河 65. 77% 的股权中的 11. 08% 以 429. 29 万元的价格转让给上述人士。

同日，叶龙珠与吴汉平、阮航、顾春虎、莫淦明、胡斌分别签订了《股权转让合同》，叶龙珠同意将其所持有的东莞星河 10. 65% 的股权中的 3. 07% 以 118. 93 万元的价格转让给上述人士。

同日，法人股东诚丰钣金与梁锋签订了《股权转让合同》，诚丰钣金同意将其所持有的东莞星河 1. 912% 的股权作价 74. 11 万元转让给梁锋。

（6）2009 年 9 月 23 日，叶运寿与魏心军签署了《股份转让协议》，根据该协议，叶运寿同意将其所持有发行人股份 0. 26% 作价 26. 04 万元转让给新上任的总经理魏心军（作为股权激励的一部分），转让价格参照 2009 年 8 月 31 日发行人未经审计每股净资产值由双方协议确定。

同日，吴金凤与魏心军签署了《股份转让协议》，吴金凤同意将其所持有发行人股份 0. 07% 作价 6. 96 万元转让给魏心军，转让价格参照 2009 年 8 月 31 日发行人未经审计每股净资产值由双方协议确定。

综上，发行人上述历次股权转让均签订了相应的协议，获得股东会（或股东大会）批准，并办理了工商变更登记手续，因此，信达律师认为发行人历次股权转让是真实、合法、有效的。

2. 历次股权转让定价

（1）根据发行人提供的资料并经信达律师核查，前述六次转让中的第（6）项，叶运寿与魏心军、吴金凤与魏心军之间的股份转让发生于发行人整体变更为股份公司之后，定价依据是 2009 年 8 月 31 日发行人未经审计的每股净资产值。

（2）其他历次股权转让均发生于发行人整体变更为股份公司之前，自然人股东间转让的定价依据均是该出资额的原值。

3. 发行人历次股权转让是否缴纳个人所得税

（1）根据发行人提供的资料并经信达律师核查，发行人整体变更为股份公司之前的历次自然人股东间的股权转让的定价依据均为出资额原值，转让方并未因此实现收益，因此，转让方并未缴纳个人所得税。

（2）根据发行人提供的资料并经信达律师核查，发行人整体变更为股份公司之后的股份转让定价依据为 2009 年 8 月 31 日发行人未经审计的每股净资产值，转让方叶运寿、吴金凤已缴纳了该次股份转让的个人所得税，分别为 26 035. 80 元和 6 964. 20 元。

4. 结论

综合以上第 1、第 2、第 3 点，信达律师经核查后认为，发行人历次股权转让中，发行人整体变更为股份公司之前的历次股权转让因转让人未实现收益而不涉及缴纳个人所得税的问题；发行人整体变更为股份公司之后的股份转让中转让方已缴纳了个人所得税。

（二）发行人整体变更为股份公司的税收是否足额缴纳

1. 发行人整体变更为股份公司的净资产折股情况

根据发行人提供的资料并经信达律师核查，2008 年 9 月，东莞星河依法整体变更为广东星河。以 2008 年 5 月 31 日为基准日，经天健正信审计后的净资产为 72 652 417. 67 元，其中注册资本（实收资本）为 38 770 000. 00 元，未分配利润为 16 377 732. 08 元，盈余公积为 2 868 435. 59 元，资本公积为 14 636 250. 00元。东莞星河股东会决议将前述净资产值中的 4 500 万元折为股本，剩余净资产 27 652 417. 67 元计入资本公积，股份公司的总股本为 4 500 万股，注册资本为 4 500 万元，各发起人按原出资比例持有股份公司股份。

上述过程中存在发行人以未分配利润及盈余公积转增资本的情形，但发行人 21 名自然人发起人未缴纳个人所得税。

2. 净资产折股涉及的个人所得税金额

根据发行人提供的资料并经信达律师核查，发行人整体变更过程中涉及的个人所得税金额合计为 3 124 564. 34 元。

3. 自然人发起人股东对于净资产折股涉及的个人所得税的承诺情况

（1）根据发行人提供的资料并经信达律师核查，发行人 21 名自然人发起人股东针对净资产折股涉及的个人所得税问题作出如下承诺：“如有关税务部门要求本人补缴或追缴东莞星河在上述整体变更为股份有限公司过程中，因净资产折股而产生的任何税款，本人将立即无条件足额缴纳；如本人未及时缴纳上述税款而导致滞纳金等任何形式的处罚或损失，本人将承担全部相关的法律和赔偿责任；如广东星河因本人未及时缴纳上述应缴税款遭受任何形式的处罚和经济上的损失，本人将无条件赔偿广东星河的全部损失，以确保广东星河不会因此遭受任何的处罚和损失。”

（2）发行人控股股东、实际控制人叶运寿针对净资产折股涉及的个人所得税问题另作出如下补充承诺：“若税务主管部门要求广东星河各发起人补缴或向其追缴上述有限公司整体变更改制为股份公司过程中相关的个人所得税，则本人愿意针对全体自然人发起人应补缴或被追缴的个人所得税款以及相关的滞纳金、罚金等费用承担连带清偿责任，以保证广东星河及其子公司、分公司不会遭受任何损失。若税务主管部门或其他有权主管部门因上述净资产折股相关的个人所得税问题而拟对广东星河及其子公司、分公司作出任何处罚，则本人愿意针对前述的任何处罚承担连带清偿、连带赔偿责任，以保证广东星河及其子公司、分公司不会遭受任何损失。”

4. 主管税务机关对是否存在税收违法行为的证明

东莞市地方税务局塘厦税务分局于2010年4月12日出具关于叶运寿纳税情况的证明：“2006年1月1日至今，我分局暂未发现该同志存在偷税、欠税等税务违法行为。”

5. 结论

综合以上第1、第2、第3、第4点，信达律师认为，发行人在整体变更为股份公司过程中自然人发起人并未缴纳其中所涉及的个人所得税，但相关发起人已承诺在被追缴时将予以补缴全部税款及费用，控股股东、实际控制人承诺对前述税费将承担连带清偿责任。前述未缴纳个人所得税的情形，对本次发行上市不构成重大影响和实质性法律障碍；发行人控股股东、实际控制人的该等情形不构成重大税务违法行为。

生产构筑物可能被拆除，第五次补充上市申请文件

星河生物IPO申请经中国证监会创业板发审委会议审查后，中国证监会发出创业板发审反馈函［2010］094号《关于发审委会议对广东星河生物科技股份有限公司审核意见的函》。据此，信达律师在对发行人与本次发行上市的相关情况进一步查证的基础上，于2010年10月15日出具了《广东信达律师事务所关于广东星河生物科技股份有限公司首次公开发行股票并在创业板上市的补充法律意见书（五）》（以下简称《补充法律意见书（五）》），对发行人涉及本次发行上市的相关事宜进行修改补充或作进一步的说明。

反馈问题：请保荐机构和发行人律师对塘厦基地修建的生产经营所用构筑物的合法性以及是否存在被要求拆除的风险进行核查并发表明确核查意见。

答复摘要：

（一）塘厦基地构筑物的合法性

根据发行人提供的资料并经信达律师核查，发行人于东莞市塘厦镇大坪村的“东府国用［2003］第特414号”国有土地使用权土地上修建了用于食用菌种植生产的构筑物设施，用途包括装瓶、培养、出菇、采收、包装、保鲜等。

经核查，信达律师认为，发行人通过在其拥有的国有土地使用权土地之上自行修建的方式取得上述位于塘厦镇大坪村的用于食用菌种植生产的构筑物的所有权，是真实、合法、有效的。

（二）塘厦基地构筑物是否存在被要求拆除的风险

根据东莞市人民政府于2009年9月11日出具的证明，发行人为了生产经

营的需要在其所有的位于东莞市塘厦镇大坪村担杆岭地段的“东府国用〔2003〕第特414号”国有土地使用权土地上修建了用于食用菌种植生产的设施，东莞市人民政府同意自该证明出具之日至2015年12月31日的期间内，保留上述设施。

因此，信达律师经核查后认为，发行人塘厦基地内用于食用菌种植生产的构筑物设施在上述证明所载明的期间内即2009年9月11日至2015年12月31日的期间内，不存在被东莞市人民政府要求拆除的风险。

证监会提出反馈意见，保荐机构再次审慎核查

保荐机构与信达律师于2010年4月2日同日收到了中国证监会《行政许可项目审查一次反馈意见通知书》（100144号），民生证券随后按要求履行了审慎核查义务，并根据反馈意见的落实情况，在2010年9月28日出具了修改后的《关于广东星河生物科技股份有限公司首次公开发行股票并在创业板上市之证券发行保荐书》，其中补充说明如下：

1. 反馈意见：证监会要求保荐机构对发行人结合核心技术、生产工艺、三个生产基地设施情况的补充说明及对工厂化生产方式的内容和特点的披露进行核查并发表意见；对发行人披露的生产、销售区域性和季节性特征对工厂化生产模式、经营成果和持续成长能力的影响进行核查并发表意见。

民生证券答复摘要：

经核查，民生证券认为，发行人的工厂化生产模式符合《创业板首发办法》、《关于进一步做好创业板推荐工作的指引》中关于发行人业务模式创新以及成长性的要求。

报告期内发行人的生产模式是全部采用工厂化生产模式。工厂化生产模式是近年来兴起的新兴生产方式，与传统农业相比，工厂化生产模式是在环境控制和机械化操作的前提下实现无土栽培，在产品品质、生产效率、周年化供货、节约土地等方面具有无可比拟的优势，同时该模式具有良好的复制性，具备相应条件的企业能实现生产规模的快速扩张。总体而言，工厂化生产模式是具备现代农业特征的新型产业化生产方式。

发行人采用工厂化模式生产食用菌，通过工业技术控制光、温、湿、气等环境要素，使食用菌生长于人工模拟生态环境，其生产不存在明显的季节性，同时，工厂化生产具备较强的可复制性，是发行人将来快速扩张的前提和基础。目前发行人销售存在一定的区域性和季节性。销售的区域性是由公司所处的区域位置及庞大的市场需求决定的，对发行人的生产模式、经营成果和持续成长能力均不会产生重大不利影响；销售的季节性会影响发行人各季度的经营

业绩，除个别年份的极端天气外，季节性特征不会对发行人年度经营业绩和持续成长性产生重大不利影响。

2. 反馈意见：证监会要求保荐机构和律师对发行人是否符合《创业板首发办法》中“发行人最近一年的营业收入或净利润对关联方或者有重大不确定性的客户存在重大依赖”的规定进行核查。

民生证券答复摘要：

通过查阅主要经销商营业执照、经销商关于关联关系的《声明书》，实地走访经销商，对发行人主要经销商进行问卷调查，查阅、分析经审计的财务报告，查证、分析发行人报告期内经销商变动情况及销售变动情况，民生证券认为：发行人与经销商不存在关联关系，对客户不存在重大依赖，发行人不存在《创业板首发办法》关于“发行人最近一年的营业收入或净利润对关联方或者有重大不确定性的客户存在重大依赖”所规定的情形。

3. 反馈意见：证监会要求保荐机构和律师核查发行人是否对税收优惠和政府补助存在严重依赖。

民生证券答复摘要：

通过与发行人高管、财务人员以及申报会计师访谈，查阅《中华人民共和国增值税暂行条例》、《中华人民共和国企业所得税法》，查阅发行人报告期内财政补贴收入证明文件及批复，查阅发行人经审计的财务报告以及经注册会计师核验的非经常性损益明细表，民生证券认为：发行人享受的各项税收优惠符合相关法律法规的规定，发行人的经营成果对税收优惠和政府补助不存在严重依赖。

4. 反馈意见：证监会要求保荐机构核查发行人的短期偿债能力是否存在较大风险并发表明确意见。

民生证券答复摘要：

经核查，保荐人认为，随着发行人负债结构的改善，发行人短期偿债能力得到提高，综合发行人现金流量情况、可动用现金、资产负债结构、融资渠道等因素，发行人不存在重大偿债风险。

5. 反馈意见：证监会要求保荐机构核查发行人营业成本的核算是否正确，并发表明确意见。

民生证券答复摘要：

经核查，本保荐机构认为，发行人成本核算流程清晰，成本归集、分配及结转均符合公司会计核算的相关规定，其成本核算能反映企业的实际成本状况；发行人财务报表的编制符合企业会计准则和相关会计制度的规定，在所有重大方面公允地反映了发行人的财务状况、经营成果、现金流量等。

6. 反馈意见：证监会要求保荐机构对发行人的食品安全风险进一步核查，并根据发行人经营的实际状况，补充披露“食品安全风险”。

民生证券答复摘要：

发行人已在招股说明书中补充披露“食品安全风险”。具体情况如下：

公司产品安全无公害，品质优良。在产品生产过程中无须使用农药和化肥，消毒使用臭氧气体，保证产品安全无污染、无残留。由于先进无污染的生产管理和控制，公司产品质量较高，发生食品安全事故的可能性较小。但公司产品仍在以下环节可能出现食品安全问题：一是原材料质量隐患，如果所采购的原材料出现严重的重金属或农药残留超标情况，食用菌在汲取原材料养分的同时可能同时汲取重金属和农药成分，从而导致重金属和农药超标而引发食品安全问题；二是在食品流通环节可能存在二次污染。如果公司产品出现上述情况，公司及相关人员将可能受到监管机构的行政处罚甚至面临刑事处罚，公司将承担赔付责任，声誉和经营业绩将会受到不利影响。因此，公司存在质量控制出现失误而带来的产品质量和食品安全风险。

【案例小结与解决对策】

证监会严格审查一年之内的突击入股

发行人申请上市一年内有增资扩股情况，是证监会审查的重点之一。根据相关法规和《深交所创业板上市规则》，若出现这种情况，需签署《增资扩股协议》，并经临时股东大会审议通过增资扩股议案，出资方对本次增资也需履行内部审批程序，出资后须经注册会计师严格履行验资手续，明确出资额并划分为注册资本和资本公积（溢价部分）。出资入股方涉及上市公司的，不得动用其公开发行证券募集的资金投资于拟 IPO 公司。一年之内增资扩股的新股东与发行人其他董事、监事、高级管理人员之间不得存在《深交所创业板上市规则》所规定的关联关系，以避免突击入股，造成重大利益输送。此项需律师发表明确意见方可放行。

对税收优惠和政府补助的依赖程度影响公司业绩稳定

发行人对税收优惠和政府补助不能存在严重依赖，否则将影响发行人经营业绩的持续性和稳定性。因此，享受税收优惠和政府补助在未来应具有持续性和稳定性，且税收优惠和政府补贴占利润总额的比例应当逐年呈现总体下降的趋势。此项需有明确有效的税法条文，在税务主管部门办理税收优惠备案或批文。在得到税收机关和政府部门的证明类支撑文件并经律师出具明确意见后，方能获得证监会审查认可通过。

与经销商的关联关系以及对重大客户的依赖

发行人须分析和说明主要客户和经销商的基本情况，发行人主要经销商是否与发行人存在关联关系，发行人过往三年主要客户和经销商销售发行人产品的情况，统计分析前5大客户或占75%销售额的主要客户情况，确认上一年或最近一期的主要客户和经销商中是否存在重大不确定性的客户，以及净利润是否对有重大不确定性的客户存在重大依赖。发行人律师和保荐机构通常根据发行人提供的资料、注册会计师的审计报告、主要经销商提供的资料、各方出具的声明并经审慎核查后，出具法律意见书和证券发行保荐书（或补充意见和补充说明）。

超过审计报告有效期或跨越财年/半年，应补充尽职调查

由于上市审查时间的不确定性，发行人的上市申请等待审批时间如果跨越了审计报告有效期或会计年度及半年时段，申报会计师应对最近一期的财务报表进行审计，并出具新的《审计报告》。根据中国证监会的相关规定，在此情况下发行人律师和保荐机构也应根据已经变化的情况，对发行人与本次发行上市的相关情况进一步查证，并出具《补充法律意见书》和《上市保荐书补充说明》，依此对已经出具的原法律意见和保荐意见的相关内容进行修改补充或作进一步的说明。主要内容包括本次发行上市的实质条件、发行人的分支机构、发行人的业务、关联交易、产权及财产使用、重大债权债务及重要合同、公司治理及规范运行、社会保险缴纳、住房公积金补缴纳、诉讼、仲裁或行政处罚情况，等等。总之，只要发生变化，就要补充说明。

工程和设备款的大额支付可能存疑是否存在关联交易

发行人如果连续发生工程款和设备款及其他重大采购行为的大额支付或频繁支付，可能引起证监会注意，并要求对工程承包商、设备制造商的合法性、经营范围、股权结构、高管人员等基本情况进行核查。此情况下，通常由发行人律师核查后认定相关各方是否存在相互控制及可能造成发行人对其产生利益倾斜的关联关系。

股权转让和整体改制是否缴税

星河生物历次股权转让的合法性、历次股权转让定价、历次股权转让是否缴纳个人所得税、发行人整体变更为股份公司的净资产折股情况、净资产折股

涉及的个人所得税金额、自然人发起人股东对于净资产折股涉及的个人所得税的承诺情况等都属于证监会审查之列，需要工商管理局出具股权合法有效的证明文件，主管税务机关出具是否存在税收违法行为的证明，并由律师给出明确结论。

土地使用的合法性影响发行人的持续经营能力

星河生物在上市申请过程中被质疑在塘厦基地修建的生产经营所用构筑物的合法性以及可能被拆除，此拆除风险可能将对发行人近几年的持续经营能力构成重大不利影响。对此，发行人提供了国有土地使用权证，东莞市人民政府也出具了证明，同意在指定期间内，星河生物可以继续使用该土地并保留构筑物设施。土地使用是否合法及是否存在被拆除的风险应根据土地使用权证、政府文件和律师的意见加以判断。

创业板发行人的业务模式创新以及成长性

证监会要求保荐机构对星河生物的核心技术、生产工艺、三个生产基地设施情况进行补充说明及对工厂化生产方式的内容和特点的披露进行核查并发表意见，其实质是要深入了解发行人的业务模式创新以及成长性，以便确定星河生物究竟属于高科技、高成长性和新经济、新服务、新农业、新能源、新材料、新商业模式企业（两高六新）的哪一种，到底符不符合在创业板上市。对此，民生证券进行了详细核查，并出具了肯定性的意见：发行人的工厂化生产模式符合《创业板首发办法》、《关于进一步做好创业板推荐工作的指引》中关于发行人业务模式创新以及创业板公司成长性的要求。

核查发行人营业成本的核算是否正确并发表明确意见

证监会要求保荐机构对星河生物的成本核算进行审核，其实质是深入了解成本核算能否真实反映企业的实际成本状况，财务报表编制是否符合企业会计准则和相关会计制度的规定，在所有重大方面是否公允地反映了发行人的财务状况和经营成果，其目的是保护公众投资者。保荐机构出具意见能让监管部门放心。

对食品安全风险进一步核查

食品安全事关民生，证监会要求保荐机构对星河生物的食品安全风险进一步核查是为了保证公共食品安全，资本市场不能把巨额募股资金投给食品不安全的企业。经核查，保荐机构认为星河生物在生产管理和控制下，公司产品质量较高，发生食品安全事故的可能性较小。但事实上，任何人无法完全保证公司质量控制出现失误而带来的产品质量和食品安全风险。这一点保荐人给出了明确的提示。

总而言之，上市申请的审核是非常详细、复杂和严格的，反馈意见和问题是多种多样和复杂的，工作量之大可想而知，而审查时间也是较长的。证监会对拟 IPO 的公司上报发行申请材料后，一般都会给出反馈意见和要求详细核查的问题，并要求发行人及其保荐机构和律师补充说明相关问题。对此，发行人和各中介机构应当认真对待，快速配合及开展核查，如实说明情况，采取适当的、合法的、有效的解决对策，由政府相关部门出具证明类支撑文件，中介机构出具审计报告、法律意见书和上市保荐书的补充文件，尽快报证监会重新审核。

第七章

公司的成长性和盈利预测审核

○创业板公司的成长性与鼓励推荐行业

○盈利预测报告及审核报告

第一节 创业板公司的成长性与鼓励推荐行业

一、成长性是筛选上市公司的重要标准

（一）公司的成长性

公司的成长性实质上就是公司未来业绩增长的能力和水平。由于资本市场资源的稀缺性，拟上市的企业众多，保荐机构在选择和审核发行人是否具备上市条件时的一个重要标准就是公司是否具有高速的成长性。保荐机构通常从以下标准来筛选拟上市企业：

1. 景气行业与龙头地位

首先选择景气行业，然后选择景气行业中（或细分行业中）的龙头企业。景气行业是指预期行业平均增长率高于 GDP 增长率的行业，其中包括政策景气行业即产业政策变化引起的预期看涨行业，以及经济景气行业，即由于经济与行业周期变化而带来预期看涨的行业。

行业龙头企业是指主营业务突出、行业地位领先的优秀企业，具体说就是主营业务收入占总收入的 50% 以上，主营业务收入高于全行业平均值，企业核心产品市场占有率和技术水平处于行业领先地位的企业。只有龙头企业才有条件在未来市场中整合资源、做大做强。

2. 主营业务的盈利能力

主营业务的盈利能力决定发行人的整体盈利水平，是投资者认购新股的主要决策依据。考察发行人的主营业务盈利能力包括：（1）过去三年主营业务收入占总收入比例稳步增长，主营业务收入增长率高于行业平均水平；（2）过去三年利润结构分布，主营业务利润占利润总额的比重较高；（3）公司产品拥有核心竞争力，如技术、质量、性价比等；（4）公司财务会计政策的稳定性对公司主营业务利润的影响。

3. 公司成长性与股票投资价值

公司新股发行价格一般以前一年的每股净收益作为计算基准，并适当参考未来一年内的盈利预期。监管部门往往注重对过往业绩的审核，但是从理论上和投资机构在新股询价认购的实践情况看，股票发行价格是对公司未来业绩的定价，买股票是投资公司的未来，投资者更关心企业未来的盈利能力，期望企业盈利能在资本市场实现价格化，从而获得利润分配收益或者实现高出市场平均水平的资本利得。因此，企业的成长性就成为发行人股票投资价值的主要参

考指标。

企业的成长性需要由企业的盈利预测报告来具体体现，投资者非常重视公司的成长性并通过公司的盈利预测报告、独立审计机构的盈利预测审核报告或保荐机构出具的成长性专项意见来判断公司的成长性。

（二）通过盈利预测报告和盈利预测审核报告反映公司的成长性

1. 盈利预测报告

盈利预测是指发行人对未来会计期间经营成果的预计和测算。盈利预测的数据至少应包括会计年度营业收入、利润总额、净利润、每股净收益。发行人应当在对一般经济条件、经营环境、市场情况、生产经营条件和财务状况等进行合理假设的基础上，按照发行人正常的发展速度作出盈利预测并编制盈利预测报告。

盈利预测对于拟上市企业至关重要，它的准确与否决定着投资人和公众股东的直接收益，盈利预测报告是投资者投资决策的重要依据之一。

2. 盈利预测报告的审核

2006 年中国注册会计师协会颁布了《注册会计师其他鉴证业务准则第 3111 号——预测性财务信息的审核》，发行人应按照该准则委托注册会计师对盈利预测报告进行审核，并由注册会计师出具盈利预测审核报告。

预测性财务信息，是指被审核单位依据对未来可能发生的事项或采取的行动的假设而编制的财务信息。预测性财务信息可以表现为预测、规划或两者的结合，可能包括财务报表或财务报表的一项或多项要素。

财务预测，是指管理层在最佳估计假设的基础上编制的预测性财务信息。最佳估计假设是指截至编制预测性财务信息日，管理层对预期未来发生的事项和采取的行动作出的假设。

经营规划，是指管理层基于推测性假设，或同时基于推测性假设和最佳估计假设编制的预测性财务信息。推测性假设是指管理层对未来事项和采取的行动作出的假设，该事项或行动预期在未来未必发生。

（三）通过公司的成长性专项意见反映公司的成长性

中国证监会《创业板首发办法》规定，发行人发行股票并在创业板上市，保荐人应当对发行人的成长性进行尽职调查和审慎判断并出具专项意见。发行人属自主创新企业的，还应当在专项意见中说明发行人的自主创新能力。

公司的成长性专项意见应当包括以下主要内容：发行人概况、发行人过去的成长情况及其原因分析、发行人未来的成长性分析及核心竞争优势、发行人的自主创新能力分析（适用于自主创新企业）、发行人的成长性专项结论性意见。

事实上，只要在创业板申请上市，无论公司是否决定披露盈利预测报告，保荐机构都必须向中国证监会出具公司成长性专项意见并公开披露。保荐人的成长性专项意见是在对公司的审慎调查基础上进行的，因此，公司应当首先提供相关的资料和信息，并向保荐机构提供自身成长性专项情况说明和盈利预测报告及管理层讨论分析意见，以备保荐机构对公司的成长性进行审慎调查。

虽然盈利预测报告和盈利预测审核报告并不是公司申请首次公开发行股票的法定必备文件，公司可以采取谨慎的态度不直接披露盈利预测报告。但在上市运作实践中，无论主板还是创业板，在 IPO 招股说明书中的业务和技术、财务会计信息、管理层讨论与分析、业务发展目标和募集资金运用等方面已经涉及并描述了公司的成长性；保荐机构的《上市保荐书》在公司持续盈利能力和发行人的发展前景方面也须进行评价。这些都离不开公司对未来几年的盈利预测。

二、鼓励九类战略性新兴产业与控制八类传统行业

2010 年 3 月 19 日，中国证监会发布《关于进一步做好创业板推荐工作的指引》（以下简称《推荐指引》），强调保荐机构在推荐拟在创业板上市企业时，应重点推荐符合国家战略性新兴产业发展方向的企业，特别是新能源、新材料、信息、生物与新医药、节能环保、航空航天、海洋、先进制造、高技术服务九类领域的企业，以及其他领域中具有自主创新能力、成长性强的企业。

推荐指引指出对八类传统行业的企业应审慎推荐在创业板上市，包括：（1）纺织、服装；（2）电力、煤气及水的生产供应等公用事业；（3）房地产开发与经营，土木工程建筑；（4）交通运输；（5）酒类、食品、饮料；（6）金融；（7）一般性服务业；（8）国家产业政策明确抑制的产能过剩和重复建设的行业。

此举旨在进一步提高创业板保荐质量，切实发挥创业板促进自主创新企业及其他成长型创业企业发展的市场功能，支持和促进国家战略性新兴产业的发展。

指引要求保荐机构应当顺应国家经济发展战略和产业政策导向，准确把握创业板定位，切实履行勤勉尽责要求，全面做好创业板拟上市公司的辅导培育、尽职调查、审慎核查和依法推荐工作。

中国证监会对保荐机构的论证过程是否科学、依据是否充分、结论是否合理履行专家评议程序，根据评议意见决定是否受理该企业的申请，评议及受理情况作为对保荐机构和保荐代表人执业能力及其是否勤勉尽责的考核依据。

指引要求，保荐机构选择、推荐创业板企业，应当重点关注企业的创新能力，深入核查企业是否拥有关键的核心技术、突出的研发优势、创新的业务模式以及较强的市场开拓能力，并在成长性专项意见中予以说明。

推荐指引强调，保荐机构应当按照勤勉尽责原则，结合企业的行业前景及其地位、业务模式、技术水平和研发能力、产品或服务的质量及市场前景、营销能力等因素，同时考虑企业持续成长的制约条件，综合分析判断企业的成长性，出具结论明确的成长性专项意见。

保荐机构应重点分析企业自主创新能力对成长性的影响。企业的业务属于产品制造类的，应就其核心技术和持续技术创新能力对成长性的影响发表明确分析意见；企业的业务属于非产品制造类的，应就其业务的特色和业务模式的创新性对成长性的影响明确发表分析意见。

第二节　盈利预测报告及审核报告

一、盈利预测的原则及相关各方责任

（一）预测期间的确定原则

如果预测是在发行人会计年度的前6个月作出的，则为预测时起至该会计年度结束时止的期限；如果预测是在发行人会计年度的后6个月作出的，则为预测时起至不超过下一个会计年度结束时止的期限。

（二）审慎原则

拟上市公司应本着审慎的原则作出当年的盈利预测，并经过具有证券从业资格的注册会计师审核。如果存在影响盈利预测的不确定因素，则应作出敏感性分析与说明。如果拟上市公司不能作出盈利预测，则应在发行公告和招股说明书的显要位置作出风险警示。

（三）相关各方的责任

1. 拟上市公司管理层责任

拟上市公司及其管理层负责编制预测性财务信息和盈利预测报告，包括识别和披露预测性财务信息依据的假设，管理层需对盈利预测进行讨论。

对于一些特殊行业的公司（如矿业公司），还应聘请独立技术咨询机构进行独立技术审核，其中包括营运财务成本的审核，对于市场走势和价格趋势需要提供专业机构的分析报告，有关行业专家独立技术审查请参见本系列丛书《企业兼并与收购》一书第五章的内容及案例。

2. 董事会成员关于盈利预测报告的承诺声明

除管理层出具讨论意见外，公司董事会全体董事应书面承诺本盈利预测报告及其附件不存在任何虚假记载、误导性陈述或重大遗漏，在正常生产经营情况下，本公司能完成相应的盈利预测，并对其真实性、准确性和完整性承担相应的法律责任。盈利预测报告附董事签名和日期。

3. 注册会计师责任及保证程度

注册会计师责任及保证程度包括：（1）接受委托对预测性财务信息实施审核并出具报告，可增强该信息的可信赖程度。（2）注册会计师不应对预测性财务信息的结果能否实现发表意见。（3）当对管理层采用的假设的合理性发表意见时，注册会计师仅提供有限保证。

这里特别要提到的是，编制企业的盈利预测报告前最好先请行业专家进行独立技术审查（境外上市尤其如此），出具独立技术审查报告，为盈利预测报告的编制提供可靠基础。

（四）实现利润与盈利预测产生偏差的罚则

发行人和注册会计师应当审慎出具盈利预测报告及其盈利预测报告审核报告。《创业板首发办法》和《主板首发办法》都规定：发行人披露盈利预测的，利润实现数如未达到盈利预测的80%，除因不可抗力外，其法定代表人、盈利预测审核报告签字注册会计师应当在股东大会及中国证监会指定网站、报刊上公开作出解释并道歉；中国证监会可以对法定代表人处以警告。利润实现数未达到盈利预测的50%的，除因不可抗力外，中国证监会在36个月内不受理该公司的公开发行证券申请。

但创业板取消了“发行人营业利润同比下滑50%以上的，将对相关保荐代表人采取相应监管措施。”这是因为，创业板企业客观存在着规模小、成长性强、业务模式新、业绩不确定性大、经营风险高等特点，这些特点是这类企业的共性问题，不会因保荐机构的努力工作而发生根本变化，保荐机构和保荐代表人也不可能通过自身的专业能力或其他手段，降低企业经营业绩波动性。因此，如果再沿袭主板或中小企业板的规定，保荐机构和保荐代表人对发行人当年营业利润下滑超过一定比例承担连带责任，会打击保荐机构保荐创业板公司上市的积极性。

二、盈利预测报告

（一）特别提示

本公司盈利预测报告的编制遵循了谨慎性原则，但盈利预测所依据的各种假设具有不确定性，投资者进行投资决策时不应过分依赖该项资料。

（二）正文

1. 盈利预测的编制基础

主要包括：（1）经中国注册会计师审定的上年度会计报表；（2）募集资金使用计划；（3）编制该盈利预测所依据的会计政策。

2. 盈利预测的基本假设

主要包括：（1）本公司遵循的中国现有法律、法规、政策及制度无重大变化；（2）中国及本地区的政治、经济环境无重大变化；（3）本公司所属行业的市场状况及市场占有率无重大变化；（4）行业的行业政策无重大变化；（5）本公司遵循的税收制度，执行的税负、税率政策无重大变化；（6）本公司组织机构及经营活动、预计产品结构和生产能力无重大变化；（7）本公司经营计划能如期实现，已签订的合同能够正常履行；（8）本公司经营所需的主要能源、原材料价格在未来期间不会发生大的变动；（9）无其他不可预见因素和人力不可抗拒因素造成的重大不利影响。如果发生上述重大变化，则需特别说明其对盈利预测的影响程度。

（三）不可确定的因素

主要包括：（1）公司及行业的上下游产品供求关系和宏观经济政策变化的不确定性；（2）银行信贷利率因国家整体货币政策的不确定性而不完全确定。

（四）盈利预测编制说明

1. 公司基本情况。包括：（1）公司营业执照注册号、控股股东、股本、公司法定代表人、公司住所、经营范围、部门设置、注册资本、主要股东持股比例；（2）控股股东及其法定代表人、注册地址、经营范围。

2. 公司主要会计政策、会计估计、合并会计报表的编制方法。

3. 会计政策变更。

4. 税项（主要税种及税率、税收优惠政策）。

5. 盈利预测编制范围说明。

（五）盈利预测分项计算依据及方法说明

具体包括：（1）营业收入；（2）营业成本；（3）营业税金及附加；（4）销售费用；（5）管理费用；（6）财务费用；（7）投资收益；（8）营业外收支；（9）所得税费用（报告后附以上各分项预测的计算表，单位成本明细表等）。

（六）影响公司预测利润实现的不利因素分析及对策

包括：（1）国家政策调控及行业经济政策的风险；（2）市场风险；（3）募集资金投资项目的风险；（4）与投资收益相关的风险；（5）发生意外

安全事故的风险（如有）。

（七）附表

盈利预测附表通常包括盈利预测总表（见表7-1），营业收入、营业成本和毛利预测表，营业税金及附加预测表，销售费用预测表，管理费用预测表，财务费用预测表，资产减值损失预测表，营业外收入预测表，所得税费用预测表。

表7-1　　盈利预测总表（预测截至2011年12月31日）

盈利预测财务指标项目	指标数额
一、营业收入	
二、营业利润（亏损以“-”号填列）	
三、利润总额	
减：所得税费用	
四、净利润（净亏损以“-”号填列）	
（一）归属于母公司所有者的净利润	
（二）少数股东损益	
五、每股收益	
（一）基本每股收益	
（二）稀释每股收益	

公司法定代表人：　　　　主管会计工作的公司负责人：

财务总监：　　　　　　　会计机构负责人：

××股份有限公司　　　　二〇一〇年十一月二十日

三、预测性财务信息的审核

（一）委托注册会计师作盈利预测审核

拟上市企业决定披露盈利预测报告时，应委托注册会计师承担预测性财务信息的审核业务。会计师通常考虑下列因素：（1）信息的预定用途；（2）信息是广为分发还是有限分发；（3）假设的性质，即假设是最佳估计假设还是推测性假设；（4）信息中包含的要素；（5）信息涵盖的期间。

企业应与会计师事务所签订业务约定书。如果假设明显不切实际，或认为预测性财务信息并不适合预定用途，注册会计师可拒绝接受委托，或解除业务约定。

（二）收集提供审核证据

注册会计师通常就下列事项获取充分、适当的证据：（1）管理层编制预测性财务信息所依据的最佳估计假设并非不合理；在依据推测性假设的情况下，推测性假设与信息的编制目的是相适应的；（2）预测性财务信息是在假设的基础上恰当编制的；（3）预测性财务信息已恰当列报，所有重大假设已充分披露，包括说明采用的是推测性假设还是最佳估计假设；（4）预测性财务信息的编制基础与历史财务报表一致，并选用了恰当的会计政策。

（三）审核程序及要点

1. 深入了解预测信息的编制过程

注册会计师首先通过以下方面，了解熟悉被审核单位编制预测性财务信息的过程：（1）与编制预测性财务信息相关的内部控制，以及负责编制预测性财务信息人员的专业技能和经验；（2）支持管理层作出假设的文件的性质；（3）运用统计、数学方法及计算机辅助技术的程度；（4）形成和运用假设时使用的方法；（5）以前期间编制预测性财务信息的准确性，及其与实际情况出现重大差异的原因。

2. 了解和考虑确定的其他问题

注册会计师还应充分了解：（1）被审核单位情况，以评价管理层是否识别出编制预测性财务信息所要求的全部重要假设；（2）考虑被审核单位编制预测性财务信息时依赖历史财务信息的程度是否合理；（3）了解被审核单位的历史财务信息，以评价预测性财务信息与历史财务信息的编制基础是否一致，并为考虑管理层假设提供历史基准；（4）注册会计师应当确定相关历史财务信息是否已经审计或审阅，是否选用了恰当的会计政策；（5）如果对上期历史财务信息出具了非标准审计报告或非标准审阅报告，或被审核单位尚处于营业初期，应当考虑各项相关的事实及其对预测性财务信息审核的影响。

3. 涵盖期间的界定

（1）注册会计师应当考虑预测性财务信息涵盖的期间。随着涵盖期间的延长，假设的主观性将会增加，管理层作出最佳估计假设的能力将会减弱。预测性财务信息涵盖的期间不应超过管理层可作出合理假设的期间。

（2）注册会计师可以从下列方面考虑预测性财务信息涵盖的期间是否合理：经营周期；假设的可靠程度；使用者的需求。

4. 审核程序和要点

（1）在确定审核程序的性质、时间和范围时需考虑的因素。包括：重大错报的可能性；以前期间执行业务所了解的情况；管理层编制预测性财务信息的能力；预测性财务信息受管理层判断影响的程度；基础数据的恰当性和可靠性。

（2）评估支持管理层作出最佳估计假设的证据的来源和可靠性。从内部或外部来源获取支持这些假设的充分、适当的证据，包括根据历史财务信息考虑这些假设，以及评价这些假设是否依据被审核单位有能力实现的计划。

（3）当使用推测性假设时，应当确定这些假设的所有重要影响是否已得到考虑。对推测性假设，不需要获取支持性的证据，但应当确定这些假设与编制预测性财务信息的目的相适应，并且没有理由相信这些假设明显不切合实际。

（4）通过检查数据计算准确性和内在一致性等，确定预测性财务信息是否依据管理层确定的假设恰当编制。内在一致性是指管理层拟采取的各项行动相互之间不存在矛盾，以及根据共同的变量确定的金额之间不存在不一致。

（5）关注特别敏感变化的领域，并考虑该领域影响预测性财务信息的程度。

（6）当接受委托审核预测性财务信息的一项或多项要素时，应当考虑该要素与财务信息其他要素之间的关联关系。

（7）当预测性财务信息包括本期部分历史信息时，应当考虑对历史信息需要实施的程序的范围。

（8）注册会计师应当就下列事项向管理层获取书面声明：①预测性财务信息的预定用途；②管理层作出的重大假设的完整性；③管理层认可对预测性财务信息的责任。

5. 列报

在评价预测性财务信息的列报（包括披露）时，注册会计师除考虑相关法律法规的具体要求外，还应当考虑下列事项：

（1）预测性财务信息的列报是否提供有用信息且不会产生误导。

（2）预测性财务信息的附注中是否清楚地披露会计政策。

（3）预测性财务信息的附注中是否充分披露所依据的假设，是否明确区分最佳估计假设和推测性假设；对于涉及重大且具有高度不确定性的假设，是否已充分披露该不确定性以及由此导致的预测结果的敏感性。

（4）预测性财务信息的编制日期是否得以披露，管理层是否确认截至该日期，编制该预测性财务信息所依据的各项假设仍然适当。

（5）当预测性财务信息的结果以区间表示时，是否已清楚说明在该区间内选取若干点的基础，该区间的选择是否不带偏见或不产生误导。

（6）从最近历史财务信息披露以来，会计政策是否发生变更、变更的原因及其对预测性财务信息的影响。

四、盈利预测审核报告

（一）预测性财务信息审核报告的内容

具体包括：(1) 标题；(2) 收件人；(3) 指出所审核的预测性财务信息；(4) 提及审核预测性财务信息时依据的准则；(5) 说明管理层对预测性财务信息（包括编制该信息所依据的假设）负责；(6) 适当时，提及预测性财务信息的使用目的和分发限制；(7) 以消极方式说明假设是否为预测性财务信息提供合理基础；(8) 对预测性财务信息是否依据假设恰当编制，并按照适用的会计准则和相关会计制度的规定进行列报发表意见；(9) 对预测性财务信息的可实现程度作出适当警示；(10) 注册会计师的签名及盖章；(11) 会计师事务所的名称、地址及盖章；(12) 报告日期。报告日期应为完成审核工作的日期。

（二）审核报告说明段

具体包括：(1) 根据对支持假设的证据的检查，注册会计师是否注意到任何事项，导致其认为这些假设不能为预测性财务信息提供合理基础。(2) 对预测性财务信息是否依据这些假设恰当编制，并按照适用的会计准则和相关会计制度的规定进行列报发表意见。(3) 由于预期事项通常并非如预期那样发生，并且变动可能重大，实际结果可能与预测性财务信息存在差异；同样，当预测性财务信息以区间形式表述时，对实际结果是否处于该区间内不提供任何保证。(4) 在审核规划的情况下，编制预测性财务信息是为了特定目的（列明具体目的）。在编制过程中运用了一整套假设，包括有关未来事项和管理层行动的推测性假设，而这些事项和行动预期在未来未必发生。因此，提醒信息使用者注意，预测性财务信息不得用于该特定目的以外的其他目的。

（三）如果认为预测性财务信息的列报不恰当，注册会计师应当对预测性财务信息出具保留或否定意见的审核报告，或解除业务约定。

（四）如果认为一项或者多项重大假设不能为依据最佳估计假设编制的预测性财务信息提供合理基础，或在给定的推测性假设下，一项或者多项重大假设不能为依据推测性假设编制的预测性财务信息提供合理基础，注册会计师应当对预测性财务信息出具否定意见的审核报告，或解除业务约定。

（五）如果审核范围受到限制，导致无法实施必要的审核程序，注册会计师应当解除业务约定，或出具无法表示意见的审核报告，并在报告中说明审核范围受到限制的情况。

（六）审核报告参考格式

1. 对盈利预测报告出具无保留意见的审核报告（以预测为基础）

盈利预测审核报告

××股份有限公司全体股东：

我们审核了后附的××股份有限公司编制的20××年度的盈利预测报告。我们的审核是依据《中国注册会计师其他鉴证业务准则第3111号——预测性财务信息的审核》。××股份管理层对该预测及其所依据的各项假设负责。这些假设已在盈利预测报告中披露。

根据我们对支持这些假设的证据的审核，我们没有注意到任何事项使我们认为这些假设没有为预测提供合理基础。而且，我们认为，该预测是在这些假设的基础上恰当编制的，并按照《企业会计准则》编制基础的规定进行了列报。

由于预期事项通常并非如预期那样发生，并且变动可能重大，实际结果可能与预测性财务信息存在差异。

××会计师事务所　　　　　　　　　　中国注册会计师：（签名并盖章）
（盖章）　　　　　　　　　　　　　　中国注册会计师：（签名并盖章）

中国××市

二〇一〇年×月×日

2. 对盈利预测报告出具无保留意见的审核报告（以规划为基础）

盈利预测审核报告

××股份有限公司：

我们审核了后附的××股份有限公司（以下简称公司）编制的规划（列明规划涵盖的期间和规划的名称）。我们的审核依据是《中国注册会计师其他鉴证业务准则第3111号——预测性财务信息的审核》。公司管理层对该规划及其所依据的各项假设负责。这些假设已在附注×中披露。

公司编制规划是为了××目的。由于公司尚处于营业初期，在编制规划时运用了一整套假设，包括有关未来事项和管理层行动的推测性假设，而这些事项和行动预期在未来未必发生。因此，我们提醒信息使用者注意，该规划不得用于××目的以外的其他目的。

根据我们对支持这些假设的证据的审核，在推测性假设（列明推测性假设）成立的前提下，我们没有注意到任何事项使我们认为这些假设没有为规划提供合理基础。我们认为，该规划是在这些假设的基础上恰当编制的，并按照××编制基础的规定进行了列报。

即使在推测性假设中所涉及的事项发生，但由于预期事项通常并非如预期那样发生，并且变动可能重大，因此实际结果仍然可能与预测性财务信息存在差异。

××会计师事务所　　　　　　　　中国注册会计师：（签名并盖章）
（盖章）　　　　　　　　　　　　中国注册会计师：（签名并盖章）
中国××市

二〇一〇年×月×日

案例　星河生物赴创业板上市的成长性分析与评价

【案例导读】

在任何资本市场，投资于公司的股票就是投资公司的未来，因此公司的成长性就成为证券监管部门和投资者最关心的问题之一，创业板尤其如此。本案例将回顾总结星河生物过往三年和最近一期的业绩增长情况，分析其增长原因，结合产品市场状况和公司募股资金投向，分析和预测公司未来的业绩增长趋势，并对星河生物的成长性给出专项分析评价意见。

【案例回放】

星河生物的基本情况

广东星河生物科技股份有限公司（简称星河生物或发行人、公司）成立于 1998 年 8 月 6 日，原名称为东莞市星河实业有限公司（简称星河有限）。法定代表人叶运寿，公司住所为广东省东莞市塘厦镇蛟坪大道 83 号。

公司是由叶运寿等 21 名自然人和南峰集团作为发起人，以星河有限截至 2008 年 5 月 31 日经审计后的净资产 7 265. 24 万元为基础，按照 1:0. 62 的比例折合为 4 500 万股，以整体变更方式设立的股份有限公司，公司于 2008 年 9 月 17 日取得东莞市工商行政管理局核发的企业法人营业执照。2009 年 6 月公司进行增资扩股，总股本增加至 5 000 万元。

公司主营业务为鲜品食用菌的研发、生产和销售，主要产品包括金针菇、真姬菇和白玉菇等鲜品食用菌。公司采用工厂化模式生产鲜品食用菌，是全国食用菌工厂化生产领域的龙头企业，生产规模在国内鲜品食用菌工厂化生产企业中名列前茅。经中国食用菌协会统计，截至 2009 年 12 月 31 日，公司日产鲜品食用菌36吨，在全国246家食用菌工厂化生产企业中排名第一，其中，广东星河主要产品金针菇日产量为30吨，排名第一；真姬菇日产量为5吨，排名第二。

2010年上半年公司产能继续扩大，产品日产量继续提高，截至2010年6月30日，公司日产鲜品食用菌40吨，其中金针菇日产量为33吨，真姬菇日产量为6吨，白玉菇1吨。

星河生物公司的成长性尽职调查

按照中国证监会《创业板首发办法》有关发行人发行股票并在创业板上市，保荐人应当对发行人的成长性进行尽职调查和审慎判断并出具专项意见的规定，民生证券的保荐代表人及协办人员对星河生物的成长性进行了专项尽职调查，并通过出具《关于广东星河生物科技股份有限公司成长性的专项意见》反映公司的成长性。

为配合调查成长性专项调查，星河生物有关部门和人员向民生证券提供了过往公司三年的成长情况、产品的区域销售情况和市场地位、公司的核心优势、募股资金投资项目可行性研究报告、现有产品生产成本和新项目投产后的生产成本费用、市场需求、市场销售价格以及新项目投产后的产能和效益分析等，管理层也对相关问题进行了分析和讨论。

民生证券及其保荐代表人收集查阅了大量的经济统计信息、行业统计资料，对全国的食用菌产品市场状况和行业发展趋势进行了分析，并根据《公司法》、《证券法》等有关法律、法规和中国证监会的有关规定，诚实守信，勤勉尽职，严格按照业务规则、行业执业规范和道德准则完成了对星河生物成长性的尽职调查。经审慎分析和判断，民生证券及其保荐代表人认为星河生物在未来几年中将继续保持快速成长，出具了《关于广东星河生物科技股份有限公司成长性的专项意见》，并承诺保证所出具文件的真实性、准确性和完整性。

报告期内发行人业绩及资产增长情况

报告期内，星河生物的营业收入、净利润、资产规模等多项指标每年实现快速增长，其高成长性具体体现在：

1. 营业收入稳步增长

2007年、2008年、2009年、2010年1—6月发行人分别实现营业收入6 050.72万元、7 389.06万元、9 577.11万元、6 545.49万元，2008年、2009年营业收入分别比上年增长22.12%、29.61%，2007年至2009年复合增长率为25.81%。

2. 净利润快速增长

2007年、2008年、2009年、2010年1—6月归属于发行人母公司股东的净利润分别为993.95万元、1 146.34万元、2 035.02万元、1 314.09万元，2008年、2009年分别比上年增长15.33%、77.52%，2007年至2009年复合增长率为43.09%。

2007年、2008年、2009年1—6月扣除非经常性损益后的归属于发行人母公司股东的净利润分别为739.20万元、873.48万元、1 759.11万元，2008年、2009年分别比上年增长18.17%、101.39%，2007年至2009年复合增长率为54.26%。

2010年1—6月公司实现营业收入6 545.49万元，实现营业利润964.53万元，实现净利润1 314.09万元，分别比2009年同期增长84.17%、1 949.58%和673.81%。

3. 资产总额快速增长

2007年末、2008年末和2009年末，公司资产总额分别为14 023.11万元、16 426.90万元和22 463.79万元，2008年、2009年分别比上年增长17.14%、36.75%，复合增长率为26.56%。报告期内公司抓住市场机遇加快产能建设步伐，子公司韶关星河顺利投产，清溪分公司基础建设基本完成，公司业务规模不断扩大，从而导致固定资产、流动资产和资产总额大幅增加。

可以看出，在报告期内发行人抓住了中国大力支持现代农业发展、消费结构升级的契机，加快产能建设步伐，经营规模逐渐扩大，盈利能力持续增长，显示出良好的成长性。

发行人保持较高成长性的原因分析

（一）宏观经济环境因素分析

1. 城乡居民收入提高，消费升级带来巨大的行业发展空间

近年来，中国国内生产总值保持快速增长势头，国内生产总值已经从2000年的9.92万亿元增加到2008年的30.07万亿元，净增加2.03倍。与此相对应，2000年中国城镇和农民居民家庭人均纯收入分别为6 280元和2 253元，2008年已增加到15 781元和4 761元，分别增加1.51倍和1.11倍。

随着城乡居民收入的稳步提高，其食品类支出也随之增加，2000年城镇和农民居民食品类消费支出分别为1 958.31元和820.52元，2007年已增加到3 628.03元和1 388.99元，分别增加85.26%和69.28%。

在居民收入和消费稳步增长及国家扩大内需特别是鼓励扩大居民消费需

求，引导消费结构升级的宏观背景下，食用菌产品尤其是工厂化绿色食用菌由于具备良好特性，具备巨大的市场增长潜力。

2. 食用菌营养丰富，逐渐成为广大城乡居民重要的食物来源

（1）“一荤、一素、一菌”引领饮食消费

科学饮食、平衡营养是现代快节奏形势下提出的新概念，是广大居民普遍关心的话题。食用菌营养丰富，富含蛋白质、氨基酸等营养物质，具有抗癌、抗衰老等保健功效，能够提高机体免疫能力，有益于人类健康，同时口味鲜，一直享有“山珍”的美誉。近年来，菇类在各大餐馆的“点击率”也呈上升趋势。

蘑菇的养生法更得到了各国的重视。联合国曾提出，人类最佳的饮食结构就是“一荤、一素、一菌”，世界卫生组织提出的六大保健饮品就包括绿茶、红葡萄酒、豆浆、酸奶、骨头汤和蘑菇汤。有营养学家形象地表示，吃“四条腿”的（猪、牛、羊等）不如吃“两条腿”的（鸡、鸭、鹅等），吃“两条腿”的，不如吃“一条腿”的（蘑菇），可见食用菌在居民消费中的地位。

（2）工厂化产品是未来菌类消费的主力军

随着人们食品安全意识和营养意识的明显增强，对食品的要求也越来越高。工厂化生产的食用菌由于具备安全、优质、绿色、环保、新鲜、无公害等诸多特点，符合现代人追求生活品质的要求，容易被认知并接受，其未来的发展空间很多。另外，工厂化生产容易建立产品品牌，便于建立产品追溯制度，最大限度保护消费者权益。因此，工厂化生产品牌企业的食用菌产品越来越得到消费者信赖。

（3）餐饮业快速发展带动食用菌行业发展

随着居民可支配收入的增加，出外就餐的机会越来越多，据中国烹饪协会统计，2001 年中国餐饮业零售额为 4 368 亿元，2008 年已经达到 15 404 亿元，增长 252.66 倍。餐饮业是食用菌消费的重要渠道，以食用菌为主料的菜点逐年上升，同时，由于餐饮业尤其是高端餐饮业为确保饮食安全对原料的安全性和环保性要求较高，因此对工厂化生产的产品需求量也呈现增长趋势，餐饮业已成为食用菌消费新的推动力量。

（二）发行人自身的微观因素分析

1. 业务特点和盈利模式对成长性的影响

（1）食用菌工厂化生产模式的可复制性特点决定发行人未来的高成长性

工厂化生产模式是指采用工业化的技术手段，利用生物及工业技术控制光、温、湿、气等环境要素，在相对可控的环境设施条件下，组织高效率的机械化、自动化作业，实现食用菌的规模化、集约化、标准化、周年化生产。发行

人采用该种生产模式组织生产，具备良好的可复制性，可实现企业规模的快速扩张，将对发行人未来的持续盈利能力产生积极的影响。

（2）食用菌工厂化生产模式进行复制的前提和基础

与一般工业化产品及其他农产品相比，工厂化生产模式的复制需要具备特定的条件和基础。

①菌种无限繁殖的特性

在适宜的阳光、温度和湿度条件下生物菌种具备无限繁殖的能力，没有严格的地域限制，这为生产模式的扩张提供了菌种基础，企业只要具备厂房、设备、资金等条件，可在较短时间内实现快速扩张。

②广阔的食用菌消费市场是工厂化生产模式复制的前提

中国食用菌市场是一个蓬勃发展的朝阳产业，2000—2008 年食用菌产量的年复合增长率为 13.48%，至 2008 年，食用菌总产量已达到 1 827 万吨，占世界总产量的 70% 以上，总产值达到 865 亿元，其规模在种植业中仅次于粮、棉、油、菜、果而居第六位。

在市场巨大和消费升级的背景下，目前国内食用菌产品，尤其是工厂化生产的产品需求十分旺盛，星河生物的产品也处于供不应求的状态，基本实现即产即销、当天销售。

③工厂化生产模式在国内所处阶段决定星河生物未来成长空间

目前中国食用菌行业存在三种生产模式，即传统农户生产模式、公司 + 农户生产模式和工厂化生产模式，其中工厂化生产模式具备其他两种模式不可比拟的优势，在生产效率、产品质量、食品安全、周年化生产等方面优势明显，其发展空间也远大于其他两种模式。

工厂化生产模式属于近十年来兴起的一种新型模式，其市场份额相对较小，处于初级发展阶段。根据中国食用菌协会统计，截至 2008 年末，工厂化生产模式所占的市场份额仅为 2.2%，其未来发展空间巨大。星河生物可发挥其在工厂化生产中龙头地位作用，继续发挥该种模式的各种优势，将企业做大做强。

（3）进行工厂化生产模式复制的可行性分析

星河生物已经具备菌种培育技术和人员储备、销售渠道建设等条件，只要资金面配合，发行人可在较短时间内实现快速扩张。

星河生物自行培育菌种，在菌种研究、制作、保藏、更新方面有一套系统的标准化流程和规定，选育出高产、优质、抗逆性强的菌株，确保公司菌种的及时提供和质量的稳定，并减少采购成本。

在培养基配方、生产环境综合控制、病虫害控制、产品保鲜等方面具有独到的技术，目前拥有国家专利 9 项，取得科技成果 7 项，并获得国家科学进步奖二等奖一次及广东省和东莞市的各类科学技术进步奖多次。

公司经销商数量已经从 2007 年的 12 家上升到截至 2010 年 6 月末的 32 家，经销商的地区分布涵盖广东、长沙、武汉、郑州及北京等地，为发行人的扩张提供的销售保证。

（4）生产模式复制的战略选择

公司整体发展目标是要打造国际知名的食用菌品牌，力争五年内发展成为具有较强国际竞争力的食用菌龙头企业。为进一步发挥发行人生产模式扩张的优势，发行人制定了“立足广东、面向全国、迈向世界”扩张战略，具体如下。

立足广东：鉴于目前发行人产品在广东市场供不应求的局面，发行人将发挥区域优势，利用生产模式复制的优势快速扩张产能，进一步提升广东地区的市场占有率，巩固在广东市场的龙头地位。

面向全国：发行人的生产基地目前仅分布在广东省境内，由于该种模式没有严格的地域限制，因此，该种模式可向全国进行推广，通过新设生产基地的方式将发行人的生产模式推向全国，通过 3～5 年的时间实现生产基地的全国布局；同时加大品牌规划、定位、形象及宣传方面的投入，初步建立起国内知名的食用菌品牌。

迈向世界：在未来条件成熟的情况下，可通过在海外新设基地的方式，向全球进行扩张，积极参与国际竞争，打造国际知名的食用菌品牌。

（5）近三年工厂化模式复制建设、扩张以及 2010 年预计情况

2007 年之前，公司主要生产基地为东莞基地；近三年，通过复制工厂化模式在韶关、清溪扩大产能，使金针菇等主要产品产量从 2007 年的 5 229.23 吨增加 2009 年到 8 225.73 吨，主营业务收入从 2007 年的 6 049.22 万元增加到 2009 年的 9 577.11 万元，净利润从 2007 年的 993.95 万元，增加到 2009 年的 2 035.02 万元，2009 年的产量、主营业务收入、净利润分别是 2007 年的 1.57 倍、1.58 倍和 2.05 倍。2010 年，清溪长山头基地预计年新增 4 500 吨产能，成为 2010 年发行人利润增长的新来源。

（6）改善产品结构，增强公司的盈利能力，提高公司的成长性

2007 年公司仅生产金针菇产品，2008 年 5 月新增真姬菇产品，2000 年 7 月新增白玉菇产品，真姬菇和白玉菇属于市场稀缺产品，产品售价较高，毛利率也较高，2010 年上半年真姬菇和白玉菇的毛利率分别达到 52.04% 和 55.69%，远高于金针菇 28.03% 的毛利率。真姬菇和白玉菇产量的逐渐增大，将对公司的综合毛利率产生积极影响。2010 年上半年，金针菇、真姬菇和白

玉菇贡献的毛利分别为 1 191.59 万元、923.82 万元和 264.10 万元，真姬菇和白玉菇的利润占公司利润近 50%。

2010 年下半年，随着公司清溪第二分公司（九乡基地）的投资建设、达产，公司真姬菇占营业收入的比重将进一步提高，公司的产品结构将得到进一步改善，从而提高公司综合毛利率。

未来，随着公司现有产品结构、募集资金运用项目的达产，将进一步增加公司的营业利润，提升公司经营业绩。

根据上述综合分析，民生证券认为，工厂化生产模式已经成型且具备较好的可复制性，这种可复制性在报告期内已经得到了体现（韶关基地、清溪长山头基地、清溪九乡基地相继投产，其中清溪长山头基地对发行人业绩的贡献将在 2010 年充分展现）；星河生物的行业地位稳定，竞争优势明显，盈利模式具有可持续性，未来几年仍将保持良好的成长性。

2. 市场销售良好，产品供不应求

近三年及一期，公司主要产品的产能分别为 5 569.20 吨、6 619.20 吨、7 301.70吨、13 419.20 吨，产量分别为 5 229.23 吨、6 660.04 吨、8 225.73 吨、6 126.15 吨，销售量分别为 5 187.49 吨、6 578.09 吨、8 169.92 吨、6 117.24吨，公司生产处于超负荷状态，产品也基本实现 100% 销售。由于公司供货量未能满足经销商需求，因此只能在经销商之间按比例进行分配。2010 年 1—6 月金针菇、真姬菇和白玉菇的实际销售量只有经销商订货量的 70.29%、52.48% 和 57.84%，远不能满足现有市场需求。

3. “食品安全风险”对发行人成长性不构成重大影响

经考察星河生物的生产环节，并对生产工艺 7 个关键监控点进行监测，保荐机构认为，公司能够有效应对食品安全风险，在产品生产过程中无须使用农药和化肥，消毒使用臭氧气体，保证产品安全无污染、无残留；发行人严格原材料质量控制，采用先进无污染的生产管理和质量控制措施，保证了产品质量和食品安全，发生食品安全事故的可能性较小，检验检疫机构历次检验的结果也证明了这一点。因此，食品安全风险对发行人的成长性不构成重大影响。

4. 生产和销售的区域性和季节性特征对发行人持续成长能力的影响

发行人的生产和销售区域目前主要在广东地区，占销售额的 82.97%，各季节销售量略有波动变化。经分析，保荐机构得出结论：（1）目前发行人销售存在一定的区域性和季节性。销售的区域性是由公司所处的区域位置及庞大的市场需求决定的，对发行人的生产模式、经营成果和持续成长能力均不会产生重大不利影响。（2）发行人采用工厂化模式生产食用菌，通过工业技术控制光、温、湿、气等环境要素，使食用菌生长于人工模拟生态环境，其生产不存在明显的季节性。（3）工厂化生产具备较强的可复制性，是发行人将来快速扩张的前提和基础。销售的季节性会影响发行人各季度的经营业绩，除个别年份的极端天气外，季节性特征不会对发行人年度经营业绩和持续成长性产生重大不利影响。

发行人未来成长性分析

（一）政策推动和消费升级将提供良好的宏观环境

2009 年 12 月初召开的中央经济工作会议已明确以扩大内需特别是增加居民消费需求为重点，以稳步推进城镇化为依托，优化产业结构，努力使经济结构调整取得明显进展的发展方针。要扩大居民消费需求，增强消费对经济增长的拉动作用。要加大国民收入分配调整力度，增强居民特别是低收入群众消费能力。要适应群众生活多样性、个性化的需要，引导消费结构升级。

政策推动将成为引领消费时代到来的重要力量，而食品作为消费升级的主力品种之一必将迎来一个全新的发展时期。

（二）我国食用菌产业的市场发展前景广阔

据中国食用菌协会网报道，当今世界人工栽培食用菌的市场价值估计可达到 200 亿 ~280 亿美元。此外，药用真菌及其提取物也蕴藏着巨大的经济价值，估计可达 80 亿 ~90 亿美元。野生菌根菌估计也可产生 30 亿 ~40 亿美元的价值，全世界总共市场价值约为 310 亿 ~410 亿美元。

2008 年我国食用菌产量为 1 827 万吨，按我国 13 亿人口匡算，每年人均食用菌消费量约为 14 公斤，每日人均消费量约为 40 克。营养专家提出每人每天应该消费 250 克菌类，还差 210 克，如果按此标准计算，则国内的食用菌消费量将超过 1 亿吨。我们以目前人均消费量为基础，并按 2008 年人均消费 14 公斤（以 13 亿人口计算），每年增长 8%（与 GDP 增速相当）的速度进行预测，2010 年全国食用菌的消费量为 1 965. 60 万吨，到 2015 年将达到 2 888. 11 万吨。

无论是国内市场，还是国际市场，食用菌需求的增长潜力巨大，为我国食用菌产业提供了良好的发展机遇。

（三）核心竞争优势是未来业绩增长的坚实基础

生产模式方面，发行人实行工厂化模式生产食用菌。与传统模式相比，工厂化生产有具备工厂化、标准化、周年化等诸多优势。理论上在适宜的温度和湿度条件下生物菌种具备无限繁殖的能力，没有严格的地域限制，公司只要具备技术、人员、资金等条件，可在较短时间内实现快速扩张，因此，发行人的生产模式优势是其快速扩张的前提。

生产规模方面，截至2010年6月30日，公司日产鲜品食用菌40吨，其中金针菇33吨，真姬菇6吨，白玉菇1吨，生产规模在国内处于前列。

技术方面，公司历来注重技术研发，通过自主研发以及与各大专院校、科研机构合作开发等方式，不断进行技术创新，提高公司技术水平。未来公司将通过技术进步研发新的产品，完善公司产品种类，进一步满足市场需要，产生新的利润增长点；同时，公司通过工艺研发和配方改进，公司可以节约生产成本，提高毛利率，增强公司盈利能力。

人才方面，公司核心管理人员稳定，大多具备多年食用菌行业从业经历，对于行业发展趋势具有较强的分析判断能力，具有较丰富的食用菌工厂化生产管理和经营运作经验。同时在研发、管理、生产等方面储备了一大批经验丰富的人才，为未来的扩张提供人力资源基础。

公司是国内最早实施工厂化生产的企业之一，经过多年的发展，技术成熟，人才储备充分，在资金得到保障的情况下，公司具备快速扩张的能力。

（四）产能持续扩张将推动发行人业绩的持续增长

2010年，发行人清溪长山头基地一期正式投产，新增产能约4 500吨；韶关生产基地通过技改、扩建等方式进一步扩大产能，新增产能超过1 600吨。截至2010年6月末，发行人的年产能已在2009年基础上增加约6 117.50吨，同比增长83.78%。2010年下半年，公司将投资建设清溪长山头基地二期及清溪九乡基地，清溪长山头基地二期及清溪九乡基地分别生产金针菇和真姬菇产品，设计年产能分别为2 100吨和1 800吨，在工厂化食用菌市场需求强劲及发行人产品供不应求的背景下，上述基地的投资建设将为发行人未来业绩增长提供良好的保证。在不考虑募投项目及其他新建项目的情况下，发行人报告期及2011年之前产能预计增长趋势见图7－1。

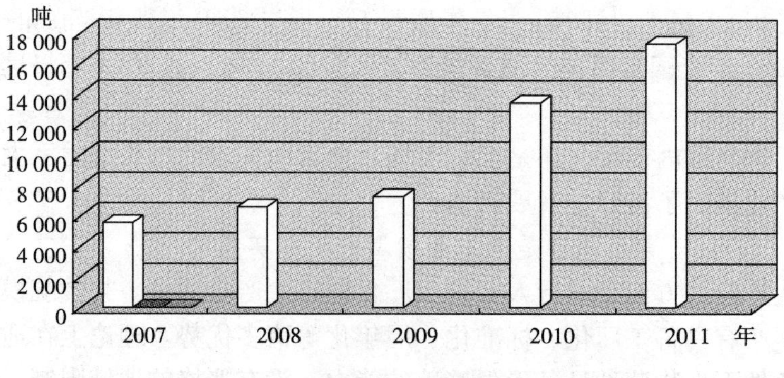

图7－1　星河生物产能增长趋势（未考虑募投项目投产）

（五）募投项目的实施将进一步提升发行人的成长性

本次募集资金项目的实施将扩大主要产品金针菇、真姬菇的生产能力，同时将使得公司研发实力显著提高。公司募集资金到位后，将加快实施募投项目，加强营销网络建设，提升公司市场竞争力。

韶关基地整体技术改造将大幅度增加公司产能，优化产品结构，将为公司年新增收入 8 850 万元。该募投项目完成后，将新增食用菌产能 6 600 吨/年，其中金针菇新增 2 700 吨/年，真姬菇新增 2 400 吨/年，白玉菇新增 1 500 吨/年；塘厦基地扩建项目达产后，将新增真姬菇产能 1 200 吨/年，预计年新增销售收入 1 800 万元。产能增加和产品结构优化将巩固公司在国内市场的领导地位，进一步提升公司的成长性。

建设国家级食用菌企业工程技术研究开发中心，将提高公司研发能力，提升公司现有产品品质稳定性，加快新产品开发，推进食用菌深加工产业化进程，为公司保持持续、稳定增长奠定技术基础。

关于星河生物成长性的专项意见

综上所述，作为保荐人的民生证券认为，工厂化生产食用菌行业具有良好的发展前景及广阔的市场空间。报告期内，发行人在行业内形成了独特的竞争优势，保持了快速成长；随着我国消费者健康意识的增强和消费结构升级步伐的加快，发行人将积极实施包括募集资金投资项目在内的产能提升计划和自主创新计划，未来几年发行人将继续保持快速成长。

证券投资机构的分析评价

众多投资机构在星河生物招股说明书、发行保荐书、成长性专项意见公开披露后，都给出了更加乐观的分析评价。国泰君安、齐鲁证券、金元证券、申银万国和天相投资五家机构根据公司资料、招股说明书、管理层分析讨论以及保荐人对公司未来几年的成长性分析结论，对星河生物的业绩增长趋势进行了，经整理后其分析结果详见表 7 – 2 和图 7 – 2。

表 7 – 2　　星河生物的产能、营业收入和净利润增长情况及未来趋势

年份	2007	2008	2009	2010	2011	2012
产能（万吨）	5 569. 20	6 619. 20	7 301. 70	13 419. 20	27 519. 20	47 130. 68
营业收入（万元）	6 050. 72	7 389. 06	9 577. 11	17 000. 00	25 360. 22	43 433. 11
净利润（万元）	739. 20	873. 48	1 759. 11	4 500. 00	6 713. 00	11 497. 00

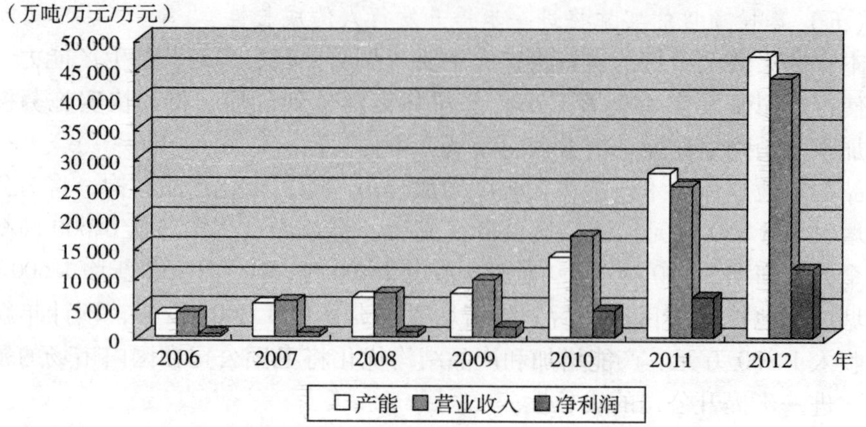

图 7－2　星河生物业绩增长趋势

【案例评析】

成长性专项意见的实质及编制内容

星河生物在招股文件中并未公开披露公司的盈利预测报告及盈利预测审核报告，大多数公司在 IPO 时出于审慎考虑一般不愿意直接披露该等文件。但是，按照中国证监会《创业板首发办法》的规定，保荐人必须出具公司的成长性专项意见。为此，民生证券在与星河生物签订保荐协议、选派保荐代表人、进行常规尽职调查的基础上，专门对星河生物的成长性进行了尽职调查，并正式出具了《关于广东星河生物科技股份有限公司成长性的专项意见》。

公司成长性的专项意见实质上是发行人的盈利预测及管理层分析讨论结果的间接反映和保荐人对发行人成长性的综合分析评价。

星河生物的成长性专项意见是作为《关于星河生物首次公开发行股票并在创业板上市之证券发行保荐书》的附件正式上报中国证监会和网上公开披露的。该意见正文可以不分章节，但如果公司比较复杂（如属于自主创新企业），还应当在专项意见中说明发行人的自主创新能力，此时专项意见篇幅较大，一般应当划分成若干章或节。例如，与星河生物同一天在创业板上市的南方泵业（300145. SZ），光大证券为其出具了划分章节的独立文件即《关于杭州南方特种泵业股份有限公司的成长性专项意见》，而不是作为《证券发行保荐书》的附件。

从星河生物等公司的成长性的专项意见可以看出，该意见是建立在对大量的国家宏观经济政策和发展状况、行业发展状况、区域经济情况、公司微观情况及数据的调查分析基础之上的。公司成长性的专项意见通常包括如下内容：发行人概况、发行人过去的成长情况、发行人成长性的原因分析，发行人未来成长性分析、发行人的自主创新能力分析（用于自主创新企业）、发行人的成长性（及自主创新能力）的专项结论性意见。

保荐机构内部审核程序和内核意见简述

（一）保荐机构内核程序

民生证券对星河生物 IPO 项目建立了严格的内核小组分级审核制度。项目负责人、保荐代表人、业务部门负责人对全套申请文件、工作底稿进行审核，对项目质量和申请文件制作质量进行部门评价，对符合要求的项目向质控综合管理部提交项目内核申请表、项目内核申请报告以及全套申请文件。质控综合管理部先对项目及申请文件进行预审，提出项目审查意见，反馈给项目组，由项目组进行意见回复或修改材料。

内核小组会议对项目进行全面审核并提出审核意见，确保申请材料中所有重要方面不存在重大法律、法规和政策障碍，符合发行上市要求。保荐机构内核小组由投资银行部主管领导及质控综合管理部、风险管理总部、证券研究所、投资银行部专业人士和外聘专家共同组成。

（二）保荐机构的内核意见

民生证券内核小组于 2010 年 1 月 21 日召开内核会议，对星河生物首次公开发行 A 股股票并在创业板上市的全部申请文件进行了审核。参加会议的内核小组成员为 8 人。经过严格审查和集体讨论，一致认为星河生物首次公开发行 A 股股票并在创业板上市申请材料符合《公司法》、《证券法》的规定，不存在重大的法律和政策障碍，同意保荐星河生物首次公开发行 A 股股票，同意将该申请材料上报中国证监会核准，并出具证券发行保荐书及成长性专项意见。

证券发行保荐书对本次证券发行的推荐意见

经过充分尽职调查、审慎核查后，民生证券在星河生物证券发行保荐书中明确了首次公开发行上市的推荐意见：发行人符合《公司法》、《证券法》及中国证监会《首次公开发行股票并在创业板上市管理暂行办法》规定的首次公开发行股票并在创业板上市的条件和要求，同意担任发行人首次公开发行股票并在创业板上市的保荐机构，保荐其向中国证监会申请首次公开发行股票并上市。

第八章

首次公开发行股票申请文件制作与申报

○申请文件制作和申报工作的组织

○首次公开发行股票申报文件

○招股说明书及摘要

○其他申报材料的编制

第一节　申请文件制作和申报工作的组织

一、申报工作的组织方式

（一）发行人上市工作团队

企业发行股票并上市是一项庞大的系统工程，需要企业各职能部门和机构的协调运作、几乎企业全员共同参与和配合，更需要各专业人员的大量细节工作。所以，企业应抽调公司内部的投资发展、生产运营、财务、审计、法律事务、行政方面具有丰富业务经验的人员，组成专项的上市工作团队，配合保荐机构及其他中介机构开展企业改制和股票发行上市工作，并具体进行材料组织以及文件编制工作，及时向中介机构提供所需资料，配合中介机构的尽职调查。

企业自身的上市团队应有一名总协调人，全面组织协调企业内部的相关工作，并组织团队成员与中介机构业务对接。企业内部的具体职责分工可参考本系列丛书《企业兼并与收购》一书第二章第二节的有关内容，并结合上市工作需要作适当增加和调整。

（二）协调会和专题会议

发行人和保荐机构应定期组织召开中介机构协调会，总结阶段性的工作，讨论各自发现的问题，提出解决方案或建议，部署下一步工作计划和任务分工，以保证文件制作和申报工作按计划完成。根据工作进展情况，发行人和保荐机构都可以各自临时组织召开协调会、重大事项的专题讨论会。上述会议，应做到会前有材料、会中有记录、会后有纪要。

（三）核对复查制

为保证资料的真实性，发行人对提供给中介机构的材料应经上市团队内部审核，重要资料和文件应经公司管理层确认后再出具；为保证申报材料和文件的准确性，在申报材料和文件初稿完成后，保荐机构应组织发行人和其他中介机构进行核对复查，保证申报材料各部分无重大差异。

二、申报材料制作的工作原则

（一）真实性原则

发行人及保荐机构律师、注册会计师、注册资产评估师、行业咨询机构专家等应审慎对待所申报的材料及所出具的意见。发行人全体董事及有关中介机构按要求须在所提供的有关文件上声明，签字承诺和确保申请文件的真实性、准确性和完整性，保证不存在误导性陈述、虚假记载和重大遗漏。保荐人及其保荐代表人履行保荐职责并在相关文件上签字，不能减轻或者免除发行人及其高级管理人员、其他中介机构及其签字人员的责任。

发行人申报文件中不得有下列情形：（1）故意遗漏或虚构交易、事项或者其他重要信息；（2）滥用会计政策或者会计估计；（3）操纵、伪造或篡改编制财务报表所依据的会计记录或者相关凭证。

（二）保密性原则

招股说明书等申报材料公开披露前，保荐人、各中介机构和发行人应严格遵守信息披露规定，除已公开的信息外，不得向外界透露本次发行的任何信息。承销团成员的分析人员作出的发行人研究报告不得对外发出，直至本次股票发行的招股说明书等募集文件公开披露后，方可进行相关的推介活动。

（三）独立判断原则

对发行人申请文件、证券发行募集文件中有证券服务中介机构及其签字人员出具专业意见的内容，保荐机构应结合尽职调查过程中获得的信息对其进行审慎核查，对发行人提供的资料和披露的内容进行独立判断。保荐机构所作的判断与中介机构的专业意见存在重大差异的，应当对有关事项进行调查、复核，并可聘请其他证券服务中介机构提供专业服务。

对发行人申请文件、证券发行募集文件中无证券服务中介机构及其签字人员专业意见支持的内容，保荐机构应获得充分的尽职调查证据，在对各种证据进行综合分析的基础上对发行人提供的资料和披露的信息内容进行独立判断，并有充分理由确信所作的判断与发行人申请文件及证券发行募集文件的内容不存在实质性差异。

（四）合作协调原则

保荐机构应组织协调中介机构及其签名人员参与证券发行上市的相关工作。对中介机构及其签名人员出具的专业意见存在疑义的，应主动与中介机构进行协商，并可要求其作出解释或者出具相关依据。

（五）合规性原则

保荐机构在确信发行人符合法律、行政法规和中国证监会的有关规定，方可推荐其证券发行上市。保荐机构决定推荐发行人证券发行上市的，可以根据发行人的委托，组织编制申请文件并出具保荐机构的推荐文件。

三、保荐机构的内核制度

保荐机构人从事股票发行主承销业务活动，应成立内核小组，并根据实际情况，对内核小组的职责、人员构成、工作规则等进行适当调整，形成适应核准制要求的规范而有效的内核制度，并将内核小组的工作规则、成员名单和个人简历报中国证监会职能部门备案。证券公司内核小组应当恪尽职守，保持独立判断。

保荐人推荐发行人发行股票，应建立发行人质量评价体系，明确推荐标准，在充分尽职调查的基础上，保证推荐那些内部管理良好、运作规范、未来有发展潜力的企业发行股票。

保荐人在与发行人签署保密协议的情况下，可以向发行人调阅与本次股票发行有关的未公开的法律文件和财务会计资料。

第二节　首次公开发行股票申报文件

一、申报文件目录的基本架构

申请首次公开发行股票拟在主板上市的公司应根据《公开发行证券的公司信息披露内容与格式准则第 9 号——首次公开发行股票并上市申请文件》（证监会 2006 年修订，简称“第 9 号准则”），主板公司申请文件总体构架是以招股说明书为主体，以发行人的申请及授权文件、保荐人和证券服务机构文件等为支持的内容体系。申请文件共分十部分：（1）招股说明书与发行公告；（2）发行人关于本次发行的申请及授权文件；（3）保荐人关于本次发行的文件和证券服务机构文件；（4）会计师关于本次发行的文件；（5）发行人律师关于本次发行的文件；（6）发行人的设立文件；（7）关于本次发行募集资金运用的文件；（8）与财务会计资料相关的其他文件；（9）其他文件；（10）定向募集公司还应提供的文件。

二、首次公开发行股票申请文件的要求

主板首次公开发行股票申请文件的要求如下：

1. 发行人应按第 9 号准则的要求制作和报送申请文件。未按该准则的要求制作和报送申请文件的，中国证监会按照有关规定不予受理。

2. 第 9 号准则附录规定的申请文件目录是对发行申请文件的最低要求。根据审核需要，中国证监会可以要求发行人和中介机构补充材料。

值得注意的是，如果申请文件目录中的某些材料对发行人不适用，可不提供，但应向中国证监会作出书面说明。

3. 申请文件一经受理，未经中国证监会同意，不得增加、撤回或更换。

4. 发行人报送申请文件，初次报送应提交原件一份，复印件三份；在提交发行审核委员会审核前，根据中国证监会要求的份数补报申请文件。

发行人不能提供有关文件的原件的，应由发行人律师提供鉴证意见，或由出文单位盖章，以保证与原件一致。如原出文单位不再存续，由承继其职权的单位或作出撤销决定的单位出文证明文件的真实性。

5. 申请文件所有需要签名处，均应为签名人亲笔签名，不得以名章、签名章等代替。申请文件中需要由发行人律师鉴证的文件，发行人律师应在该文件首页注明“以下第××页至第××页与原件一致”，并签名和签署鉴证日期，律师事务所应在该文件首页加盖公章，并在第××页至第××页侧面以公章加盖骑缝章。

6. 发行人应根据中国证监会对申请文件的反馈意见提供补充材料。有关中介机构应对反馈意见相关问题进行尽职调查或补充出具专业意见。

7. 申请文件应采用幅面为209毫米×295毫米规格的纸张（相当于标准A4纸张规格），双面印刷（需提供原件的历史文件除外）。申请文件章与章之间、节与节之间应有明显的分隔标识。申请文件中的页码应与目录中标识的页码相符。例如，第四章4-1的页码标注为4-1-1，4-1-2，4-1-3，…，4-1-n。

8. 申请文件的封面和侧面应标明“××公司首次公开发行股票并上市申请文件”字样。申请文件的扉页应标明发行人董事会秘书及有关中介机构项目负责人的姓名、电话、传真及其他方便的联系方式。

9. 发行人在每次报送书面申请文件的同时，应报送一份相应的标准电子文件。发行结束后，发行人应将招股说明书的电子文件及历次报送的电子文件汇总报送中国证监会备案。

三、在主板发行上市申请文件目录

首次公开发行股票并在主板上市申请文件目录

第一章　招股说明书与发行公告

1-1　招股说明书（申报稿）

1-2　招股说明书摘要（申报稿）

1-3　发行公告（发行前提供）

第二章　发行人关于本次发行的申请及授权文件

2-1　发行人关于本次发行的申请报告

2－2　发行人董事会有关本次发行的决议

2－3　发行人股东大会有关本次发行的决议

第三章　保荐人关于本次发行的文件

3－1　发行保荐书

第四章　会计师关于本次发行的文件

4－1　财务报表及审计报告

4－2　盈利预测报告及审核报告

4－3　内部控制鉴证报告

4－4　经注册会计师核验的非经常性损益明细表

第五章　发行人律师关于本次发行的文件

5－1　法律意见书

5－2　律师工作报告

第六章　发行人的设立文件

6－1　发行人的企业法人营业执照

6－2　发起人协议

6－3　发起人或主要股东的营业执照或有关身份证明文件

6－4　发行人公司章程（草案）

第七章　关于本次发行募集资金运用的文件

7－1　募集资金投资项目的审批、核准或备案文件

7－2　发行人拟收购资产（或股权）的财务报表、资产评估报告及审计报告

7－3　发行人拟收购资产（或股权）的合同或合同草案

第八章　与财务会计资料相关的其他文件

8－1　发行人关于最近三年及一期的纳税情况的说明

8－1－1　发行人最近三年及一期所得税纳税申报表

8－1－2　有关发行人税收优惠、财政补贴的证明文件

8－1－3　主要税种纳税情况的说明及注册会计师出具的意见

8－1－4　主管税收征管机构出具的最近三年及一期发行人纳税情况的证明

8－2　成立不满三年的股份有限公司需报送的财务资料

8－2－1　最近三年原企业或股份公司的原始财务报表

8－2－2　原始财务报表与申报财务报表的差异比较表

8－2－3　注册会计师对差异情况出具的意见

8－3　成立已满三年的股份有限公司需报送的财务资料

8－3－1　最近三年原始财务报表

8－3－2　原始财务报表与申报财务报表的差异比较表

8－3－3　注册会计师对差异情况出具的意见

8－4　发行人设立时和最近三年及一期的资产评估报告（含土地评估报告）

8－5　发行人的历次验资报告

8－6　发行人大股东或控股股东最近一年及一期的原始财务报表及审计报告

第九章　其他文件

9－1　产权和特许经营权证书

9－1－1　发行人拥有或使用的商标、专利、计算机软件著作权等知识产权以及土地使用权、房屋所有权、采矿权等产权证书清单（需列明证书所有者或使用者名称、证书号码、权利期限、取得方式、是否及存在何种他项权利等内容，并由发行人律师对全部产权证书的真实性、合法性和有效性出具鉴证意见）

9－1－2　特许经营权证书

9－2　有关消除或避免同业竞争的协议以及发行人的控股股东和实际控制人出具的相关承诺

9－3　国有资产管理部门出具的国有股权设置批复文件及商务主管部门出具的外资股确认文件

9－4　发行人生产经营和募集资金投资项目符合环境保护要求的证明文件（重污染行业的发行人需提供省级环保部门出具的证明文件）

9－5　重要合同

9－5－1　重组协议

9－5－2　商标、专利、专有技术等知识产权许可使用协议

9－5－3　重大关联交易协议

9－5－4　其他重要商务合同

9－6　保荐协议和承销协议

9－7　发行人全体董事对发行申请文件真实性、准确性和完整性的承诺书

9－8　特定行业（或企业）的管理部门出具的相关意见

第十章　定向募集公司还应提供的文件

10－1　有关内部职工股发行和演变情况的文件

10－1－1　历次发行内部职工股的批准文件

10－1－2　内部职工股发行的证明文件

10－1－3　托管机构出具的历次托管证明

10－1－4　有关违规清理情况的文件

10－1－5　发行人律师对前述文件真实性的鉴证意见

10－2　省级人民政府或国务院有关部门关于发行人内部职工股审批、发行、托管、清理以及是否存在潜在隐患等情况的确认文件

10－3　中介机构的意见

10－3－1　发行人律师关于发行人内部职工股审批、发行、托管和清理情况的核查意见

10－3－2　保荐人关于发行人内部职工股审批、发行、托管和清理情况的核查意见

四、在创业板发行上市申请文件目录

（一）创业板与主板发行申请文件的特色差别

《公开发行证券的公司信息披露内容与格式准则第29号——首次公开发行股票并在创业板上市申请文件》充分借鉴了主板行之有效的实践经验，突出了创业板定位以及创业企业的特点，可操作性很强。创业板申请文件与主板在总体框架基本保持一致，但内容压缩为六章，主要是将保荐人和中介机构的文件合并为一章，募集资金运用文件并入其他文件，取消定向募集公司还应提供的文件一章。

针对创业板企业成长性高、业绩不稳定、经营风险高的特点，进一步强化了创业板发行申报的责任机制，创业板较之主板增加提供下列文件：

1. 发行人控股股东、实际控制人应当对招股说明书出具确认意见，确认招股说明书中与其相关的内容真实、准确、完整，且不存在指使发行人违反规定披露信息，或者指使发行人披露有虚假记载、误导性陈述或重大遗漏的信息的情形。

2. 保荐人关于发行人成长性的专项意见，发行人为自主创新企业的，还应当在专项意见中说明发行人的自主创新能力。

3. 发行人关于公司设立以来股本演变情况的说明及其董事、监事、高级管理人员的确认意见。

4. 发行人律师关于发行人董事、监事、高级管理人员、发行人控股股东和实际控制人在相关文件上签名盖章的真实性的鉴证意见。

5. 除发行人董事外，发行人的监事、高级管理人员也应对申请文件的真实性、准确性、完整性进行承诺。

（二）首次公开发行股票并在创业板上市申请文件目录

首次公开发行股票并在创业板上市申请文件目录

第一章　招股说明书与发行公告

1－1　招股说明书（申报稿）

1－2　发行人控股股东、实际控制人对招股说明书的确认意见

1－3　发行公告（发行前提供）

第二章　发行人关于本次发行的申请及授权文件

2－1　发行人关于本次发行的申请报告

2－2　发行人董事会有关本次发行的决议

2－3　发行人股东大会有关本次发行的决议

第三章　保荐人和证券服务机构文件

3－1　保荐人关于本次发行的文件

3－1－1　发行保荐书（附：发行人成长性专项意见）

3－1－2　发行保荐工作报告

3－2　会计师关于本次发行的文件

3－2－1　财务报表及审计报告

3－2－2　盈利预测报告及审核报告

3－2－3　内部控制鉴证报告

3－2－4　经注册会计师核验的非经常性损益明细表

3－3　发行人律师关于本次发行的文件

3－3－1　法律意见书

3－3－2　律师工作报告

第四章　发行人的设立文件

4－1　发行人的企业法人营业执照

4－2　发起人协议

4－3　发起人或主要股东的营业执照或有关身份证明文件

4－4　发行人公司章程（草案）

4－5　发行人关于公司设立以来股本演变情况的说明及其董事、监事、高级管理人员的确认意见

4－6　国有资产管理部门出具的国有股权设置批复文件及商务主管部门出具的外资股确认文件

第五章　与财务会计资料相关的其他文件

5－1　发行人关于最近三年及一期的纳税情况的说明

5-1-1　发行人最近三年及一期所得税纳税申报表

5-1-2　有关发行人税收优惠、财政补贴的证明文件

5-1-3　主要税种纳税情况的说明及注册会计师出具的意见

5-1-4　主管税收征管机构出具的最近三年及一期发行人纳税情况的证明

5-2　成立不满三年的股份有限公司需报送的财务资料

5-2-1　最近三年原企业或股份公司的原始财务报表

5-2-2　原始财务报表与申报财务报表的差异比较表

5-2-3　注册会计师对差异情况出具的意见

5-3　成立已满三年的股份有限公司需报送的财务资料

5-3-1　最近三年原始财务报表

5-3-2　原始财务报表与申报财务报表的差异比较表

5-3-3　注册会计师对差异情况出具的意见

5-4　发行人设立时和最近三年及一期的资产评估报告（含土地评估报告）

5-5　发行人的历次验资报告

5-6　发行人大股东或控股股东最近一年及一期的原始财务报表及审计报告

第六章　其他文件

6-1　关于本次发行募集资金运用的文件

6-1-1　募集资金投资项目的审批、核准或备案文件

6-1-2　发行人拟收购资产（或股权）的财务报表、资产评估报告及审计报告

6-1-3　发行人拟收购资产（或股权）的合同或合同草案

6-2　产权和特许经营权证书

6-2-1　发行人拥有或使用的商标、专利、计算机软件著作权等知识产权以及土地使用权、房屋所有权、采矿权等产权证书清单（需列明证书所有者或使用者名称、证书号码、权利期限、取得方式、是否及存在何种他项权利等内容，并由发行人律师对全部产权证书的真实性、合法性和有效性出具鉴证意见）

6-2-2　特许经营权证书

6-3　有关消除或避免同业竞争的协议以及发行人的控股股东和实际控制人出具的相关承诺

6-4　发行人生产经营和募集资金投资项目符合环境保护要求的证明文件

（重污染行业的发行人需提供符合国家环保部门规定的证明文件）

6－5　重要合同

6－5－1　商标、专利、专有技术等知识产权许可使用协议

6－5－2　重大关联交易协议

6－5－3　重组协议

6－5－4　其他重要商务合同

6－6　保荐协议和承销协议

6－7　发行人全体董事、监事、高级管理人员对发行申请文件真实性、准确性和完整性的承诺书

6－8　发行人律师关于发行人董事、监事、高级管理人员、发行人控股股东和实际控制人在相关文件上签名盖章的真实性的鉴证意见

6－9　特定行业（或企业）的管理部门出具的相关意见

第三节　招股说明书及摘要

一、招股说明书及其披露与报送

（一）招股说明书的性质和相关准则

招股说明书是发行人发行股票时就发行事项向公众作出的披露，并向非特定投资人提出购买或销售其股票的要约性文件。招股说明书是向中国证监会申请首次公开发行股票的最重要的必备法律文件之一，应按规定披露和报送。

发行人须按照中国证监会2006年修订的《公开发行证券的公司信息披露内容与格式准则第1号——招股说明书》（以下简称《主板招股书准则》），或2009年7月中国证监会颁布的《公开发行证券的公司信息披露内容与格式准则第28号——创业板公司招股说明书》（以下简称《创业板招股书准则》）的规定编制招股说明书及其摘要。招股书内容与格式准则是对招股说明书信息披露的最低要求。不论该准则是否有明确规定，凡对投资者作出投资决策有重大影响的信息，均应披露。

上述招股书准则中某些具体要求对发行人确实不适用的，发行人可根据实际情况，在不影响披露内容完整性的前提下作适当调整，但应在申报时作书面说明。

若发行人有充分依据证明招股书准则要求披露的某些信息涉及国家机密、商业秘密及其他因披露可能导致其违反国家有关保密法律法规规定或严重损害

公司利益的，发行人可向中国证监会申请豁免按招股书准则披露。

在不影响信息披露的完整性和不致引起阅读不便的前提下，发行人可采用相互引征的方法，对各相关部分的内容进行适当的技术处理，以避免重复和保持文字简洁。发行人在招股说明书及其摘要中披露的所有信息应真实、准确、完整。发行人报送申请文件后，在中国证监会核准前，发生应予披露事项的，应向中国证监会书面说明情况，并及时修改招股说明书及其摘要。

发行人公开发行股票申请经中国证监会核准后，发生应予披露事项的，应向中国证监会书面说明情况，并经中国证监会同意后相应修改招股说明书及其摘要。必要时发行人公开发行股票的申请应重新经过中国证监会核准。

发行人在招股说明书及其摘要中披露的财务会计资料应有充分的依据，所引用的发行人的财务报表、盈利预测报告（如有）应由具有证券期货相关业务资格的会计师事务所审计或审核。

（二）招股说明书的预先披露和报送规定

1. 招股说明书及引用财务报告的有效期

招股说明书的有效期为6个月，自中国证监会核准发行申请前招股说明书最后一次签署之日起计算。招股说明书中引用的财务报告在其最近一期截止后6个月内有效，特别情况下发行人可申请适当延长，但至多不超过1个月。财务报表应当以年度末、半年度末或者季度末为截止日。

根据《创业板首发办法》及有关准则要求，创业板招股说明书和审计报告中最近一期会计数据的有效期（报送日至到期日）应不少于3个月。

2. 招股说明书（申报稿）的预先披露

根据主板和创业板首发办法的规定，在申请文件受理后、发行审核委员会审核前，发行人应当将招股说明书（申报稿）在中国证监会网站（www. csrc. gov. cn）预先披露。对所有新受理首次公开发行申请，中国证监会发行监管部将在发行人和保荐机构按照反馈意见申请文件后的5个工作日内，在中国证监会网站上预先披露招股说明书（申报稿）及其相关附件。发行人可以将招股说明书（申报稿）刊登于其企业网站，但披露内容应当完全一致，且不得早于在中国证监会网站的披露时间。发行人及其全体董事、监事和高级管理人员应当保证预先披露的招股说明书（申报稿）的内容真实、准确、完整。

预先披露的招股说明书（申报稿）不是发行人发行股票的正式文件，不能含有价格信息，发行人不得据此发行股票。发行人应当在预先披露的招股说明书（申报稿）的显要位置声明：“本公司的发行申请尚未得到中国证监会核准。本招股说明书（申报稿）不具有据以发行股票的法律效力，仅供预先披露之用。投资者应当以正式公告的招股说明书全文作为作出投资决定的依据。”

3. 招股说明书及其摘要的刊登和报送

发行人应当在发行前将招股说明书摘要刊登于至少一种中国证监会指定的报刊，同时将招股说明书全文刊登于中国证监会指定的网站，并将招股说明书全文置备于发行人住所、拟上市证券交易所、保荐人、主承销商和其他承销机构的住所，以备公众查阅。保荐人出具的发行保荐书、证券服务机构出具的有关文件应当作为招股说明书的备查文件，在中国证监会指定的网站上披露，并置备于发行人住所、拟上市证券交易所、保荐人、主承销商和其他承销机构的住所，以备公众查阅。发行人可以将招股说明书摘要、招股说明书全文、有关备查文件刊登于其他报刊和网站，但披露内容应当完全一致，且不得早于在中国证监会指定报刊和网站的披露时间。

发行人应当在招股说明书及其摘要披露后10日内，将正式招股说明书全文的印刷文本一式五份分别报送中国证监会及其在发行人注册地的派出机构。

二、主板上市招股说明书的内容与格式

招股说明书是发行上市申报和披露文件中篇幅最大、涉及专业最多、涵盖内容最广的文件，一般公司需要A4版300多页（子公司较多的复杂公司400多页不止），整个就是一本几十万字的书。

主板公司招股说明书的内容与格式包括如下内容：封面、书脊、扉页、目录、释义、声明及重要提示、概览；正文、附录及备查文件。其中正文为核心内容。

（一）封面、书脊、扉页、目录和释义

招股说明书全文文本封面应标有“×××公司首次公开发行股票招股说明书”字样，并载明发行人、保荐人、主承销商的名称和住所。书脊应标明“×××公司首次公开发行股票招股说明书”字样。

全文文本扉页应载有如下内容：发行股票类型；发行股数；每股面值；每股发行价格；预计发行日期；拟上市的证券交易所；发行后总股本，发行境外上市外资股的公司还应披露在境内上市流通的股份数量和在境外上市流通的股份数量；本次发行前股东所持股份的流通限制、股东对所持股份自愿锁定的承诺；保荐人、主承销商；招股说明书签署日期。

释义对说明书中具有特定含义的词汇作出明确的定义、解释和说明。

（二）发行人声明和重大事项提示

招股说明书扉页应载有发行人的如下声明：“发行人及全体董事、监事、高级管理人员承诺招股说明书及其摘要不存在虚假记载、误导性陈述或重大遗

漏，并对其真实性、准确性、完整性承担个别和连带的法律责任。”“公司负责人和主管会计工作的负责人、会计机构负责人保证招股说明书及其摘要中财务会计资料真实、完整。”“中国证监会、其他政府部门对本次发行所作的任何决定或意见，均不表明其对发行人股票的价值或投资者的收益作出实质性判断或者保证。任何与之相反的声明均属虚假不实陈述。”“根据《证券法》的规定，股票依法发行后，发行人经营与收益的变化，由发行人自行负责，由此变化引致的投资风险，由投资者自行负责。”“投资者若对本招股说明书及其摘要存在任何疑问，应咨询自己的股票经纪人、律师、会计师或其他专业顾问。”

（三）招股说明书概览

发行人应声明：“本概览仅对招股说明书全文作扼要提示。投资者作出投资决策前，应认真阅读招股说明书全文。”发行人应披露发行人及其控股股东、实际控制人的简要情况，发行人的主要财务数据及主要财务指标，本次发行情况及募集资金用途等。

（四）本次发行概况

发行人应披露本次发行的基本情况，主要包括：股票种类；每股面值；发行股数、占发行后总股本的比例；每股发行价；标明计算基础和口径的市盈率；预测净利润及发行后每股收益（如有）；发行前和发行后每股净资产；标明计量基础和口径的市净率；发行方式与发行对象；承销方式；预计募集资金总额和净额；发行费用概算（包括承销费用、保荐费用、审计费用、评估费用、律师费用、发行手续费用、审核费等）。

发行人应披露下列机构的名称、法定代表人、住所、联系电话、传真，同时应披露有关经办人员的姓名：发行人；保荐人、主承销商及其他承销机构；律师事务所；会计师事务所；资产评估机构；股票登记机构；收款银行；其他与本次发行有关的机构。

发行人应披露其与本次发行有关的中介机构及其负责人、高级管理人员、经办人员之间存在的直接或间接的股权关系或其他权益关系。

发行人应针对不同的发行方式，披露预计发行上市的重要日期，主要包括：询价推介时间；定价公告刊登日期；申购日期和缴款日期；股票上市日期。

（五）风险因素

风险因素包括但不限于下列内容：（1）产品或服务的市场前景、行业经营环境的变化、商业周期或产品生命周期的影响、市场饱和或市场分割、过度依赖单一市场、市场占有率下降等；（2）经营模式发生变化，经营业绩不稳定，主要产品或主要原材料价格波动，过度依赖某一重要原材料、产品或服务，经营场所过度集中或分散等；（3）内部控制有效性不足导致的风险、资产周转能力较差导致的流动性风险、现金流状况不佳或债务结构不合理导致的偿债风险、主要资产减值准备计提不足的风险、主要资产价值大幅波动的风险、非经常性损益或合并财务报表范围以外的投资收益金额较大导致净利润大幅波动的风险、重大担保或诉讼仲裁等或有事项导致的风险；（4）技术不成熟、技术尚未产业化、技术缺乏有效保护或保护期限短、缺乏核心技术或核心技术依赖他人、产品或技术面临被淘汰等；（5）投资项目在市场前景、技术保障、产业政策、环境保护、土地使用、融资安排、与他人合作等方面存在的问题，因营业规模、营业范围扩大或者业务转型而导致的管理风险、业务转型风险，因固定资产折旧大量增加而导致的利润下滑风险，以及因产能扩大而导致的产品销售风险等；（6）由于财政、金融、税收、土地使用、产业政策、行业管理、环境保护等方面法律、法规、政策变化引致的风险；（7）可能严重影响公司持续经营的其他因素，如自然灾害、安全生产、汇率变化、外贸环境等。

风险因素可能对生产经营状况、财务状况和持续盈利能力有严重不利影响的，应作“重大事项提示”，在招股说明书首页提醒投资者给予特别关注。

（六）发行人基本情况

1. 基本情况。主要包括：注册中、英文名称；注册资本；法定代表人；成立日期；住所和邮政编码；电话、传真号码；互联网网址；电子信箱。

2. 改制重组情况。主要包括：（1）设立方式；（2）发起人；（3）在改制设立发行人之前，主要发起人拥有的主要资产和实际从事的主要业务；（4）发行人成立时拥有的主要资产和实际从事的主要业务；（5）在发行人成立之后，主要发起人拥有的主要资产和实际从事的主要业务；（6）改制前原企业的业务流程、改制后发行人的业务流程，以及原企业和发行人业务流程间的联系；（7）发行人成立以来，在生产经营方面与主要发起人的关联关系及演变情况；（8）发起人出资资产的产权变更手续办理情况。发行人应详细披露与控股股东、实际控制人及其控制的其他企业，在资产、人员、财务、机构、业务方面的分开情况，说明是否具有完整的业务体系及面向市场独立经营的能力。

3. 股本变化和重大资产重组情况。包括：（1）发行人设立以来股本的形成及其变化和重大资产重组情况，包括其具体内容、所履行的法定程序以及对发行人业务、管理层、实际控制人及经营业绩的影响；（2）设立时发起人或股东出资及设立后历次股本变化的验资情况，披露设立时发起人投入资产的计量属性。

4. 关联方情况。包括发起人、持有发行人5%以上股份的主要股东、实际控制人，控股股东、实际控制人所控制的其他企业，发行人的职能部门、分公司、控股子公司、参股子公司，以及其他有重要影响的关联方；控股子公司、参股子公司的简要情况，包括成立时间、注册资本、实收资本、注册地和主要生产经营地、股东构成及控制情况、主营业务、最近一年及一期的总资产、净资产、净利润，并标明有关财务数据是否经过审计及审计机构名称；发起人、持有发行人5%以上股份的主要股东及实际控制人的基本情况。实际控制人应披露到最终的国有控股主体或自然人为止。

5. 本次发行股本的情况。包括：（1）本次发行前的总股本、本次发行的股份，以及本次发行的股份占发行后总股本的比例；（2）前十名股东；（3）前十名自然人股东及其在发行人处担任的职务；（4）若有国有股份或外资股份的，须披露股东名称、持股数量、持股比例。（5）股东中的战略投资者持股及其简况；（6）本次发行前各股东间的关联关系及关联股东的各自持股比例；（7）本次发行前股东所持股份的流通限制和自愿锁定股份的承诺。

6. 发行过内部职工股情况。包括内部职工股的审批及发行情况；本次发行前的内部职工股托管情况，前十名自然人股东名单及持股数量；发生过的违法违规情况；对尚存在内部职工股潜在问题和风险隐患的，应披露有关责任的承担主体等。发行人曾存在工会持股、职工持股会持股、信托持股、委托持股或股东数量超过二百人的，应详细披露有关股份的形成原因及演变情况；进行过清理的，应当说明是否存在潜在问题和风险隐患，以及有关责任的承担主体等。

7. 员工及其社会保障情况。主要包括：员工人数及变化情况；员工专业结构；员工受教育程度；员工年龄分布；发行人执行社会保障制度、住房制度改革、医疗制度改革情况。

8. 重要承诺及其履行情况。披露持有5%以上股份的主要股东以及作为股东的董事、监事、高级管理人员作出的重要承诺及其履行情况。

（七）业务和技术

1. 行业的基本情况。包括但不限于：（1）行业主管部门、行业监管体制、行业主要法律法规及政策等；（2）行业竞争格局和市场化程度、行业内的主要企业和主要企业的市场份额、进入本行业的主要障碍、市场供求状况及变动原因、行业利润水平的变动趋势及变动原因等；（3）影响行业发展的有利和不利因素，如产业政策、技术替代、行业发展瓶颈、国际市场冲击等；（4）行业技术水平及技术特点、行业特有的经营模式、行业的周期性、区域性或季节性特征等；（5）发行人所处行业与上、下游行业之间的关联性，上下游行业发展状况对本行业及其发展前景的有利和不利影响；（6）出口业务比例较大的发行人，还应披露产品进口国的有关进口政策、贸易摩擦对产品进口的影响以及进口国同类产品的竞争格局等情况；（7）在行业中的竞争地位，包括市场占有率、近三年的变化情况及未来变化趋势，主要竞争对手的简要情况等。

2. 主营业务及产品情况。包括：（1）主要产品或服务的用途。（2）主要产品的工艺流程图或服务的流程图。（3）主要经营模式，包括采购模式、生产模式和销售模式。（4）列表披露报告期内各期主要产品（或服务）的产能、产量、销量、销售收入，产品或服务的主要消费群体、销售价格的变动情况；报告期内各期向前五名客户合计的销售额占当期销售总额的百分比；如向单个客户的销售比例超过总额的50%或严重依赖于少数客户的，应披露其名称及销售比例；如该客户为发行人的关联方，则应披露产品最终实现销售的情况；受同一实际控制人控制的销售客户，应合并计算销售额。（5）报告期内主要产品的原材料和能源及其供应情况，主要原材料和能源的价格变动趋势、主要原材料和能源占成本的比重；报告期内各期向前五名供应商合计的采购额占当期采购总额的百分比，如向单个供应商的采购比例超过总额的50%或严重依赖于少数供应商的，应披露其名称及采购比例；受同一实际控制人控制的供应商，应合并计算采购额。（6）董事、监事、高级管理人员和核心技术人员，主要关联方或持有发行人5%以上股份的股东在上述供应商或客户中所占的权益。若无，亦应说明。（7）安全生产及污染治理情况、因安全生产及环境保护原因受到处罚的情况、近三年相关费用成本支出及未来支出情况，说明是否符合国家关于安全生产和环境保护的要求。

3. 主要固定资产及无形资产。包括：（1）主要生产设备、房屋建筑物及其取得和使用情况、成新率或尚可使用年限、在发行人及下属企业的分布情况等。（2）商标、专利、非专利技术、土地使用权、水面养殖权、探矿权、采矿权等主要无形资产的数量、取得方式和时间、使用情况、使用期限或保护期、最近一期末账面价值，以及上述资产对发行人生产经营的重要程度。（3）他人使用自己所有的资产，或作为被许可方使用他人资产的，应简要披露许可合同的主要内容。

4. 特许经营权的情况。包括特许经营权的取得情况，特许经营权的期限、费用标准，对发行人持续生产经营的影响。

5. 主要产品生产技术状况。包括：（1）产品生产所处的阶段，如处于研发、试生产、小批量生产或大批量生产阶段。（2）研发项目及进展情况、拟达到的目标，最近三年及一期研发费用占营业收入的比例等。与其他单位合作研发的，还需说明合作协议的主要内容、研究成果的分配方案及采取的保密措施等。（3）保持技术不断创新的机制、技术储备及技术创新的安排等。（4）发行人名称冠有“高科技”或“科技”字样的，应说明冠以此名的依据。

6. 境外进行生产经营情况。若在境外进行生产经营，应对有关业务活动进行地域性分析。若在境外拥有资产，应详细披露该资产的具体内容、资产规模、所在地、经营管理和盈利情况等。

7. 质量控制情况。包括主要产品和服务的质量控制标准、质量控制措施、出现的质量纠纷等。

（八）同业竞争与关联交易

1. 同业竞争。是否存在与控股股东、实际控制人及其控制的其他企业从事相同、相似业务的情况。对存在相同、相似业务的，发行人应对是否存在同业竞争作出合理解释。控股股东、实际控制人作出的避免同业竞争的承诺。

2. 关联交易。包括：（1）根据《公司法》和《企业会计准则》的相关规定披露关联方、关联关系和关联交易。（2）根据交易的性质和频率，按照经常性和偶发性分类披露关联交易及关联交易对其财务状况和经营成果的影响。（3）购销商品、提供劳务等经常性的关联交易，应分别披露最近三年及一期关联交易方名称、交易内容、交易金额、交易价格的确定方法、占当期营业收入或营业成本的比重、占当期同类型交易的比重以及关联交易增减变化的趋势，与交易相关应收和应付款项的余额及增减变化的原因，以及上述关联交易是否仍将持续进行。（4）偶发性的关联交易，应披露关联交易方名称、交易时间、交易内容、交易金额、交易价格的确定方法、资金的结算情况、交易产生利润及对发行人当期经营成果的影响、交易对公司主营业务的影响。（5）是否在章程中对关联交易决策权力与程序作出规定。公司章程是否规定关联股东或利益冲突的董事在关联交易表决中的回避制度或作必要的公允声明；最近三年及一期发生的关联交易是否履行了公司章程规定的程序，以及独立董事对关联交易履行的审议程序是否合法及交易价格是否公允的意见；拟采取的减少关联交易的措施。

（九）董事、监事、高级管理人员与核心技术人员

1. 董事、监事、高级管理人员及核心技术人员的简要情况：姓名、国籍及境外居留权；性别；年龄；学历；职称；主要业务经历；曾经担任的重要职务及任期；现任职务及任期。对核心技术人员还应披露其主要成果及获得的奖项。对于董事、监事，应披露其提名人，并披露上述人员的选聘情况。

2. 应列表披露董事、监事、高级管理人员、核心技术人员及其近亲属以任何方式直接或间接持有发行人股份的情况，并应列出持有人姓名，近三年所持股份的增减变动以及所持股份的质押或冻结情况。

3. 董事、监事、高级管理人员及核心技术人员的其他对外投资情况，有关对外投资与发行人存在利益冲突的，应予特别说明，并披露其投资金额、持股比例以及有关承诺和协议；如无该种情形，则应予以声明。对于存在利益冲突情形的，应披露解决情况。

4. 董事、监事、高级管理人员及核心技术人员最近一年从发行人及其关联企业领取收入的情况，以及所享受的其他待遇和退休金计划等。

5. 董事、监事、高级管理人员及核心技术人员的兼职情况及所兼职单位与发行人的关联关系。没有兼职的，应予以声明。

6. 董事、监事、高级管理人员及核心技术人员相互之间存在的亲属关系。

7. 董事、监事、高级管理人员及核心技术人员所签订的协议、作出的重要承诺，以及有关协议或承诺的履行情况。

8. 董事、监事、高级管理人员是否符合法律法规规定的任职资格，近三年内曾发生变动的，应披露变动情况和原因。

（十）公司治理

1. 治理机制情况。股东大会、董事会、监事会、独立董事、董事会秘书制度的建立健全及运行情况，说明上述机构和人员履行职责的情况。战略、审计、提名、薪酬与考核等各专门委员会的设置情况。

2. 违规情况。三年内是否存在违法违规行为，若存在违法违规行为，应披露违规事实和受到处罚的情况，并说明对发行人的影响；若不存在违法违规行为，应明确声明。

3. 资金占用和担保。近三年内是否存在资金被控股股东、实际控制人及其控制的其他企业占用的情况，或者为控股股东、实际控制人及其控制的其他企业担保的情况；若不存在资金占用和对外担保，应明确声明。

4. 内控情况。公司管理层对内部控制完整性、合理性及有效性的自我评估意见以及注册会计师对公司内部控制的鉴证意见。注册会计师指出公司内部控制存在缺陷的，应予披露并说明改进措施。

（十一）财务会计信息

1. 财务报表。发行人运行三年以上的，应披露最近三年及一期的资产负债表、利润表和现金流量表；运行不足三年的，应披露最近三年及一期的利润表以及设立后各年及最近一期的资产负债表和现金流量表。发行人编制合并财务报表的，应同时披露合并财务报表和母公司财务报表。

2. 审计意见。会计师事务所的审计意见类型。财务报表被出具带强调事项段的无保留审计意见的，应全文披露审计报告正文以及董事会、监事会及注册会计师对强调事项的详细说明。

3. 财务报表的编制基础、合并财务报表范围及变化情况。发行人运行不足三年的，应披露设立前利润表编制的会计主体及确定方法；存在剥离调整的，还应披露剥离调整的原则、方法和具体剥离情况。

4. 会计政策和会计估计。主要包括：（1）收入确认和计量的具体方法；（2）金融资产和金融负债的分类方法，金融工具的确认依据和计量方法，金融资产转移的确认依据和计量方法，主要金融资产的公允价值确定方法、减值测试方法和减值准备计提方法；（3）发出存货成本的计量方法，存货可变现净值的确定依据及存货跌价准备的计提方法；（4）长期股权投资的初始计量、后续计量及收益确认方法；（5）投资性房地产的种类和计量模式；采用成本模式的，投资性房地产的折旧或摊销方法以及减值准备计提依据；采用公允价值模式的，投资性房地产公允价值的确定依据和方法；投资性房地产的转换及处置的确认和计量方法；（6）固定资产的确认条件、分类、计量基础和折旧方法，各类固定资产的使用寿命、预计净残值和折旧率；（7）无形资产的计价方法和摊销方法；使用寿命有限的无形资产，其使用寿命的估计情况；使用寿命不确定的无形资产，使用寿命不确定的判断依据；（8）除存货、投资性房地产及金融资产外，其他主要资产的资产减值准备的确定方法；（9）股份支付的种类及权益工具公允价值的确定方法；（10）借款费用资本化的依据及方法；（11）其他对发行人报告期内财务状况、经营成果有重大影响的会计政策和会计估计；（12）报告期内存在会计政策或会计估计变更的，变更的内容、理由及对发行人财务状况、经营成果的影响金额。

5. 分部信息。财务报表中包含了分部信息的，应披露分部信息。

6. 收购兼并。最近一年及一期内收购兼并其他企业资产（或股权），且被收购企业资产总额或营业收入或净利润超过收购前发行人相应项目20%（含）的，应披露被收购企业收购前一年利润表。

7. 非经常性损益。包括：（1）依据经注册会计师核验的非经常性损益明细表，以合并财务报表的数据为基础，披露最近三年及一期非经常性损益的具体内容、金额及对当期经营成果的影响，并计算最近三年及一期扣除非经常性损益后的净利润金额。（2）发行人应综合考虑相关损益同正常经营业务的关联程度及其可持续性，结合自身实际情况作出判断和说明。（3）注册会计师应对非经常性损益及其说明的真实性、准确性、完整性及合理性进行审核。

8. 固定资产及对外投资。最近一期末主要固定资产类别、折旧年限、原价、净值；对外投资项目及各项投资的投资期限、初始投资额、期末投资额、股权投资占被投资方的股权比例及会计核算方法，编制合并报表时采用成本法核算的长期股权投资按照权益法进行调整的方法及影响金额。

9. 无形资产。最近一期末主要无形资产的取得方式、初始金额、摊销年限及确定依据、摊余价值及剩余摊销年限。无形资产的原始价值是以评估值作为入账依据的，还应披露资产评估机构名称及主要评估方法。

10. 主要债项。最近一期末的主要债项，包括主要的银行借款，对内部人员和关联方的负债，主要合同承诺的债务、或有债项的金额、期限、成本，票据贴现、抵押及担保等形成的或有负债情况。有逾期未偿还债项的，应说明其金额、利率、贷款资金用途、未按期偿还的原因、预计还款期等。

11. 所有者权益。报告期内各期末股东权益的情况，包括股本、资本公积、盈余公积、未分配利润及少数股东权益的情况。

12. 现金流量。报告期内各期经营活动产生的现金流量、投资活动产生的现金流量、筹资活动产生的现金流量的基本情况及不涉及现金收支的重大投资和筹资活动及其影响。

13. 其他事项。会计报表附注中的期后事项、或有事项及其他重要事项。

14. 主要财务指标。最近三年及一期的流动比率、速动比率、资产负债率(母公司)、应收账款周转率、存货周转率、息税折旧摊销前利润、利息保障倍数、每股经营活动产生的现金流量、每股净现金流量、每股收益、净资产收益率、无形资产（扣除土地使用权、水面养殖权和采矿权等后）占净资产的比例。除特别指出外，上述财务指标应以合并财务报表的数据为基础进行计算。其中，净资产收益率和每股收益的计算应执行财政部、中国证监会的有关规定。

15. 盈利预测。(1) 如果发行人认为提供盈利预测报告将有助于投资者对发行人及投资于发行人的股票作出正确判断，且发行人确信有能力对最近的未来期间的盈利情况作出比较切合实际的预测，发行人可以披露盈利预测报告。(2) 发行人本次募集资金拟用于重大资产购买的，则应当披露发行人假设按预计购买基准日完成购买的盈利预测报告及假设发行当年 1 月 1 日完成购买的盈利预测报告。(3) 盈利预测报告中应声明："本公司盈利预测报告是管理层在最佳估计假设的基础上编制的，但所依据的各种假设具有不确定性，投资者进行投资决策时应谨慎使用。"(4) 盈利预测报告应包括盈利预测表及其说明。盈利预测表的格式应与利润表一致，其中预测数应分栏列示已审实现数、未审实现数、预测数和合计数。需要编制合并财务报表的发行人，应分别编制母公司盈利预测表和合并盈利预测表。盈利预测说明应包括编制基准、所依据的基本假设及其合理性、与盈利预测数据相关的背景及分析资料等。盈利预测数据包含了特定的财政税收优惠政策或非经常性损益项目的，应特别说明。

16. 境内外披露数据差异。发行境内上市外资股和境外上市外资股的发行人，由于在境内外会计准则不同，导致净资产或净利润存在差异的，发行人应编制和披露财务报表差异调节表，并注明境外会计师事务所的名称。境内外会计师事务所的审计意见类型存在差异的，还应披露境外会计师事务所的审计意见类型及差异原因。

17. 资产评估和验资报告。发行人在设立时以及在报告期内进行资产评估的，应扼要披露资产评估机构名称及主要评估方法，资产评估前的账面值、评估值及增减情况，增减变化幅度较大的，应说明原因。扼要披露设立时及以后历次验资报告，简要说明历次资本变动与资金到位情况。

（十二）管理层讨论与分析

1. 财务状况分析。一般包括：（1）公司资产、负债的主要构成，分析说明主要资产的减值准备提取情况是否与资产质量实际状况相符；最近三年及一期资产结构、负债结构发生重大变化的，还应分析说明导致变化的主要因素；（2）分析披露最近三年及一期流动比率、速动比率、资产负债率、息税折旧摊销前利润及利息保障倍数的变动趋势，并结合公司的现金流量状况、在银行的资信状况、可利用的融资渠道及授信额度、表内负债、表外融资情况及或有负债等情况，分析说明公司的偿债能力。最近三年及一期经营活动产生的现金流量净额为负数或者远低于当期净利润的，应分析披露原因；（3）最近三年及一期应收账款周转率、存货周转率等反映资产周转能力的财务指标的变动趋势，并结合市场发展、行业竞争状况、公司生产模式及物流管理、销售模式及赊销政策等情况，分析说明公司的资产周转能力；（4）最近一期末持有金额较大的交易性金融资产、可供出售的金融资产、借与他人款项、委托理财等财务性投资的，应分析其投资目的、对发行人资金安排的影响、投资期限、对投资的监管方案、投资的可回收性及减值准备的计提是否充足。

2. 盈利能力分析。包括：（1）列表披露最近三年及一期营业收入的构成及比例，并分别按产品（或服务）类别及业务、地区分部列示，分析营业收入增减变化的情况及原因，营业收入存在季节性波动的，应分析季节性因素对各季度经营成果的影响；（2）依据所从事的主营业务、采用的经营模式及行业竞争情况，分析公司最近三年及一期利润的主要来源、可能影响盈利能力连续性和稳定性的主要因素；（3）按照利润表项目逐项分析最近三年及一期经营成果变化的原因，对于变动幅度较大的项目应重点说明；（4）主要产品的销售价格或主要原材料、燃料价格频繁变动且影响较大的，应针对价格变动对公司利润的影响作敏感性分析；（5）列表披露最近三年及一期公司综合毛利率、分行业毛利率的数据及变动情况，报告期内发生重大变化的，应当用数据说明相关因素对毛利率变动的影响程度；（6）最近三年非经常性损益、合并财务报表范围以外的投资收益以及少数股东损益对公司经营成果有重大影响的，应当分析原因及对公司盈利能力稳定性的影响。

3. 资本性支出分析。包括：（1）最近三年及一期重大的资本性支出情况，如果资本性支出导致公司固定资产大规模增加或进行跨行业投资的，应当分析资本性支出对公司主营业务和经营成果的影响；（2）未来可预见的重大资本性支出计划及资金需求量，未来资本性支出计划跨行业投资的，应说明其与公司未来发展战略的关系。

4. 重大会计政策或会计估计的差异。发行人的重大会计政策或会计估计与可比上市公司存在较大差异，或者按规定将要进行变更的，应分析重大会计政策或会计估计的差异或变更对公司利润产生的影响。

5. 重大担保、诉讼。目前存在重大担保、诉讼、其他或有事项和重大期后事项的，应说明对发行人财务状况、盈利能力及持续经营的影响。

6. 财务状况和盈利能力的未来趋势。结合其在行业、业务经营方面存在的主要优势及困难，谨慎、客观地对公司财务状况和盈利能力的未来趋势进行分析。对报告期内已对公司财务状况和盈利能力有重大影响的因素，应分析该等因素对公司未来财务状况和盈利能力可能产生的影响；如果目前已经存在新的趋势或变化，可能对公司未来财务状况和盈利能力产生重大影响的，应分析影响情况。

（十三）业务发展目标

1. 发行当年和未来两年的发展计划，包括提高竞争能力、市场和业务开拓、筹资等方面的计划。发展计划应当具体，并应说明拟订上述计划所依据的假设条件，实施上述计划可能面临的主要困难，以及确保实现上述发展计划拟采用的方式、方法或途径。

2. 上述业务发展计划与现有业务的关系。若实现上述计划涉及与他人合作的，应对合作方及合作条件予以说明。

3. 可对其产品、服务或者业务的发展趋势进行预测，但应采取审慎态度，并披露有关的假设基准等。涉及盈利预测的，应遵循盈利预测的相关规定。

（十四）募集资金运用

1. 发行人应披露：（1）预计募集资金数额；（2）按轻重缓急顺序，列表披露预计募集资金投入的时间进度及项目履行的审批、核准或备案情况；（3）若所筹资金不能满足项目资金需求的，应说明缺口部分的资金来源及落实情况。

2. 募集资金用于扩大现有产品产能的，应结合现有各类产品在报告期内的产能、产量、销量、产销率、销售区域，项目达产后各类产品新增的产能、产量，以及本行业的发展趋势、有关产品的市场容量、主要竞争对手等情况对项目的市场前景进行详细的分析论证。

3. 募集资金用于新产品开发生产的，应结合新产品的市场容量、主要竞争对手、行业发展趋势、技术保障、项目投产后新增产能情况，对项目的市场前景进行详细的分析论证。

4. 募集资金投入导致生产经营模式发生变化的，应结合其在新模式下的经营管理能力、技术准备情况、产品市场开拓情况等，对项目的可行性进行分析。

5. 原固定资产投资和研发支出很少、本次募集资金将大规模增加固定资产投资或研发支出的，应充分说明固定资产变化与产能变动的匹配关系，并充分披露新增固定资产折旧、研发支出对未来经营成果的影响。

6. 募集资金直接投资于固定资产项目的，可视实际情况并根据重要性原则披露以下内容：（1）投资概算情况，募集资金的具体用途，包括用于购置设备、土地、技术以及补充流动资金等方面的具体支出；（2）产品的质量标准和技术水平，生产方法、工艺流程和生产技术选择，主要设备选择，核心技术及其取得方式；（3）主要原材料、辅助材料及燃料的供应情况；（4）投资项目的竣工时间、产量、产品销售方式及营销措施；（5）投资项目可能存在的环保问题、采取的措施及资金投入情况；（6）投资项目的选址，拟占用土地的面积、取得方式及土地用途；（7）项目的组织方式、项目的实施进展情况。

7. 募集资金拟用于合资经营或合作经营的，除需披露以上内容外，还应披露：（1）合资或合作方的基本情况，包括名称、法定代表人、住所、注册资本、实收资本、主要股东、主营业务，与发行人是否存在关联关系；投资规模及各方投资比例；合资或合作方的出资方式；合资或合作协议的主要条款以及可能对发行人不利的条款。（2）拟组建的企业法人的基本情况，包括设立、注册资本、主营业务、组织管理和控制情况；不组建企业法人的，应详细披露合作模式。

8. 募集资金拟用于向其他企业增资或收购其他企业股份的，应披露：（1）拟增资或收购的企业的基本情况及最近一年及一期经具有证券期货相关业务资格的会计师事务所审计的资产负债表和利润表；（2）增资资金折合股份或收购股份的评估、定价情况；（3）增资或收购前后持股比例及控制情况；

(4) 增资或收购行为与发行人业务发展规划的关系。

9. 募集资金拟用于收购资产的，应披露：(1) 拟收购资产的内容；(2) 拟收购资产的评估、定价情况；(3) 拟收购资产与发行人主营业务的关系。若收购的资产为在建工程的，还应披露在建工程的已投资情况、尚需投资的金额、负债情况、建设进度、计划完成时间等。

10. 发行人募集资金拟投入其他用途的，应披露具体的用途。

11. 发行人应披露募集资金运用对财务状况及经营成果的影响。项目能独立核算的，发行人应审慎预测项目效益，分别说明达产前后的效益情况，以及预计达产时间，并充分说明预测基础、依据；项目不能独立核算的，应分析募集资金投入对发行人财务状况及经营成果的影响。

(十五) 股利分配政策

1. 最近三年股利分配政策、实际股利分配情况以及发行后的股利分配政策。

2. 本次发行完成前滚存利润的分配安排和已履行的决策程序。若发行前的滚存利润归发行前的股东享有，应披露滚存利润的审计和实际派发情况，同时在招股说明书首页对滚存利润中由发行前股东单独享有的金额以及是否派发完毕作“重大事项提示”。

3. 已发行境外上市外资股的，应披露股利分配的上限为按中国会计准则和制度与上市地会计准则确定的未分配利润数字中较低者。

(十六) 其他重要事项

1. 有关信息披露和投资者关系的负责部门、负责人、电话号码等。

2. 交易金额在500万元以上或者虽未达到该标准但对生产经营活动、未来发展或财务状况具有重要影响的合同内容。总资产规模为10亿元以上的发行人，可视实际情况决定应披露的交易金额，但应在申报时说明。

3. 发行人应披露对外担保的有关情况及担保合同内容。发行人不存在对外担保的，应予说明。

4. 对财务状况、经营成果、声誉、业务活动、未来前景等可能产生较大影响的诉讼或仲裁事项，主要包括：(1) 案件受理情况和基本案情；(2) 诉讼或仲裁请求；(3) 判决、裁决结果及执行情况；(4) 诉讼、仲裁案件对发行人的影响。

5. 控股股东或实际控制人、控股子公司，发行人董事、监事、高级管理人员和核心技术人员作为一方当事人的重大诉讼或仲裁事项。董事、监事、高级管理人员和核心技术人员涉及刑事诉讼的情况。

(十七) 董事、监事、高级管理人员及有关中介机构声明

1. 发行人全体董事、监事、高级管理人员应在招股说明书正文的尾页声

明："本公司全体董事、监事、高级管理人员承诺本招股说明书及其摘要不存在虚假记载、误导性陈述或重大遗漏，并对其真实性、准确性、完整性承担个别和连带的法律责任。"声明应由全体董事、监事、高级管理人员签名，并由发行人加盖公章。

2. 保荐人（主承销商）应对招股说明书的真实性、准确性、完整性进行核查，并在招股说明书正文后声明："本公司已对招股说明书及其摘要进行了核查，确认不存在虚假记载、误导性陈述或重大遗漏，并对其真实性、准确性和完整性承担相应的法律责任。"声明应由法定代表人、保荐代表人、项目主办人签名，并由保荐人（主承销商）加盖公章。

3. 发行人律师应在招股说明书正文后声明："本所及经办律师已阅读招股说明书及其摘要，确认招股说明书及其摘要与本所出具的法律意见书和律师工作报告无矛盾之处。本所及经办律师对发行人在招股说明书及其摘要中引用的法律意见书和律师工作报告的内容无异议，确认招股说明书不致因上述内容而出现虚假记载、误导性陈述或重大遗漏，并对其真实性、准确性和完整性承担相应的法律责任。"声明应由经办律师及所在律师事务所负责人签名，并由律师事务所加盖公章。

4. 承担审计业务的会计师事务所应在招股说明书正文后声明："本所及签字注册会计师已阅读招股说明书及其摘要，确认招股说明书及其摘要与本所出具的审计报告、盈利预测审核报告（如有）、内部控制鉴证报告及经本所核验的非经常性损益明细表无矛盾之处。本所及签字注册会计师对发行人在招股说明书及其摘要中引用的审计报告、盈利预测审核报告（如有）、内部控制鉴证报告及经本所核验的非经常性损益明细表的内容无异议，确认招股说明书不致因上述内容而出现虚假记载、误导性陈述或重大遗漏，并对其真实性、准确性和完整性承担相应的法律责任。"声明应由签字注册会计师及所在会计师事务所负责人签名，并由会计师事务所加盖公章。

5. 承担评估业务的资产评估机构应在招股说明书正文后声明："本机构及签字注册资产评估师已阅读招股说明书及其摘要，确认招股说明书及其摘要与本机构出具的资产评估报告无矛盾之处。本机构及签字注册资产评估师对发行人在招股说明书及其摘要中引用的资产评估报告的内容无异议，确认招股说明书不致因上述内容而出现虚假记载、误导性陈述或重大遗漏，并对其真实性、准确性和完整性承担相应的法律责任。"声明应由签字注册资产评估师及所在资产评估机构负责人签名，并由资产评估机构加盖公章。

6. 承担验资业务的机构应在招股说明书正文后声明："本机构及签字注册会计师已阅读招股说明书及其摘要，确认招股说明书及其摘要与本机构出具的验资报告无矛盾之处。本机构及签字注册会计师对发行人在招股说明书及其摘要中引用的验资报告的内容无异议，确认招股说明书不致因上述内容而出现虚假记载、误导性陈述或重大遗漏，并对其真实性、准确性和完整性承担相应的法律责任。”声明应由签字注册会计师及所在验资机构负责人签名，并由验资机构加盖公章。

此外，保荐机构应当对招股说明书中已记载的重要信息、数据以及其他对保荐业务或投资者作出投资决策有重大影响的内容进行验证并进行注释。

7. 招股书准则所要求的有关人员的签名下方应以印刷体形式注明其姓名。

（十八）备查文件

招股说明书结尾应列明备查文件，并在指定网站上披露。备查文件包括下列文件：发行保荐书；财务报表及审计报告；盈利预测报告及审核报告（如有）；内部控制鉴证报告；经注册会计师核验的非经常性损益明细表；法律意见书及律师工作报告；公司章程（草案）；中国证监会核准本次发行的文件；其他与本次发行有关的重要文件。

三、创业板上市招股说明书的内容与格式

中国证监会颁布的创业板招股说明书内容与格式准则和相关上市申请文件准则，既借鉴了主板的成功经验，又突出创业板特色，适应创业企业规模小、业绩不稳定、经营风险高、退市风险大的特点，以体现保护创业板投资者的宗旨。同时，合并和删减了主板招股说明书的部分内容，便于投资者阅读。

创业板招股说明书突出发行人核心竞争优势及其成长性、自主创新的披露；强化发行人充分披露风险，加大创业企业的风险提示；体现创业企业募集资金运用的特点，同时强化披露的责任约束；强化对发行人未来发展与规划的披露；建立适应创业企业公司治理的披露标准；在保持主板披露要求的基础上，适当增加有关财务会计信息的披露。此外，调整财务会计信息和发行人股本的披露要求。

较之主板，创业板招股说明书准则总体要求不降低，并且针对创业企业特点在反映创业企业成长性和自主创新、发行人风险因素等方面加大了力度、提高了标准，着力提升披露的水准、拓展披露的深度，从而提高披露的质量。例如，创业板招股说明书准则有针对性地作了如下修改：“风险因素”增加要求发行人根据自身实际情况具体描述技术被替代的风险，以及因股权分散或实际控制人控制的股份比例较低，或股东间关于股权的协议安排导致控制权可能变化的风险；“业务和技术”增加披露发行人业务经营的创新性、独特性及持续创新机制，增加披露核心技术属于原始创新、集成创新或引进消化吸收再创新

的情况；“未来发展与规划”要求发行人声明在上市后通过定期报告持续公告规划实施和目标实现的情况。

发行人应在招股说明书显要位置提示创业板投资风险，作如下声明：“本次股票发行后拟在创业板市场上市，该市场具有较高的投资风险。创业板公司具有业绩不稳定、经营风险高、退市风险大等特点，投资者面临较大的市场风险。投资者应充分了解创业板市场的投资风险及本公司所披露的风险因素，审慎作出投资决定。”

发行人应针对实际情况在招股说明书首页作“重大事项提示”，提醒投资者需特别关注的公司风险及其他重要事项，并提醒投资者认真阅读招股说明书“风险因素”一章的全部内容。

创业板招股说明书包括如下内容：（1）封面、书脊、扉页、目录、释义；（2）概览；（3）本次发行概况；（4）风险因素；（5）发行人基本情况；（6）业务和技术；（7）同业竞争与关联交易；（8）董事、监事、高级管理人员与其他核心人员；（9）公司治理；（10）财务会计信息与管理层分析；（11）募集资金运用；（12）未来发展与规划；（13）其他重要事项；（14）董事、监事、高级管理人员及中介机构的有关声明；（15）附件。

创业板招股说明书的编制和报送规定及要求基本与主板招股说明书相同。

四、招股说明书摘要

（一）招股说明书摘要的基本规定

在主板上市需要编制并公开披露招股说明书摘要，该摘要是对招股说明书的概括，是由发行人编制、随招股说明书一起报送批准后，在由中国证监会指定的至少一种全国性报刊上及发行人选择的其他报刊上刊登，供公众投资者参考的关于发行事项的信息披露法律文件。

招股说明书摘要应简要提供招股说明书的主要内容，但不得误导投资者。招股说明书摘要的目的仅为向公众提供有关本次发行的简要情况，并不包括招股说明书全文的各部分内容；招股说明书摘要内容必须忠实于招股说明书全文，不得出现与全文相矛盾之处；招股说明书摘要应尽量采用图表或其他较为直观的方式准确披露发行人的情况，做到简明扼要、通俗易懂；招股说明书摘要应当按照主板招股说明书准则的要求编制。

发行人应在招股说明书摘要的显要位置声明：本招股说明书全文同时刊载于×××网站。投资者在作出认购决定之前，应仔细阅读招股说明书全文，并以其作为投资决定的依据。

发行人及全体董事、监事、高级管理人员承诺：招股说明书及其摘要不存在虚假记载、误导性陈述或重大遗漏，并对招股说明书及其摘要的真实性、准确性、完整性承担个别和连带的法律责任。公司负责人和主管会计工作的负责人、会计机构负责人保证招股说明书及其摘要中财务会计资料真实、完整。中国证监会、其他政府部门对本次发行所作的任何决定或意见，均不表明其对发行人股票的价值或者投资者的收益作出实质性判断或者保证。

（二）招股说明书摘要的内容

1. 重大事项提示。发行人应针对公司实际情况作重大事项提示。

2. 本次发行概况。发行人应当以表格形式披露本次发行的基本情况（见表8－1）。

表8－1　　发行基本情况表

股票种类	
每股面值	
发行股数、占发行后总股本的比例	
发行价格	（申报稿不得披露价格信息）
标明计量基础和口径的市盈率	
预测净利润及发行后每股收益（如有）	
发行前和发行后每股净资产	
标明计量基础和口径的市净率	
发行方式	
发行对象（包括战略投资者基本情况、与发行人的关系及配售的数量）	
本次发行股份的流通限制和锁定安排	
承销方式	
预计募集资金总额和净额	
发行费用概算（包括承销、保荐、审计、评估、律师费用、发行手续费用、审核费等）	

3. 发行人基本情况。发行人应当披露下列基本情况：

（1）发行人基本资料（见表8－2）

表8－2　　发行人基本情况表

注册中、英文名称	
注册资本	
法定代表人	
成立日期	
住所及其邮政编码	
电话、传真号码	
互联网网址	
电子信箱	

（2）发行人历史沿革及改制重组情况

（3）有关股本的情况。包括：①总股本、本次发行的股份、股份流通限制和锁定安排。②以表格方式披露下述人员的持股数量及比例：发起人；前十名股东；前十名自然人股东；国家股、国有法人股股东，并注明标识及其含义；外资股股东。③发行人的发起人、控股股东和主要股东之间的关联关系。

（4）发行人的主营业务、主要产品或服务及其用途、产品销售方式和渠道、所需主要原材料、行业竞争情况以及发行人在行业中的竞争地位。

（5）发行人业务及生产经营有关的资产权属情况。

（6）同业竞争和关联交易情况。

（7）以图表形式披露董事、监事、高级管理人员的基本情况及其兼职情况、薪酬情况以及与发行人及其控股子公司间的股权关系或其他利益关系。

（8）发行人控股股东及其实际控制人的简要情况。

（9）发行人应简要披露其财务会计信息及管理层讨论与分析，主要包括：①披露最近三年及一期的资产负债表、利润表和现金流量表；运行不足三年的，应披露最近三年及一期的利润表以及设立后各年及最近一期的资产负债表和现金流量表。②以合并财务报表的数据为基础披露最近三年及一期非经常性损益的具体内容及金额，计算最近三年及一期扣除非经常性损益后的净利润金额。③列表披露最近三年及一期的流动比率、速动比率、资产负债率（母公司）、应收账款周转率、存货周转率、息税折旧摊销前利润、利息保障倍数、每股经营活动的现金流量、每股净现金流量、每股收益、净资产收益率、无形资产（扣除土地使用权、水面养殖权和采矿权等后）占净资产的比例。除特别指出外，上述财务指标应以合并财务报表的数据为基础进行计算。④简要盈利预测表（如有）。⑤管理层对公司财务状况、盈利能力及现金流量的报告期内情况及未来趋势的简要讨论与分析，重点披露报告期内公司营业收入及净利润的主要来源、现实及可预见的主要影响因素分析。⑥最近三年股利分配政策和实际分配情况、发行前滚存利润的分配政策及分配情况、发行后股利分配政策。⑦发行人控股子公司或纳入发行人合并会计报表的其他企业的基本情况。

4. 募集资金运用。简要披露本次募集资金投资项目的具体安排和计划，以及对项目发展前景的分析。

5. 风险因素和其他重要事项。有针对性地披露其实际面对的特有风险，不必披露风险对策和措施。已在“重大事项提示”中披露的，不必重复披露。

6. 对投资者作出投资决策有重要影响的其他事项，如重大合同、重大诉讼或仲裁事项等。

7. 以表格形式披露本次发行各方当事人和发行时间安排（见表 8－3、表

8－4)，并请参见本书第十一章案例一。

表8－3　　　　发行各方当事人情况表

名　称	住　所	联系电话	传真	经办人或联系人
发行人				
保荐人（主承销商）				
律师事务所				
会计师事务所				
资产评估机构				
股票登记机构				
收款银行				
拟上市的证券交易所				

表8－4　　　　本次发行上市的重要日期

询价推介时间	
定价公告刊登日期	
申购日期和缴款日期	
股票上市日期	

8. 备查文件。发行人应披露招股说明书全文和备查文件的查阅方式。

第四节　其他申报材料的编制

一、财务报告

（一）财务报告的属性和作用

财务报告是企业对外提供的反映企业某一特定日期的财务状况和某一会计期间的经营成果、现金流量等会计信息的文件，是向投资者等财务报告使用者提供决策有用信息的媒介和渠道，是沟通投资者、债权人等使用者与企业管理层之间信息的桥梁和纽带。(1) 财务报告是对外报告，其服务对象是投资者、债权人等外部使用者，专为了内部管理需要的报告不属于财务报告的范畴；(2) 财务报告应综合反映企业的生产经营状况，包括某一时点的财务状况和某一时期的经营成果与现金流量等信息，以描述企业整体和全貌；(3) 财务报告必须形成一个系统的文件，不应是零星的或者不完整的信息。(4) 财务报告是企业财务会计确认与计量的最终结果体现，使用者主要是通过财务报告来了解企业当前的财务状况、经营成果和现金流量等情况，从而预测未来的发展趋势。

（二）财务报告目标

2006年2月15日财政部以第33号部长令发布的《企业会计准则——基本准则》规定，财务报告的目标是向财务报告使用者提供与企业财务状况、经营成果和现金流量等有关的会计信息，反映企业管理层受托责任履行情况，有助于财务报告使用者作出经济决策。

1. 财务报告目标要求满足投资者等财务报告使用者决策的需要。财务报告使用者主要包括投资者、债权人、政府及其有关部门和社会公众等。满足投资者的信息需要是企业财务报告编制的首要出发点。近年来，资本市场快速发展，机构投资者及其他投资者队伍日益壮大，投资者更加关心其投资的风险和报酬，对会计信息的要求日益提高，他们需要会计信息来帮助其作出决策，例如决定是否应当买进、持有或者卖出企业的股票或者股权等。因此，将投资者作为企业财务报告的首要使用者，体现了保护投资者利益的要求。

2. 财务报告目标要求反映企业管理层受托责任的履行情况。现代企业制度强调企业所有权和经营权相分离，企业管理层是受委托人之托经营管理企业及其各项资产，负有受托责任。企业管理层所经营管理的企业各项资产基本上均为投资者投入的资本或者向债权人借入的资金所形成的，企业管理层有责任妥善保管并合理、有效运用这些资产。企业投资者和债权人都需要及时了解企业的经营管理状况，以便于评价企业管理层的责任情况和业绩，并决定是否需要调整投资或者信贷政策，是否需要加强企业内部控制和其他制度建设，是否需要更换管理层等。因此，财务报告应当反映企业管理层受托责任的履行情况，以有助于外部投资者和债权人等评价企业的经营管理责任和资源使用的有效性。

3. 财务报告所提供的信息内容应当有助于投资者评价企业、作出投资决策和评估风险。（1）如实反映企业所拥有或者控制的经济资源、对经济资源的要求权以及经济资源及其要求权的变化情况；（2）如实反映企业的各项收入、费用、利得和损失的金额及其变动情况；（3）如实反映企业的各项经营活动、投资活动和筹资活动等所形成的现金流入和现金流出情况等。从而有助于现在的或者潜在的投资者正确、合理地评价企业的资产质量、偿债能力、盈利能力和营运效率等，有助于投资者根据相关会计信息作出理性的投资决策，有助于投资者评估与投资有关的未来现金流量的金额、时间和风险等。

（三）会计信息的质量要求

会计信息的质量要求包括可靠性、相关性、可理解性、可比性、实质重于形式、重要性、谨慎性和及时性等。其中可靠性、相关性、可理解性和可比性是会计信息的首要质量要求。

（四）财务报告的编制

财务报告包括财务报表和其他应当在财务报告中披露的相关信息和资料。其中，财务报表由报表本身及其附注两部分构成，附注是财务报表的有机组成部分，而报表至少应当包括资产负债表、利润表和现金流量表，上市公司还需要披露所有者权益（股东权益）变动表。

（1）资产负债表是反映企业在某一特定日期的财务状况的会计报表。编制资产负债表的目的是通过如实反映企业的资产、负债和所有者权益金额及其结构情况，从而有助于使用者评价企业资产的质量以及短期偿债能力、长期偿债能力、利润分配能力等。

（2）利润表是反映企业在一定会计期间的经营成果的会计报表。编制利润表的目的是通过如实反映企业实现的收入、发生的费用以及应当计入当期利润的利得和损失等金额及其结构情况，从而有助于使用者分析评价企业的盈利能力及其构成与质量。

（3）现金流量表是反映企业在一定会计期间的现金和现金等价物流入和流出的会计报表。编制现金流量表的目的，是通过如实反映企业各项活动的现金流入和现金流出，从而有助于使用者评价企业生产经营过程特别是经营活动中所形成的现金流量和资金周转情况。

（4）所有者权益变动表是反映构成所有者权益的各组成部分当期的增减变动情况的报表。编制所有者权益变动表的目的，是通过如实反映企业一定时期所有者权益变动的情况，不仅包括所有者权益总量的增减变动，还包括所有者权益增减变动的重要结构性信息，特别是要反映直接计入所有者权益的利得和损失，让报表使用者准确了解所有者权益增减变动的根源。

（5）附注是对在会计报表中列示项目所作的进一步说明，以及对未能在这些报表中列示项目的说明等。附注由若干附表和对有关项目的文字性说明组成。编制附注的目的是通过对财务报表本身作补充说明，以更加全面、系统地反映企业财务状况、经营成果和现金流量的全貌，从而有助于向使用者提供更为有用的决策信息，帮助其作出更加科学合理的决策。

财务报表是财务报告的核心内容，但是除了财务报表之外，财务报告还应当包括其他相关信息，具体可以根据有关法律法规的规定和外部使用者的信息需求而定。如企业可以在财务报告中披露其承担的社会责任、对社区的贡献、可持续发展能力等信息，这些信息对于使用者的决策也是相关的，尽管属于非财务信息，无法包括在财务报表中，但是如果有规定或者使用者有需求，企业应当在财务报告中予以披露。

（五）报送财务报表的规定

最近三年原企业或股份公司的原始财务报告是指报告期各年度提供给地方财政、税务部门的财务报告。发行人报送财务资料时还必须报送财务报表的差异比较表。

1. 成立不满三年的股份有限公司需报送的财务报告包括最近三年原企业或股份公司的原始财务报表：（1）报告期股份公司设立当年及以后年度的原始财务报告及审计报告；（2）报告期股份公司设立前的原始财务报告。

2. 成立不满三年的股份有限公司提供的原始财务报表与申报财务报表的差异比较表包括：（1）报告期股份公司设立当年及以后年度的原始财务报表与申报财务报表的差异比较表；（2）报告期股份公司设立前的原始财务报告与申报财务报表的差异比较表。

3. 成立已满三年的股份有限公司或定向募集公司需报送的财务报告包括报告期内各年度公司的原始财务报告及审计报告。

4. 成立已满三年的股份有限公司或定向募集公司提供的原始财务报表与申报财务报表的差异比较表是指报告期内各年度经审计的公司原始财务报表与申报财务报表的差异比较表，包括资产负债表和利润表的差异比较表。对存在差异的，须披露资产、负债、收入、费用、利润和所有者权益六个会计要素的差异及产生差异的主要原因。

编制上述财务报表的差异比较表是发行人财务部门的一项基本功，尤其是在涉及境内外企业会计准则和审计准则不同的情况下就更为复杂。具体应参照相关会计准则和审计准则对照分析和比较，并采用 Excel 电子表格计算。可参见本系列丛书《企业兼并与收购》一书第四章的案例。

发行人的注册会计师应对财务报表差异的合理性进行审阅，并对差异情况出具意见；发行人律师应对发行申请文件中的原始财务报告和纳税资料进行核查和验证，并发表如下明确的法律意见：“发行人申请文件中的原始财务报告和纳税资料与发行人各年度报送地方财政、税务部门的一致。”

（六）财务报告披露规则

中国证监会《公开发行证券的公司信息披露编报规则第 15 号——财务报告的一般规定（2010 年修订）》（以下简称《财务报告规定》）适用于按新会计准则编制并披露财务报告的上市公司和拟上市公司。拟上市的公司披露财务报告时，应当按照该《财务报告规定》的详细条款编报财务报告。

2010 版《财务报告规定》首次采取表格化形式对年报的披露格式予以清晰、简明的规范。这些表格根据规定的文字描述而设计确定，力求严格、忠实反映文字描述体现的披露要求。同时，根据上市公司的不同业务和会计处理需要，在表格的行和列设置上，均提供了灵活的备选项和自定义功能。因此，以表格化形式规范年度报告披露格式，一方面兼顾上市公司年度报告披露的统一化、个性化需求；另一方面提高了文字性条文的可操作性，提高了上市公司之间信息披露的可比性，可有效缓解文字性条文执行上的理解不一致、判断标准有差异、格式不统一等不足。

《财务报告规定》的主要内容概括如下：

1. 基本规定。(1) 财务报告规定是对财务报告披露的最低要求。不论本规定是否有明确要求，凡对投资者进行投资决策有重大影响的财务信息，公司均应予以充分披露。(2) 由于商业秘密等原因导致本规定某些信息确实不便披露的，首次公开发行股票公司可向中国证监会申请豁免，已经公开发行股票并在证券交易所上市的公司可向证券交易所申请豁免，经批准并报中国证监会备案后，可以不予披露。(3) 公司编制和对外提供的财务报告，不得含有虚假的信息或者隐瞒重要事实。公司董事会、监事会及董事、监事、高级管理人员承诺提供的财务报告不存在虚假的记载、误导性陈述或重大遗漏，并就财务报告的真实性、准确性、完整性承担个别和连带的法律责任。(4) 公司年度财务报告应由具有证券期货相关业务资格的会计师事务所审计，有关审计报告由上述会计师事务所盖章及由两名或两名以上注册会计师签名盖章。(5) 编制合并财务报表的公司，纳入合并范围的子公司和特殊目的主体的年度财务报告，以及对公司财务报告有重大影响的联营公司、合营公司的年度财务报告，也应由具有证券期货相关业务资格的会计师事务所审计。(6) 特殊行业公司财务报告的披露除需遵守《财务报告规定》外，还需遵循该行业财务报告的特别规定。

2. 财务报表。(1) 公司应按企业会计准则的要求编制财务报表，并遵循相关信息披露规范的规定。(2) 财务报表包括资产负债表、利润表、现金流量表和所有者权益（或股东权益）变动表。(3) 编制合并财务报表的公司，除提供合并财务报表外，还应提供母公司财务报表。(4) 财务报表中会计数据的排列应自左至右，最左侧为最近一期数据；表内各主要报表项目应标有附注编号，并与财务报表附注编号相一致；年度报告摘要部分中引用编号应与财务报表附注的编号一致。(5) 公司提供的财务报表应加盖公司公章，由公司法定代表人、主管会计工作的公司负责人、公司会计机构负责人（会计主管人员）签名并盖章。若公司设置总会计师的，总会计师应签名并盖章。

3. 财务报表附注。(1) 公司的基本情况；(2) 会计政策、会计估计和前期差错；(3) 税项；(4) 企业合并及合并财务报表；(5) 财务报表项目附注；

（6）资产证券化业务的会计处理；（7）关联方及关联交易；（8）股份支付；（9）或有事项；（10）承诺事项；（11）资产负债表日后事项；（12）其他重要事项；（13）母公司财务报表的主要项目附注。

4. 补充资料。包括：（1）逐项披露根据《公开发行证券的公司信息披露解释性公告第1号——非经常性损益》界定的非经常性损益项目名称及其税前金额。对公司根据《公开发行证券的公司信息披露解释性公告第1号——非经常性损益》定义界定的非经常性损益项目，以及把《公开发行证券的公司信息披露解释性公告第1号——非经常性损益》中列举的非经常性损益界定为经常性损益的项目，应说明原因。（2）披露境内外会计准则下会计数据差异的公司，应披露中国会计准则、国际财务报告准则和（或）其他国家或地区会计准则下的比较期间净利润、净资产期初额、期末额。披露把中国会计准则下的净利润、净资产调整为国际财务报告准则下和（或）其他国家或地区会计准则下净利润、净资产的差异调节表，列示各主要调节项目及其金额。对已经境外审计机构审计的数据进行差异调节的，应注明该境外机构的名称。（3）按照9号规则的要求，分项列示净资产收益率及每股收益。（4）金额异常或比较期间变动异常的报表项目（如两个期间的数据变动幅度达30%以上，或占公司报表日资产总额5%或报告期利润总额10%以上的）、非会计准则指定的报表项目、名称反映不出其性质或内容的报表项目，应说明该项目的具体情况及变动原因。

二、发行人的申请报告

发行人拟首次公开发行股票的申请报告一般包括如下内容：（1）公司基本情况：公司概况、经营范围、改制设立与历史沿革、经营情况、财务状况等；（2）控股股东情况；（3）申请公开发行股票的必要性和可行性；（4）股本设置与发行方案；（5）募集资金投资项目；（6）公司发展规划；（7）结论。

三、辅导报告

辅导报告是保荐机构对拟发行证券的公司的辅导工作结束以后，就辅导情况、辅导效果及意见向有关主管单位出具的书面报告。辅导报告由保荐机构的发行上市辅导人员完成，并签字负责。辅导人员中至少有两人具有辅导两家以上企业股票上市的经验。在辅导工作中，保荐机构应当制作工作底稿，出具阶段辅导工作报告，分别向中国证监会的派出机构报送。辅导结束后，由保荐机构出具辅导工作总结报告，其内容必须翔实具体、简明易懂，不得有虚假和隐瞒。

四、证券发行保荐书

证券发行保荐书是保荐机构及其保荐代表人为推荐发行人证券发行而出具的正式法律文件，也是评价保荐机构及其保荐代表人从事保荐业务是否诚实守信、勤勉尽责的重要依据。根据《发行证券的公司信息披露内容与格式准则第27号——发行保荐书和发行保荐工作报告》（中国证监会公告［2009］4号），保荐机构应在发行保荐书中对发行人是否符合发行条件、发行人存在的主要风险、保荐机构与发行人的关联关系、保荐机构的推荐结论等事项发表明确意见。证券发行保荐书的必备内容如下。

（一）本次证券发行基本情况

1. 保荐代表人情况。简述本次具体负责推荐的保荐代表人姓名、保荐业务执业情况等内容；简述本次证券发行项目协办人姓名、保荐业务执业情况，项目组其他成员姓名。

2. 发行人情况。简述发行人名称、注册地及时间、联系方式、业务范围、本次证券发行类型等内容。上市公司非公开发行股票的，还应当披露发行人的最新股权结构、前十名股东情况、历次筹资、现金分红及净资产变化表、主要财务数据及财务指标。

3. 保荐机构与发行人之间的关联关系说明。（1）保荐机构或其控股股东、实际控制人、重要关联方、持有发行人或其控股股东、实际控制人、重要关联方股份的情况；（2）发行人或其控股股东、实际控制人、重要关联方持有保荐机构或其控股股东、实际控制人、重要关联方股份的情况；（3）保荐机构的保荐代表人及其配偶，董事、监事、高级管理人员拥有发行人权益、在发行人任职等情况；（4）保荐机构的控股股东、实际控制人、重要关联方与发行人控股股东、实际控制人、重要关联方相互提供担保或者融资等情况；（5）保荐机构与发行人之间的其他关联关系。

4. 保荐机构简述其内部审核程序和内核意见。

（二）保荐机构承诺事项

保荐机构应就《证券发行上市保荐业务管理办法》所列事项作出承诺。保荐机构应承诺已按照法律、行政法规和中国证监会的规定，对发行人及其控股股东、实际控制人进行了尽职调查、审慎核查，同意推荐发行人证券发行上市，并据此出具发行保荐书。

（三）对本次证券发行的推荐意见

保荐机构应在进行充分尽职调查、审慎核查的基础上，对本次证券发行明确发表推荐结论。保荐机构应逐项说明：（1）发行人是否已就本次证券发行履行了《公司法》、《证券法》及中国证监会规定的决策程序；（2）本次证券发行是否符合《证券法》规定的发行条件；（3）本次证券发行是否符合《主板首发办法》或《创业板首发办法》规定的发行条件，并载明得出每项结论的查证过程及事实依据。

在发行保荐中，保荐机构应结合发行人行业地位、经营模式、产品结构、经营环境、主要客户、重要资产以及技术等影响持续盈利能力的因素，详细说明发行人存在的主要风险，并对发行人的发展前景进行简要评价。

发行保荐书应由保荐机构法定代表人、保荐业务负责人、内核负责人、保荐代表人和项目协办人签字，加盖保荐机构公章并注明签署日期。

五、发行保荐工作报告

发行保荐工作报告是发行保荐书的辅助性文件。保荐机构应在发行保荐工作报告中，全面记载尽职推荐发行人的主要工作过程，详细说明尽职推荐过程中发现的发行人存在的主要问题及解决情况，充分揭示发行人面临的主要风险。

（一）项目运作流程

保荐机构应详细说明其内部的项目审核流程。包括：（1）本次证券发行项目的立项审核主要过程，包括申请立项时间、立项评估决策机构成员构成及立项评估时间。（2）本次证券发行项目执行的主要过程，包括项目执行成员构成、进场工作的时间、尽职调查的主要过程、保荐代表人参与尽职调查的工作时间以及主要过程等。（3）内部核查部门审核本次证券发行项目的主要过程，包括内部核查部门的成员构成、现场核查的次数及工作时间。（4）内核小组对发行人本次证券发行项目的审核过程，包括内核小组成员构成、内核小组会议时间、内核小组成员意见、内核小组表决结果等。

（二）项目存在问题及其解决情况

保荐机构应详细说明立项评估决策机构成员意见、立项评估决策机构成员审议情况。包括：（1）项目执行成员在尽职调查过程中发现和关注的主要问题以及对主要问题的研究、分析与处理情况（如协调发行人和证券服务机构召开定期会议、专题会议以及重大事项临时会议的主要内容等），重点说明对主要问题的解决情况。（2）内部核查部门关注的主要问题，逐项说明对内部核查部门意见的具体落实情况。（3）内核小组会议讨论的主要问题及审核意见，逐项说明对内核小组意见的具体落实情况。（4）陈述核查证券服务机构出具专业意见的情况，说明证券服务机构出具专业意见与保荐机构所作判断存在的差异，对其中的重大差异，应详细说明研究并予以解决的过程。

发行保荐工作报告应由保荐机构法定代表人、保荐业务负责人、内核负责人、保荐业务部门负责人、保荐代表人和项目协办人签字，加盖保荐机构公章并注明签署日期。

发行保荐书、发行保荐工作报告必须建立在对发行人进行全面调查，充分了解发行人经营状况及其面临风险和问题的基础之上，并具备相应的保荐业务工作底稿支持。

六、其他募股文件

除本书前述的各种募股文件外，还需要其他一些重要文件，包括公司章程、发行方案、资金运用项目的可行性研究报告及项目批文或立项核准文件等。有兼并收购行为的，还应提供被收购兼并企业或项目的基本情况、被收购兼并企业前一年和最近一期的财务报告及审计报告，以及资产评估报告。主承销商可以聘请证券服务律师对提交的募股文件进行法律审查，并出具律师审查意见或鉴证。

案例　创业板37家公司首发申请上会审查被否的内幕

【案例导读】

长期以来，市场对于一家公司IPO到底为什么被否总是作出花样百出的研究及推断，但是真实原因究竟如何，始终鲜为人知。

本案例从近年中国企业境内上市申请审查过会情况分析入手，列出了中国证监会具有权威性的数据，并通过一系列被否上市的企业案例分析，总结企业上市的经验和需要注意的问题；揭示如何才能打造和创立具有“两高六新”特征的新型企业，让真正具有未来发展潜力和成长价值的企业赴创业板上市。此外，本案例还分析了国家鼓励九类领域和限制八类领域发展行业的方向，以及怎样为自己的企业进行内核，避免一些错误和漏洞，进而实现顺利上市。通过本案例，中国证监会发审委高屋建瓴的价值观也得以透彻地展现。本案例无论对日后的IPO还是二级市场投资，都具有一定的指引意义。

【IPO 审查过会情况及问题分类】

2006—2009 年上市申请审查过会情况

企业上市之路无异于千军万马过独木桥，有 IPO 想法的企业不计其数，申报材料已经提交的企业数以百计，预审过关等着上会的企业几百家。IPO 过关需要天时地利与人和，并且受到政策导向、经济景气、行业周期和市场周期的影响。统计资料显示，2006 年中国主板公司上会 71 家，过会 61 家，被否 10 家，被否率 14.08%；2007 年上会 139 家，过会 101 家，被否 38 家，被否率 27.34%；2008 年上会 115 家，过会 95 家，被否 20 家，被否率 17.39%；2009 年上会 94 家，过会 84 家，被否 10 家，被否率为 10.64%。这四年的平均被否率为 18.62%。从数据中可以看出 2009 年被否率较低，这主要是因为经过了经济危机，能够申请上市的公司大部分运行良好，准备充足。

创业板上市申请审查上会被否的情况

截至 2010 年 9 月 29 日，创业板开板即将满一周年。自 2009 年 9 月 17 日创业板发审委首次召开会议以来，一年间共计有 185 家创业板公司上会。其中，148 家公司顺利通过首发申请，但是也有 37 家企业未能通过创业板发审委的审核，上会通过率 80%。过会后被搁置 1 家，取消审核 4 家。在保荐机构中，平安证券以 90.5% 的通过率位居首位，招商证券以 60% 的通过率排名第 5，有 4 家券商的上市保荐通过率为零，水平相差悬殊。

37 家被否企业分布于各个行业，包括电子信息技术科技、化工、汽车、设备制造、生物技术等诸多行业，公司地点也分布在全国各地。在被否企业中，电子信息技术业 11 家，占比将近三分之一，并且此次申报创业板的电子信息类企业收入规模都偏小，被“枪毙”的电子信息类企业收入都小于 1 亿元，净利润多在 2 000 万元到 3 000 万元之间甚至更低。比如麦杰科技、正方软件、方直科技、博晖光电等。从获通过的创业板上市公司实际净利润水平分析，净利润没有 3 000 万元的公司最好还是等一等再上，否则会被认为企业规模小、缺乏抗风险能力。

为什么有的企业能够过会，有的却过不了？

凡事都有规律，规律可以总结，而且不能只研究已上市公司的经验，更要重视被否公司的具体情况。如果能从这些被否的公司中学到一些教训经验，将对我们更有借鉴意义，对提高企业上市通过率会大有帮助。

创业板开闸一年来被否企业的主要问题归类

经业内专家分析，被否企业主要存在八大类问题30多种情况，有的申请上市企业不仅存在一个问题，甚至存在多个问题，这就阻碍了公司上市。八大类问题主要包括：（1）不属于创业板扶持行业或不符合技术业务创新条件，存在此类问题的企业有2家；（2）持续盈利能力问题与成长性不足，存在此类问题的企业有16家；（3）发行人的独立性问题，存在此类问题的企业有4家；（4）发行人的主题资格问题，有4家；（5）募集资金的使用问题，有7家；（6）信息披露不合理（不合规）问题，有3家；（7）规范运作和内部控制问题，有12家；（8）财务会计存在问题，有7家。

现对37家上会被否公司存在的八大类问题具体分析如下。

【案例分析】

一、不属于创业板鼓励推荐行业或不符合技术业务创新条件

创业板要求企业具有突出的高成长行业特点和创新特色，如果不符合则很难被创业板所接受。

南京磐能电力于2009年9月成为首家遭否的创业板上会企业，这是创业板发审会自同年9月17日开张以来首次动用否决权。被否原因之一是地位不高。磐能电力公司所处电力自动化制造行业，在南京，国电南自、国电南瑞等龙头企业占据大部分市场份额。而磐能电力的行业地位和竞争力一般，没有太多优势。原因之二是公司不属于创业板重点扶持企业。从行业角度，电力自动化不属于创业板侧重扶持行业，且在技术业务模式上也不是创新比较强的企业，不符合创业板特色。原因之三是盈利能力不足。磐能电力2008年净利润相比2007年为负增长。招股说明书对此解释称，发行人2007年属于免税期，2008年所得税税率为12.50%，根据申报会计师出具的假设不存在所得税费用情况下，发行人2008年扣除非经常性损益后归属于母公司所有者净利润为3 329.28万元，较2007年的2 900.82万元增长428.46万元，增幅为14.77%。此等企业，因税收优惠而勉强“收红”的数据，显然难以服众。

涪陵榨菜仍然是一种传统食品，其生产工艺和经营模式没什么根本创新，和“两高六新”没什么关系。因此创业板不欢迎，证监会审查部门劝其转投中小板。后来，业绩达标的涪陵榨菜在中小板成功过会，实现了IPO上市。

二、持续盈利能力问题和成长性不足

自主创新和成长性是创业板的两个特征，创新是灵魂，成长性是表现，必须两者兼具。有16家公司在持续盈利能力、成长性方面存疑，这也成为冲击创业板最常见的失败理由，主要有以下6种具体情况。

（一）经营模式和所属行业发生重大变化

判断一家公司的发展前景，主要看未来的市场扩展空间，以及公司经营模式是否具备适应市场变化、是否满足公司的经营目标。如果公司的经营模式存在缺陷，将对公司上市后持续经营带来隐患。

上海同济同捷即是因此被否的典型代表。其被否最根本的原因来自两个方面，其一是公司的经营模式发生了重大变化，对其持续盈利能力构成重大不利影响。资料显示，汽车设计是上海同济同捷的主营业务之一，不过公司在2009年6月却通过增资扩股投资了从事跑车制造的吉林凌田汽车，其给出的理由是通过收购来完成研发成果——S11混合动力跑车的技术产业化。其二是由于公司动用申请资产一半资金收购上述制造企业，在财务上也存在重大风险。

发审委的认为，由于公司主营业务从跑车设计转至跑车制造和销售，导致了“经营模式将发生重大变化，使得同济同捷持续经营能力存在重大不确定性”。

北京易讯无限或许正是倒在主营业务变更的问题上。这家公司的主营业务为“移动互联网应用业务”——包括移动电子商务、手机游戏、移动增值服务业务。

其招股书（申报稿）显示，2007年、2008年及2009年，公司移动电子商务业务收入分别为220.53万元、2 265.02万元和2 098.38万元，手机游戏业务收入分别为1 098.12万元，2 052.16万元和12 493.79万元。2009年，两者合计的营业收入已经占到主营收入的67.9%。

而在2007年，公司的营业收入为8 041万元，“唱主角”的是移动增值业务，仅这一块的营业收入就达到6 722万元，而当年移动电子商务业务和手机游戏业务只占公司营业收入的16.40%。

也就是说，从2007年到2009年这三年时间里，北京易讯无限的主营业务由“移动增值业务”转变为了“手机游戏业务”。而这与创业板对上市公司的主营业务要求——最近三年内主营业务没有发生重大变化，发行人应当主营业务突出——明显有冲突。

安徽桑乐金是国内一家生产桑拿设备的企业，公司近三年来的财务增长全部来源于国内市场，在国内市场的增长全部来源于该企业的便携式桑拿设备，而便携式桑拿设备的增长主要依赖于电视购物等新的销售渠道的开拓。国家广电总局2009年9月10日出台了《关于加强电视购物短片广告和居家购物节目管理的通知》，并于2010年1月1日开始执行。该通知对广告宣传短片播出频道、播出时间、产品品质处理、供应商资质将进行更加严格的管理。这条政策对主要依赖电视购物渠道销售的桑乐金，会产生什么样的影响还不得而知，从而导致未来市场前景的不明朗。由于桑乐金以后的广告渠道不能大规模地依赖电视广告，桑乐金的市场前景描述又不明朗，新增产能消化疑问较大，经营模式发生了重大变化，这就是桑乐金在创业板上市被否的主要原因。

还有的企业，在2008年金融危机之前是做出口的，危机之后，企业的经营模式发生了转变，且历时不到三年，往往也是被否对象。

（二）对单一不确定性客户存在重大依赖

最为典型的当属高峰石油机械和侏罗纪软件。

“石化双雄”影子股——高峰石油机械对石化双雄的过于依赖，也成为高峰石油机械登陆资本市场的障碍。

以2009年的数据计算，高峰石油机械前五名客户的销售额，占该公司营业收入的81.09%。其中，对中石化销售金额为5 634万元，占其销售额的23.42%；对中石油的销售额为5 290万元，占销售额的21.99%。

以此计算，2009年石化双雄占据高峰石油当年度销售总额的48.39%，几近半壁江山。而2008年时，石化双雄占据该公司当年销售额的比例高达81.47%，2007年为77.78%。

侏罗纪软件招股说明书显示，公司来自前五大客户的收入占比超过98%，客户集中风险凸显。2007年、2008年、2009年，侏罗纪软件来自前五大客户的收入占总收入的比例分别高达98.42%、99.34%、98.09%。

与之相对应的是，侏罗纪软件的应收账款规模显得较为庞大。2007—2009年，公司应收账款净额分别为1 784万元、2 632万元和4 234万元，分别占当期流动资产的65.52%、64.24%和76.58%；占当期营业收入的比重分别为56.80%、63.39%和73.46%。

上述两公司对大客户的依赖以及由此而来的应收账款坏账风险可见一斑。

实际上还存在很多寄生性企业，例如有些企业主要为中国移动提供服务，并且是该企业的主要业务，如果中国移动与其解除合作合同，就会对该企业的营业收入产生重大影响，此种对单一客户产生重要依赖的企业很难通过审查。这里有一个实例是，某公司主要从事化工新材料生产和销售，其重要原材料严重依赖单一供应商，占比70%以上，且该材料价格三年上涨超过80%，对企业的净利润构成重大影响，结果被否。从中可以看出来，如果单一供应商不能供货或者提价就会对该企业的生产经营存在重大影响，因此不能过会。

（三）收入或利润出现负增长，难以提供有说服力的理由

上海奇想青晨化工科技股份公司是水性复膜胶领域的“隐形冠军”，市场

占有率超20%。近三年生产线一直超负荷运营。募投项目为年产4万吨水性乳液复膜胶生产线，以解决产能瓶颈问题。但是它存在一个问题——成长性不足，并且没有提供充足的理由。近两年净利润增幅只有17%和8%，而证监会要求的是每年30%，且2008年以来产品售价呈降势。在竞争加剧、价格下行的态势下，产能扩张有没有风险？它的持续成长性又在哪里？奇想青晨又未作盈利预测报告，基于这个原因，奇想青晨被否了。前面提到金融危机之后很多企业利润收缩，但是企业又不能提供具有说服力的理由。如果可以提供理由，就不存在这种情况。

（四）过分倚重税收优惠、财政补贴，成长原动力不足

众所周知，我国对创新型企业和新兴企业有各种税收补贴、税收优惠，如果税收补贴是企业的主要利润，那么企业就缺乏成长性，不具有持续的盈利能力。

银泰科技2006年、2007年享受税收优惠的金额分别为497.17万元、683.18万元，分别占据当期净利润的61.95%、46.78%。这个占比太高，按照证监会的要求，补贴占比不能超过30%。

南京磐能公司，报告期内仅软件产品增值税退税一项，分别占当期利润总额的13.6%、12.9%、17.3%和14.2%。只是增值税退税一项就达到了这么高，享受优惠政策而增加利润总的额度也超过了要求。

某拟发行人报告期内非经常性损益占净利润比重持续较大，其主要内容是各种形式的政府补贴。2004—2006年度计入当期损益的政府补贴数额占当期净利润的比例分别为13.15%、33.70%和42.38%。由于发行人收到的政府补贴比较零星，非经常性损益占净利润比重持续较大，各政府主管部门对给予发行人补贴并无确定的长期性政策。公司获得补贴收入金额的下降将对公司经营业绩带来不利影响，发行人自身盈利能力较弱，未来经营业绩存在较大不确定性。由于补贴具有不连续性，所以企业的风险会很大，容易造成成长原动力不足，这是这类公司被否的主要原因。

（五）通过关联交易输送利润，关联交易占发行人业务比例大且关联交易较其他业务对于公司利润的贡献更大

安得物流2009年前6月的毛利率水平为12.78%左右，运输业务占总营业业务比例的49.52%，配送业务占23.44%，仓储业务占27.04%，这三项业务的毛利率分别为9.11%、22.11%和20.17%。在2006年、2007年、2008年和2009年上半年，公司与其控股股东美的集团及其附属公司发生的业务收入占公司同期营业收入的比重分别为38.19%、32.53%、29.56%和27.47%，但关联交易产生的毛利额占总毛利的比重分别为48.18%、42.28%、34.51%、

30.82%。较之营业收入，关联交易对于公司利润的贡献更大，这也是不行的。关联交易很容易操纵，且股东可以对公司进行补贴支持，所以说明该公司的利润是不真实、不可靠的。

（六）成长性包装问题

例如，利用研发费用资本化、提前或推迟确认收入、非经常性损益等手段调节利润。研发费用需要计入成本费用的，但是有一家申请创业板IPO的公司研究费用资本化不符合会计处理要求，如果计入成本费用，将会导致2008年净利润低于2007年，不符合发行上市条件。再如通过会计记账对财务数据进行包装，这是绝对不行的。

三、发行人的独立性问题

发行人的独立性问题主要有三种情况。

（一）由于改制不彻底造成对控股股东的依赖，出现关联交易、资金占用、同业竞争等问题

首先是资金占用问题，某拟发行人实际控制人控制的多家公司频繁占用发行人及其控股子公司大额资金，发行人欠缺严格有效的资金管理制度，财务独立性差，不符合《创业板首发办法》的相关规定。一个公司的资金如果经常被它的控股股东来占用，这是绝对不允许的。其次是关联交易问题。例如某拟发行人曾与控股股东签订一个为期15年、收入五五分成的合作协议，后来双方又签订《补充协议》，将合作收益分配方式改为拟发行人每年获得n万元的固定投资收益，期限n年。这表明拟发行人业务独立性差，对控股股东存在较大依赖，且以上协议的调整不利于拟发行人，不符合独立性原则的相关规定。最后是股份公司与其控股股东从事相同的业务问题，这属于同业竞争，也是不允许的。

（二）在市场、商标和核心技术等方面受制于控股股东和实际控制人

北京东方红属于航天生物概念的公司，其航天生物技术需要借助控股股东航天宇通的上级单位中国空间技术研究院的研发平台实现核心研发工作，而且主要研发人员也是后者的研究人员且是兼职，公司缺乏核心技术的独立性。

如果发行人不拥有商标权，而商标持有者修改商标或者不再支持发行人使用该商标，对发行人的影响可想而知。某拟发行人在软件开发、技术服务领域与其控股股东及其控制的企业存在较大依赖，发行人的生产经营将持续依赖于控股股东，独立面对市场能力不够，发行人独立性存在缺陷。发行人存在这种对控股股东的技术依赖是不行的。再如发行人和关联方之间有技术知识产权和技术转让的交易安排，如果这个安排附带着一些商业条件，在这种情况下，发行人还不能取得对专利技术完全掌控，未来存在巨大风险，这也是不行的。

（三）独立的市场运作能力、独立应对市场竞争的能力还需时间来检验

有发行人在采购和营销等方面存在对控股股东业务系统的依赖，也容易被否。这就像小孩虽然长大了，但如果你没有独立性，还是依赖父母的话，你未来人生的发展不确定性很大。如果这种企业走向资本市场，肯定不受欢迎。

四、发行人的主体资格问题

发行人的主体资格方面主要有四种问题。（1）创业板上市条件中规定发行人两年内其实际控制人、主营业务和高管不能发生重大变化。如果发生过重大变化，那就可能被否了。（2）虽然没有发生上述重大变化，但实际股东和控制人之间，或是大股东和二股东之间，或者是大股东本身的股权存在着权属纠纷，如股权可能抵押了，追债方起诉，法院可能判决执行或拍卖股权，这就存在权属纠纷，等同于发行人的实际控制人存在重大变数，控股股东可能易主。（3）被质疑在企业改制和股权转让中，存在国有资产流失，国有资产低价转让问题。如果存在此类问题，股权归属则有重大变数。（4）发行人存在“裙带利益链”，通过股权设计进行非法利益输送，这也属于主体资格问题。这些问题足以导致被否或被要求重新作尽职调查。

桑乐金除了前述的营销模式受到震荡影响外，还存在一个问题，就是它的高管发生重大变化。2007 年 12 月 23 日，经董事会决议，聘任赵士文为公司的副总经理。2008 年 8 月，赵士文因个人原因辞去副总经理职务，他本人既是副总经理，又分管公司的核心业务，其上市前两年内辞职导致高管发生重大变化，已经不符合创业板上市条件中的相关规定。

天津三英焊业的大股东发生了重大变化。它的发行人股东包括天津信托，天津科发、天津大学、天津风投等 7 个法人和 19 名自然人，但其中的第一大股东在 2008 年 10 月 8 日，经天津市国资委的批复，将其持有的 32.5% 的股权全部转让给华泽集团。因为股东变化，董事会改组了，由华泽集团提名两名董事进入董事会；三个月以后，两名监事又增选了。由于大股东发生变化，董事会、监事会发生重大变化，所以被否。

上海同济同捷控股股东没有变化，但是没有实际控制人。同济同捷的股东比较多，有 51 名，其中包括 11 名境内法人股东、2 名外资法人股东、35 名境内自然人股东和 3 名境外自然人股东，它存在的问题是没有控股股东，且前几家公司的持股比较接近，分别是 17.8%、14.2%、13.8%。公司只有一个股东、持股比例太高不行，这叫一股独大，容易侵犯小股东的利益。但另外一个极端是没有一个比较大的股东，前几个股东的股权比例比较平均，而且比较低，未来存在股权争夺、控制权争夺的重大隐患，影响企业的经营，所以没有实际控制人也不行。

江西恒大高新家族持股比例过高，没有一个健全的治理结构。第一是董事长与其太太以及他的一些亲戚拐弯抹角持股，准备新发行的股本占总股本的25%，刚刚满足上市的一个条件，它存在的问题是家族制企业，公司治理可能存在问题。它的股东都是亲戚，管理层也都是亲戚，没有一个合规的董事会，这样的企业上市以后容易发生侵害小股东利益的情况。比如说，经营利益失控的问题，通过"裙带利益链"的关联交易把公司利益导到个人手中，这是不行的。第二是这样的企业不容易做大，内部经常矛盾重重。第三是企业必须是开放式的，要引入职业经理人。没有健全的董事会结构，然后再没有职业经理人，这样一个家族味道太浓的企业不能上市。如果公司不上市随便怎么做都行，一旦上市就是公众公司，必须按照公司治理准则规范运作。

赛轮股份则存在股权过度分散问题。这家企业大股东持股比例仅为11.72%，虽然他跟其他的21名股东签署了委托管理协议，即其他21名股东把他们的股份委托他来管理，但是这种协议性的持股安排、委托管理也存在重大风险。以后一旦发生分歧，例如一部分人不委托了，就容易导致股权的争议，或可能发生控制权的争夺，影响公司的经营。

另外，发行人在公司设立、股权转让等历史沿革过程中，如果涉及国有资产流失、集体资产被低估或非法转让问题等，肯定也是不行的。

五、募集资金的使用问题

募集资金的使用问题是公司上市必须解决的核心问题之一，大致有四种情况：(1) 募投项目盈利前景不明。公开募集的资金，一定要投到能带来高收益的项目中去，投资项目是否有盈利前景非常重要。如果募股资金投资项目不好，肯定是会被否的。(2) 公开募资的必要性问题。如果企业不缺钱，就不能上市。一个企业有盈利，也很有成长，但如果被认为不需要公开募资也能成长的话，很难通过审查。(3) 投资方向不明确。自创业板开市以来，发行市盈率比较高，经常发生超募现象，超募是指实际募资额超过募股投资项目的计划融资额。如果对超募资金没有明确的投资方向和详细的使用计划，也可能被否。(4) 资金使用属于盲目扩张或没实力扩张。本来市场已经饱和了，企业还要扩大产能，或者虽然产品市场前景很好，但企业目前不具备这个实力去扩大产能。

湖北的福星晓程存在募投项目是否有明确的盈利前景的问题。其募资的投向是数字互感器，这个产品在国内还是市场空白，公司推出的产品还是一个试验阶段的产品，市场前景怎么样，还没有得到市场检验，这种企业盈利前景不明，经营风险较大。

福星晓程还被怀疑"不差钱"。其财报显示，公司近年来的负债率一直比较低，货币资金较为充裕，2006 年、2007 年没有借贷，所以发审委认为，该企业不需要募集资金：第一，负债率很低；第二，现在账上也有很多钱。可以先用自己的钱投资，如果钱实在不够，再从银行借贷一些，就可以上新项目，所以这个企业就被否了。这属于募集资金必要性不充分问题。

北京东方红除了存在独立性问题之外，在募集资金投向方面同样存在瑕疵。航天生物技术是通过把生物的种子放到可回收的卫星里面，卫星上天以后种子基因可能产生突变，用其来生产保健品或是药品，这也是风险很大的。第一能不能发生突变，第二发生突变的性能是不是符合市场需求，均不可预知。众所周知，保健品的市场周期是很短的，比如红桃 k 补血剂，还有其他很多保健品当时热个一两年，过一阵子就没了。保健品是一个风险很大的行业，航天生物恐怕还只是一个概念。

辅酶 Q10 为原料的软胶囊产品是公司募集资金投向之一，但这一产品在 2009 年 9 月 2 日才进入国家食品药品监督局的技术审评阶段，尚未取得有关批准及证书。虽然公司表示预计在 3 ~ 4 个月内可取得批文及证书，但由于可能出现因为政策变化和其他不可预见因素导致该证书被延期授予的可能性，此产品并非北京东方红的主营业务，发审委据此最终认定其募股资金投资项目的前景存在很大的不确定性，不符合《创业板首发办法》关于发行人募集资金应当用于主营业务，并有明确的用途规定。同时，公司的关联交易明显过多，2006 年和 2007 年公司的第一大客户上海寰誉达生物和第二大客户上海天曲生物均为公司的关联企业。

桑乐金，前面分析了它的销售渠道和成长性等问题，它的产品投向也是问题。桑乐金的产品是单价 6 000 多元的远红外桑拿房，用电产生远红外线，不烧木炭，没有烟，也算是一种技术创新。但这样的产品，售价可能有点高，产品市场前景存在不确定性，也许可能会很好，也许可能卖不动，所以这个募集资金的投向、盈利前景也是一个问题。

有一家企业的核心技术是非专利技术，没有专利保护，体现为各种配方和生产工艺条件，容易泄密，而且其技术人员是从竞争对手处引进的技术人员。发审委认为，该公司的核心技术不属专利技术，技术人员又是从对手引进的，技术容易被复制，也容易产生技术人员流失，所以募股资金项目存在前景不确定性，结果被否了。

北京某电子科技股份公司，与上述情况类似，企业负债率低，资金也比较多，2009 年 7 月 23 日才获得当地发展改革委的募投项目的备案核准文件，距 7 月 26 日证监会开始受理创业板 IPO 申请只有三天。这里面就有两个问题：第一是企业负债率低，有现金，不差钱；第二是拿到募投项目的批文时间太短，没有让市场投资者有充分的时间去消化这个项目的未来前景怎么样，用途是否合理。

某继电器市场的募资项目是投资一个新的市场，即投向微特电器市场，其项目建成后的产量是现有销售量的4倍以上，虽然该公司大类产品是一样的，但是它拟投资生产一个小类产品的产量是现有具有销售经验的产品销量的4倍，那么这个新产品的市场前景也有重大不确定性，所以该公司被否。

有个公司在上市申请时，其产品在国内产销量和竞争地位上并无明显优势，但是其募资项目还要扩大产能。如果企业的产品没有竞争优势，就很难在全国市场甚至区域市场中占有足以保持稳定收益的市场份额，更谈不上高成长了，其上市融资的说服力显然不足，因此被否。

有一家房地产公司申请上市，而创业板现在不鼓励房地产公司入市。该公司募投的资金是一个房地产项目的后续资金，需求几亿元。但是，公司的代表在发审会陈述的时候说这个项目的销售回款情况比较好，已收到的预售房款足以支付后续开发的相关成本的需求，发审委于是认定其没必要募集资金了。该公司代表的本意可能是想说该项目的盈利能力比较好，但却表达成了这个项目收款比较好，这使发审委认为公司完全可以支付后续开发资金了，所以被否了。还有一家公司在向证监会递交的发行申请文件中讲，募集资金投向的项目资金已基本到位，证监会认为既然项目资金已基本到位，那就没有发行新股的必要了。

有一家公司在上市申请时，尚未有本次募投项目的生产经营和产业化经验，文件里面也没有充分披露其经营模式和盈利模式，所以发审委认为它的项目存在重大投资风险。企业有时可能开发出一个产品或是一个技术，但是该企业还没有生产经验和销售经验，没有形成一定的盈利模式。因为企业自身没有做过，所以申请文件中也说得不太清楚，这样也就被否了。

某公司上市申请时对超募资金运用的准备不充分。现在创业板发行的市盈率大大超过了原先预计的标准，原先市盈率预计30倍，假如发行价20元，发行1 000万股，计划融资2亿元。结果在发行的时候大家都看好公司前景，发行价达到40元，可以多2亿元，这多出来的2亿元准备如何用，必须事前有充分的计划，如果没有计划，在接受发审委审查询问时回答不上来，就容易被否了。

某拟发行人存在盲目扩张或赶鸭子上架问题。该公司毛利率和净资产收益率近几年大幅下滑，主导产品市场是过度竞争的，公司已经采取压产措施，但是其募集资金的投向，还要投向该产品，理由仅仅是大规模生产可以降低成本，提高竞争力。发审委认为该公司现在毛利率已在下降，还要盲目扩产，所以该公司被否了。

六、信息披露不实或不合理问题

信息披露不合理问题主要有三类情况。

（一）信息披露不准确

某拟发行人，招股说明书中关于企业改制过程中若干数据存在重要错误，且与其他的申报材料不一致，对此，发行人在招股说明书、其他申报文件和发审委会议的陈述中均未作出合理解释，该公司因信息披露不准确导致被否。

（二）存在重大遗漏

有个拟发行人，其招股说明书对境外股东及其关联方的实际控制人披露不清。该发行人的控股股东是境外的，核心技术研发团队却是境内的，外资股东情况披露不清，与核心技术团队的关系又不太清楚，未来容易产生纠纷。尤其是核心技术人员对境外股东及其关联企业的经营表决权控制情况不明。发审会认为，如核心技术团队与实际控制人发生分歧，可能导致控制权之争及实际控制人变动风险，对发行人经营产生重大影响。因此该公司被否了。

（三）误导性陈述或披露虚假信息

创业板强调的是自主创新和成长性，二者互为表里，唇齿相依。自主创新最为直接和重要的表征之一就是专利，而正是在专利这个问题上，一些创业板公司频遭质疑，上市旅途颇不平坦，更有公然造假如苏州恒久者，上市前夜终被紧急叫停，梦断资本市场。

松德包装 IPO 或受阻于与同行公司间的专利纠纷。2010 年 6 月 9 日，证监会发布公告称，鉴于松德包装尚有相关事项需要进一步落实，决定取消第 34 次创业板发审委会议对该公司发行申报文件的审核（暂缓上会）。

证监会并未披露撤销的详细缘由，但随即就有业内人士透露消息称，在一份名为《广东仕诚塑料机械有限公司关于中山市松德包装机械股份有限公司上市申报过程中招股说明书严重造假的举报》材料中，作为举报方的仕诚塑料机械公司指出，松德包装在 2009 年 5 月 27 日取得的三项专利和在 2009 年 7 月 8 日取得的一项专利均系抄袭该公司的相关专利。

新大新材与松德包装一样，在上市前被暂停也是因专利问题遭到竞争对手的举报。2010 年 5 月 5 日，竞争对手河南醒狮以新大新材生产的产品侵犯专利权为由向郑州市中级人民法院提起诉讼。而且河南醒狮还进一步举报，指出新大新材在招股说明书中隐瞒重大环保问题和大股东的污点从业经历，涉嫌虚假陈述。

随后的 5 月 19 日，深交所发布公告称经新大新材申请，同意其暂缓上市。虽经此风波，新大新材最终澄清事实和理顺了专利及环保问题后，还是顺利上市了；而松德包装也在之后顺利过会。而在此之前遭遇专利问题质疑的苏州恒久则没这么幸运，在顺利过会之后的上市前夜被紧急叫停（苏州恒久案例在本书第九章案例三将详细介绍）。

某从事医药中间体生产与销售的企业，其商标、核心技术人员、核心品牌方面描述不够清楚，这也容易被否。比如说，募投项目的技术在与其他公司签订保密协议的基础上由其他公司无偿提供，且生产的产品全部提供给该公司，但没有签订包销协议。发审委就认为该项目披露不充分、不完整，容易在未来存在重大不确定性。证监会有一些豁免条款规定，允许一些确实涉及核心商业机密的信息，可以免予披露，因为一披露就容易对公司经营产生重大影响。例如军工企业，涉及国家安全的企业，可以向证监会申请披露豁免。但这需要主管部门的同意，比如军工企业需要得到国防科工局或是中央军委的同意。其他企业的核心商业机密，如果不能披露，也需要获得相应的批文。如果没有批文也容易被否。

有的公司在信息披露方面对自己业务的完整性、独立性披露不充分，从而导致发审委的委员无法判断公司业务的盈利模式和未来的成长性，这也是不行的。在招股说明书里面有专门的一章介绍公司商业模式，公司的业务和技术。公司的成长性依赖于商业模式，在这方面如果叙述不充分，商业模式连发审委委员都看不懂，那就别想投资者能看懂，此情况下公司的盈利和成长性会遭质疑，容易被否。

有的公司为了顾及声誉，隐瞒了被处罚的情况。比如说以前因为欠税或是环保问题被处罚过，但是在招股说明书上没有进行披露，而在网上预披露申请上市后，就被媒体揭露出来了，或者被内部人举报了，此问题一报，公司就被否掉了。例如，有家公司排放污水中的 pH 值、化学需氧量、氨氮出现超标，受到所在省级环保局三次行政处罚，这个处罚是在 2007 年，而公司在 2009 年申报上市，未满三年，不符合《创业板首发办法》中最近三年内没有受到处罚的规定，结果被否。如果是三年以前受过处罚，已经改正了，公司就应实事求是地把问题解释清楚；如果处罚是在三年内，现在已经两年了，不要硬行去申报材料，等满了三年以后再去申报上市，就不会存在问题，如果现在硬行上市，内部人一举报，一切努力付之东流。所以，隐瞒受过处罚是不可以的，也是没必要的。

这里另外介绍一个信息披露问题的案例。某公司在申报材料中，对过往投资项目未作准确披露和说明，对效益的陈述与实际效益存在重大差异，有的甚至无法确定收益。而保荐人尽职调查报告和其他相关材料却认为，前次募集资金投向项目和实施进度与承诺基本相符。发审会认为，发行人申报材料对申请人重大事项存在误导性陈述。公司前几年的募股资金投资项目实际情况怎样，应当如实在申报文件中陈述，否则在发审委去答辩时会被质疑。因为证监会审查时，在招股说明书里都要用一章对公司存在哪些风险进行陈述，而且要进行量化。有些发行人只是说公司存在哪些风险，但对这些风险对公司的业绩能带来多大影响没有进行量化分析，这样的企业也容易被否决。还有的公司信息披露避重就轻，对一些实质性问题阐述不详，这也可能被否。

七、规范控制和内部运作问题

规范控制和内部运作问题可分为五种情况。

（一）内部控制薄弱

有一家公司未经董事会审议，就签订了一项重大合同，这是一个忌讳的问题。股份有限公司应按照公司章程，建立董事会，重大事项必须要董事会通过。董事会记录一定要归档。有些不在董事会权力下的事项还需要召开股东大会。有些从小企业发展起来的公司，以前有些重大事项由总裁或是总经理签字就行了，而对股份有限公司，按照章程就必须开董事会，哪怕是通信表决都行。否则，一旦成为上市公司，与上市法规不相符的运作就会出大问题。这家公司，在其招股说明书中说有个重大合同是董事长签的字，没有通过董事会，这就是个问题。

（二）会计核算严重不规范

有一家公司，存在土地使用权价值作账的问题。该公司为了账面好看，将土地使用权价值转进转出，其土地使用权的处理不符合现有的企业会计准则。企业的财务核算或资产入账必须规范运作，作账要符合企业会计准则，否则难过关。

有一家企业及其关联企业相互开具承兑汇票，没有真实的商业交易依据且金额较大，违反相关法律规定。我国有票据法，开具相关票据必须有真实的买卖合同，如果没有商业交易而去开具汇票的话，就是违反法律，商业汇票等同于钞票，因为可以拿着商业汇票到银行贴现，一旦贴现就可以拿到一笔钱。所以开具承兑汇票必须有真实的交易作为依据，否则就是违反行业规定。

（三）大股东占用资金和代售销售款、财务的独立性差

这三种情况可归为一类，即财务的独立性差。

有的控股股东长期借用拟上市公司资金，直至上市前尚未偿还，形成大股东占用公司资金、侵占公司权益的行为。还有的控股股东为股份公司代收销售款，造成股份公司资金流不畅，并被质疑业务依赖大股东，甚至资产权属不清。有的集团公司跟拟上市的股份公司共用一个财务部门，这不仅说明股份公司财务独立性差，而且大股东容易控制股份公司的正常运转，这是不允许的。

八、财务会计存在的问题

财务会计存在的问题大致有七种情况。在所有的上市申报材料中，财务文件很多很厚，细节问题也较多。如果公司财务机构素质差或不负责任，注册会计师、保荐人不勤勉尽责，或者因为几次修改，就会造成了下列问题：通过财务会计手段及不同的会计记账法则，提供虚假财务信息、不合理的调整财务信息、事实与财务信息不符、存在数据差异、偷税漏税、申报材料前后不一、数字不统一。

在会计处理是否合理方面，江西恒大是一个颇具代表性的案例。2007 年以来，公司收入与销售费用相互不配比，申请人的解释尚不足以说明收入与费用不配比的合理性。发审委认为申请人不符合《创业板首发办法》的规定。

上海奇想青晨在 2006 年纳税中使用了核定征收方式，尽管在招股书（申报稿）中公司表示这一纳税行为被上海地税局和金山分局确认，但由于并没有进行纠正，依然难以过关。

北京福星晓程也存在类似的问题，不过，其在 2009 年底首次上会被否之后，于 2010 年 9 月 17 日二次上会，成功过会。

某拟发行人 2004—2006 年度合并净利润为 7 593 万元，但经审查发现存在欠缴 5 569 万元土地增值税的问题，一旦税补缴的话，其利润可能就只剩下 2 024万元了，这有可能导致不符合上市条件。因为以前不及时缴税，现在上市一旦补缴，再发生罚款，可能就会亏损了，该公司因此被否。其他情况就不一一列举了。

九、八大类问题之外的情况

（一）初步审查遇阻无法上会

除了前述所讲上会被否公司存在的八大类问题外，还有好多公司，不等到创业板发审委审查，就在初步审查时遇阻而根本无法上会，或者改投中小板，或者上市又变得遥遥无期，大连泰德煤网就是其中一例。

大连泰德煤网创立于 1999 年，2007 年改制变更为大连泰德煤网股份有限公司（下称“泰德煤网”、“公司”）。泰德煤网是目前国内最大的第三方煤炭流通服务企业之一，营销网络覆盖环渤海、长三角和珠三角等国内沿海、沿江市场，以电力、化工、冶金、建材行业的大中型企业为主要客户群，并先后建立了与朝鲜、越南、印尼、俄罗斯等多个主要对华煤炭出口国的贸易通道。

泰德煤网是中国领先的煤炭供应链管理服务企业。泰德煤网首先提出“煤炭供应链管理服务商”的战略定位，全方位建设和整合采购、物流、配煤、销售、资金、信息等煤炭流通服务能力。泰德煤网运用供应链管理及信息技术，优化煤炭供应链各环节的专业服务能力，以流通服务网络和电子信息网络为依托，覆盖全球及中国主要煤炭市场，建设能够实现协同运行和动态优化的、系统效率优异的第三方煤炭流通服务体系，为客户提供涵盖信息流、商流、物流、资金流等煤炭供应链的整体服务，提供煤炭流通个性化解决方案，充分满足煤炭上下游客户的流通需求，引领中国煤炭流通行业的成长。

近几年公司规模快速增长，2008 年营业收入超过 30 亿元人民币，纳税总额突破 1.2 亿元人民币。

2009 年 7 月，中国证监会开始受理创业板 IPO 申请时，泰德煤网成为首批报送申请文件的公司之一。然而，公司却未能通过上会前的初步审查。

其主要原因是，其一，公司被认为不属于“两高六新”企业，其商业模式还不具备足够的创新程度；其二，募股资金的投向并不是固定资产投资或高技术信息服务网络建设，而是主要用于煤炭贸易的营运资金；其三，公司营业收入的 80% ~90% 来源于煤炭等货物的进出差价，公司业绩增长并非靠创新模式获得。

因此，尽管公司代表和保荐人先后九次到证监会解释说明并提供补充文件资料，但还是被认为不符合创业板发行上市条件，被劝转投中小板或进一步增强创新模式后再申请创业板上市。这家公司的 IPO，就这样不等上会便遇阻搁浅了。

（二）2010 年突发的“专利门”事件

2010 年 4 月 15 日，被证监会核准 IPO 的星网锐捷发布公告称，因其部分专利被终止决定暂缓 A 股发行。前面所讲获得证监会发行批文的苏州恒久，也是因多项技术专利权已被终止，导致 IPO 搁浅。2010 年新年伊始，资本市场“专利门”事件频频，引起监管部门高度关注，因此被暂缓上市的案例也时有发生。

“专利门”事件的发生反映出企业内部控制制度存在缺陷，而部分保荐机构的尽职调查工作未能做到勤勉尽责。

针对证券市场上发生的“专利门”事件，证监会发行监管部在 2010 年 4 月下旬向各保荐机构下发通知，要求各保荐机构对 5 月 1 日前上报的在审项目进行全面核查。证监会要求，各保荐机构对于 5 月 1 日前申报的在审项目（包括已过会未发行的项目），对专利、商标、诉讼和仲裁、关联方以及招股说明书等文件中披露的其他重要事项进行全面核查。专项核查发现招股说明书等文件存在与事实不符等问题的，应及时向证监会报告，并及时修改和更新相关文件。证监会通知称，有少数发行人因招股说明书中有关专利、诉讼和关联方等事项的披露与实际情况不符，导致发行终止或者取消发审会审核，严重影响了发行审核和证券发行市场的正常秩序。

【案例小结】

申请上市的公司应当规范运作

创业板的质量，在一定程度上代表了中国未来经济可持续发展的能力。不过，从一年多的上市审核结果上看，可谓路漫漫其修远兮。但不管怎样，作为企业，为了顺利上市应当规范运作，并开创上市之路。概括起来有四点：

第一，修炼自身。创业板上市的一般都是民营企业，其股权不清晰、财务不规范、税收补缴和税收依赖、关联交易、公司治理不规范、一股独大、决策不民主现象经常存在，在上市前务必将其整改合规，符合上市条件的要求。

第二，细节决定成败。企业上市是一项复杂细致的系统工程，来不得半点马虎，材料制作特别强调“四据”。根据：各项优惠政策与待遇必须提供相关的政府及有关主管部门的批文和通知；依据：有关问题的处理必须提供相关的政策法规和发行人律师、注册会计师和保荐机构的明确意见；凭据：所有资产交易、内部往来必须提供有关方面出具的会计凭证或书面材料；数据：所有的经济指标必须提供数字资料、计算方法和各类表格及其有关说明。

第三，上市之路就是修建高速公路。必须把坑坑洼洼填平、在没有通路的地方架桥，最后将上市之路开通。

第四，磨刀不误砍柴工。(1) 上市整体策划和上市方案是一个重要方面，磨刀不误砍柴工，做好高速起跑的准备，不要仅仅为了融资。(2) 公司上市是一个涉及各方的系统工程，需要企业、股东、政府、中介机构通力合作，方能水到渠成。(3) 虽说企业上市不是万能的，不能解决所有问题，但是公司要持续发展，要做大、做强、做久，不想融资和上市恐怕也是万万不能，要坚定不移地走上市融资发展之路。(4) 企业上市只是走出规范运作的第一步，仅是发展过程中一个里程碑，来日方长。

保荐机构应当勤勉尽责

中国证监会创业板发行监管部主任张思宁在总结一年来创业板保荐工作时指出，创业板保荐工作存在六大问题：第一是尽职调查环节不够深入，忽略了对发行人的调查，缺乏第三方证据，重文件，轻实质，有一些保荐机构审核不严；第二是内核环节把关不严，部分企业明显不符合发行条件；第三是申报环节恶意闯关，文件不齐备也上报；第四是材料粗制滥造，套用主板格式，很多材料内容前后不一；第五是沟通环节遮遮掩掩，避重就轻，避实就虚，有问题不能主动告之审核人员，回答问题像“挤牙膏”，不主动说明情况，问什么说什么；第六是估值报告不严谨，缺少隔离墙，研究受到干扰。

中国创业板的新定位

创业板开市时重点选择"两高六新"企业，两高是指高科技、高成长性企业。六新是指新经济、新服务、新农业、新能源、新材料、新商业模式企业。

2010年创业板进一步明确鼓励九类国家战略性新兴产业上市。中国证监会发布的《关于进一步做好创业板推荐工作的指引》指出，保荐机构应重点推荐符合国家战略性新兴产业发展方向的企业，特别是新能源、新材料、信息、生物与新医药、节能环保、航空航天、海洋、先进制造、高技术服务九类领域的企业，以及其他领域中具有自主创新能力、成长性强的企业。这是中国创业板的新定位，保荐机构应当帮助企业首先衡量自身，看是否符合创业板的标准和条件，是否符合九类鼓励行业，从而正确选择沪深两地交易所和上市板块，避免走弯路。

企业的发展阶段与企业融资

本案例的主题是"创业板上市应该注意的问题"，介绍创业企业怎样利用创业板走向资本市场，促进自身的发展。

本系列丛书中的《企业融资与投资》已经阐述了企业的生命周期可以分为四个发展阶段。第一是种子期，此时技术上有一个概念或想法，这是新产品、新工艺的早期试验开发阶段，该阶段的成果是样品和完整的生产方案。第二是起步期或创立期，是产品开发成功、着手成立企业，开始试生产，进入技术创新后的产品试销阶段，产品开始走向市场。第三是成长期或扩张期，初期产品已经销售成功，达到批量生产且有了一定的市场基础，但需要扩大生产规模、开发更具有竞争力的产品，扩大市场占有率，使企业进入快速成长和规模扩张的阶段。这是企业发展的黄金期，产品受到消费者的欢迎，企业发展非常快，产生越来越多的现金流。第四是成熟期，此时的产品技术已经成熟、市场稳定、经营良好、产品进入大工业化生产阶段。这四个阶段就是一个企业的成长周期。企业的生命周期与融资周期具有一定规律，企业在各成长阶段有其自身的内在特点和融资活动特征，企业应该利用各类投资者的投资风格和风险偏好在不同时期取得相应融资。

本系列丛书中的《企业融资与投资》还阐述了"企业发展离不开资本的驱动，发展取决于投资"，"投资可以把企业的美好愿景转化为强大的生产力"。然而，融资也是企业发展的鬼门关，如果闯过去了，企业就能得到很好的发展；如果闯不过去，企业就可能因规模过小、缺乏竞争力和抗风险能力而倒闭。

企业是否能平稳发展，不仅要看能否融资，还要看行业景气程度。行业如果萎缩，企业也会慢慢萎缩。在整个周期中有很多企业脱颖而出，也有一部分企业关闭。据专家统计，中国的中小企业平均寿命仅有3年左右。每年都有近30%的中小企业倒闭，在企业倒闭的众多原因中，62%是由于融资问题得不到解决而导致的。企业可能有很好的技术概念，但是没有钱。据有关国际组织面向全球企业的抽样调查显示，在所有阻碍企业发展的因素中，融资难是最主要原因。资金是企业的血液，贫血或失血过多会导致人不能正常生活，融资如同企业输血、造血，是企业发展过程中最重要的工作之一。

那么企业到底有哪些融资方式啊？从大的方面来说有两种：内源融资、外源融资。内源融资是指民营企业不断将自己的储蓄（折旧和留存盈利）转化为投资的过程；外源融资是指吸收其他经济主体的闲置资金，使之转化为自己投资的过程。外源融资又分为间接融资、直接融资。间接融资就是指直接从银行或者其他企业借贷资金，直接融资分为债券融资和股权融资。债券融资就是通过发行债券融资，股权融资又包括私募融资和公开募集融资，公开募资就是IPO上市。目前中国境内申请上市的板块包括四个：上交所主板，深交所中小板、创业板，还有场外板块如中关村的三板和天津股权交易所等股权交易市场。所谓私募主要指通常所说风险投资（VC）和私募股权投资（PE），概括来说就这几种。有关内容参见本系列丛书的《企业融资与投资》、《企业兼并与收购》。

在企业发展的不同阶段，企业的融资方式也不同。例如在种子期，进行股权投资的主要是天使基金，这个时候风险很大。在发展期，风险同样很大，融资方式主要是风险投资，投资者占有公司部分的股权。在扩张期，主要是私募股权投资，这个时期企业发展迅速，企业相对比较成熟，这样公司就可以去主板、中小板或者创业板发行上市。之后可以通过并购重组实施扩张，资金来源于自身利润和上市后的再次股权融资。公司在不同时期会有不同的融资方式，一个企业有了一定的现金流，管理机制相对成熟后就可以申请创业板上市。

本案例主要讲解了创业板上市被否案例分析、创业板新定位以及创业板上市应该注意的问题。公司上市除了融资这一主要目的外，还有其他目的。企业上市之后，从卖产品到买卖企业（股权），从产品市场进入资本市场，从普通公司到公众公司，个人财富也从千万级到亿万级，都发生了很大的变化。IPO是大跨越，是企业发展史上的重要分水岭，对公司以后的发展有重大影响。

第九章

首次公开发行股票申请的核准

○首次公开发行股票审核的其他要求

○辅导验收、内核与承销备案材料审核

○首次公开发行股票的核准程序

○发行审核中应关注的事项

第一节　首次公开发行股票审核的其他要求

一、首次公开发行股票审核的其他要求

企业在主板和创业板首次公开发行股票的条件中关于主体资格、独立性、规范运行、财务与会计、募集资金运用、持续经营能力、公司治理等方面的具体标准和要求已在本书前面章节作了系统的介绍。根据《证券期货法律适用意见第1号》、《证券期货法律适用意见第3号》的规定，首次公开发行股票还应注意发行审核的其他要求。

（一）主板公司要求最近三年实际控制人没有发生变更

关于发行人最近三年内“实际控制人没有发生变更”的理解和适用问题，《证券期货法律适用意见第1号》认为，《主板首发办法》规定要求发行人最近三年内实际控制人没有发生变更，旨在以公司控制权的稳定为标准，判断公司是否具有持续发展、持续盈利的能力，以便投资者在对公司的持续发展和盈利能力拥有较为明确预期的情况下作出投资决策。公司控制权是能够对股东大会的决议产生重大影响或者能够实际支配公司行为的权力，而认定公司控制权的归属，既需要审查相应的股权投资关系，也需要根据个案的实际情况，综合对发行人股东大会、董事会决议的实质影响、对董事和高级管理人员的提名及任免所起的作用等因素进行分析判断。

1. 多人共同拥有公司控制权的

发行人及其保荐人和律师主张多人共同拥有公司控制权的，应当符合以下条件：（1）每人都必须直接持有公司股份和/或者间接支配公司股份的表决权；（2）发行人公司治理结构健全、运行良好，多人共同拥有公司控制权的情况不影响发行人的规范运作；（3）多人共同拥有公司控制权的情况，一般应当通过公司章程、协议或者其他安排予以明确，有关章程、协议及安排必须合法有效、权利义务清晰、责任明确，该情况在最近三年内且在首发后的可预期期限内是稳定、有效存在的，共同拥有公司控制权的多人没有出现重大变更；（4）发行审核部门根据发行人的具体情况认为发行人应该符合的其他条件。

发行人及其保荐人和律师应当提供充分的事实和证据证明多人共同拥有公司控制权的真实性、合理性和稳定性，没有充分、有说服力的事实和证据证明的，其主张不予认可。相关股东采取股份锁定等有利于公司控制权稳定措施

的，发行审核部门可将该等情形作为判断构成多人共同拥有公司控制权的重要因素。

如果发行人最近三年内持有、实际支配公司股份表决权比例最高的人发生变化，且变化前后的股东不属于同一实际控制人，视为公司控制权发生变更。

发行人最近三年内持有、实际支配公司股份表决权比例最高的人存在重大不确定性的，比照前款规定执行。

2. 不存在拥有控制权的人或控制权归属难以判断的

发行人不存在拥有公司控制权的人或者公司控制权的归属难以判断的，如果符合以下情形，可视为公司控制权没有发生变更：（1）发行人的股权及控制结构、经营管理层和主营业务在首发前三年内没有发生重大变化；（2）发行人的股权及控制结构不影响公司治理有效性；（3）发行人及其保荐人和律师能够提供证据充分证明，相关股东采取股份锁定等有利于公司股权及控制结构稳定措施的，发行审核部门可将该等情形作为判断公司控制权没有发生变更的重要因素。

3. 国有控股企业控股权变更的

因国有资产监督管理需要，国务院或省级人民政府国有资产监督管理机构无偿划转直属国有控股企业的国有股权或者对该等企业进行重组等导致发行人控股股东发生变更的，如果符合以下情形，可视为公司控制权没有发生变更：（1）有关国有股权无偿划转或者重组等属于国有资产监督管理的整体性调整，经国务院国有资产监督管理机构或者省级人民政府按照相关程序决策通过，且发行人能够提供有关决策或者批复文件；（2）发行人与原控股股东不存在同业竞争或者大量的关联交易，不存在故意规避首发办法规定的其他发行条件的情形；（3）有关国有股权无偿划转或者重组等对发行人的经营管理层、主营业务和独立性没有重大不利影响。

按照国有资产监督管理的整体性调整，国务院国有资产监督管理机构直属国有企业与地方国有企业之间无偿划转国有股权或者重组等导致发行人控股股东发生变更的，比照前款规定执行，但是应当经国务院国有资产监督管理机构批准并提交相关批复文件。

不属于前两款规定情形的国有股权无偿划转或者重组等导致发行人控股股东发生变更的，视为公司控制权发生变更。

律师和律师事务所就公司控制权的归属及其变动情况出具的法律意见书是发行审核部门判断发行人最近三年内“实际控制人没有发生变更”的重要依据。

（二）主板公司要求最近三年主营业务没有发生重大变化

《证券期货法律适用意见第3号》认为，发行人对同一公司控制权人下相同、类似或相关业务进行重组，多是企业集团为实现主营业务整体发行上市、提高企业规模经济效应而实施的市场行为。从资本市场角度看，发行人在发行上市前，对同一公司控制权人下与发行人相同、类似或者相关的业务进行重组整合，有利于避免同业竞争、减少关联交易、优化公司治理、确保规范运作，对于提高上市公司质量，发挥资本市场优化资源配置功能，保护投资者特别是中小投资者的合法权益，促进资本市场健康稳定发展，具有积极作用。

1. 发行人报告期内存在对同一公司控制权人下相同、类似或相关业务进行重组情况的，如同时符合下列条件，视为主营业务没有发生重大变化：（1）被重组方应当自报告期期初起即与发行人受同一公司控制权人控制，如果被重组方是在报告期内新设立的，应当自成立之日即与发行人受同一公司控制权人控制；（2）被重组进入发行人的业务与发行人重组前的业务具有相关性（相同、类似行业或同一产业链的上下游）。

2. 重组方式遵循市场化原则，包括但不限于以下方式：（1）发行人收购被重组方股权；（2）发行人收购被重组方的经营性资产；（3）公司控制权人以被重组方股权或经营性资产对发行人进行增资；（4）发行人吸收合并被重组方。

3. 发行人报告期内存在对同一公司控制权人下相同、类似或相关业务进行重组的，应关注重组对发行人资产总额、营业收入或利润总额的影响情况。发行人应根据影响情况按照以下要求执行：（1）被重组方重组前一个会计年度末的资产总额或前一个会计年度的营业收入或利润总额达到或超过重组前发行人相应项目100%的，为便于投资者了解重组后的整体运营情况，发行人重组后运行一个会计年度后方可申请发行。（2）被重组方重组前一个会计年度末的资产总额或前一个会计年度的营业收入或利润总额达到或超过重组前发行人相应项目50%，但不超过100%的，保荐机构和发行人律师应按照相关法律法规对首次公开发行主体的要求，将被重组方纳入尽职调查范围并发表相关意见。发行申请文件还应按照《公开发行证券的公司信息披露内容与格式准则第9号——首次公开发行股票并上市申请文件》（证监发行字［2006］6号）附录第四章和第八章的要求，提交会计师关于被重组方的有关文件以及与财务会计资料相关的其他文件。（3）被重组方重组前一个会计年度末的资产总额或前一个会计年度的营业收入或利润总额达到或超过重组前发行人相应项目20%的，申报财务报表至少须包含重组完成后的最近一期资产负债表。

4. 被重组方重组前一会计年度与重组前发行人存在关联交易的，资产总额、营业收入或利润总额按照扣除该等交易后的口径计算。

5. 发行人提交首发申请文件前一个会计年度或一期内发生多次重组行为

的，重组对发行人资产总额、营业收入或利润总额的影响应累计计算。

6. 重组属于《企业会计准则第20号——企业合并》中同一控制下的企业合并事项的，被重组方合并前的净损益应计入非经常性损益，并在申报财务报表中单独列示。重组属于同一公司控制权人下的非企业合并事项，但被重组方重组前一个会计年度末的资产总额或前一个会计年度的营业收入或利润总额达到或超过重组前发行人相应项目20%的，在编制发行人最近三年及一期备考利润表时，应假定重组后的公司架构在申报报表期初即已存在，并由申报会计师出具意见。

这里需要指出的是，创业板公司的上述时限要求降低为两年。

二、省级人民政府和国家发展改革委的审核

为充分发挥地方政府和国家发展改革委在提高上市公司质量方面的作用，在受理发行人申请文件后，中国证监会将就发行人（主要是主板发行人）发行股票事宜与发行人注册地省级人民政府和国家发展改革委沟通情况，但不必事先取得批文。

1. 省级人民政府将从发展地区经济、优化资源配置、调整产业布局、发挥企业优势、促进企业直接融资等方面给予企业上市创造条件并积极地支持，同时也会对发行人进行必要的审核，并向中国证监会反映或出具地方政府对拟上市公司首次公开发行股票的意见。

2. 国家发展改革委将从宏观经济政策、产业经济技术政策和投资管理的角度，向证监会反映或提出拟上市公司首次公开发行股票的意见。

目前，中国对企业投资项目实行核准制和备案制两种制度，实行核准制的范围就是以《政府核准的投资项目目录》来确定。根据《政府核准的投资项目目录》，由国家发展改革委和地方发展改革委核准的项目占企业申报总量的15%。

为了给中小企业提供更好的成长环境，国家发展改革委将对《政府核准的投资项目目录》适时修订。修订后核准项目的比例将可能降低到7.5%，更多的项目将实行备案制。也就是说，中小企业的投资领域会明显放宽，发展改革委将从制度层面改善中小企业的成长空间。

近年来中小板和创业板的推出，为中小企业提供了直接融资的渠道。而且融资资金的长期使用，能够保证中小企业长期有效的投资行为，在很大程度上推动中小企业的发展。

第二节　辅导验收、内核与承销备案材料审核

一、辅导验收与保荐人内部审核

（一）首次公开发行股票的辅导验收

《主板首发办法》、《创业板首发办法》《保荐办法》等规定保荐人在推荐发行人首次公开发行股票并上市前应当按照有关规定履行其对发行人的发行上市辅导义务。

担任股票发行主承销商的证券公司（保荐人）及其保荐代表人应当遵循勤勉尽责、诚实信用的原则，认真履行尽职调查义务，负责向中国证监会推荐发行人，并对所出具的发行保荐书、尽职调查报告承担相应的责任。

保荐人应指导发行人建立规范健全的法人治理结构，确保发行人全体董事、监事和其他高管人员、持有5%以上股份的股东和实际控制人（或者其法定代表人）进行系统的法规知识、证券市场知识培训，使其全面掌握发行上市、规范运作等方面的有关法律法规和规则，知悉信息披露和履行承诺等责任和义务，树立进入证券市场的诚信意识、自律意识和法制意识，确保其充分了解应遵守的法律、法规及所承担的相关责任，为发行人的股票发行提供切实可行的专业意见及良好的顾问服务。

中国证监会已经取消至少一年辅导期的限制，不再对辅导期限作硬性规定，保荐机构辅导工作完成后，认为已经达到上述辅导目的和要求，应由发行人所在地的中国证监会派出机构进行辅导验收。

（二）首次公开发行股票的保荐人内部审核及规范运作

中国证监会发布的《证券公司从事股票发行主承销业务有关问题的指导意见》（以下简称《指导意见》）对保荐人从事股票发行主承销业务活动作了相应规定，要求保荐人按照该指导意见进行首发内核及保荐，规范开展股票发行的主承销业务：

1. 保荐人推荐发行人发行股票，应建立发行人质量评价体系，明确推荐标准，在充分尽职调查的基础上，保证推荐内部管理良好、运作规范、未来有发展潜力的发行人发行股票。

2. 保荐人应成立内核小组，并根据实际情况，对内核小组的职责、人员构成、工作规则等进行适当调整，形成适应核准制要求的规范而有效的内核制度，并将内核小组的工作规则、成员名单和个人简历报中国证监会职能部门备

案。保荐人内核小组应当恪尽职守，保持独立判断。

3. 保荐人应当在内核程序结束后作出是否推荐发行的决定。决定推荐发行的，应出具发行保荐书。

4. 对于发行人的不规范行为，保荐人应当要求其整改，并将整改情况在尽职调查报告或核查意见中予以说明。因发行人不配合，使尽职调查范围受限制，导致保荐人无法作出判断的，保荐人不得为发行人的发行申请出具发行保荐书。

5. 保荐人应建立发行承销工作档案，工作档案至少应包括发行保荐书、尽职调查报告、内核小组工作记录、发行申请文件、对中国证监会审核反馈意见的回复。中国证监会和证券交易所可随时调阅工作档案。工作档案保留时间应符合中国证监会的有关规定。

6. 受发行人委托，保荐人配合发行人按照有关规定制作股票发行申请文件，编制招股说明书，对申请文件及招股说明书的内容进行核查，负责报送股票发行申请文件，并与中国证监会和证券交易所进行沟通。

7. 保荐人应严格遵守有关信息披露的规定。在申请文件报送中国证监会后，进入静默期，除已公开的信息外，不得向外界透露有关本次发行的任何信息。承销团成员的分析员作出的有关发行人的研究报告不得对外发出，直至有关本次股票发行的募集文件公开后，方可进行相关的宣传和推介活动。

8. 保荐人应建立有效的内部控制制度。遵循内部防火墙原则，使投资银行部门与研究部门、经纪部门、自营部门在信息、人员、办公地点等方面相互隔离，防止内幕交易和操纵市场行为的发生。

9. 保荐人应建立股票承销工作的协调机构，并指定内部独立部门负责发行期间的监控和综合协调。

10. 股票发行申请经中国证监会核准后，保荐人应当组织发行人做好市场推介活动，在不超越公开募集文件内容的范围内向投资者介绍发行人的情况。

11. 在发行完成后的15个工作日内，保荐人应当向中国证监会报送承销总结报告。承销总结报告至少应包括推介、定价、申购、该股票二级市场表现（如已上市交易）及发行组织工作等内容。

12. 保荐人应当在发行完成当年及其后的一个会计年度发行人年度报告公布后的一个月内，对发行人进行回访，就其募集资金的使用情况、盈利预测实现情况、是否严格履行公开披露文件中所作出的承诺以及经营状况等方面是否与发行保荐书相符等进行核查，出具回访报告，报送中国证监会、发行人所在地中国证监会的派出机构及证券交易所备案，并在发行人股东大会召开5个工作日之前将回访报告在指定报刊和网站公告。

二、证券业协会的职责和承销商备案材料审核

（一）证券业协会的职责

中国证监会发布的《关于赋予中国证券业协会部分职责的决定》（证监发〔2002〕82号，以下简称《协会职责》）赋予中国证券业协会以下职责：(1) 受理证券经营机构作为主承销商从事股票承销业务报送的备案材料；(2) 制定行业自律规则，规范证券公司股票承销业务竞争行为；(3) 监督证券公司、证券投资基金管理公司、证券投资咨询机构等会员依法履行公告义务；(4) 负责证券从业人员资格的考试、认定和执业注册；(5) 制定证券从业人员职业道德操守准则和行为规范，对证券从业人员实行自律管理；(6) 强化信息技术应用（IT）委员会的职能，明确其职责，做好证券信息技术的交流和培训工作；(7) 负责与证券公司相关的行业公共标准的起草与维护工作，但涉及证券交易、证券登记结算等的行业标准，应当由证券交易所、证券登记结算机构制定；(8) 制定有关证券公司为包括退市公司在内的非上市公司股份转让提供服务的规则，监督管理证券公司代办股份转让的业务活动；(9) 依法对会员、从业人员违法、违规的行为进行调查和处分。会员、从业人员违反法律、行政法规、中国证监会的规定以及协会自律规则的，协会依法进行调查，按照协会自律规则给予相应的纪律处分；需要予以行政处罚的，可以提出行政处罚建议书，移交中国证监会依法处理。

协会要严格按照上述各项职责和要求，切实规范会员以及从业人员的行为，不断加强和完善行业自律管理。

（二）承销商备案材料的要求及审核要点

根据《证券法》、《证券发行与承销管理办法》（2010年中国证监会令第69号修订）、《协会职责》和证券业协会规定，对首次公开发行股票的承销商备案材料要求及审核要点如下：

1. 备案材料的要求。主承销商应当于中国证监会受理其股票发行申请材料后的3个工作日内向中国证券业协会报送承销商备案材料。备案材料应经主承销商承销业务内核小组统一进行合规性审核。主承销商的内核小组应当根据《证券法》、中国证监会规章和承销商备案材料合规性披露要点，对备案材料进行合规性审核。股票发行前，主承销商应对备案材料中发生变化的内容向协会报送变更或补充说明材料，保证承销商备案材料与实际情况相符。

中国证券业协会可对证券经营机构担任某只股票发行的承销商资格提出否决意见。如提出否决意见，中国证券业协会将在收到承销商备案材料的15个

工作日内函告主承销商，同时抄报中国证监会。中国证券业协会自收到完整的承销备案材料的15个工作日内未提出异议的，则视为承销商备案材料得到认可。

2. 备案材料合规性审核要点：(1) 承销商备案材料是否完备。(2) 承销说明书的内容是否完备，承销说明书后是否附有主承销商对发行人的尽职调查报告。(3) 是否按规定组织承销团。向不特定对象发行的证券票面总值超过人民币5 000万元的，应由承销团承销。(4) 承销费用的收取是否符合标准(包销佣金为包销总金额的1.5%～3%；代销佣金为实际售出股票总金额的0.5%～1.5%)。(5) 承销团各成员包销金额是否符合规定应详细披露。单项包销金额不得超过其净资本的30%，最高不超过3亿元人民币；同时包销金额不得超过其净资本的60%。包销金额以确定的新股发行价格、配股价格或增发价格区间的上限为基础计算。(6) 发行人与承销团各成员之间的关联关系情况是否详细披露，主要应包括发行人、保荐人（主承销商)、副主承销商的前5位股东及持有7%以上股份的股东情况，发行人与承销团各成员之间的其他关联关系。(7) 承销团中的副主承销商数量符合规定。承销金额在3亿元以上、承销团成员在10家以上可设2～3家副主承销商。(8) 承销商备案材料涉及的所有条款是否一致。(9) 承销商备案材料是否在规定的时间内报送中国证券业协会。(10) 备案材料的有关内容发生变化时，主承销商应及时进行更改，并补报备案。

（三）承销说明书和承销协议

承销商备案材料包括承销说明书、承销商承销资格证书复印件、承销协议、承销团协议。

1. 承销说明书。承销说明书应包括以下内容：(1) 承销商和发行人名称。(2) 承销方式。(3) 承销股票的种类、数量、金额及发行价格。(4) 承销团各成员的承销份额。(5) 承销期及起止日期。(6) 承销费用及计算、支付方式。(7) 承销团各成员的对外投资情况及持有发行人股份的情况。(8) 中国证监会及中国证券业协会所要求的其他事项。

2. 承销协议与承销团协议。证券公司承销证券应当同发行人签订包销或者代销协议，载明下列事项：(1) 当事人的名称、住所及法定代表人的姓名。(2) 包销、代销证券的种类、数量、金额及发行价格。(3) 包销、代销的期限及起止日期。(4) 包销、代销的付款方式及日期。(5) 包销、代销的费用和结算办法。(6) 违约责任。(7) 中国证监会规定的其他事项。

参与承销团的承销商应当签订承销团协议，承销团协议应载明下列事项：(1) 当事人的名称、住所及法定代表人的姓名。(2) 承销证券的种类、数量、金额及发行价格。(3) 包销的具体方式、包销过程中剩余证券的认购方法，或代销过程中剩余证券的退还方法：(4) 承销份额。(5) 承销组织工作的分工。(6) 承销期及起止日期。(7) 承销付款的日期及方式。(8) 承销缴款的程序和日期。(9) 承销费用的计算、支付方式和日期。(10) 违约责任。(11) 证监会要求的其他事项。

(四)《证券法》对承销商和发行人的其他要求

1. 保荐人承销证券，应当对公开发行募集文件的真实性、准确性、完整性进行核查；发现有虚假记载、误导性陈述或者重大遗漏的，不得进行销售活动；已经销售的，必须立即停止销售活动，并采取纠正措施。

2. 公开发行股票，代销、包销期限届满，发行人应当在规定的期限内将股票发行情况报中国证监会备案。

第三节　首次公开发行股票的核准程序

一、首次公开发行股票的核准程序

(一) 申报

发行人应当按照中国证监会的有关规定制作首次公开发行股票的申请文件，由保荐人保荐并向中国证监会申报。特定行业的发行人应当提供管理部门的相关意见。

(二) 受理

中国证监会收到申请文件后，在5个工作日内作出是否受理的决定。

(三) 初审

中国证监会受理申请文件后，由主板或创业板相关职能部门对发行人的申请文件进行初审。中国证监会在初审过程中，将征求发行人注册地省级人民政府是否同意发行人发行股票的意见，并就发行人募集资金投资项目是否符合国家产业政策和投资管理的规定征求国家发展改革委的意见。

(四) 预披露

发行人申请文件受理后、发审委审核前，发行人应当将招股说明书（申报稿）在中国证监会网站预先披露。发行人可以将招股说明书（申报稿）刊登于本公司网站，但披露内容应当与中国证监会网站的完全一致，且不得早于中国证监会网站披露的时间。

(五) 发审委审核

中国证监会相关部门对发行人的申请文件初审完成并提出相应意见后，由主板发审委或创业板发审委分别对拟在主板上市或在创业板上市的发行人申请文件组织发审委会议进行审核。

（六）决定

中国证监会自受理证券发行申请文件之日起3个月内，依照法定条件和法定程序作出予以核准或者不予核准的决定（发行人根据要求补充、修改发行申请文件的时间不计算在内），并出具相关文件，不予核准的，应当说明理由。股票发行申请未获核准的，自中国证监会作出不予核准决定之日起6个月后，发行人可再次提出股票发行申请。

自中国证监会核准发行之日起，发行人应在6个月内发行股票；超过6个月未发行的，核准文件失效，需重新经中国证监会核准后方可发行。此外，发行申请核准后至股票发行结束前发行人发生重大事项的，应当暂缓或者暂停发行，并及时报告中国证监会，同时履行信息披露义务。出现不符合发行条件事项的，中国证监会撤回核准决定。

根据《证券法》，中国证监会对已作出的核准证券发行的决定，发现不符合法定条件或者法定程序，尚未发行证券的，应当予以撤销，停止发行。已经发行尚未上市的，撤销发行核准决定，发行人应当按照发行价并加算银行同期存款利息返还证券持有人；保荐人应当与发行人承担连带责任，但是能够证明自己没有过错的除外；发行人的控股股东、实际控制人有过错的，应当与发行人承担连带责任。

二、发行审核委员会对首次公开发行股票的审核

中国证监会于2009年5月14日发布了新修订的《中国证券监督管理委员会发行审核委员会办法》。按照该办法的规定，中国证监会设立主板市场发行审核委员会（简称主板发审委）、创业板市场发行审核委员会（简称创业板发审委）和上市公司并购重组审核委员会。主板发审委、创业板发审委（统称发审委）审核发行人股票发行申请和可转换公司债券等中国证监会认可的其他证券的发行申请。

发审委依照《证券法》、《公司法》等法律、行政法规和中国证监会的规定，对发行人的股票发行申请文件和中国证监会有关职能部门的初审报告进行审核。发审委以投票方式对股票发行申请进行表决，提出审核意见。然后，由中国证监会依照法定条件和法定程序作出予以核准或者不予核准股票发行申请的决定。发审委通过发审委工作会议（简称发审委会议）履行职责。

（一）发审委的组成

1. 发审委委员由中国证监会的专业人员和证监会外的有关专家组成，由

证监会聘任。主板发审委委员为25名，部分发审委委员可以为专职；其中证监会的人员5名，证监会以外的人员20名。创业板发审委委员为35名，部分发审委委员可以为专职；其中证监会的人员5名，证监会以外的人员30名。发审委设会议召集人。

2. 发审委委员每届任期1年，可以连任，但连续任期最长不超过3届。主板发审委委员、创业板发审委委员和并购重组委委员不得相互兼任。

3. 发审委委员应当符合下列条件：（1）坚持原则，公正廉洁，忠于职守，严格遵守国家法律、行政法规和规章；（2）熟悉证券、会计业务及有关的法律、行政法规和规章；（3）精通所从事行业的专业知识，在所从事的领域内有较高声誉；（4）没有违法、违纪记录；（5）中国证监会认为需要符合的其他条件。

4. 发审委委员有下列情形之一的，中国证监会应当予以解聘：（1）违反法律、行政法规、规章和发行审核工作纪律的；（2）未按照中国证监会的有关规定勤勉尽职的；（3）本人提出辞职申请的；（4）两次以上无故不出席发审委会议的；（5）经中国证监会考核认为不适合担任发审委委员的其他情形。发审委委员的解聘不受任期是否届满的限制。发审委委员解聘后，中国证监会应及时选聘新的发审委委员。

（二）发审委的职责

1. 根据有关法律、行政法规和中国证监会的规定，审核股票发行申请是否符合相关条件；审核保荐人、会计师事务所、律师事务所、资产评估机构等证券服务机构及相关人员为股票发行所出具的有关材料及意见书；审核中国证监会有关职能部门出具的初审报告；依法对股票发行申请提出审核意见。

2. 发审委委员以个人身份出席发审委会议，依法履行职责，独立发表审核意见并行使表决权。

3. 发审委委员可以通过中国证监会有关职能部门调阅履行职责所必需的与发行人有关的资料。

4. 发审委委员应当遵守下列规定：（1）按要求出席发审委会议，并在审核工作中勤勉尽职；（2）保守国家秘密和发行人的商业秘密；（3）不得泄露发审委会议讨论内容、表决情况以及其他有关情况；（4）不得利用发审委委员身份或者在履行职责上所得到的非公开信息，为本人或者他人直接或者间接谋取利益；（5）不得与发行申请人有利害关系，不得直接或间接接受发行申请人及相关单位或个人提供的资金、物品等馈赠和其他利益，不得持有所核准的发行申请的股票，不得私下与发行申请人及其他相关单位或个人进行接触；（6）不得有与其他发审委委员串通表决或者诱导其他发审委委员表决的行为；

(7) 中国证监会的其他有关规定。

5. 发审委委员有义务向中国证监会举报任何以不正当手段对其施加影响的发行人及其他相关单位或者个人。

发审委委员接受聘任后，应当承诺遵守中国证监会有关对发审委委员的规定和纪律要求，认真履行职责，接受中国证监会的考核和监督。

（三）发审委委员的回避

1. 审核股票发行申请文件时，有下列情形之一的，应及时提出回避：(1) 发审委委员或者其亲属担任发行人或者保荐人的董事（含独立董事，下同)、监事、经理或者其他高级管理人员的；(2) 发审委委员或者其亲属、发审委委员所在工作单位持有发行人的股票，可能影响其公正履行职责的；(3) 发审委委员或者其所在工作单位近两年来为发行人提供保荐、承销、审计、评估、法律、咨询等服务，可能妨碍其公正履行职责的；(4) 发审委委员或者其亲属担任董事、监事、经理或者其他高级管理人员的公司与发行人或者保荐人有行业竞争关系，经认定可能影响其公正履行职责的；(5) 发审委会议召开前，与本次所审核发行人及其他相关单位或者个人进行过接触，可能影响其公正履行职责的；(6) 中国证监会认定的可能产生利害冲突或者发审委委员认为可能影响其公正履行职责的其他情形。前款所称亲属，是指发审委委员的配偶、父母、子女、兄弟姐妹、配偶的父母、子女的配偶、兄弟姐妹的配偶。

2. 发行人及其他相关单位和个人如果认为发审委委员与其存在利害冲突或者潜在的利害冲突，可能影响发审委委员公正履行职责的，可以在报送发审委会议审核的股票发行申请文件时，向中国证监会提出要求有关发审委委员予以回避的书面申请，并说明理由。中国证监会根据发行人及其他相关单位和个人提出的书面申请，决定相关发审委委员是否回避。

三、发审委会议及会后事项

（一）一般规定

1. 发审委通过召开发审委会议进行审核工作。发审委会议表决采取记名投票方式。表决票设同意票和反对票，发审委委员不得弃权。发审委委员在投票时应当在表决票上说明理由。发审委委员应依据法律、行政法规和中国证监会的规定，结合自身的专业知识，独立、客观、公正地对股票发行申请进行审核。

2. 发审委委员应当以审慎、负责的态度，全面审阅发行人的股票发行申请文件和中国证监会有关职能部门出具的初审报告。在审核时，发审委委员应当在工作底稿上填写个人审核意见：（1）发审委委员对初审报告中提请发审委委员关注的问题和审核意见有异议的，应当在工作底稿上对相关内容提出有依据、明确的审核意见；（2）发审委委员认为发行人存在初审报告提请关注问题以外的其他问题的，应当在工作底稿上提出有依据、明确的审核意见；（3）发审委委员认为发行人存在尚待调查核实并影响明确判断的重大问题的，应当在工作底稿上提出有依据、明确的审核意见。发审委委员在发审委会议上应当根据自己的工作底稿发表个人审核意见，同时应当根据会议讨论情况，完善个人审核意见并在工作底稿上予以记录。

3. 发审委会议在充分讨论的基础上，形成会议对发行人股票发行申请的审核意见，并对发行人的股票发行申请是否符合相关条件进行表决。发审委会议召集人按照中国证监会的有关规定负责召集发审委会议，组织发审委委员发表意见、讨论，总结发审委会议审核意见和组织投票等事项。发审委会议结束后，参会发审委委员应当在会议记录、审核意见、表决结果等会议资料上签名确认，同时提交工作底稿。

4. 发审委会议对发行人的股票发行申请形成审核意见之前，可以请发行人代表和保荐代表人到会陈述和接受发审委委员的询问。发审委会议对发行人的股票发行申请只进行一次审核。

5. 出现发审委会议审核意见与表决结果有明显差异或者发审委会议表决结果显失公正情况的，中国证监会可以进行调查，并依法作出核准或者不予核准的决定。

6. 中国证监会有关职能部门负责安排发审委会议、送达有关审核材料、对发审委会议讨论情况进行记录、起草发审委会议纪要、保管档案等具体工作。

7. 发审委会议根据审核工作需要，可以邀请发审委委员以外的行业专家到会提供专业咨询意见。发审委委员以外的行业专家没有表决权。

（二）普通程序

发审委会议审核发行人公开发行股票申请和可转换公司债券等中国证监会认可的其他公开发行证券申请，适用普通程序规定。

1. 中国证监会有关职能部门应当在发审委会议召开5日前，将会议通知、股票发行申请文件及中国证监会有关职能部门的初审报告送达参会发审委委员，并将发审委会议审核的发行人名单、会议时间、发行人承诺函和参会发审委委员名单在中国证监会网站上公布。

2. 每次参加发审委会议的发审委委员为7名。表决投票时同意票数达到5票为通过，同意票数未达到5票为未通过。

3. 发审委委员发现存在尚待调查核实并影响明确判断的重大问题，应当在发审委会议前以书面方式提议暂缓表决。发审委会议首先对该股票发行申请是否需要暂缓表决进行投票，同意票数达到5票的，可以对该股票发行申请暂缓表决；同意票数未达到5票的，发审委会议按正常程序对该股票发行申请进行审核。暂缓表决的发行申请再次提交发审委会议审核时，原则上仍由原发审委委员审核。发审委会议对发行人的股票发行申请只能暂缓表决一次。

4. 发审委会议对发行人的股票发行申请投票表决后，中国证监会在网站上公布表决结果。发审委会议对发行人股票发行申请作出的表决结果及提出的审核意见，中国证监会有关职能部门应当向发行人聘请的保荐人进行书面反馈。

5. 在发审委会议对发行人的股票发行申请表决通过后至中国证监会核准前，发行人发生了与所报送的股票发行申请文件不一致的重大事项，中国证监会有关职能部门可以提请发审委召开会后事项发审委会议，对该发行人的股票发行申请文件重新进行审核。会后事项发审委会议的参会发审委委员不受是否审核过该发行人的股票发行申请的限制。

（三）特别程序

发审委会议审核上市公司非公开发行股票申请和中国证监会认可的其他非公开发行证券申请，适用特别程序规定。

1. 中国证监会有关职能部门应当在发审委会议召开前，将会议通知、股票发行申请文件及中国证监会有关职能部门的初审报告送达参会发审委委员。

2. 每次参加发审委会议的委员为5名。表决投票时同意票数达到3票为通过，同意票数未达到3票为未通过。

3. 发审委委员在审核上市公司非公开发行股票申请和中国证监会认可的其他非公开发行证券申请时，不得提议暂缓表决。

4. 中国证监会不公布发审委会议审核的发行人名单、会议时间、发行人承诺函、参会发审委委员名单和表决结果。

（四）会后事项

根据《关于加强对通过发审会的拟发行证券的公司会后事项监管的通知》（证监发行字〔2002〕15号）（下称“15号文”）的规定，会后事项监管及封卷工作的具体操作规程明确如下：

1. 公司发行前，审核员应督促发行人提供会后重大事项说明，要求主承销商及发行人律师、会计师对公司在通过发审会审核后是否发生重大事项分别出具专业意见。

2. 是否需要重新提交发审会审核的标准。

发行人如果满足以下全部条件，不再提交发审会审核：(1) 注册会计师出具了无保留意见的审计报告。(2) 主承销商出具的专项说明和发行人律师出具的法律意见书中没有影响公司发行新股的情形出现。(3) 公司无重大违法违规行为。(4) 公司的财务状况正常，报表项目无异常变化。(5) 公司没有发生重大资产置换、股权、债务重组等公司架构变化的情形。(6) 公司的主营业务没有发生变更。(7) 公司的管理层及核心技术人员稳定，没有出现对公司的经营管理有重大影响的人员变化。(8) 公司没有发生未履行法定程序的关联交易，且没有发生未在申报的招股说明书中披露的重大关联交易。(9) 经办公司业务的主承销商、会计师和律师未受到有关部门的处罚，或未发生更换。 (10) 公司的盈利状况与盈利预测（如有）趋势基本相符。(11) 公司及其董事长、总经理、主要股东没有发生重大的诉讼、仲裁和股权纠纷，也不存在影响公司发行新股的潜在纠纷。(12) 没有发生大股东占用公司资金和侵害小股东利益的情形。(13) 没有发生影响公司持续发展的法律、政策、市场等方面的重大变化。(14) 公司的业务、资产、人员、机构、财务的独立性没有发生变化。(15) 公司主要财产、股权没有出现限制性障碍。(16) 上市公司不存在违反信息披露要求的事项。(17) 公司不存在其他影响发行上市和投资者判断的重大事项。

3. 拟发行公司若最近一年实现的净利润低于上一年的净利润或盈利预测数（如有），或净资产收益率未达公司承诺的收益率，由发行部决定是否重新提交发审会讨论。

4. 拟发行公司若出现下列不符合发行上市条件的情况，中国证监会对发行人的本次发行申请作出不予核准的决定，无须提交发审会审核。(1) 申请增发的上市公司申报时前三年加权平均净资产收益率低于6%，同时公司本次发行前最近三年加权平均净资产收益率低于6%，且本次发行前最近一年净资产收益率低于前一年净资产收益率。(2) 申请配股的上市公司，招股说明书披露前最近三个会计年度扣除非经常性损益后的加权平均净资产收益率低于6%。

5. 封卷时，审核员应要求公司在提供的招股说明书或招股意向书明确注明“封卷稿”字样及封卷稿提交时间，注明全体董事及相关专业中介机构签署意见的时间。

6. 证监会在公开发行前2周左右通知通过发审会的发行人和中介机构，要求其按照“15号文”第四条的要求将会后事项的有关材料报送发行监管部。

7. 发行公司在发审会通过后有重大事项发生或者需要重新上发审会审核

的，发行监管部将暂缓安排发行；无重大事项发生的，办理最终封卷手续。

8. 在证监会将核准文件交发行人的当日或者发行公司刊登招股说明书（招股意向书）的前一个工作日中午12:00以前，发行人和中介机构应向发行监管部提交“承诺函”，承诺自提交会后事项材料日至提交承诺函日止（最近二周左右时间内），无“15号文”所述重大事项发生。如有重大事项发生的，应重新提交会后事项材料。

9. 按时提交承诺函且无重大事项发生的，证监会安排发行；未能按时提交承诺函或有重大事项发生的，发行监管部暂缓安排发行。

10. 在招股说明书或招股意向书刊登后至获准上市前，如公司发生重大事项，有关说明提交发行监管部后，经审阅无异议的，公司方能于第二日刊登补充公告。

四、专项复核的审核要求

根据证监会《股票发行审核标准备忘录第16号——首次公开发行股票的公司专项复核的审核要求》规定，证监会发行监管部在审核发行人的申请文件时，如发现其申报财务会计资料存在重大疑问，或其财务会计方面的内部控制制度有可能存在重大缺陷并由此导致申报资料存在重大问题时，可另行委托一家具备证券执业资格的会计师事务所对申报财务会计资料的特定项目进行专项复核。专项复核的决定由证监会发行监管部作出。专项复核应遵照以下程序和标准执行：

1. 专项复核的目的

专项复核的目的是为发行人申报财务会计资料的可靠性提供重要依据。

2. 专项复核的范围

确定专项复核范围的标准为：（1）专项复核的问题应明确且可操作；（2）专项复核仅针对特定期间的财务会计数据，原则上不涉及申报期间以外的事项。

3. 专项复核事务所的选择

审核过程中，发行监管部认为必要时，可委托具备证券执业资格的会计师事务所对公司财务资料进行专项复核。

4. 专项复核会计师事务所的工作要求

会计师事务所接受专项复核委托后，应遵照以下要求执行业务：（1）应当恪守独立、客观、公正的原则，以应有的职业谨慎态度独立开展专项复核工作，形成复核结论，出具专项复核报告。（2）在间隔专项复核报告出具日至少一个完整会计年度后，方可向同一发行人提供审计服务及相关服务。

（3）应当按照《企业会计准则》及其他有关规定、《中国注册会计师审计准则》及有关执业规范，以及证监会的信息披露要求，根据证监会发行监管部的书面反馈意见和发行人具体情况拟订专项复核工作计划、确定复核范围和程序，并应在实施之前将专项复核工作计划报证监会发行监管部备案。专项复核工作计划应包括复核程序、复核时间、出具专项复核报告时间等内容。

5. 专项复核报告的要求

执行专项复核业务的会计师事务所应出具专项复核报告，该报告应由两名具有证券、期货从业资格的注册会计师签名、盖章（其中至少一名为合伙人或主任会计师或其授权的副主任会计师），并加盖事务所公章。

专项复核报告至少应包括四个部分：（1）复核时间、范围及目的；（2）相关责任；（3）履行的复核程序；（4）复核结论。专项复核会计师应对复核事项提出明确的复核意见，不得以“未发现”等类似的消极意见代替复核结论。专项复核报告最迟应在发行人申报财务资料有效期截止前1个月送至中国证监会。

6. 专项复核差异的处理

如果专项复核会计师就复核事项所出具的复核意见与原申报财务资料存在差异，发行人、主承销商及申报会计师应就该复核差异提出处理意见，审核人员应将该复核差异及处理情况向发审委汇报。

7. 专项复核报告的使用

专项复核报告供证监会发行监管部、发审委履行审核工作职责时使用。执行专项复核的会计师事务所应根据其履行的程序、出具的复核结论承担相应的法律责任。

第四节　发行审核中应关注的事项

一、在发行审核过程中企业应注意的事项

（一）在发行审核过程中企业应注意的事项

1. 了解证监会有关部门的内部组织与分工。目前，中国证监会发行监管部下设7个处室，其中综合处负责申请文件的受理分发、受理举报和整个审核工作的协调；审核一处负责审核首发企业申请材料中的招股说明书、法律意见书、公司章程等法律文件；审核二处负责审核首发企业申请文件中的财务会计资料、资产评估资料、盈利预测资料和验资资料等，并会同审核一处提出反馈

意见和初审报告；发审委工作处负责发审会的组织、会议记录。

2. 重视文件受理后5日内的与预审员及其负责人的见面会。

3. 遵守“静默期”的有关规定。根据《中国证监会行政许可执法监督暂行规定》，审核过程中实行静默期制度，即自受理申请文件至出具第一次书面反馈意见之间的这段时间以及在发行部形成初审报告意见后至发审会召开期间设定为“静默期”，负责该审核事项的工作人员不得与申请人及和有关中介机构接触，这项措施称为“静默期”制度。

（二）企业参加发行审核会议应注意的事项

企业要挑选对企业情况最熟悉的两至三人作为发行人代表和保荐代表人一起参加发审会会议，参会人员要作简要陈述并接受发审委委员的询问。企业陈述时间应控制在45分钟以内。

参会的发行人代表和保荐代表人应仪表端庄、整洁；发行人代表和保荐代表人应对材料充分熟悉；发审委委员的提问应主要由发行人董事长和总经理回答；回答问题时注意不过分紧张；回答问题应言简意赅，简洁清晰，不夸夸其谈。

二、中小企业板发行上市审核中主要关注的问题

中国证监会对IPO重点审核内容包括企业发行股票和申报文件的合法性、合规性和完整性等，但在具体操作中，针对申请上市的企业特点，还规定有重点审核的事项。其中，在中小企业板发行上市审核中主要关注如下问题。

1. 发行人改制和设立方面的问题。包括：发起人出资的缴纳情况及产权手续的办理情况；发行人改制方案的合理性及设立程序的合法性；发行人经营业绩的连续性及连续计算的合规性。

2. 公司治理方面的问题。包括：发起人股东大会、董事会、监事会独立履行职责的情况；发行人内部控制制度的完整性、合理性及有效性；发行人生产经营体系的完整性及资产、业务、人员、财务、机构的独立性；实际控制人的财务状况、盈利能力及独立生存能力；发行人与实际控制人及其所属企业之间的同业竞争情况及对发行人的生产经营的影响；关联交易本身存在的合理性及关联交易定价政策的公允性、关联交易披露的完整性；关联交易金额占公司收入、成本及利润的比例。

3. 经营成果和财务状况方面的问题。发行人财务会计文件是否公允反映发行人财务状况及经营成果；是否存在重大的财务风险。包括但不限于：发行人选择运用的会计政策和会计估计是否恰当遵循谨慎、一贯性的原则；发行人会计核算收入、成本、费用是否符合有关会计制度、会计准则的规定；发行人

的主要会计科目变化较大，公司是否有合理的解释说明；会计科目之间的钩稽关系是否正确；发行人是否存在不能依靠其自身经营获取盈利，公司持续经营和发展能力存在重大不确定性的情况；发行人是否存在资产评估的评估假设、评估方法、评估参数等选择、运用不合理的情况；发行人是否存在巨额担保、诉讼等或有事项对公司生产经营带来重大影响的情况；发行人编制的盈利预测是否合理、谨慎。

4. 持续经营能力方面的问题。包括：发行人的产品因市场竞争而面临的市场占有率、产品销量的变化趋势；现有商标、专利、专有技术等知识产权的取得或使用情况，以及对发行人核心竞争力的影响；发行人经营模式、产品结构、盈利模式的变化情况，及对公司生产经营的影响；发行人持续的产品制造能力和研发能力；发行人经营环境发生的变化情况，该变化对发行人经营成果或财务状况的影响；发行人的客户集中度，以及严重依赖单一客户而导致的风险。

5. 募集资金项目方面的问题。包括：募集资金项目与公司业务和发展战略的关系；募集资金项目与筹资额的配比情况，以及编造投资项目套取募集资金的情况；募集资金项目的论证情况、市场前景及可能发生重大变更的情况。

6. 风险提示方面的问题。包括：特有风险提示是否充分揭示了发行人自身特有的重大风险；发行人的风险披露是否存在不具体、流于形式的情况。

此外，发审委在审核发行申请材料时，还关注保荐机构及其保荐代表人、其他中介机构及其签名人员最近三年的执业质量，关注其是否存在违法违规行为。

三、创业板发行上市审核中主要关注的问题

针对创业板企业成长性高、业绩不稳定、经营风险高的特点，2009 年 7 月 23 日，在创业板发行审核制度的培训会上，证监会创业板发审部门提醒中介机构，在创业板发行上市审核中除主板和中小企业板关注的问题外，还包括如下审核重点：企业成长性、可持续经营状况及股权稳定性，明确提醒中介机构对推荐企业从会计角度和法律角度重点核查以下几个方面内容。

（一）会计方面

从会计角度重点核查关注拟发行企业内部控制的完整性、合理性和有效性；关注拟发行企业的成长性和盈利预测的谨慎性；关注拟发行企业执行新会计政策的情况。如会计准则运用是否恰当、会计处理是否稳健、会计政策是否一贯等。

1. 企业内部控制的完整性、合理性和有效性

会计师要对拟发行企业的内部控制进行测试，检查其是否存在漏洞，包括个人收支与公司收支不分、销售不开发票、设多套账等情形。同时，有的公司无独立财会部门、未建立独立的财会制度，或者在银行没有独立开户，与控股股东共用银行账户等，都将是关注重点。

测试后，会计师应当就拟发行企业内部控制的完整性、合理性和有效性出具鉴证意见，督促其改善公司治理结构，推进内部控制制度建设，建立严格资金管理制度。主要是为防止资金被控股股东、实际控制人及控制的其他企业，以借款、代偿债务、代垫款项以及其他方式占用。

2. 企业的成长性和盈利预测的谨慎性

在创业板企业上市申报材料中，与主板最关键的区别是要求保荐人出具企业成长性专项意见，并要求“结论明确、依据合理且程序得当”，成长性和可持续性是两个最关键的因素。在专项意见里一定要把企业成长性的支撑因素、自主创新能力说清楚，要有明确意见，包括考评标准要有明确说明，以便投资者对发行人作出实质性判断。

关注拟发行企业的成长性及盈利预测。根据《创业板首发办法》，成长性是创业板企业 IPO 的法定条件，这就为“成长性造假”提供了动力。创业板发审部门的负责人在培训会上强调，如果公司调整会计报表，编制成长性假象，在性质上就不仅是粉饰报表的问题，而是属于“编制发行条件欺诈上市”，将来处理的尺度也不一。

对于盈利预测，创业板发审部门要求拟发行企业“谨慎编制盈利预测报告，否则将受到相应处罚”。同时，会计师必须对盈利预测预计的假设基准的合理性、基础数据的真实性、采用的会计政策和计算方法与招股说明书中财务报表采用的一致性，进行审核并出具报告。

证监会对作盈利预测的审核也非常严格，盈利预测会有很多假设条件，发审委在审核时会问这些条件的实现可能性有多大，业绩收入、成本是怎么计算的，用的是什么样的计算模型等。证监会对创业板的审核同样会侧重历史业绩，创业板也有三年一期的业绩要求，而且是近两年连续增长，因此盈利预测编制得再好也并不一定能通过发审。所以，编制盈利预测一定要审慎、可信。

3. 企业执行新会计政策的情况

主要核查拟发行企业会计准则运用是否恰当、会计处理是否稳健、会计政策是否一贯等。创业板企业会计要素的确认、计量和披露原则均与主板一致。但现实中不同的是，创业板上市公司主要是处于成长阶段的民营企业，大多存在财务不规范情形；同时，创业板企业多数属于创新型企业，这就使收入确认

方法、确认时点等方面与传统行业有所不同。

（二）法律方面

从法律角度重点关注企业股权清晰、控制权稳定程度，控股股东违法及公司运作情况。

1. 企业股权清晰、控制权稳定

对于成立时间短，但股本结构、股权变动较复杂的企业，要甄别股本结构设置是否存在潜在纠纷，如工会持股、职工持股会持股、信托持股、委托持股，以及股东人数超过200人的情形。

创业板往往有风险投资（VC）和私募股权投资（PE）介入的企业，证监会发审部门对于风险投资介入的企业，将关注股东之间、股东与发行人之间、股东与管理层之间，是否存在可能导致发行人控股权变更的相关协议安排。

例如，湖南太子奶集团在VC介入时签订了可能导致控股权变化的“对赌协议”。该协议规定在收到VC注资后的前三年，如果太子奶集团业绩增长超过50%，就可降低注资方股权；如完不成30%的业绩增长，太子奶集团董事长将失去控股权。2008年，太子奶未能达到该业绩增长目标。2010年6月，太子奶因非法集资和盲目扩张，导致其破产重整，大股东即将易主。

这种情形要重点看相关的股权协议在未来是否存在风险，首先要对风险进行判断，有实质性障碍的企业，在初期审核时就会筛选掉。但如果相关协议合理、风险可控，就应在信息披露时向投资者充分揭示风险。

2. 控股股东、实际控制人近三年是否存在重大违法行为

创业板上市公司更易受控股股东、实际控制人的控制，为了加强对控股股东、实际控制人的监管力度，提高其诚信意识，证监会对创业板发行人增加了关注其控股股东、实际控制人近三年是否存在重大违法行为。

3. 企业规范运作情况

关注企业运作情况，重点关注关联交易、独立性、公司治理、税收、环保、产品质量等方面的情形。对于经营模式较新、创新性较强的企业，还要关注主营业务是否存在违法或违背行业规范的情形。

值得注意的是，针对上市公司仿造或编造发行人、董事、监事、高管人员签名时有发生，《创业板首发办法》要求发行人律师对前述人员及发行人控股股东、实际控制人在相关文件上签名盖章的真实性出具鉴证意见。

如果会计师、律师等所制作出具的文件有虚假记载、误导性陈述或重大遗漏等，证监会将对其采取监管措施，12个月内不接受相关机构出具的证券发行专项文件，36个月内不接受相关签名人员出具的证券发行专项文件，并按相关法规进行处罚。

（三）创业板发审部严查上市前突击入股

2010年4月，中国证监会创业板发审部对“突击入股”要求严查，并对相关股份限售。“突击入股”大抵有三种类型：一是为公司管理人员做股权激励，二是券商借做保荐人的优势入股，三是隐性持股人和投行人员曲线入股。

有鉴于创业板公司“突击入股”现象，创业板发审部规定对下列情况，保荐机构、律师应该核查并发表专项意见，创业板发审部也可能视情况派出机构调查。

1. 严查突击入股。（1）申报材料前一年内新增股东的，除按招股说明书准则披露持股数量及变化情况、取得股份的时间、价格和定价依据外，如是自然人股东还需补充披露近五年履历情况；如是法人股东，则要披露其主要股东、实际控制人相关情况。（2）申报前6个月发生增资或转让的，需提供专项说明，具体包括：增资原因、定价依据及资金来源、新增股东的背景；是否存在委托、信托持股等情况；新增股东与控股股东、实际控制人、中介机构等是否存在关系；新增股东对于公司未来发展能发挥什么作用等。

2. 三类股东限售期。（1）申请材料受理前6个月从控股股东、实际控制人转出的，比照控股股东、实际控制人，上市之日起锁定三年；（2）申请受理前6个月从非控股股东、实际控制人转出的，上市之日起锁定一年；(3）如果公司没有或难以认定控股股东、实际控制人，则所有股东按持股比例从高到低，直到总占比达51%，自上市之日起均锁定三年。同时，公司董事、监事、高级管理人员间接持股的参照直接持股处理。

3. 对董事、监事、高级管理人员股权设立子公司及持股情况清理。为防止利益输送，发行人与董事、监事、高级管理人员及其亲属共同设立子公司的必须清理；发行人与控股股东、实际控制人共同设立子公司，视情况处理，如果控股股东、实际控制人是自然人的，建议清理。

4. 红筹架构股权要清理。对此前部分企业为海外上市搭建“红筹”架构，创业板发审部请中介机构“审慎对待”，并请发行人考虑将境外特殊目的公司的结构去除。如果实际控制人确为境外公民或法人的，同时股权结构清晰，可以不作调整。

5. 对于控股股东层次复杂、关联关系复杂的，要求股权应当清晰，同时充分披露复杂的控制关系、关联关系，并不存在故意规避实际控制人或控股股东监管的行为及影响发行人独立性的关联交易、兼职等。

6. 对于兼职，创业板发审部明确，发行人高管不得在控股股东、实际控制人担任除董事以外的行政职务。控股股东或实际控制人除担任发行人董事长、总经理外，还在其控制的其他企业中担任重要管理职务的，要求说明如何保证客观公正、独立履行职务。相关人士需就此事项出具承诺。

企业如存在情况不清的自然人股东或人数较多的股东，则被要求加大披露力度，包括自然人股东与发行人的控股股东，实际控制人，董事、监事、高级管理人员之间的关系，并说明是否存在委托持股、信托持股等情况。

（四）创业板 IPO 前企业合并规则

2010 年 4 月，中国证监会进一步明确了创业板企业在 IPO 前企业合并的相关细则，对于创业板企业在 IPO 前企业合并，分为同一控制人下的企业合并和非同一控制人下的企业合并两种情况予以对待。

1. 对于非同一控制人下的企业合并后提出的创业板 IPO 申请，将关注被合并方对发行人资产总额、营业收入或利润总额的实际影响，具体分以下三种情况：第一，被合并方上述三个指标不超过合并前发行人相应项目 20% 的，申报创业板 IPO 时提交的财务报表，至少须截至合并完成后的最近一期资产负债表，且不需要等待时间；第二，被合并方上述三个指标不超过合并前发行人相应项目 50%、但超过 20% 的，发行人合并后运行一个会计年度后方可申报创业板 IPO；第三，被合并方上述三个指标超过合并前发行人相应项目 50% 的，至少须运行 24 个月方可申报创业板 IPO。

2. 对于同一控制人下的企业间合并，其在创业板 IPO 须满足三大条件：第一，要求参与合并的企业在合并前后均受同一方或相同的多方最终控制，且该控制并非暂时性的（同一方、相同的多方以及控制并非暂时性的通常指一年以上）；第二，在认定相同的多方作为实际控制人时，不认可委托持股或代持股份等在法律上存在瑕疵的安排；第三，最终控制的相同多方持股应占绝对多数，即合计持股应该 51% 以上。

（五）创业板发行审核对保荐机构的特殊要求

1. 保荐机构出具发行人成长性专项意见，应当履行恰当的尽职调查和内部核查程序，专项意见应当结论明确，且依据充分、合理。保荐机构应当从实际出发制定完善的发行人成长性和自主创新的评价标准和内核制度。

2. 保荐机构应当在严格履行尽职调查、辅导、内部核查、推荐等程序的同时，建立完整的创业板项目工作日志及保荐工作底稿，切实保证保荐代表人及其他保荐业务相关人员勤勉尽责，并认真组织协调参与股票发行上市的证券服务机构及其签名人员的有关工作。中国证监会将对保荐机构从事创业板保荐工作的情况进行现场检查。

（六）证监会和交易所对创业板公司的严格监管

中国证监会和证券交易所对创业板市场将严格履行监管职权，尤其是在受理创业板发行上市申请文件的初期会适当提高审核门槛，真正选出具有自主创新能力、持续盈利能力和高速成长性的高层次优秀公司。相信在政府部门和证券监管部门的大力支持、精心呵护和严格监管下，中国股市一定会造就出具有国际一流水准的创业板。

四、中国首次创业板发审会

2009 年 9 月 17 日上午 8:45，中国资本市场发展历史上的第一场创业板发审会在中国证监会一楼会议室——北京富凯大厦 A 座 0105 室举行，本次会议共有 7 家企业上会，并全部获有条件通过。

（一）首次创业板发审委会议议程共有七个环节

1. 预审员报告初审情况，并就有关问题提供说明；

2. 发审委委员根据发行人的申请材料和初审工作底稿，对相关问题、审核意见和其他事项逐一发表个人审核意见；

3. 会议讨论、形成发审会议拟询问发行人代表和保荐代表人的问题，并请上述人员到会陈述和接受询问，时间不超过 45 分钟；

4. 委员对所审核企业进行投票表决，表决方式采取封闭式记名投票，每个委员座位边上都放了一个投票器，工作人员负责监票及统计投票结果；

5. 会议总结了委员提出的主要审核意见，并形成本次发审委会议对发行人发行申请的审核意见；

6. 预审员对审核意见记录确认并签名，委员对发审委会议记录、审核意见记录确认并签名，同时提交审核工作底稿；

7. 宣布发审会会议表决结果，委员在表决结果上签名。

值得注意的是，创业板发审委会议实行全程录音，这也是对委员勤勉尽职的一种监督，有争议的时候可以备查。

（二）首次创业板发审委会议审核的主要内容

这次创业板审核主要是三个方面的内容：（1）合规性审核；（2）信息披露的充分性，包括创业板企业新模式、新技术方面信息披露；（3）企业成长性和创新能力。

（三）首次创业板发审委会议审核结果

下午 6:30，中国创业板首批过会企业终于揭晓，7 家上会企业均“有条件通过”，分别是：北京立思辰科技、青岛特锐德电气、南方风机、上海佳豪船舶工程设计、重庆莱美药业、乐普（北京）医疗器械、北京神州泰岳软件。

所谓“有条件通过”说明企业已经符合发行上市条件，但在信息披露等方面还有欠缺，需要对招股说明书进行修改，但不影响企业的发行上市。例如公司应收账款假设坏账准备一年是 3% 或 5%，跟同行业比可能偏低，要说明一个理由，这属于信息披露问题，并不影响发行条件。

（四）发审委会议后下一步的工作程序

审核人员经部门评议后向发行人和保荐人反馈审核意见；企业落实审核意见并向负责发审的部门进行回复；审核人员对落实情况进行审核；经确认落实后，由企业和保荐人对整套材料进行核对后，落实封卷；之后履行核准批文的行政程序。企业在获得批文后即可安排发行上市事宜并进行相关披露。

中国证监会批准"巨潮资讯网"、"中证网"、"中国证券网"、"证券时报网"、"中国资本证券网"5家网站为创业板信息披露指定网站。

经过上述一系列的审核程序，首次公开发行股票申请文件经主板或创业板发审委表决通过后，证监会将为发行人出具首发核准文件，获得核准文件的企业有了进入中国资本市场的通行证，多少个月以来的尽职调查、改制设立、编制文件和申报核准的高度紧张忙碌、连续辛劳终于即将大功告成。下一步，被核准企业将开始进入股票发行与挂牌上市阶段，准备正式迈进资本市场，并应用资本市场的规则具体运作。

几家欢乐几家愁。对于首发申请未获通过的企业，只好打道回府，从头再来。本书第八章案例一曾介绍，截至2010年8月，仅创业板开始受理上市申请一年内就有34家企业被否，首发申请通过率不到80%。对被否公司来讲，再次申请意味着要重新排队。据了解，截至2010年12月末，正在排队申请企业的数量已有100多家，因此再上发审委会议只能是一年后的事情了。

案例一　2010年度被否的64家公司案例分析

【案例简介】

2010年，中国资本市场IPO融资额度创出历史新高，同时，全年共计有64家拟上市公司在IPO冲关时折戟，无功而返。在诸多失败的原因中，企业的持续盈利能力以及对其他企业的依赖度、关联交易隐患、抗风险能力、主体资格问题，都成为拟上市企业临门一脚中的障碍。梳理其中过会失败的案例，或可成为后来者最好的借鉴。

【案例回放】

2011年初，中国证监会披露了2010年发审委过会情况，IPO上会企业总数创出了历史新高。全年共计410多家拟IPO企业上证监会发审会审核，共有

64 家企业被否。

在被否企业 64 家中，主板被否企业 2 家，中小板被否企业 37 家，创业板被否企业 25 家；另有 4 家中小板企业被取消审核或暂缓表决，1 家创业板企业被暂缓表决。

截至 2011 年 1 月初，证监会已为 20 家被否的拟在主板和中小板上市的公司和 14 家被否的拟在创业板上市的公司披露了否定原因。

（一）20 家主板和中小板企业被否原因

有 13 家企业因持续盈利问题被否；4 家企业因关联交易问题被否；独立性问题导致 3 家企业闯关失败；还有 2 家企业分别因会计政策与信息披露出现问题落马。其中，海南橡胶已于 2010 年末二次上会并通过审批。

（二）14 家创业板公司被否原因

有 10 家创业板拟上市公司倒在持续盈利问题上，同业竞争则因绊倒 3 家公司而成为创业板的二号杀手。此外，内控缺陷、营业收入确认问题、独立性问题，也分别让 3 家公司倒在上市前夜。其中有的公司由于不止一个原因而被否。

持续盈利能力成为头号“杀手”

（一）销售结构和服务模式变化带来财务状况的不利影响

详细剖析持续盈利能力问题，主要有经营模式、产品或服务的品种结构重大变化及其对公司带来的财务状况不利影响。此类问题作为持续盈利能力不足的第一大判断因素而触及红线，导致发审委对公司的持续盈利能力存疑，最终被否。

上海龙宇燃油股份有限公司的批发业务占比逐年下降，零售业务逐年上升，新拓展了水上加油业务，且公司计划通过 2～3 年的发展，使批发、零售、水上加油的业务量各占 1/3 左右。发审委判断，该公司主营业务变化引起燃料油的库存规模增加、信用销售账期延长、存货周转率和应收账款周转率大幅降低、占用流动资金大幅上升等财务状况的不利变化。

上海冠华不锈钢制品股份有限公司栽在生产场地的由租变买上。发审委指出，该公司 2000 年成立时，生产所需的主要机器设备和房屋场地通过租赁取得，2008 年 9－10 月，购买上述租赁资产。发审委指出，公司 2008 年经营模式发生重大变化且其后经营时间较短，无法判断公司持续盈利能力。

厦门蒙发利科技公司在报告期内产品销售存在单一客户比例较大的情形，构成发行人未来盈利能力的重大不确定性。

广西丰林木业集团则主要是经营成果对税收优惠存在严重依赖，使得公司持续盈利能力存在不确定性。

此外还有申请人因“产品销售结构和服务模式发生重大变化且经营时间较短、主营业务收入结构和重大客户变化”、“产品品种较为单一、目前自主研发能力较为有限、主要销售区域销量下降”等原因被否。

（二）公司在行业所处地位及受限行业和行业的外部环境

公司在行业所处地位、产能受限行业和行业的外部环境，包括原材料价格与上下游产品价格的波动等，被证监会列为持续盈利能力的第二大判断标准。

淮安嘉诚公司的行业地位受到质疑。发审委指出，其从事化工原料和中间体产品生产，与同行业企业相比规模较小，不具有竞争优势。

浙江佳力被发审委指出，其主营的风电设备铸件为产能过剩产业，发审委由此判断，发行人所处行业的经营环境发生重大变化。除从行业的角度判断外，细分产品也触及受限行业的红线。比如浙江佳力募投项目是“年新增2 500套1.5MW以上大型风力发电设备关键部件扩建项目”。证监会指出，国家重点支持的是自主研发2.5MW及以上风电整机和轴承、控制系统等关键零部件，发行人主要产品和募集资金投资项目不属于重点支持项目。

新疆宏泰矿业被发审委指出，2010年4月下旬开始，钢价进入下跌通道，钢企需求缩减，铁矿石现货价格接连下跌。公司经营业绩受产品价格影响较大。由此证明除了从行业角度判断外，细分产品触及受限行业红线也将被否。究其原因，也是该公司申请上市的市场时机选择不好所致。

（三）商标、专利、专有技术、特许经营权存在重大不利变化

专利过期或无效等被列为持续盈利能力不足的第三大判断因素。

河南金博士种业被发审委指出，其“郑单958”玉米种子的销售收入是申请人收入和盈利的主要来源，但截至2009年12月，该品种专利权剩余保护期仅为几年，保护期结束后，种子经营企业无须经过授权即可自主经营“郑单958”玉米种子，届时该类玉米种子的经营将面临更激烈的市场竞争。

（四）对关联方和大客户依赖、重大不确定性客户的依赖

对大客户依赖、关联方和重大不确定性客户的依赖，及净利润主要来自于合并报表以外的投资收益情形等因素，成为判断持续盈利能力的第四大标准。在64家被否的企业中，很多企业都有这类依赖问题。

上海网讯新材料科技股份有限公司就因股东富通集团是其第一大客户，被发审委判断对富通集团形成依赖而被否。

江苏荣联科技登陆中小板首发申请被否决，与其销售依赖关系密切。据荣联科技招股说明书申报稿披露，报告期内，发行人面向三大电信运营商的销售收入占公司主营业务收入的比重分别为76.73%、84.75%、72.36%和

80.70%，公司的客户及销售市场相对过度集中。

深圳普路通在此前一天遭遇相同命运时也受制于同一原因。这家供应链管理公司的招股说明书申报稿显示，2007 年的前十大客户名单中尚未出现长城电脑，但 2008 年长城电脑贡献突然达到了销售收入的 20.8%，为 2.02 亿元。等到 2010 年上半年，普路通对长城电脑的销售收入更是高达 2.74 亿元，占当期营业收入的 44.22%；2009 年全年则达 5.92 亿元，占营业收入的 50.61%。足见普路通对长城电脑这个单一客户的高度依赖。

关联交易和独立性欠缺是第二大死因

关联交易与独立性等非财务审核问题，则成为众多拟上市企业的第二大实质性障碍。

江苏新中环保首发申请未获通过。公司最大的硬伤在于其经营独立性有所欠缺。其招股说明书申报稿显示，新中环保高管及其亲属控制的公司与新中环保业务往来频繁。最近三年及一期发生的经常性关联交易中，在采购环节，公司与张家港海天科技有限公司、张家港保税区恒忠国际贸易有限公司、张家港市江拓塑料制品厂和上海瑞奇曼贸易有限公司四家关联企业共发生 12 次交易，涉及金额达 7 173 万元。其中，前三家企业均为新中环保董事祁忠控制的公司，上海瑞奇曼则是新中环保发起人陈松控制的公司。另外，新中环保的关联担保金额也居高不下。在近三年及最近一期的担保中，关联方向公司提供的担保数额高达 17 300 万元，其中 2010 年上半年就高达 11 500 万元，占比达 66%；公司向关联方提供的担保达到 6 200 万元，其中正在履行的数额为4 900 万元。

山东信得与潍坊信得签署《商标许可使用协议》，许可潍坊信得无偿使用申请人拥有的商标，发审委判断，申请人将自己拥有的商标许可给实际控制人控制的潍坊信得无偿使用，关联交易定价不公允。

西安隆基硅材料也倒在了类似问题上。发审委在审核中关注到“申请人的主要关联交易方无锡尚德及其关联方因和客户签订保密协议原因，无法披露其向第三方采购的价格。因此，申请人和无锡尚德关联交易价格的公允性，以及是否存在通过关联交易操纵利润的情形难以判断”。

在对浙江梦娜袜业股份有限公司的审核中，发审委认定，因某些交易解释不充分导致公司存在独立性瑕疵。

深圳美凯电子申请中小板首次公开发行未获通过。据了解，美凯电子 IPO 止步的主要原因与其存在利用关联交易调节利润的嫌疑有关。

某生产硅材料的公司，报告期内向关联方的销售额占比分别达 52%、

49%和80%，且其中某份单晶硅片合同的执行价约48元/片，而同期市场价为17.8元/片，定价显失公允，存在操纵利润之嫌。

另外，也有几家公司潜藏同业竞争的隐忧。例如，与部分关联企业的经营范围存在相似性，且经营相同或相似的业务，存在现实及潜在的同业竞争；公司实际控制人同时掌控另一家与申请人构成同业竞争的公司，独立性存在缺陷。

抗风险能力不够

就创业板公司而言，除了强调盈利能力和成长性之外，公司经营规模大小也是重要的审核标准之一。如果经营规模过小的话，会影响到公司的抗风险能力。正因为如此，不少袖珍公司在冲关时往往前功尽弃。在主板和中小板被否的20家公司中，平均净利润7 300.85万元。其中淮安嘉诚净利润最低，为1 797.30万元；海南橡胶最高，为28 574.52万元。

在本书第八章案例一中已介绍过侏罗纪软件对大客户的依赖问题，该公司抗风险能力也略不够。侏罗纪软件是国内石油勘探开发行业软件和服务供应商，公司总资产只有6 722万元，发行前总股本仅2 400万股，拟公开发行800万股，发行后总股本3 200万股。作为创业板开闸以来发行股本最小的公司，侏罗纪软件存在规模相对较小、现金流量不稳定、抗风险能力较弱的风险，最后侏罗纪软件闯关创业板IPO上会未果。

北京东土科技是一家不折不扣的袖珍公司。按照东土科技披露的招股书申报稿显示，公司拟发行840万股新股，发行后总股本为3 347.05万股。2009年11月18日，东土科技申请登陆创业板，当年11月24日开始，东土科技在“新三板”上暂停交易。遗憾的是，东土科技最终转板失利。尽管公司三年及一期的净利润分别同比增长194.22%、88.50%、145.09%。但公司实现盈利的绝对值仍然偏低，公司扣除非经常性损益后归属于母公司所有者的净利润分别仅为326.92万元、717.83万元、1 310.76万元、811.68万元。各报告期末，资产总额分别仅为3 217.23万元、4 654.35万元、7 375.38万元和8 592.35万元。

杭州正方在创业板冲板失利的主要原因也是公司经营规模太小。其招股书显示，尽管公司前三年总资产增长较快，但绝对值均在亿元以下。2007年、2008年末和2009年末公司总资分别较上期末增长55.7%、53.34%和68.67%。对应资产总计2 769.58万元、4 246.81万元和7 163.25万元。此外，从公司盈利能力指标来看，净利润大幅提升主要在2008年和2009年两年，但营业收入和净利润指标绝对值同样不高。2007年、2008年和2009年度营业总收入分别为 2 021.98 万元、3 281.77 万元和 5 300.75 万元，净利润分别为 775.25 万元、1 440.08 万元和 2 442.79 万元。

广东冠昊也存在公司规模较小、销售收入来源单一的风险。公司 2007 年、2008 年和 2009 年营业收入分别为 2 237.55 万元、3 519.21 万元和 6 556.90 万元。截至 2009 年 12 月 31 日，公司总资产为 15 623.83 万元，股东权益合计仅为 9 730.83 万元，最终在创业板冲板跌浪。

主体资格问题

这类问题主要是指公司设立出资问题、股权问题、报告期内管理层发生重大变化、主营业务发生重大变化、实际控制人问题以及拟发行人的资产或业务涉及已上市公司的 IPO 募投项目问题。

在 2010 年 11 月北京举办的保荐代表人培训会上，监管部门有关人士表示，资产、业务涉及已上市公司的 IPO 募投项目要重点关注，要确保资产、业务的剥离合法，没有争议和纠纷。

2010 年 11 月 3 日上会的安徽富煌钢构就因发起设立时主体资格存在问题而告失败。其招股说明书申报稿显示，2004 年富煌建设、南峰实业、江淮电缆、洪炬祥、查运平共同发起设立富煌钢构，其中富煌建设以其钢结构业务相关的经营性净资产评估 6 021 万元中的 6 000 万元作为出资认购富煌钢构 600 万股。但是，富煌建设出资的该项资产是 2003 年 4 月巢东水泥出售给富煌建设的，而这部分资产正是巢东水泥作为上市公司的募股投资项目所涉及的资产。至此，富煌建设完成了将巢东水泥募投项目向富煌钢构准上市资产的转变，构成了主体资格问题。

同样，2010 年 9 月 6 日，计划登陆中小板的烟台万润精细化工股份有限公司首发也未通过。烟台万润遇挫的根本原因在于，公司股权结构隐存颇多瑕疵。设立之初便存祸根，集体资产烟台市供销工业总公司非货币出资未验资，到上市前相关验资复核和主管部门确认函才姗姗到来。2001 年公司蹊跷增资，国有股东放弃优先受让权而致使国有股权流失，招股书并未对该审批程序作详细披露。

因被举报闯关失败

值得注意的是，在证监会披露的 64 家被否企业中，山东同大海岛新材料股份有限公司是因举报而闯关失败的企业。创业板发审委在审核中关注到，在申请人申报后，申请人及保荐机构相关人员被举报，保荐人核查不充分，无法澄清有关举报问题。山东同大海岛未能顺利过会不仅仅与举报有关，其业务成长性和持续盈利能力也存在不确定性。创业板发审委指出，根据申报材料，申请人报告期内的主要原材料成本及产品价格波动较大，营业收入和利润总额呈反向波动且缺乏合理解释，成长性和持续盈利能力存在不确定性。

2010 年部分公司 IPO 上会被否原因整理情况见表 9－1。

表 9－1　　2010 年部分公司 IPO 上会被否原因

板块	公司名称	被否原因
主板	宏昌电子	同业竞争导致独立性不足
	海南橡胶	持续盈利能力不足，募投项目合理性解释不足（第二次通过）
创业板	元盛电子	持续盈利存在重大影响
	东方嘉盛	投资收益占比过大，对前五大客户存在依赖
	金能科技	持续盈利存在重大障碍
	四川优机	持续盈利存在重大障碍
	广东广机	同业竞争问题
	裕兴薄膜	业务独立和人员独立存在重大障碍
	贵州高峰	持续盈利存在重大障碍
	上海天机	成长性和持续盈利能力存在障碍，收入确定存在问题
	深圳脉山龙	会计核算和内部控制不规范
	同大海岛	成长性和持续盈利能力不足，未解决举报问题
	上海金仕达	成长性和持续盈利存在障碍，行业前景重大不确定性
	先临三维	成长性存在障碍，行业技术存在不确定性
	侏罗纪软件	持续盈利不确定，由于竞业禁止而独立性存在障碍
	上海开能	成长性和持续盈利存在重大不确定性
中小板	网讯新材料	对重大客户存在依赖，协议存在执行不到位的情况
	风源化学	持续盈利存在重大不确定性，募投项目存在重大不确定性
	万润精细	关联交易价格不公允，非关联化问题没有解释清楚
	丰林木业	业绩持续下降，对税收优惠有重大依赖
	淮安嘉诚	规模较小，发展前景有限导致持续盈利存在重大不确定性
	玉龙钢管	公司内部控制和规范运行不到位
	浙江哈尔滨	经营模式发生重大变化，收入和费用变化趋势不匹配
	宏泰矿业	业绩大幅下降且持续盈利不足，生产经营受外部环境影响较大
	蒙发利科技	对单一客户重大依赖没有解释充分
	龙宇燃油	销售结构和服务模式发生重大变化，导致盈利能力不足

2010年全年创业板被否企业九“硬伤”

据证监会和投行人士透露，2010年全年被否的25家创业板首发申请企业存在着缺乏独立性、股权不规范、业绩波动大、经营模式不成熟、缺乏成长性、募投项目存在风险、财务不规范、信息披露质量差以及虚假陈述等九大硬伤。还有很多首发申请企业在预审会之前就被劝退、延期，或者主动撤销申报材料，因此实际通过率远低于过会率85.3%。

以珠海元盛电子公司为例，该公司因为募投项目存在风险被否。该公司招股书申报稿显示，该公司此次募集资金投资项目为多层挠性板及表面贴装扩产和精密刚挠结合板项目，扩产率为40%，建设周期为12个月；但根据该公司所在行业的预测数据，行业需求的年复合增长率不到15%，因此该公司产能扩张与行业需求不匹配，而且公司没有抢占市场占有率的明显优势。

再以苏州苏大维格光电科技股份有限公司为例，该公司即因为缺乏独立性而被否。该公司招股书申报稿显示，该公司在原料采购和产品销售上与关联公司存在较为严重的关联交易，例如，2007年、2008年和2009年该公司向关联方的销售额占同期主营业务收入均超过20%。

大股东被诉股权冻结

这里再介绍一个上市半路杀出程咬金，企业大股东的债权人挥刀，致使上市夭折的案例。这虽然是一个境外上市案例，对境内上市同样具有借鉴意义。

振宇机械于2010年初启动境外上市，公司硬件条件和公司治理软环境都已具备上市条件，经保荐机构和律师尽职调查，已经完成了上市申请的前期工作，正式着手编制申请文件，准备向香港联交所提交审查了。

不料想，振宇机械正在紧锣密鼓运作上市的时候，其大股东因欠债未还，被债权人告上法庭，法院判决原告胜诉，债权人申请法院执行，追索债务牵连到振宇机械，导致振宇机械上市停止。

原来，在振宇机械运作上市之前，法院判决书就已生效，但作为被告的振宇机械大股东仍不还钱，于是原告申请法院执行。法院向被执行人振宇机械的大股东送达了《执行裁定通知书》，其中包括：冻结该大股东在振宇机械所享有的100%股权、股息或红利及相应一切权利。而大股东却未向振宇机械及其上市保荐机构和律师透露此消息，也未提供法院的判决书和执行裁定通知书，隐瞒了这一真相。

在上述《执行裁定通知书》生效后，振宇机械曾进行过一次增资扩股，变更后的振宇机械原大股东以原有公司的注册资本出资，持股降为持股36%，但仍相对控股；而新进的两家股东分别持股 34% 和 30%。该大股东原以为这样可以巧妙地躲避法院追债——我现在最多只占 36%，振宇机械不用照 100% 股权还债了。

然而，法院却照样执行原《判决书》和《执行裁定书》。就在振宇机械上市进程已经制作正式上市文件，准备通过保荐人内审后报送证监会时，法院向振宇机械下达了《协助执行通知书》，要求振宇机械协助执行上述裁定。

法院的理由是：在振宇机械增资扩股前法院就已冻结其 100% 的股权，振宇机械在此后的增资扩股，从法律角度看，其实质是“动用了振宇机械原有全部注册资本、全部股权、全部资产”去重新出资与其他公司合作，这是动用第三方拥有权益的资产或股权再次出资，违反了法院的《执行裁定书》原则，构成违法行为。据此，一旦法院下一步强制执行，拍卖振宇机械的股权，不仅牵涉股权纠纷，还可能导致振宇机械的大股东易主他人。保荐人和律师获知了法院通知，面对此种重大不确定性风险，公司上市只能就此搁浅。

【案例评析及解决对策】

可以解决和补救的问题

随着中介机构对于企业历史问题及独立性等非财务性审核问题日益关注，2010 年拟上市企业该类问题出现得比以前相对较少。此类问题不一定构成实质性障碍，例如公司历史上曾出现股东出资不到位的问题，可以在上市前缴款补足出资，工商局出具相关证明；出资未评估的，要给出未影响公司正常运营的合理解释，并详细说明当初出资作价的合规性；国有股权转让未拿到批文，应该补办，国资部门出具说明，律师出具法律意见书、保荐机构出具明确意见即可解决。

难以补救的持续盈利能力问题易成实质性障碍

根据监管部门的反馈意见，2010 年遭否的公司持续盈利能力存疑、独立性不足，是其 IPO 折戟的普遍原因，且多数公司 IPO 遭否并存多重败因。持续盈利能力取决于公司的实质生产经营状况，其直接反映在财务数据上，难以后续“补救”，因持续盈利能力被否的案例成为大多数。

据本案例前面分析，主板及中小板 IPO 被否公司的“病症”集中于持续盈利能力、关联交易、独立性、成长性等方面等问题。例如，某申请人存在净利润、每股收益、净资产收益率、主要产品毛利率等财务指标持续下降的情形，对募投项目的可行性缺乏合理分析。再如代理采购和委托物流管理业务实现的收入、毛利及占总收入、营业毛利的比重波动较大。还有的公司主要客户发生较大变化，对持续盈利能力的稳定性构成重大不利影响。

闯关创业板未果的公司，亦存在前述问题。相较主板的一个显著特征是，多家拟上创业板的公司因经营规模偏小、抗风险能力偏弱而未获监管部门放行。从反馈意见看，这些规模偏小的公司，往往附带着大客户依赖、单一市场依赖、行业准入门槛低等特征，其持续盈利能力难以令人信服。

2010年被否的多数公司是由于持续盈利能力问题，表明监管层对于上市公司质量把关的本质，持续盈利问题依然最受监管层关注。

独立性缺陷必须解决

"裙带关系"引发的关联交易问题，频频成为拟上市公司的"绊脚石"。证监会有关部门负责人在2010年保代人培训中多次强调关联交易问题。

2010年被否公司在独立性方面主要存在关联交易程序违规、关联交易决策程序未完全履行、关联交易定价不公允、关联交易操纵利润、关联交易金额和比例大幅增加等问题。

事实上，关联交易一直是IPO被否的重要原因之一。公司的独立性不够的话，容易出现关联交易、资金占用、同业竞争、公司治理结构等问题。

证监会有关部门在审核时对关联方的认定按照会计准则要求，只要是报告期内的关联方，就算是之后处理了也要披露。并强调关联交易一定要程序合规、内容合理，审核政策实质重于形式更为严格。关联方非关联化必须是真实的，虚假的肯定不行，监管机构关注公司运营情况、历史沿革、经营业务、股权结构、实际控制人、定价依据、后续是否还有关联交易等。例如，如果非关联化后关联方还使用发行人的商号，则很容易被怀疑非关联化的真实性。

公司和股东的债权人必须事前沟通好

为了上市和私募融资，包括引进战略投资者成立外资公司，公司应当与利益相关者及时沟通，或告知债权人，避免发生"半路阻击"事件。

实际上，振宇机械的案例已经不仅仅是出资瑕疵问题，而是存在严重的股权纠纷，触及法律问题。中国境内的相关法规对于出资方式都有明确规定：(1)《公司法》规定，股东可以用货币出资，也可以用实物、知识产权、土地使用权等可以用货币估价并可以依法转让的非货币财产作价出资；但是，法律、行政法规规定不得作为出资的财产除外。对作为出资的非货币财产应当评估作价，核实财产，不得高估或者低估作价。法律、行政法规对评估作价有规定的，从其规定。(2)《外资企业法实施细则》规定，外国投资者可以用可自由兑换的外币出资，也可以用机器设备、工业产权、专有技术等作价出资。(3)《中外合资经营企业法实施条例》规定，合营者可以用货币出资，也可以用建筑物、厂房、机器设备或者其他物料、工业产权、专有技术、场地使用权等作价出资。以建筑物、厂房、机器设备或者其他物料、工业产权、专有技术作为出资的，其作价由合营各方按照公平合理的原则协商确定，或者聘请合营各方同意的第三者评定。

而无论哪种类型的公司，其实物出资都必须进行净资产审计或资产评估，货币出资也必须经由合格资质的会计师事务所验资，资产不能有第三者权益。

首先，振宇机械增资扩股时，其大股东试图避开以被冻结的股权和资产出资，而以原有公司的注册资本出资，这并不符合前述法律规定的出资方式。其次，振宇机械大股东所出资资产或股权已存在第三方的权益——被质押或被冻结，以此种资产出资有违法院的裁定执行通知书。最后，在未经该相关权益人书面许可的情况下，以这类资产或股权出资设立公司出资或与他人合资合作或增资扩股压缩原来的股比，都有逃债嫌疑，可能侵害第三方权益，也会给新进的其他股东造成重大不利影响甚至损失。

综上，振宇机械增资扩股时其大股东的做法实为不妥，一旦债权人较真儿追诉，上市进程就只能被迫终止了。因此，在公司设立、招商引资、改制重组、整体变更、增资扩股时，都必须依法行事，否则会给未来的上市造成实质障碍。

个性化问题及其解决对策

少数铩羽而归的公司则暴露出个性化原因。如某公司投资收益占比过大，报告期内，其远期外汇合约收益占当期利润总额的比例分别达19.16%、44.86%、44.22%和65.65%，该远期外汇交易收益能否持续并保持稳定具有重大不确定性。

亦有公司因遭举报而无法澄清相关问题，或因重大会计差错，抑或是所处行业不受国家政策重点支持而止步IPO。

整体来看，主体资格存在瑕疵并非个别现象，有些构成实质性障碍，但不一定都对上市构成实质性障碍，关键是如何进行解决。对于存在的问题，可以根据具体情况进行处理。如果公司经营过程中存在不规范之处，则一定要在申报前采取合理方式进行规范。

案例二　2011 年初被否的 3 家公司案例分析

【案例导读】

中国股票市场进入 2011 年后，与春节前宽松的 IPO 申请过会率相比，2 月 IPO 风声已开始悄然收紧，过会率骤然下降至不到六成，仅为 57%。审查之严可见一斑。是什么原因导致如此低的过会率，本案例将给出答案。

【案例回放】

IPO 严审风声收紧，过会率不到六成

包括中小板和创业板在内，2011 年春节后共有 7 家公司 IPO 申请上会（一家临时取消），分别为吉林省集安益盛药业股份有限公司（以下称“益盛药业”）、德勤集团股份有限公司（以下称“德勤集团”）、上海百润香精香料股份有限公司（以下称“百润香精”）、徐州海伦哲专用车辆股份有限公司（以下称“海伦哲”）、四川创意信息技术股份有限公司（以下称“创意信息”）、惠州中京电子科技股份有限公司（以下称“中京电子”）、许昌恒源发制品股份有限公司（以下称“恒源发制品”）。

然而，最终结果显示，仅有益盛药业、百润香精、海伦哲、中京电子 4 家公司成功过会，而德勤集团、创意信息和恒源发制品 3 家公司最终未能获得幸运之神的眷顾，失意而归。

从上述被否的三家公司情况来看，拟上市公司不差钱、募集资金的必要性大打折扣以及主体资格缺陷等原因成为了 IPO 冲关失利的重要原因。

业绩逆势增长与同行业完全背离

德勤股份业绩逆市增长，与行业龙头企业完全背离，其毛利率持续稳定性及是否依赖主要客户成为 IPO 遇阻的原因。

（一）德勤股份成为兔年首家 IPO 被否公司

位于舟山市定海区的德勤集团股份有限公司（下称“德勤股份”、“公司”）是主营国内沿海及内河干散货运输业务的航运公司，主要运输煤焦炭、钢铁材及矿砂石等干散货，其中以煤炭为主。公司是中国运价指数编制委员会委员、舟山航运协会二届理事会会员单位。2005 年至 2009 年公司连续五年被

评为舟山市十强航运企业和优强航运企业，舟山市银行业协会先进集体；2007年被评为中国十佳船公司（“航运在线”网站主办）。2009年公司“德勤企业”商标被评为舟山市著名商标；水上运输服务被评为浙江省名牌服务产品。根据交通运输部《2009中国航运发展报告》统计显示，在2009年中国国内航运公司（国内沿海运力）排名中，公司所拥有及控制的运力规模全国排名第八，浙江省内排名第三位。

2011年2月17日，德勤股份公开披露了于两天前签署的首发招股说明书（申报稿），拟发行6 800万股，拟募集资金11亿元，主要用于两艘干散货船购置项目，其中7万吨级和5万吨级各一艘，剩余的募股资金将用于补充募投项目建设和生产所需要的营运资金，IPO成行将大大增强公司的航运实力。

然而，不幸运的是，在2011年2月21日证监会发审委会议上，德勤股份首发未获通过，成为兔年第一家IPO被否的公司。

（二）业绩逆势增长疑云

德勤股份的招股书（申报稿）显示，其业绩在近几年内持续高增长，与整个航运行业的周期完全背离。

公司2008—2010年分别实现营业收入4.50亿元、9.41亿元和12.79亿元，2008年、2009年及2010年营业收入分别比上年同期增长103.05%、108.99%及37.02%，年复合增长率达68.60%；归属于母公司所有者净利润分别为1.07亿元、1.79亿元和2.38亿元，年复合增长率达49.15%；2008年、2009年及2010年公司总运输量（含代理服务运量）分别为1 299.30万吨、2 346.29万吨及3 152.32万吨，年复合增长率达55.76%。营业收入和净利润的快速增长说明公司规模扩张迅速。

受2008年世界金融危机的冲击，波罗的海干散货综合运价指数（BDI）持续暴挫，2009年全年平均值仅为2 612点，年内最高点也仅达到4 661点，而2008年全年BDI平均值为6 390点，最高点达到11 793点。2009年国内沿海运输市场也陷入前所未有的低迷，沿海（散货）综合运价指数由年初的1 277点一路下跌，全年前三季度基本在1 000多点的历史低位徘徊，运价创近10年来新低。由于市场需求不足，运量严重萎缩，中国海运行业由此陷入困境。从事海运行业的多家上市公司业绩大幅下滑甚至出现亏损，而德勤股份的净利润居然保持高速增长，这不由得让人怀疑其业绩的真实性。

海运龙头中国远洋2008年基本每股收益为1.06元，2009年每股收益降为巨亏0.74元，2010年前三季度每股收益恢复为0.55元。中海发展2008年每股收益为1.5864元，2009年大降为0.3128元，2010年第三季度恢复到0.428元。另一航运巨头中远航运2008年每股收益为1.11元，2009年骤降至0.1

元，2010年前三季度恢复到0.18元。

德勤股份在招股书中阐述，2008年下半年以来，由于受国际金融危机影响，国内钢铁、电力等行业受到较大冲击，国内港口煤焦炭、铁矿石等库存升高，沿海运输需求回落。随着国内一系列经济刺激方案的出台，2009年发电量逐步回稳，钢铁企业产量亦逐步恢复，沿海运输需求情况逐步好转，截至2010年末，沿海综合运价指数在1 400点左右，与2008年10月基本持平。

2009年，德勤股份、中海海盛、宁波海运、中海发展等企业的单位载重吨运输周转量分别为267.12万海里、184.18万海里、215.06万海里、251.16万海里，在此指标上德勤股份与其他可比上市公司不存在明显的差别。

也就是说，截至2010年末，沿海综合运价指数仍然在2008年底的低谷徘徊，那么德勤股份的业绩又是如何实现逆势暴涨的呢?

（三）毛利率持续稳定之惑

除此以外，宁波海运、中海海盛和中海发展的吨海里运价2009年度同比表现基本都是腰斩，但德勤股份只下滑了三分之一。对此异常，德勤股份作了说明：海运企业吨海里运价受众多因素影响，不同公司有所差异完全正常。

根据行业规律，一般情况下，航线运输距离短的吨海里运价要高；受航道、港口码头泊位条件影响，许多大吨位船舶航行、靠泊受到限制，只能由小吨位船舶承运，而小吨位船舶营运成本通常较高，吨海里运价也相对较高；运输货种也有影响，干散货中的煤炭吨海里运价较高。

德勤股份表述，公司的定价机制相对灵活，长期运输合同除约定基准运价外，还有根据油价、市场行情等较大变动时的价格调整机制。而宁波海运、中海发展等主要与大货主签订全年包运合同（COA合同），其合同运价比较固定。

但进一步调查发现，2008年度德勤股份与同行业其他公司的吨海里运价基本一致，甚至低于同行；但2009年度至2010年度远高于同行。对此，公司解释是它执行的是长期合同运价，故金融危机时期高于市价。

伴随着业绩逆势大增的疑云，股份集团IPO报告期内支付职工的薪酬却逐年下降。即使有劳务派遣因素，但公司2009年度业绩井喷，而支付职工薪酬却下降，是否从侧面印证了公司2009年度与同行一样陷入困境的事实。

2008年度德勤股份自有运力占58.53%，2009年度其租赁运力大幅增长至占比69.29%。不但租赁运力井喷，在整个航运市场一片萧条的背景下，德勤股份却一枝独秀，依靠长期订单获取高于市价的运单并分包给其他船公司，并取得20%以上稳定的毛利率。2008—2010年三年间，公司的自有和租赁业务平均毛利率分别为33.68%、26.88%、27.34%。

而规模更大的航运龙头毛利率普遍大幅低于德勤股份，并且大幅波动，中国远洋近三年毛利率分别为24.72%、-3.63%、18.99%，中远航运近三年毛利率分别为30.54%、9.9%、14.72%。

这不禁让人疑惑，为何规模更大、风控更好的大型海运巨头的稳定性都不如小型的民营企业德勤股份?

另一令人疑惑的是，公司通过宁波大榭开发区虎道物流有限公司、大连通连物流有限公司和天津市宏达运通船务有限公司三家物流公司结算的自有货源承运业务收入，在2008年占其当年营业收入总额比例仅为22.67%，但在2009年，这一比例激增至73.87%，2010年为64.77%。公司方面虽然表示与这三家物流公司不存在任何关联关系，但仍被质疑是否存在对主要客户依赖的问题。

上市圈钱嫌疑成致命伤

创意信息公司在创业板被否，从具体情况来看，公司难以摆脱上市圈钱的嫌疑，这或许是该公司IPO冲关失利的一大致命伤。

创意信息公司的招股说明书申报稿显示，2008年至2010年三年报告期内，公司资产负债率分别仅为23.11%、23.09%和24.09%。截至报告期各期末，公司短期借款账面余额均为零。

公司负债主要是经营过程中产生的无息负债，而向银行筹集资金较少，向银行筹借资金主要是解决短期流动资金周转。公司负债主要由流动负债构成，公司流动负债占公司负债总额的87%以上。

而经营性负债中，预收账款是公司无须用现金偿还的负债。公司预收款主要对应公司存货。公司只要按照与电信营运商签订的合同履行业务，就不存在到期需要用现金偿还该负债风险。

“如果剔除预收款项影响，可以看出，公司偿债压力较低，充分说明了公司并不差钱。”

更重要的是，从公司募集资金投向来看，募资的必要性并不充分。创意信息募资投向仅一项，为公司电信技术服务支撑基地项目，原计划筹资4 263万元。

公司在谈及募集资金时笼统表示，近几年来，公司的营业收入保持了较高的增长率，服务的网络规模不断扩大。为了进一步提高服务能力，公司需要一个与运营商现行IP核心网络以及IT核心系统规模相配套的技术服务支持基地。

公司称，电信技术服务行业有一个重要的特点，电信网络设备系统以及

IT 系统的故障必须在模拟网络系统中模拟排障方案，确信可行之后才实施到实际的通信网络或 IT 系统中。

随着电信运营商网络建设的发展和公司业务的增长，目前的故障模拟系统和备品备件规模将无法满足客户的需求。

可以看出，公司并没有对募投项目的可行性要进行充分论证。按理说，公司应该详细介绍募投项目行业背景情况，即企业在募投项目上拥有什么优势；项目实施后的收入、费用预测等均应进行严密、科学的论证。但公司的招股说明书中仅寥寥几笔带过，过于草率。这难免会让发审委委员怀疑公司筹资的动机。

此外，公司还存在客户集中高的风险。截至目前，公司的主要服务对象是电信运营商。

2008 年、2009 年以及 2010 年，公司前五名客户营业收入占公司营业收入比例分别高达 96.86%、91.97%、81.83%。其中，四川电信和广西电信两家客户的收入占公司 2010 年营业收入超过半壁江山，达 58.25%，存在高度依赖风险。

突击增资解担保之围

恒源发制品公司的冲关失利或许就败在“魔鬼就在细节中”。

如公司曾在 2008 年 9 月至 2009 年 10 月短短一年内三次增资扩股，合计引进资金高达 1.115 亿元，占此次 IPO 计划募集资金 3.71 亿元逾三成，而 2008 年至 2009 年两个会计年度该公司实现的净利润不过 8 045 万元。

一个细节在于，公司外部股东突击入股的背后或许为了在临过会之前解决困扰公司的互保问题。

据恒源发制品预披露的招股说明书显示，公司与其他市场化经营企业长期存在互保行为，以取得银行借款，支持生产经营和业务发展。截至 2009 年半年末、年末，公司因互保产生的对外担保余额分别高达 5 000 万元和 9 000 万元。

2008 年 9 月 28 日，恒源有限进行了首轮增资。南海成长、西安凯瑞、陈延立、西安吉力分别以现金 1 200 万元、960 万元、800 万元和 640 万元对恒源有限进行增资，增资价格为 4 元/单位注册资本。

2008 年当年，公司净利润只有 1 402.95 万元。按此次增资后的注册资本 4 100万元计算，4 元/单位注册资本对应的市盈率高达 11.76 倍。

2009 年 6 月 2 日，恒源发制品启动第二轮增资。公司原股东陈延立和新增股东史晓明、史耐忠分别以现金 715 万元、1 320 万元、715 万元对恒源有限进行增资，增资价格为5.5元/单位注册资本。另外，股东李红平将其持有的部分出资转让给朱军、任战伟等恒源发制品的管理人员和业务骨干，转让价格为2.5元/单位注册资本。

2009年10月29日，已完成从有限责任公司变更为股份有限公司的恒源发制品再次增发1 000万股，增发价格为4.8元/股。原股东史晓明和新增股东深圳基石、卓惠荣、王松杰、阎小平、胡朝晖分别以现金240万元和2 256万元、960万元、480万元、480万元和384万元认购股份。

显而易见的是，在经历了三轮突击增资后，公司如愿解除了全部的对外担保，消除了因对外担保所引致的潜在财务风险。

值得一提的是，过高的存货余额已成为公司较大的一个潜在风险。公开资料显示，作为规模较大的发制品企业，公司生产经营过程中，包括采购、生产、销售、海外经营等的多个环节对流动资金占用较大。报告期内公司业务规模不断扩大，存货、应收账款余额不断增加。

2008年、2009年和2010年，公司经营活动产生的现金流量净额分别为-821.61万元、1 255.12万元和-8 297.53万元。2008年末、2009年末、2010年末，公司存货余额分别为13 295.60万元、18 692.58万元和35 739.76万元，占当期流动资产的比例分别高达69.69%、54.96%和61.61%。

公司表示，随着业务规模的扩张，公司存货余额还有继续增长之势。在公司存货较大的情况下，若原材料价格出现较大幅度下滑，将会形成存货跌价，从而给公司带来经济损失。

【案例评析】

破发潮和“三高”现象迫使监管部门加大审查力度

事实上，由于新股的破发潮和IPO“三高”现象，尤其是上市公司超募金额巨大，募集资金的上市公司手握巨额募股资金闲置不用，导致金融资源的巨大浪费，而另一些公司却在苦苦等待IPO融资，因此证监会已经加大了IPO申请的审查力度，对拟上市公司申请文件的审查更加严格。

正是由于这种原因，导致2011年2月过会率偏低。而在2009年和2010年两年，创业板平均过会率分别达79.73%和85.3%。尤其是2010年2月、7月、8月、10月和11月，创业板首发申请企业过会率更是惊人地达到了100%。

遭举报后过会被否

除前述上会被否的3家公司外，证监会原定于2011年2月28日审核广东依顿电子科技股份有限公司的首发申请，但在初审过程中，因该公司尚有相关事项需要进一步落实，于是决定临时取消了对该公司发行申请文件的审核。

对此，有业内的券商投行人士向外界透露，最近一段时期以来，因遭举报后过会被否，或因此取消过会以及推迟上市的现象时有发生，已成为拟IPO公司过会时的一个心头大患。

发行公司应当审慎对待上市申请

无论是拟上市公司还是中介机构，都应当在上市准备、尽职调查、申请文件制作以及整个操作过程中认真对待，审慎运作，总结和吸取本书前述多个案例中的经验和教训，不具备条件的不要申请，存在问题的应及时妥善地解决。不要突击申请上市，避免上会被否后二次返工，反而更加拉长了上市的时间进程，甚至引来更多的麻烦而陷入纠葛之中。不过，被否公司也不要失去信心，因为尽管首次上会被否，只要公司今后具备了上市条件，重新编制申请文件，中介机构和相关部门出具明确意见和必要的说明性文件，半年之后仍然可以申请上会。

案例三　胜景山河IPO涉嫌造假
上市前被证监会紧急叫停

【案例导读】

IPO上会过关后就一切万事大吉了吗？非也。首发申请获批准的公司，如果会后发生重大事项导致其上市条件变化，或被举报违规、被揭露并不具备发行条件时，仍然可以让上市搁浅，不得发行股票，再次申请上市又变得遥遥无期。更有甚者，在首发股票成功融资后等待敲钟、挂牌上市的前一天而被紧急叫停和立案调查，“一脚门里一脚门外”的公司也可能会被“逐出山门”，募股资金将要返还公众投资者，胜景山河就成了这样一家“倒霉的”公司。

【案例回放】

“暂缓上市”引关注

湖南胜景山河生物科技股份有限公司（简称“胜景山河”，代码002525.SZ）已经完成首次公开发行股票并拟定于2010年12月17日在中小板正式挂牌上市，但该公司在16日晚间紧急发出公告：鉴于公司尚有相关事项需进一步落实，经本公司申请，暂缓上市。深交所也发布公告指出，同意其暂缓上市。

而就在12月16日当晚，胜景山河在深圳圣廷苑酒店如期举行了上市酒会，在酒会开始之时公司负责人紧急赶往北京接受中国证监会询问。

原来，这一切皆因媒体对胜景山河招股说明书披露不实、涉嫌虚增销售收入等问题发出强烈质疑。在胜景山河通过IPO发审会不久，有媒体报道其上市过程涉嫌重大造假。证监会在紧急问询时要求立即核查其销售数据，必须对其全国各地全部经销商的进出账单进行核查。因短时间内难以提供大范围的核查结果，这家已经成功发行1 700万股圈得5.8亿元的公司暂缓上市，随后中介机构紧急开会商量核查方案。

一瞬间，"山河胜景"或成"过往浮云"。在首例"认购资金到位、紧急暂缓上市"的立立电子之后，胜景山河成为此类事件的最新案例，引发证券市场的普遍关注。

其实，该公司在经营业绩方面存在诸多疑点。这些疑点包括其招股说明书中对产品销售披露不实、涉嫌虚增销售收入、经营活动现金流持续为负值、存货过多、上市前股东低价转让股权等。但胜景山河在深交所网站发布的公告称，该公司及董事会全体成员保证公告内容真实、准确和完整，并对公告中的任何虚假记载、误导性陈述或重大遗漏承担责任。

胜景山河暂缓上市让市场非常关注其结局。权威人士在2010年底的前几天向媒体表示，胜景山河能否上市需要经过自查、监管部门讨论、重上发审会三道关。胜景山河及其保荐人在2011年1月处于自我核查和自查结果上报过程中，监管部门将会根据核查结果决定是否进行复查，以及何时召开"会后事项发审委会议"。胜景山河上次曾和涪陵榨菜、金华火腿、广东佳隆食品等三家企业因不适合创业板而一起被转到中小板申请上市，并不是一审上会后被退回的。

市场及媒体普遍质疑虚增业绩

对于胜景山河涉嫌造假上市的背后真相和利益纠葛，多家媒体展开了深入调查，一时间众说纷纭。

作为一家以生产新型黄酒为主的企业，经过媒体实地调查，其产品在很多大型超市居然没有铺货痕迹。这与公司招股说明书所述存在很大出入。

此外，公司的负现金流暴露出未来业绩的隐忧，也从侧面反映出了其存在虚增收入的可能。公司招股说明书显示，胜景山河经营活动产生的现金流量持续保持不正常的负值，公司现金流呈现出紧张的局面。

但在现金流不佳的状态下，胜景山河的主营收入和主营利润却神奇地年年攀高。招股说明书显示，2007 年至 2009 年，公司的主营收入分别为 0.87 亿元、1.23 亿元和 1.6 亿元，2010 年上半年的主营收入为 1.01 亿元。其主营利润也年年增长。

公司现金流量为负值的一个解释原因就是公司资产中的存货较多。招股说明书显示，截至 2010 年 6 月 30 日，胜景山河总资产为 4.07 亿元，其中存货为 3.12 亿元，占总资产比例为 76.63%，所占比例明显严重偏大。同时，2009 年公司的存货周转率为 0.32，存货周转天数为 1 125 天，周转时间过长。其存货量太多，已经影响到公司的正常发展。

招股说明书中也承认，若公司不能很好控制存货总量或存货周转天数不合理增长，则会降低公司资产的流动性，减弱公司短期偿债能力，增加财务风险。

二股东廉价甩股权？

除业绩存在虚增嫌疑外，公司的股权转让事宜也令人觉得蹊跷。

招股说明书显示，胜景山河前身为古越楼台，姚胜于 2003 年 9 月联合岳阳楼台、自然人彭芳，并引进国内黄酒行业龙头古越龙山共同创立古越楼台。其中，姚胜持 58% 股权，古越龙山以现金出资 700 万元，持 21.88% 股权。

蹊跷的是，古越龙山在胜景山河筹备上市前夕，将手中持有 6 年的股权以 724.49 万元转让给蒋学如，仅比 6 年前的出资高出 24.49 万元，折合每股 1.04 元。股权转让后的第二天，胜景山河就召开股东大会，约定自 2007 年 10 月 1 日开始，公司所有股东同股同权，恢复以所持公司股权比例享受出资人权利。

仅仅四天之后，胜景山河又引入分享投资、利时和、湖南高创投、马炜峰和陈正武等财务投资者，其增资价格达每股 2.7 元，远远高于古越龙山每股 1.04 元的转让价格。

作为已上市公司，为何选在胜景山河上市前夕，低价抛弃到手的肥肉？这已经让古越龙山的公众投资者感到利益受损，但拿出 700 万元接手股权的自然人蒋学如，更是令人生疑，这里是否存在其他利益输送？

公开资料显示，蒋学如为湖南湘阴县六塘乡中学的一名化学教师，其受让股权的资金据称主要来源于家庭收入，而其家庭收入竟然仅仅依靠积蓄和其配偶从事小本买卖所得。据调查，六塘乡中学老师一年工资通常不到几万块。而蒋学如所在学校校长对其竟然拿出 700 万元买股权一事也表示非常惊讶。

重新开展调查核实

但是，这样一家疑点重重的公司，其上市审批却推进得非常顺利。

在上市过程中，公司不仅躲过了专业保荐机构的“法眼”，还顺利通过了发审委的审核，直至上市前夜被媒体曝出疑似造假之前，其IPO上市之路都走得顺风顺水。

根据证监会作出的监管指示，胜景山河的保荐机构平安证券和审计机构中审国际会计师事务所有限公司联合派出了十几路调查小组，重点调查直销模式，分头去该公司全国各地的100多家总经销商调查该品牌黄酒的销售数据。

据了解，调查组每组三人，除了平安证券的投资银行部、风险控制部人员，还包括中审国际会计师事务所派出的一名人员，去每家经销商、每个消费终端、有业务往来的每家银行进行核查，要看包装材料单子、进出货单子和税务发票。发行人律师也将针对此存疑的有关法律事务展开复查。初步核查完成后将给出自查结果，然后由中介机构发表专项意见报证监会复审。截至2011年2月28日，证监会、深圳交易所和胜景山河一直尚未披露核查结果。

2011年4月6日下午，中国证监会正式宣布，决定撤销胜景山河首次公开发行股票的核准决定，同时要求胜景山河按照发行价并加算银行同期存款利息返还证券持有人。对于是否会追究中介机构责任，证监会有关负责人表示，将继续对胜景山河的保荐机构等中介机构的尽职调查情况进行了解，如发现未履行职责，将给予严肃处理。4月22日，深交所也撤销了胜景山河的挂牌上市决定。

值得注意的是，此前流言缠身的胜景山河，并不是倒在此前业内普遍质疑的虚增销售收入和隐瞒自然人股东身份等问题上，而是倒在了关联方信息与存货确认披露存在重大遗漏等问题上。

胜景山河IPO后正式挂牌前，媒体质疑和举报人举报公司涉嫌虚增收入、虚构存货，水电费与生产情况不配比，隐瞒关联方、隐瞒自然人股东身份等问题。对此，证监会按照规定对胜景山河已募集的资金予以冻结，并按核查程序要求中介机构对媒体报道和举报信涉及的问题进行核查，同时调阅保荐机构和会计师事务所的相关工作底稿。

核查报告表明，胜景山河的招股说明书未按要求披露其与主要客户岳阳市明明德商贸有限公司在2007年12月至2008年4月之间的关联方关系和关联交易，以及平江汉昌建筑公司、岳阳辉轮贸易公司和深圳城德商贸三家公司均超过第五大客户采购金额的购货情况。

此外，证监会在抽查审计工作底稿中发现，胜景山河未对报告期末存放在防空洞的原酒实施盘点，会计师也没有实施监盘等审计程序，仅采取估算防空洞容积的方法测算储酒数量，违反了注册会计师审计准则的相关规定。而胜景山河的存货金额大，其中库存原酒 22 199.25 吨存放于防空洞中，成本约14 500万元，占期末公司资产总额的比例约为1/3。

鉴于上述情况，2011 年4 月6 日，发审委2011 年第60 次发审会对胜景山河的申请文件和会后事项初审报告等进行了审核。发审会认为胜景山河未按要求披露上述信息，构成了重大遗漏，违反了相关规定，不符合法定发行上市条件，审核未通过。至此，胜景山河上市梦碎。

【案例链接】

胜景山河并非首例被撤回上市决定的公司

由于核查工作还在进行之中，胜景山河能否继续挂牌上市，目前还不得而知。但在中国证券市场上，发行募集资金已到位但之后被取消上市资格已有先例：2009 年4 月3 日，证监会通过会后事项发审委会议撤销了宁波立立电子（002257. SZ）的上市核准决定；2010 年6 月11 日，证监会创业板发审委否决了苏州恒久（300060. SZ）IPO 并在创业板上市的二次上会申请。两家公司的募集资金及利息最终都退还投资者。

证监会首次撤销发行决定　立立电子折戟 IPO

2009 年4 月3 日，备受市场质疑的宁波立立电子股份有限公司开创资本市场一项新纪录。

在当日发审会上，中国证监会发审委否决了立立电子的首发申请，并撤销此前已作出的立立电子公开发行股票核准的决定，理由是立立电子部分股权权属不清，存在司法纠纷的可能，在重上发审会后表决同意票未满五票。这是证监会首次作出发行撤销决定，立立电子已募集资金按发行价和同期银行存款利息退还投资者。

立立电子早在一年前的2008 年3 月5 日就通过发行审核。同年6 月18 日公司发布招股说明书，之后7 月1 日，立立电子宣布网上申购的中签号码。至此，立立电子网下及网上申购都已完成，共发行2 600 万股，发行价 21.81 元，募集资金5.67 亿元已到账。并预计将于2008 年7 月8 日挂牌上市。

然而就在上市前，有媒体曝出立立电子涉嫌掏空上市公司浙大海纳资产。在其计划上市的前一天，即2008 年7 月7 日，立立电子发布公告称，其保荐机构中信建投证券据媒体报道相关问题而对其进行核查，上市计划推迟。

实际上，此时证监会已暂停立立电子上市进程，并按照规定对立立电子已经发行新股所募集的资金予以冻结。同时，由证监会牵头，成立了包括国家审计署、国资委、监察部、浙江省人民政府等多部门组成的联合调查组，于2008年10月7日开始对立立电子展开调查。

在2008年底形成的调查报告显示，立立电子主要存在三方面问题。一是立立电子和浙大海纳之间2002年的股权交易没有按有关要求履行内部决策程序，导致立立电子相关资产的形成有瑕疵，这个瑕疵可能导致重大权属的不确定性，存在上市后司法纠纷的可能性，这是立立电子重上发审会的重要原因。二是在信息披露方面，主要是立立电子与浙大海纳的交易情况，立立电子的招股说明书仍然存在两个没有按要求披露的事项：（1）立立电子包括子公司与浙大海纳公司之间部分借款未披露；（2）浙大海纳跟立立电子部分设备交易未披露。三是立立电子收购浙江海纳相关股权时，作了一些股权“代持”安排，由此直接造成了立立电子部分股权权属不清。

从调查角度来说，没有发现立立电子掏空浙大海纳的情况。

《首次公开发行证券并上市管理办法》规定，发行申请核准后、股票发行结束前，发行人发生重大事项的，应当暂缓或者暂停发行，并及时报告中国证监会，同时履行信息披露义务。影响发行条件的，应当重新履行核准程序。据此，从保护投资者利益角度出发，立立电子需要履行会后重上发审会程序。

2009年4月3日，中国证监会将立立电子的发行申请重新提交发审委审核，经充分讨论后进行表决，表决结果同意票未达到5票。根据相关规定，中国证监会决定撤销立立电子首次公开发行股票的核准，同时要求立立电子根据发行价并加上银行同期存款利息共5亿多元返还给证券持有人，由此产生中国证券市场第一例在IPO发行完成之后撤销股票发行核准及上市的决定。

苏州恒久发行后被撤销上市，募股资金返还投资者

额外值得一提的是，信息披露失实的苏州恒久光电科技股份有限公司（下称苏州恒久）成为创业板首家已过会却在正式上市前夜被叫停的企业，相关保荐券商、律师事务所等中介机构也受到严厉处罚。

作为“国内激光有机光导鼓生产制造行业内规模最大、技术水平最高、自主创新能力最强的龙头企业”，苏州恒久的首发申请早在2010年初就获得证监会发审委审核通过，2010年3月9日公开发行股票2 000万股，发行价为20.80元/股，高达77倍的发行市盈率受到700多亿元资金的追捧，公司已完成申购及摇号抽签的全部过程，募集资金4.16亿元。但公司于上市前夜公告称，监管部门要求保荐机构和律师等中介机构对媒体报道公司的有关问题进行核查，其2 000万股新股的挂牌交易被拦在了深圳交易所创业板市场门外。

事实是，苏州恒久在招股说明书里公布的有机光导体、有机光导体管体等5项专利，被媒体曝出在2009年没有缴费，而公司声称正在向国家申请“光导体用含高分子材料的新型阻挡层”、“改善有机光导体光疲劳性能的方法”的2项发明型专利也在2008年4月被撤回。

随后进行的专利法律状态检索结果显示出，被包装为高科技公司的苏州恒久，有5项关键专利技术已被国家知识产权局于2010年2月下旬终止了专利权。

2010年6月11日，证监会公告称，创业板发审委第35次工作会议对苏州恒久光电科技股份有限公司首次公开发行股票并在创业板上市会后事项进行了审核，由于该公司信息披露失实，发审委作出不予通过的决定，依法撤回原核准决定。并要求发行人依据《证券法》的规定，将募股资金按照发行价并加算银行同期存款利息，返还证券持有人。公司和主承销商应返还投资者的募集资金和利息共计4.17亿元，苏州恒久又回到了原点。

发审委审核认为，苏州恒久主要存在的问题是，申请人招股说明书和申报文件中披露的全部5项专利及2项正在申请专利的法律状态与事实不符：苏州恒久目前全部产品均使用被终止的4项外观设计专利，50%的产品使用被终止的1项实用新型专利，总体上看，5项专利被终止对申请人存在不利影响。

证监会认为，“保荐机构和申请人律师在尽职调查过程中，主要简单依据发行人专利权利证书、专利申请受理通知书以及申请人等提供的其他相关文件，出具了与事实不符的专业意见，未能履行勤勉尽责义务”。因此，证监会对其保荐机构和律师采取出具警示函、相关责任人被暂停保荐资格的监管措施：

证监会根据有关规定，对保荐机构广发证券采取出具警示函的监管措施。同时，对两名签字保荐代表人进行监管谈话、出具警示函，并在12个月内不受理其签名的与证券发行相关的文件。

同时，证监会也对发行人律师北京市天银律师事务所采取出具警示函的监管措施。并对三名签字律师进行监管谈话、出具警示函，在12个月内不受理其签名的与证券发行相关的文件。

这是创业板开板以来监管层开出的最为严厉的罚单，苏州恒久也成为“立立电子”第二。

【案例评析】

能否上市需经三个阶段

企业上市的招股说明书，是具有法律效力的重要文件，岂能当成儿戏！如果没有媒体的力量、公众的舆论，恐怕被一些人钻了空子，损害公众投资者利益，给资本市场带来不良影响。不过，证监会对已经过会甚至已经发行完毕的公司也有会后复核的监管程序，以便保护广大中小投资者。

按照证监会发审会后的通常复核程序，并从立立电子和苏州恒久的案例来看，从媒体发文质疑，到监管部门最终撤销这两家公司的上市资格，经历的环节大致为三个阶段：第一阶段，针对媒体的质疑，发行人和保荐机构进行自查；第二阶段，发行人和保荐机构把自查结果上报证监会发行部，保荐机构和律师等中介机构应该发表专业意见，发行部将根据自查结果及其专业意见进行内部讨论；第三阶段，发审委重新召开发审会，再次审核发行人的上市申请。

监管部门是否对胜景山河进行复查还要看公司和保荐人的自查结论。

值得注意的是，会后事项发审委会议是证监会发行审核的一个正常环节，并非专门用于撤销发行人的上市资格。这是因为，发行人通过发审会审核到获得发行批文，再到挂牌交易，需要一定的时间。在此期间，发行人有可能发生重大事项变化，证监会将通过会后事项发审委会议重新审核发行人的 IPO 申请。

例如，恒基达鑫 IPO 申请 2010 年 3 月 31 日已经获批，但随后公司董事长张培弟在 6 月 20 日病逝。公司重新公布招股说明书表示，“张培弟去世对发行人的部分决策的效率有不利影响，也对发行人新项目拓展进程存在不利影响”。发行审核委员会在 9 月份重新召开发审会，恒基达鑫的首发会后事项复查获通过。

中介机构应勤勉尽责

证监会的发行审核为形式审查，而不是实质审查。必要时，监管部门也有权进行现场检查。证监会在发行审核时，只对申报公司上市文件的全面性、准确性、真实性和及时性作形式审查，审核是否符合发行条件。保荐机构和发行人必须依法将公开的各种资料完全准确地向证券监管机构申报，必须对文件的全面性、准确性、真实性和及时性负责。

根据有关规定，保荐机构负责证券发行的主承销工作，负有对发行人进行尽职调查的义务，对公开发行募集文件的真实性、准确性、完整性进行核查，向中国证监会出具保荐意见，做到“诚实守信、勤勉尽责”。

一般而言，保荐机构需要保证，有充分理由确信发行人符合规定的要求，且其证券适合在证券交易所上市并交易；有充分理由确信发行人申请文件和公开发行募集文件不存在虚假记载、误导性陈述或者重大遗漏。如果没能做到“诚实守信、勤勉尽责”，自愿接受中国证监会采取的监管谈话、警示函、不受理签字申请文件等监管措施。

第十章
定价发行与挂牌上市

○股票的估值与询价定价

○首次公开发行股票的发售方式与流程

○发行准备与路演

○上市核准与挂牌交易

第一节　股票的估值与询价定价

一、股票的估值方法

2011 年新年伊始，中国 A 股市场进一步陷入低迷，圈钱背后迎来中国股市的最大破发潮。截至 2 月 1 日，上市新股六成破发。春节前的一个月内共上市新股 38 家，包括 7 只主板公司、20 只创业板公司和 11 只中小板股公司，共计破发 23 只，破发率已超六成（60.53%），其中首日破发的新股达到 19 只，首日破发率 50%。

截至 2011 年 2 月 1 日，破发跌幅最大的 6 家公司分别是华锐风电 -18.61%、风范股份 -18.54%、亚太科技 -15.75%、天瑞仪器 -13.45%、海立美达 -12.50% 和新都化工 -12.01%。2 月 9 日大年初七开盘后，这 6 家公司的股票又继续下跌。

此前，创业板第一轮破发潮集中在 2010 年 5—7 月，先后有 19 家新股公司上市首日收盘价低于发行价，另有 20 多家公司在上市后 10 个交易日内股价曾跌破发行价。当年 5 月 6 日，奥克股份在中国创业板上市首日跌破 85 元的发行价，收报 76.58 元，比发行价下跌 9.91%，成为 1996 年推出上网定价制度以来首日破发比例最大的新股，创造了一项不太光彩的纪录。紧随其后，康芝药业、新大新材、国联水产等均告首日破发。第一高价格股海普瑞也在上市后的第 4 个交易日 5 月 11 日跌破发行价。

上市首日破发说明盲目追捧上市新股的热潮已经降温，并不是以什么样的价格首发出去市场都会接受。中国证监会主席尚福林在 2011 年 1 月 8 日召开的第十五届中国资本市场论坛上作演讲时表示，破发是件好事，说明市场自身的约束机制在逐步地发挥作用，这对于抑制新股发行的所谓“三高”（高发行价、高市盈率、高超募金额）都有积极作用。

那么，怎样才能使首次公开发行股票的估值与定价更加合理、更容易为市场所接受？这就涉及股票的估值、询价、定价的程序与方法问题。

在中国境内申请股票发行与上市时是先申请、后定价，在预先披露的招股书（申报稿）中是不含发行价的。在申请文件得到证监会的上市核准文件后，才正式进入发行及上市程序：询价与定价、路演推介、公布发行公告、上网发行、上市申请、挂牌上市。这里首先涉及的就是股票估值和发行询价与定价。

股票发行价格可以是票面金额，也可以超过票面金额，但不得低于票面金额。股票发行采取溢价发行的，其发行价格由发行人与承销的证券公司协商确定。首次公开发行股票，应当通过向特定机构投资者（以下称询价对象）询价的方式确定股票发行价格。

在成熟的证券市场上，股票发行价由市场机制引导，在资本市场供求关系变化中动态波动，中国资本市场的股票发行价格确定也从审批制逐渐走向了市场化。从证券市场总体上看，股票供求处于动态平衡中，IPO 的成功与否，取决于在发行人募集资本最大化和投资者风险最小化之间能否找到平衡，而这个平衡点就是定价。定价偏高，企业募集资本虽多，但投资者会因风险加大而减少申购，可能导致 IPO 失败或上市后跌破发行价；定价偏低，企业则募集不到足够的资本。

通常情况下，IPO 的发行价首先参考股票的估值，然后根据初步询价结果确定发行区间，最后再确定发行价。对股票的合理估值是股票发行定价的基础，机构投资者会依据股票估值在参与询价时选择投标价格。

股票的估值方法主要有相对估值法和绝对估值法。

（一）相对估值法

相对估值法也称可比公司法，这种方法在对股票进行估值时，用可比较的或者具有代表性的公司进行比较分析，尤其是选择业务相似、规模相近、市场相同且最近首次公开发行股票的公司，以获得接近市场的估值。主承销商分析和研究可比较的公司首发定价及其二级市场表现，然后根据发行公司的特质进行价格调整，为首发进行估值，并与发行人协商确定发行区间。

在运用相对估值法时采用相对价值模型对股票进行估值，采用比率指标进行比较计算，最常用的是市盈率（P/E），有时也适当参考市净率（P/B）。

1. 市盈率法

（1）市盈率的计算公式

市盈率法是 IPO 的主流估值方法。市盈率等于股票价格与每股收益的比率，每股净收益通常指每股净利润，市盈率法计算公式如下：

$$\text{市盈率} = \frac{\text{总市值}}{\text{总收益}} = \frac{\text{股票市场价格}}{\text{每股净收益}}$$

首次公开发行的公司必须计算发行前和发行后的每股净收益及发行市盈率，在计算或取用可比公司市盈率时还要注意其每股净利润的计算方法。

（2）每股净利润的计算方法

中国证监会 2010 版《公开发行证券的公司信息披露编报规则第 9 号——净资产收益率和每股收益的计算及披露》（以下简称“9 号收益规则”）完善了每股收益的计算公式，并新增同一控制下企业合并和反向购买情况下每股收益计算规定。执行新修订的 9 号收益规则能够更真实地反映公司的盈利能力，提高每股收益指标计算的合理性和可比性。拟 IPO 的公司和上市公司在招股说明书、年度财务报告、中期财务报告等公开披露信息中的每股收益应严格按该规则进行计算或披露。

①基本每股收益的计算公式

$$基本每股收益 = \frac{P_0}{S}$$

$$S = S_0 + S_1 + S_i \times M_i \div M_0 - S_j \times M_j \div M_0 - S_k$$

式中：

P_0为归属于公司普通股股东的净利润或扣除非经常性损益后归属于普通股股东的净利润；

S 为发行在外的普通股加权平均数；

S_0为期初股份总数；

S_1为报告期因公积金转增股本或股票股利分配等增加股份数；S_i 为报告期因发行新股或债转股等增加股份数；

S_j为报告期因回购等减少股份数；

S_k为报告期缩股数；

M_0为报告期月份数；

M_i为增加股份次月起至报告期期末的累计月数；

M_j为减少股份次月起至报告期期末的累计月数。

②稀释每股收益的计算公式

公司存在稀释性潜在普通股的，应当分别调整归属于普通股股东的报告期净利润和发行在外普通股加权平均数，并据以计算稀释每股收益。

在发行可转换债券、股份期权、认股权证等稀释性潜在普通股情况下，稀释每股收益可参照如下公式计算：

稀释每股收益 = P_1/（$S_0 + S_1 + S_i \times M_i \div M_0 - S_j \times M_j \div M_0 - S_k$ + 认股权证、股份期权、可转换债券等增加的普通股加权平均数）

式中：

P_1为归属于公司普通股股东的净利润或扣除非经常性损益后归属于公司普通股股东的净利润，并考虑稀释性潜在普通股对其影响，按《企业会计准则》及有关规定进行调整。

公司在计算稀释每股收益时，应考虑所有稀释性潜在普通股对归属于公司普通股股东的净利润或扣除非经常性损益后归属于公司普通股股东的净利润和加权平均股数的影响，按照其稀释程度从大到小的顺序计入稀释每股收益，直至稀释每股收益达到最小值。

在资产负债表日至财务报告批准报出日之间发生派发股票股利、公积金转增股本、拆股或并股，影响发行在外普通股或潜在普通股数量，但不影响所有者权益金额的，应当按调整后的股数重新计算各比较期间的每股收益。

③同一控制下企业合并时每股收益的计算方法

报告期内发生同一控制下企业合并，合并方在合并日发行新股份并作为对价的，计算报告期末的基本每股收益时，应把该股份视同在合并期初即已发行在外的普通股处理（按权重为1进行加权平均）。计算比较期间的基本每股收益时，应把该股份视同在比较期间期初即已发行在外的普通股处理。计算报告期末扣除非经常性损益后的每股收益时，合并方在合并日发行的新股份从合并日起次月进行加权。计算比较期间扣除非经常性损益后的每股收益时，合并方在合并日发行的新股份不予加权计算（权重为零）。

报告期发生同一控制下企业合并，合并方在合并日发行新股份并作为对价的，计算报告期和比较期间的稀释每股收益时，比照计算基本每股收益的原则处理。

④反向收购上市时每股收益的计算方法

a. 报告期公司以发行股份购买资产等方式实现非上市公司间接上市且构成反向购买的，计算报告期的每股收益时：

报告期的普通股加权平均股数 = 报告期期初至购买日所处当月的加权平均股数 + 购买日起次月至报告期期末的加权平均股数

报告期期初至购买日所处当月的加权平均股数 = 购买方（法律上子公司）加权平均股数 × 收购协议中的换股比例 × 期初至购买日所处当月的累计月数 ÷ 报告期月份数

购买日起次月至报告期期末的加权平均股数 = 被购买方（法律上母公司）加权平均股数 × 购买日起次月到报告期期末的累计月数 ÷ 报告期月份数

b. 报告期公司以发行股份购买资产等方式实现非上市公司间接上市的，计算比较期间的每股收益时：

比较期间的普通股加权平均股数 = 购买方（法律上子公司）加权平均股数 × 收购协议中的换股比例

（3）市盈率法股票估值公式

按照上述计算方法得出每股收益后，即可计算对应不同计算口径每股收益下的股票价值：

股票价值 = 可比公司平均市盈率 × 发行人每股净收益

2. 市净率法

（1）市净率法的计算公式

市净率等于股票市价与每股净资产的比率，计算公式为

$$市净率=\frac{总市值}{净资产总额}=\frac{股票市场价格}{每股净资产}$$

（2）市净率法股票估值公式

按照可比公司的平均市净率和本公司每股净资产，即可估算股票价值：

$$股票价值=可比公司平均市净率\times每股净资产$$

3. 市盈率法与市净率法的优缺点比较

（1）市盈率法优缺点：①优点是简单实用，可迅速获得资产估值，适用于连续盈利的企业且市场上有大量的“可比公司”的股票在交易，且市场对这些公司的股票定价相对稳定的情况。②缺点是只能决定不同股票市盈率的相对比较大小，忽略了决定资产最终价值的内在因素和假设前提；而且“可比公司”的选择带有人为主观性，而客观上在股票市场中没有在风险和成长收益方面完全相同的两个公司，因此估值时易产生偏差；另外，如果市场对“可比公司”高估或低估，造成价格偏离价值，市盈率法就容易将这种估值偏离引入首发股票的估值中。例如，同一个“可比公司”在每股收益不变时，上证指数在2 000点和3 000点时股价的波动导致市盈率有很大变化，首发股票估值也就有很大差异。但这些并不影响市盈率法的广泛应用，正是这种差异说明了在不同市场状况下的股票估值高低直接影响了发行价的高低。

（2）市净率优缺点。①优点是适用于拥有大量净资产且净资产为正值企业。②缺点是净资产为负值的企业无法应用。

（二）绝对估值法

绝对估值法通常采用现金流折现法。

相对估值法反映的是市场供求关系决定的股票价格，而绝对估值法体现的是内在价值决定股票价格，即通过对企业估值，而后计算每股价值，从而估算股票价值。

1. 现金流折现法计算公式

$$股票价值=\frac{企业股权价值}{发行后总股数}$$

$$企业股权价值=企业实体价值-净债务价值$$

$$企业实体价值=预测期现金流量现值+后续期现值$$

$$预测期现金流量现值=\sum各期现金流量现值$$

$$后续期现值=\frac{现金流量_{t+1}}{(资本成本-现金流量增长率)}\times折现系数_{t+1}$$

2. 现金流折现法的优缺点和适用性

现金流折现法的优点是从投资角度反映企业真实价值，具有较强的财务合理性和预期前瞻性。现金流折现法的缺点是由于企业实际情况与计算模型的假设条件相差很远，未来现金流和折现率参数都是人为选取的，而这两个参数的轻微变动将导致计算结果的较大变化，不同的人对同一家公司的估值计算可能出现较大差异，影响了和限制了在首发股票估值定价中采用绝对估值法。

下列公司不适用现金流量折现法估值：陷入财务危机的公司，没有正的现金流或现金流难以准确估计；对未来的现金流的估计易产生较大偏差的周期性收益公司；正在重组的公司，这类公司业务、资产结构以及红利政策变化较大，现金流和折现率不确定；拥有特殊资产的公司，如较大的未利用资产、专利或选择权资产，这些资产价值不能完全体现在现金流中。

（三）用市盈率法进行股票估值的步骤

股票估值的操作步骤包括：（1）充分理解计算公式的内涵，收集、计算、整理基础数据；（2）计算同行业类似公司的市盈率，或可比企业平均市盈率；（3）测算拟上市公司的年度净利润和发行前后的总股数；（4）计算每股净收益；（5）计算股票价值；（6）延伸计算分析：根据发行股数来计算融资额，或设定融资额来计算发行股票数量。

在具体计算中应当实现公式计算的电子表格化：将计算公式演化为具体的Excel 电子表格，列表、输入数据、理清逻辑关系、设定编辑运算、自动计算。

（四）估值过程中应注意的问题

股票价格随股票市场波动变化，在对股票估值定价时应当选择适当的市场时机，否则相对估值结论和定价结果难以体现股票的真正价值，定价偏低损害发行人的利益，定价偏高则损害投资者的利益。所以，不能仅凭上述股票的估值方法计算的数据结果来确定股票价格，而应在上述估值的基础上，通过路演推介与专业机构投资者直接沟通询价，以便确定更为准确、更贴近市场需求的发行定价，并为二级市场留有一定空间，有助于实现股票市场全体参与者的整体利益。

关于企业估价和股票估值的现金流量折现法和相对价值分析法的具体应用及计算实例请参见本系列丛书《企业投资与融资》一书第六章的内容。

二、首次公开发行股票询价与定价

主板和创业板首发办法确定了证券发行的条件和原则，而 2010 年新修订的《证券发行与承销管理办法》（以下简称《发行承销办法》）对首次公开发行股票的询价、定价、发售、承销等环节进行了规范。首次公开发行股票应当通过向特定机构投资者（询价对象）询价的方式确定股票发行价格。

（一）询价对象

询价对象是指符合《发行承销办法》规定条件的证券投资基金管理公司、

证券公司、信托投资公司、财务公司、保险机构投资者、合格境外机构投资者（QFII）、主承销商自主推荐的具有较高定价能力和长期投资取向的机构投资者，以及经中国证监会认可的其他机构投资者。询价对象及其管理的证券投资产品应当在中国证券业协会登记备案，接受中国证券业协会的自律管理。

主承销商自主推荐机构投资者的，应当制定明确的推荐标准，建立透明的推荐决策机制，并报中国证券业协会登记备案。

1. 询价对象应当符合下列条件：（1）依法设立，最近12个月未因重大违法违规行为被相关监管部门给予行政处罚、采取监管措施或者受到刑事处罚；（2）依法可以进行股票投资；（3）信用记录良好，具有独立从事证券投资所必需的机构和人员；（4）具有健全的内部风险评估和控制系统并能够有效执行，风险控制指标符合有关规定；（5）被中国证券业协会从询价对象名单中去除的，自去除之日起已满12个月。

2. 下列机构投资者作为询价对象除应当符合上述规定的条件外，还应当符合下列条件：（1）证券公司经批准可以经营证券自营或者证券资产管理业务；（2）信托投资公司经相关监管部门重新登记已满两年，注册资本不低于4亿元，最近12个月有活跃的证券市场投资记录；（3）财务公司成立两年以上，注册资本不低于3亿元，最近12个月有活跃的证券市场投资记录。

（二）投资价值研究报告

主承销商应当在询价时向询价对象提供投资价值研究报告。发行人、主承销商和询价对象不得以任何形式公开披露投资价值研究报告的内容，但中国证监会另有规定的除外。

投资价值研究报告应当由承销商的研究人员独立撰写并署名，承销商不得提供承销团以外的机构撰写的投资价值研究报告。出具投资价值研究报告的承销商应当建立完善的投资价值研究报告质量控制制度，撰写投资价值研究报告的人员应当遵守证券公司内部控制制度。

撰写投资价值研究报告应当遵守下列要求：独立、审慎、客观；引用的资料真实、准确、完整、权威并须注明来源；对发行人所在行业的评估具有一致性和连贯性；无虚假记载、误导性陈述或者重大遗漏。

在初步询价阶段，保荐机构应向询价对象提供投资价值研究报告。投资价值报告应对影响发行价格的因素进行全面、客观的分析，至少包括下列内容：（1）发行人的行业分类、行业政策，发行人与主要竞争者的比较及其在行业中的地位；（2）发行人经营状况和发展前景分析；（3）发行人盈利能力和财务状况分析；（4）发行人募集资金投资项目分析；（5）发行人与同行业可比上市公司的投资价值比较；（6）宏观经济走势、股票市场走势以及其他对发行人投资价值有重要影响的因素。

投资价值研究报告应当在上述分析的基础上，运用行业公认的估值方法对发行人股票的合理投资价值进行预测。保荐机构要按照前述的股票估值方法对股票的内在价值进行评估，在此基础上确定股票价格的大致范围。

发行人及其主承销商应当在刊登首次公开发行股票招股意向书和发行公告后向询价对象进行推介和询价，并通过互联网向公众投资者进行推介。

（三）询价与定价

1. 询价阶段的划分

询价分为初步询价和累计投标询价。发行人及其主承销商应当通过初步询价确定发行价格区间，在发行价格区间内通过累计投标询价确定发行价格。首次发行的股票在中小企业板、创业板上市的，发行人及其主承销商可以根据初步询价结果确定发行价格，不再进行累计投标询价。

初步询价是指发行人及其保荐机构向询价对象进行询价，并根据询价对象的报价结果确定发行价格区间。在深交所中小企业板和创业板上市的公司，可以通过初步询价直接定价，而在主板市场上市的公司必须经过初步询价和累计投标询价两个阶段定价。

2. 初步询价与累计投标询价的区别

初步询价与累计投标询价的区别主要体现在以下三个方面：（1）目的不同。初步询价的目的是确定发行价格区间，而累计投标询价的目的是确定发行价格，对于直接通过初步询价确定发行价格的发行人来说，不需要经过两步询价来确定发行价格。（2）询价对象参与询价的方式不同。在初步询价阶段，询价对象只能以一家机构投资者的身份参与；而在累计投标询价阶段，询价对象所有在监管部门报备的证券账户都可以参与询价和配售，比如询价对象不仅可以用自己自营账户参与配售，而且可以使用所管理的投资产品账户参与配售。（3）是否缴纳申购款及参与股票配售不同。参与初步询价的询价对象无须缴纳申购款项，如果其不参与其后的累计投标询价，也不会获配股票；参与累计投标询价的询价对象必须全额缴纳申购款项，在发行价格以上的申购可获配股票。

（四）在询价定价及发行中对发行人、主承销商和询价对象的要求

主承销商应协助发行人选择发行方式、起草发行方案，并按照证监会有关规定进行披露、发行、公布发行结果、向证监会及其派出机构报告发行情况。发行人和主承销商在股票发行中应当遵守公开、公平、公正、高效、经济的原则，维护股票市场秩序稳定、杜绝营私舞弊、降低发行成本。

发行人及其主承销商在推介过程中不得误导投资者，不得干扰询价对象正

常报价和申购，不得披露招股意向书等公开信息以外的发行人其他信息；推介资料不得有虚假记载、误导性陈述或者重大遗漏。

询价对象可以自主决定是否参与初步询价，询价对象申请参与初步询价的，主承销商无正当理由不得拒绝。未参与初步询价或者参与初步询价但未有效报价的询价对象，不得参与累计投标询价和网下配售。

与发行人或其主承销商具有实际控制关系的询价对象，不得参与本次发行股票的询价、网下配售，可以参与网上发行。主承销商的证券自营账户不得参与本次发行股票的询价、网下配售和网上发行。

询价对象可以自主决定是否参与初步询价，询价对象申请参与初步询价的，主承销商无正当理由不得拒绝。未参与初步询价或者参与初步询价但未有效报价的询价对象，不得参与累计投标询价和网下配售。

询价对象应遵循价值投资理念，在对发行人进行认真研究的基础上，理性报价，诚信申购，切实起到投资者对发行人的价格约束作用。询价对象应当遵循独立、客观、诚信的原则合理报价，不得协商报价，不得故意压低或抬高价格。

发行人及其主承销商在发行价格区间和发行价格确定后，应当分别报中国证监会备案，并予以公告。

已经挂牌交易的上市公司发行证券，可以通过询价的方式确定发行价格，也可以与主承销商协商确定发行价格。

第二节　首次公开发行股票的发售方式与流程

一、向战略投资者配售

根据《发行承销办法》，首次公开发行股票可以根据实际情况，采取向战略投资者配售、向参与网下配售的询价对象配售以及向参与网上发行的投资者配售的方式。

首次公开发行股票数量在 4 亿股以上的，可以向战略投资者配售股票。发行人应当与战略投资者事先签署配售协议，并报中国证监会备案。

发行人及其主承销商应当在发行公告中披露战略投资者的选择标准、向战略投资者配售的股票总量、占本次发行股票的比例以及持有期限制等。

战略投资者不得参与首次公开发行股票的初步询价和累计投标询价，并应当承诺获得本次配售的股票持有期限不少于 12 个月，持有期自本次公开发行的股票上市之日起计算。

二、向参与网下配售的询价对象配售

《发行承销办法》对网下配售发行规定如下：

1. 发行人及其主承销商应当向参与网下配售的询价对象配售股票。公开发行股票数量少于4亿股的，配售数量不超过本次发行总量的20%；公开发行股票数量在4亿股以上的，配售数量不超过向战略投资者配售后剩余发行数量的50%。询价对象应当承诺获得本次网下配售的股票持有期限不少于3个月，持有期自本次公开发行的股票上市之日起计算。

2. 本次发行的股票向战略投资者配售的，发行完成后无持有期限制的股票数量不得低于本次发行股票数量的25%。

3. 股票配售对象限于下列类别：（1）经批准募集的证券投资基金；（2）全国社会保障基金；（3）证券公司证券自营账户；（4）经批准设立的证券公司集合资产管理计划；（5）信托投资公司证券自营账户；（6）信托投资公司设立并已向相关监管部门履行报告程序的集合信托计划；（7）财务公司证券自营账户；（8）经批准的保险公司或者保险资产管理公司证券投资账户；（9）合格境外机构投资者管理的证券投资账户；（10）在相关监管部门备案的企业年金基金；（11）经中国证监会认可的其他证券投资产品。

4. 询价对象应当为其管理的股票配售对象分别指定资金账户和证券账户，专门用于累计投标询价和网下配售。指定账户应当在中国证监会、中国证券业协会和证券登记结算机构登记备案。

5. 股票配售对象参与累计投标询价和网下配售应当全额缴付申购资金，单一指定证券账户的累计申购数量不得超过本次向询价对象配售的股票总量。

6. 发行人及其主承销商通过累计投标询价确定发行价格的，当发行价格以上的有效申购总量大于网下配售数量时，应当对发行价格以上的全部有效申购进行同比例配售。

7. 主承销商应当对询价对象和股票配售对象的登记备案情况进行核查。对有下列情形之一的询价对象不得配售股票：未参与初步询价；询价对象或者股票配售对象的名称、账户资料与中国证券业协会登记的不一致；未在规定时间内报价或者足额划拨申购资金；有证据表明在询价过程中有违法违规或者违反诚信原则的情形。

8. 发行人及其主承销商网下配售股票，应当与网上发行同时进行。

网上发行时发行价格尚未确定的，参与网上发行的投资者应当按价格区间上限申购，如最终确定的发行价格低于价格区间上限，差价部分应当退还给投资者。

投资者参与网上发行应当遵守证券交易所和证券登记结算机构的相关规定。

9. 首次公开发行股票达到一定规模的，发行人及其主承销商应当在网下配售和网上发行之间建立回拨机制，根据申购情况调整网下配售和网上发行的比例。

网上申购不足时，可以向网下回拨由参与网下的机构投资者申购，仍然申购不足的，可以由承销团推荐其他投资者参与网下申购。

10. 初步询价结束后，公开发行股票数量在4亿股以下，提供有效报价的询价对象不足20家的，或者公开发行股票数量在4亿股以上，提供有效报价的询价对象不足50家的，发行人及其主承销商不得确定发行价格，并应当中止发行。

网下机构投资者在既定的网下发售比例内有效申购不足，不得向网上回拨，可以中止发行。网下报价情况未及发行人和主承销商预期、网上申购不足、网上申购不足向网下回拨后仍然申购不足的，可以中止发行。中止发行的具体情形可以由发行人和承销商约定，并予以披露。中止发行后，在核准文件有效期内，经向中国证监会备案，可重新启动发行。

三、向参与网上发行的投资者配售

向参与网上发行的投资者配售是通过证券交易所系统公开发行股票。发行人及其主承销商网上发行，应当与网下配售股票同时进行。网上发行时发行价格尚未确定的，参与网上发行的投资者应当按价格区间上限申购，如最终确定的发行价格低于价格区间上限，差价部分应当退还给投资者。投资者参与网上发行应当遵守证券交易所和证券登记结算机构的相关规定。发行人和主承销商必须在资金解冻前将确定的发行价格进行公告。

在上海证券交易所首次公开发行股票上市的，发行人应通过上交所交易系统采用上网资金申购方式公开发行股票，并按照上海证券交易所、中国证券登记结算有限责任公司《沪市股票上网发行资金申购实施办法》（2009年6月修订）的各项规定执行。

在深圳证券交易所首次公开发行股票上市的，按照深圳证券交易所2009年9月21日发布的深圳证券交易所《首次公开发行股票发行与上市指南》及中国证券登记结算公司的相关规定执行。

四、网上发行与网下发行的衔接

1. 发行公告的刊登。发行人和主承销商应在网上发行申购日1个交易日之前刊登网上发行公告，网上发行公告与网下发行公告可以合并刊登。

2. 网下发行参与对象不得参与网上发行。凡参与网下发行报价的配售对象，不得再参与网上新股申购。

3. 网上发行与网下发行的回拨。发行人可以根据申购情况进行网上发行数量与网下发行数量的回拨，最终确定对机构投资者和对公众投资者的股票分配数量。发行人和主承销商应在网上申购资金验资当日，将网上发行与网下发行之间的回拨数量通知交易所。发行人和主承销商未在规定时间内通知交易所的，发行人和主承销商不得进行回拨处理。发行人和主承销商应在回拨处理后将网下申购资金予以解冻。

4. 网下股份登记。网下发行结束后，发行人向中国结算上海/深圳分公司提交相关材料申请办理股权登记。材料齐备的，上海/深圳分公司在两个交易日内完成登记。网上与网下股份登记完成后，上海/深圳分公司将新股股东名册交发行人使用。

五、超额配售选择权

首次公开发行股票数量在4亿股以上的，发行人及其主承销商可以在发行方案中采用超额配售选择权（国外称之为“绿鞋计划”）。超额配售选择权的实施应当遵守中国证监会、证券交易所和证券登记结算机构的规定。

超额配售选择权是指发行人授予主承销商的一项选择权，获此选择权的主承销商按同一发行价格超额发售不超过包销额的15%的股份，即主承销商按不超过包销额115%的股份向投资者配售。在本次包销部分的股票上市之日起30日内，主承销商有权根据市场情况从集中竞价交易市场购买发行人的股票，或者要求发行人增发股票，分配给对此超额发售部分提出认购申请的投资者。

第三节　发行准备与路演

一、发行准备与发行信息披露

（一）承销准备

1. 承销商实施证券承销前，应当向中国证监会报送发行与承销方案。

2. 承销证券应当采用包销或者代销方式。

3. 证券发行依照法律、行政法规的规定应当由承销团承销的，组成承销团的承销商应当签订承销团协议，由主承销商负责组织承销工作。证券发行由两家以上证券公司联合主承销的，所有担任主承销商的证券公司应当共同承担主承销责任，履行相关义务。承销团由3家以上承销商组成的，可以设副主承销商，协助主承销商组织承销活动。

4. 承销团成员按照承销团协议及承销协议的规定进行承销活动，承销协议和承销团协议可以在发行价格确定后签订。

5. 主承销商应当设立专门的部门或机构，协调投资银行、研究、销售等部门共同完成信息披露、推介、簿记、定价、配售和资金清算工作。

（二）联系证券交易所

在刊登招股说明书摘要的前一个工作日，保荐人与发行人一起到证交所提交发行材料：（1）中国证监会核准股票首次公开发行的文件；（2）招股说明书全文、路演公告、必备附件、股票发行公告；（3）主承销商募集资金划付的席位号和公司自营股票账号；（4）主承销商填报的发行表格；（5）主承销商出具的发行申请；（6）发行人的公司章程；（7）上述文件均报送电子版，发行人向证交所提交确认函，确认电子版文件与书面文件完全一致，并保证承担全部责任。

（三）首次发行与承销过程中的信息披露

1. 信息披露

首次发行与承销过程中的信息披露包括：（1）在本次证券发行前，发行人及其主承销商应当按规定将招股说明书的书面文本置备于发行人公司住所、主承销商住所和拟上市的证券交易所。（2）股票发行前，发行人及其主承销商须将招股说明书摘要刊登在至少一种中国证监会指定的报刊上，同时将招股说明书全文在交易所指定的网站上公布。（3）保荐人出具的发行保荐书、证券服务机构出具的有关文件（如审计报告、法律意见书、拟投资项目可行性研究报告、盈利预测报告、成立不满两年的公司的资产评估报告）应当作为招股说明书的备查文件在中国证监会指定网站上披露，并置备于发行人公司住所、主承销商住所和拟上市的证券交易所，以备公众查阅。（4）主承销商应当在刊登招股说明书摘要的同时刊登发行公告，对发行方案进行详细说明。（5）发行人及其主承销商在发行过程中通常还将发布初步询价结果及发行价格区间公告，发行定价、网下发行结果及网上中签率公告，网上资金申购发行摇号中签结果公告等。（6）从2010年11月1日起，发行人及其主承销商在发行价格确定后，公开披露网下申购情况、网下具体报价情况，并说明最后的定价情况。

2. 信息披露的几项具体要求

首次发行与承销过程中的信息披露还有几项具体要求：（1）发行人披露

的招股说明书申报稿除不含发行价格、筹资金额以外，其内容与格式应当与招股说明书一致。(2) 发行人及其主承销商公告发行价格和发行市盈率时，每股收益应当按发行前一年经会计师事务所审计的、扣除非经常性损益前后孰低的净利润除以发行后总股本计算。(3) 提供盈利预测的发行人还应当补充披露基于盈利预测的发行市盈率。此时每股收益应按发行当年经会计师事务所审核的、扣除非经常性损益前后孰低的净利润预测数除以发行后总股本计算。发行人还可以同时披露市净率等反映发行人所在行业特点的发行价格指标。(4) 首次公开发行股票向战略投资者配售股票的，发行人及其主承销商应当在网下配售结果公告中披露战略投资者的名称、认购数量及承诺持有期等情况。

二、路演推介

(一) 路演的作用

路演（Road Show）是指承销商协助发行人在发行证券前于可能销出证券的地点，针对可能的投资者进行的推介活动。路演是国际上广泛采用的证券发行推广方式，是在投融资双方充分交流的条件下促进股票成功发行的重要推介、宣传手段。路演的作用是通过面对面的直接互动交流形式，展示公司情况和所发行证券的价值、了解投资人的投资意向、解答投资者提出的相关问题、准确判断公司及其股票的投资价值、有助于股票发行的合理定位和发行成功。

(二) 路演的形式

路演的主要形式是举行推介会。在推介会上，公司向投资者推介投资故事，就公司的业绩、产品、发展方向和未来前景等作详细介绍，充分阐述公司的投资价值，通过相互沟通回答投资者关心的问题。在境外上市或中国B股发行，市场参与者多为机构投资者，普遍采用逐个地点的会议路演方式，参加路演的投资者主要是基金经理、投资顾问、投资人等。

境外上市一般先进行预路演，往往在2~3周内安排十几次乃至几十次一对一的推介会议，接触几十家甚至几百家机构投资者，通过有针对性的一对一会议，激发投资者对公司的兴趣，检验估值区间的有效性，根据反馈信息来修订推介策略和股票定价区间。根据预路演反馈情况设计正式路演，举办几次大型路演推介会，锁定一批最高需求的目标投资者，制造股票需求紧张的气氛，以实现公司股票的最佳定价，并将投资者的兴趣转变为购买订单。

随着网络技术的发展，传统的路演搬上互联网，出现了网上路演。网上路演已成为上市公司展示自我的重要平台，推广其股票的重要方式。境外上市网上路演主要是配合推介会，为解决世界各地的时差问题，通常在一天内的24

小时连续进行。在国内 A 股发行中，由于中小投资者占市场参与者较大比重，采用网上路演更能够使发行人与广大中小投资者有效沟通，提高新股发行的透明度。

（三）路演的组织

发行人首次发行新股或上市公司发行新股募集资金用于收购及投资大型项目，往往聘请财经公关公司协助完成，公关公司通常拥有专业人才和广泛的投资者资源，为发行人提供专业化服务。公关公司主要负责路演前公司高管人员培训、制作路演材料、预订路演会议中心、路演彩排；组织基金经理和投资者参加推介会，应用各种推介工具向投资者展示企业，并与媒体合作进行宣传策划。除发行人的董事长、总经理、财务负责人、董事会秘书、主承销商项目负责人出席路演外，发行人内部的发行上市总协调人、中介服务机构的项目负责人都应参加路演。路演可由主承销商或财经专业司仪主持。

（四）路演材料

除按照规定准备应披露的招股文件外，还应准备以下材料：总裁/CEO 简要致辞和公司情况介绍、管理层代表演讲稿、董事长致辞、10～20 分钟的路演推介影碟、PPT 幻灯投影文件、投资者模拟问卷及答案等材料。

（五）路演的一般程序

路演以公司演讲为核心内容，并留出一定时间回答投资者提问。路演要点和先后次序如下：（1）主持人宣布路演开始并介绍参会嘉宾；（2）介绍本次发行主要事项：发行人的简要情况；（3）简单介绍董事长的经历并请董事长作推介致辞；（4）保荐人、主承销商公司负责人或保荐人代表致辞；（5）播放推介影碟或管理层代表演讲；（6）公司高管回答与会者的提问；（7）总裁/CEO 或董事长作总结性发言；（8）主持人宣布路演结束。

发行人在回答投资者提出的问题时应当注意，在路演会上讨论的话题必须紧紧围绕招股说明书的内容，只能回答招股说明书上披露的事项，招股说明书上没有提到的事宜不在讨论范围之内，遇到此类问题，应当用不十分确定的中性言辞委婉和笼统地回应。

（六）网上路演

2001 年 1 月 10 日，中国证监会发布《关于新股发行公司通过互联网进行公司推介的通知》，对新股发行推介规定如下：（1）新股发行公司在新股发行前，必须通过互联网采用网上直播（至少包括图像直播和文字直播）方式向投资者进行公司推介，也可辅以现场推介。（2）新股发行公司的董事长、总经理、财务负责人、董事会秘书（其他高级管理人员不限）和主承销商的项目负责人必须出席公司推介活动，参加推介活动的上述人员在推介活动前应进行认真充分的准备，并向中国证监会书面承诺其向投资者发布的信息不存在虚假、误导性陈述或有重大遗漏。（3）新股发行公司关于进行网上直播推介活动的公告应与其招股说明书概要（或招股意向书）同日同报刊登，并在拟上市证券交易所指定网址同天发布。（4）网上直播推介活动的公告内容至少应包括网站名称、推介活动的出席人员名单、时间（推介活动不少于四个小时）等。（5）所选择的直播网站应尽可能保证投资者上网通畅。（6）直播内容应以电子方式报备中国证监会和拟上市证券交易所。（7）主承销商应积极协助新股发行公司做好网上推介活动。

综上，以深圳证交所为例，首次公开发行股票流程见图 10－1。

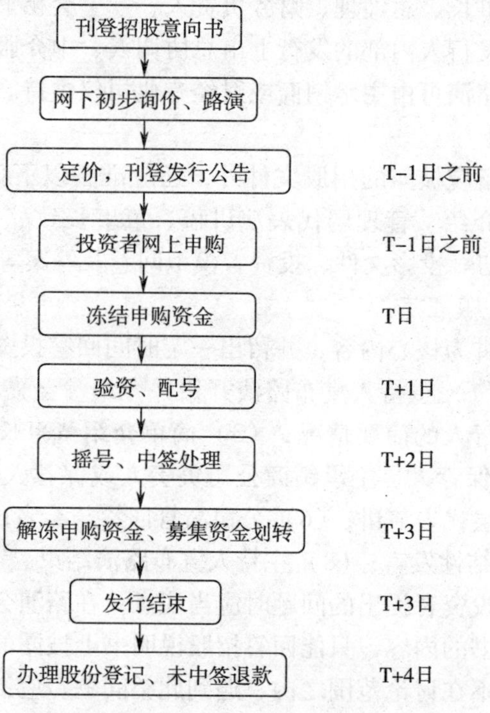

图 10－1　深圳证券交易所首次股票发行流程

三、上市费用

上市费用通常包括发行费用和前期费用。

（一）发行费用

发行费用是指证监会规定的发行人在股票发行申请和实际发行过程中发生的费用，该费用可以在股票溢价发行收入中直接扣除，主要包括如下费用：

1. 承销费用

承销费用一般根据股票发行规模确定。目前收取承销费用的标准按照包销和代销方式划分：包销商收取的包销佣金为包销股票总金额的 1.5% ~3%；代销佣金为实际售出股票总金额的 0.5% ~1.5%。

2. 发行人支付给中介机构的费用

发行人支付给中介机构的费用包括申报会计师费用、律师费用、评估费用、承销费用、保荐费用以及上网发行费用等。为本次发行而进行的财务咨询费用应由主承销商承担，在发行费用中不应包括财务顾问费，同时，发行费用中不应包括“其他费用”。

3. 向交易所缴纳的费用

A 股上市公司向交易所缴纳的费用标准为：股票上市初费按上市总面额的万分之三缴纳，最多不超过 3 万元；上市月费为上市总面额的十万分之一，最多不超过 500 元/月，每年年费仅有 6 000 元左右。

而境外上市费用则较大，香港主板年费约 15 万 ~120 万港元，纽交所年费约 4 万 ~50 万美元不等。境内外主要交易所上市费用比较见表 10 -1。

表 10 -1　　境内外上市平均成本估算表

资金单位：香港为万港元，其他为万元人民币

费用类别	深圳中小板	香港主板	香港创业板	纽交所	纳斯达克	英国创业板
保荐人费	150 ~200	200 ~400	100 ~200	1 400	1 000	500
律师费	80 ~150	150 ~250	100 ~150	300	300	300
会计师费	80 ~120	150 ~250	80 ~150	300 ~400	300 ~400	300 ~400
进场上市初费	3 ~5	15 ~60	10 ~20	80 ~120	50 ~60	20
印刷及翻译制版费	10	20	15	60	60	60
中国公司其他费用	70	260	260	300	300	300
承销佣金	1.5% ~3%	2.5% ~4%	4% ~5%	7% ~8%	6% ~8%	4% ~6%
总成本（占总融资额）	4% ~8%	10% ~15%	10% ~20%	15% ~25%	15% ~25%	15% ~20%

总体来讲，在中国境内 IPO 发行费用平均水平大致为：上海交易所主板在融资额的 3% 左右，深圳交易所中小板和创业板在融资额的 7% 左右（如星河生物），而融资额大的中小板公司融资额可降到 3% 左右（如海普瑞），小融资额的创业板公司可能达到 8% ~10%（如松德股份）。

（二）上市前期费用

除上述界定的发行费用外，企业上市需要发生上市前期工作的其他费用，

由企业另行计入有关费用科目，不允许在发行收入中直接扣除。其他费用主要包括财务顾问费、理账师费用、常规年度审计费用、公关公司费用、印刷费用、媒体披露费、路演费用，进场中介机构的交通费（车辆使用费）、住宿费、餐饮费、会务费，邮费、电话、传真费用，以及本企业人员的差旅费，还有为了上市所进行的公司改制重组所发生的一切费用。各公司因复杂情况的不同上市成本差异较大。

据不完全统计，一家中等规模的公司境内发行成本一般为境外发行成本的1/2～2/3。上市后若公司发生重大事件的频率不高，则境内每年发生的费用大约为50万～150万元，而境外费用则大大高于境内，大型上市公司差距会更大，主要是由于境内承销佣金低，融资额较大的企业其上市成本优势尤其明显。

四、发行阶段的后期工作

（一）股款缴纳

投资者应按照发行公告中要求的时间和方式及时缴纳申购款，未获配售（或中签）的部分将于规定时间内退回投资者账户。发行结束并经验资后，主承销商应当按照承销协议，将扣除承销费用后的募集资金全部划入发行人的指定账户。

（二）股份交收与股东登记

在上网发行方式下，投资者申购的股票通过证券登记结算系统自动登记到投资者的股东账户内。股东名册上登记的股东资料是证明股东身份和股东权利的有效法律文件，也是保证股东所持股票顺利上市交易的重要依据。

上网发行方式下的股东登记是由证券交易所的交易系统根据投资者申购情况自动记录并完成；在网下电子化发行方式下，主承销商按规定向证券登记结算公司登记结算平台发送网下配售结果数据，并保证发送的网下配售结果数据真实、准确、完整。登记结算平台据此办理网下发行股份的初始登记。

（三）验资与鉴证

投资者申购缴款结束后，主承销商应当聘请具有证券相关业务资格的会计师事务所对申购资金进行验证，并出具验资报告；首次公开发行股票的，还应当聘请律师事务所对向战略投资者、询价对象的询价和配售行为是否符合法律、行政法规及《发行承销办法》的规定等进行见证，并出具专项法律意见书。

（四）承销总结

主承销商应当在证券上市后10日内向中国证监会报备承销总结报告，总结说明发行期间的基本情况及新股上市后的表现，并提供下列文件：募集说明书单行本；承销协议及承销团协议；律师见证意见；会计师事务所验资报告；中国证监会要求的其他文件。

第四节　上市核准与挂牌交易

一、在中国境内交易所挂牌上市的条件

根据证券法和证券交易所上市规则的规定，股份公司申请其股票在上海和深圳交易所挂牌上市必须符合下列条件：

1. 股票经中国证监会核准已公开发行；

2. 在主板、中小企业板上市的公司股本总额不少于 5 000 万元，在创业板上市的公司股本总额不少于 3 000 万元；

3. 公开发行的股份达到公司股份的 25% 以上，公司股本总额超过 4 亿元的，公开发行的股份比例为 10% 以上；

4. 公司最近三年无重大违法行为，财务会计报告无虚假记载；

5. 交易所要求的其他条件。

公开发行的股份不包括：持有上市公司 10% 以上股份的股东及其一致行动人所持股份；上市公司的董事、监事、高级管理人员及其关联人所持股份。

社会公众不包括：持有上市公司 10% 以上股份的股东及其一致行动人；上市公司的董事、监事、高级管理人员及其关联人。

二、股票的上市保荐

(一) 保荐规定及保荐责任

根据交易所股票上市规则，上海和深圳证券交易所均实行上市保荐制度。发行人申请其首次公开发行股票、上市后发行新股和可转换公司债券上市以及公司股票被暂停上市后恢复上市的，都应当由保荐人保荐。

保荐人与发行人签订保荐协议，明确双方在发行申请上市期间、申请恢复上市期间和持续督导期间的权利和义务。保荐协议应当约定保荐人审阅发行人信息披露文件的时点。

首次公开发行股票的，持续督导的期间为股票上市当年剩余时间及其后两个完整会计年度；发行新股、可转换公司债券的，持续督导的期间为股票或者可转换公司债券上市当年剩余时间及其后一个完整会计年度；申请恢复上市的，持续督导期间为股票恢复上市当年剩余时间及其后一个完整会计年度。持续督导的期间自股票或者可转换公司债券上市之日起计算。

保荐人还应当按照证券交易所的上市规则履行保荐职责。

(二) 上市保荐书

保荐机构推荐发行人证券上市，应当向证券交易所提交上市保荐书以及证券交易所要求的其他与保荐业务有关的文件，并报中国证监会备案。例如，《上海证券交易所股票上市规则》规定，上市保荐书应当包括以下内容：(1) 发行股票、可转换公司债券的公司概况；(2) 申请上市的股票、可转换公司债券的发行情况；(3) 保荐机构是否存在可能影响其公正履行保荐职责的情形的说明；(4) 保荐机构按照有关规定应当承诺的事项；(5) 对公司持续督导工作的安排；(6) 保荐机构和相关保荐代表人的联系地址、电话和其他通讯方式；(7) 保荐机构认为应当说明的其他事项；(8) 本所要求的其他内容。

上市保荐书应当由保荐机构的法定代表人（或者授权代表）和相关保荐代表人签字，注明日期并加盖保荐机构公章。

三、挂牌上市申请

(一) 向交易所提交的申请文件

发行人首次公开发行股票的申请获得中国证监会核准并发行结束后，方可向交易所提出股票上市申请。发行人向交易所申请其股票上市，应当提交下列文件：(1) 上市报告书（申请书）；(2) 中国证监会核准其股票首次公开发行的文件；(3) 申请股票上市的董事会和股东大会决议；(4) 营业执照复印件；(5) 公司章程；(6) 依法经具有执行证券、期货相关业务资格的会计师事务所审计的发行人最近三年的财务会计报告；(7) 首次公开发行结束后发行人全部股票已经中国证券登记结算有限责任公司托管的证明文件；(8) 首次公开发行结束后具有执行证券、期货相关业务资格的会计师事务所出具的验资报告；(9) 关于董事、监事和高级管理人员持有本公司股份的情况说明和董事、监事、高级管理人员的声明及承诺书；(10) 发行人拟聘任或者已聘任的董事会秘书的有关资料；(11) 首次公开发行后至上市前按规定新增的财务资料和有关重大事项的说明；(12) 首次公开发行前已发行股份持有人自发行人股票上市之日起一年内持股锁定证明；(13) 各方股票限售承诺函；(14) 最近一次的招股说明书和经中国证监会审核的全套发行申报材料；(15) 按照有关规定编制的上市公告书；(16) 保荐协议和保荐机构出具的上市保荐书；(17) 律师事务所出具的法律意见书；(18) 交易所要求的其他文件。

(二) 发行人的保证与承诺

1. 发行人及其董事、监事、高级管理人员应当保证向交易所提交的上市申请文件内容的真实、准确、完整，不存在虚假记载、误导性陈述或者重大遗漏。

2. 发行人向交易所申请其股票上市时，控股股东和实际控制人应当承诺：

自发行人股票上市之日起36个月内，不转让或者委托他人管理其已直接和间接持有的发行人股份，也不由发行人收购该部分股份；发行人在刊登招股说明书之前12个月内进行增资扩股的，新增股份的持有人应当承诺：自发行人完成增资扩股工商变更登记手续之日起36个月内，不转让其持有的该部分新增股份。发行人应当在上市公告书中披露上述承诺。

（三）交易所审核

交易所在收到发行人提交的全部上市申请文件后7个交易日内，作出是否同意上市的决定并通知发行人。出现特殊情况时，可以暂缓作出是否同意上市的决定。交易所设立上市委员会对上市申请进行审议，作出独立的专业判断并形成审核意见。交易所根据其上市审核委员会的审核意见，作出是否同意上市的决定。

（四）上市披露

发行人应当于其股票上市前5个交易日内，在指定媒体上披露下列文件和事项：（1）上市公告书；（2）公司章程；（3）申请股票上市的股东大会决议；（4）上市保荐书；（5）法律意见书；（6）交易所要求的其他文件和事项。上述文件应当备置于公司住所，供公众查阅。发行人在提出上市申请期间，未经交易所同意，不得擅自披露与上市有关的信息。

（五）上市协议

公司在股票首次上市之前应当与交易所签署《证券上市协议》，包括以下内容：（1）股票简称、上市日期、上市数量等基本情况；（2）双方的权利与义务和应当遵守的法律、法规及其他相关规定；（3）关于公司及其董事、监事和高级管理人员应当积极配合上交所监管的规定；（4）上市费用以及交纳方式；（5）股票暂停、终止上市和终止上市后进入代办股份转让系统继续交易等相关事项；（6）其他有关内容。

四、发布上市公告

上市公告书是发行人在交易所核准其挂牌交易后，在股票挂牌上市交易前向公众公告发行与上市有关事项的信息披露文件。发行人应按《公司法》、《证券法》、首发办法、上市规则和《股票上市公告书内容与格式指引》的有关要求编制上市公告书，并经证券交易所审核同意后公告。披露上市公告书10日内，将上市公告书分别报送发行人注册地的中国证监会派出机构和证券交易所。

上市公告书包括下列主要内容：重要声明及提示；股票上市情况；发行人、股东及实际控制人情况；股票发行情况；其他重要事项；上市保荐人情况及其推荐意见。

五、股票上市挂牌交易

在交易所安排的股票上市当日9：30开盘时，发行人首次公开发行的股票在证券交易所隆重上市。从此，发行人正式迈进了资本市场，成为一家上市公司，开始了新的历史发展阶段。同时，上市公司将接受更加严格的监管，进一步完善公司治理，并按照交易所的上市规则披露信息。

上午9：00~9：30，发行人在交易所大厅举行股票挂牌上市仪式。发行人商请证券交易所具体安排完善上市仪式工作，并可聘请财经公关公司操办上市仪式。

深圳证券交易所股票挂牌上市交易流程见图10－2。

在中国创业板上市的询价、定价和发行上市操作见本章案例一。

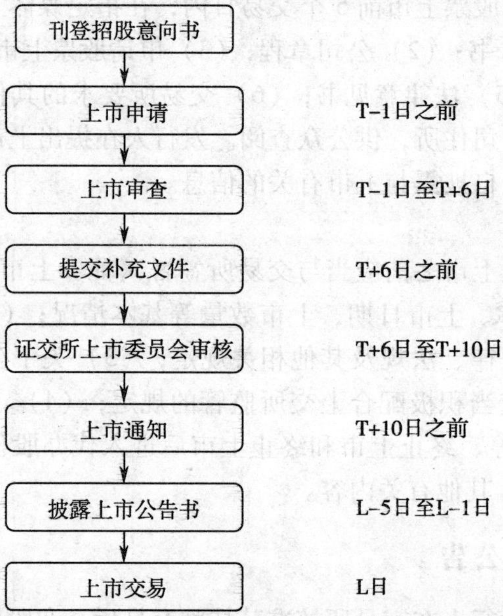

图10－2　深圳证券交易所股票上市交易流程

案例　星河生物股票询价定价与发行上市

【案例简介】

公司名称：广东星河生物科技股份有限公司

上市日期：2010 年 12 月 9 日
上市地点：深圳证券交易所创业板
股票代码：300143. SZ
发行市盈率：发行前后的市盈率分别为 102. 86 倍和 138. 46 倍
发行数量：1 700 万股
发行价格：36. 00 元人民币/股
融资金额：6. 12 亿元人民币
公司地址：广东省东莞市塘厦镇蛟坪大道 83 号
所属行业：农业（农副产品种植、加工与销售）
保荐机构：民生证券有限责任公司
案例亮点：星河生物创造中国 A 股发行后市盈率最高纪录，上市后强势上涨，受到资金的热烈追捧。本案例介绍星河生物在登陆中国创业板过程中的询价、定价、发行和上市的全过程，以及高估价的原因分析等。

【案例回放】

星河生物公司概况

广东星河生物科技股份有限公司（简称星河生物或公司）的主营业务为鲜品食用菌的研发、生产和销售，主要产品包括金针菇、真姬菇和白玉菇等鲜品食用菌。公司采用工厂化模式生产鲜品食用菌，是全国食用菌工厂化生产领域的龙头企业，生产规模在国内鲜品食用菌工厂化生产企业中名列前茅。截至 2010 年 6 月 30 日，公司日产鲜品食用菌 40 吨，其中金针菇日产量为 33 吨，真姬菇日产量为 6 吨，白玉菇日产量为 1 吨。

2010 年 11 月 29 日，星河生物在中国创业板 IPO，发行价格 36. 00 元/股，发行后市盈率为 138. 46 倍（对应 2009 年每股净收益）。

2010 年 12 月 9 日，星河生物在深圳证交所创业板上市，上市首日开盘价 52 元，报收 47. 20 元，比发行价上涨 31. 11%。在随后的 10 个交易日内，星河生物股价强势上涨，12 月 22 日收盘在 67. 10 元。该股上市后两个多月里不但没有像其他一些创业板股票那样跌破发行价，反而在 2011 年 2 月 22 日创出新高，最高摸至 80. 00 元，比发行价上涨 122. 22%。

即使按照上市首日收盘价 47. 20 元计算，公司发行后总股本为 6 700 万股，总市值达到 31. 62 亿元，其中公司大股东叶运寿持股市值为 11. 56 亿元，刚上任几个月的总经理魏心军持股市值为 779 万元，副总经理黄清华持股市值为 2 096 万元，财务总监吴汉平持股市值为 1 370 万元，监事会主席郑列宜持股市值为329万元，创业板一夜之间又造就了一批千万富翁、百万富翁（见表10－2）。

表10－2　星河生物部分董事、监事、高级管理人员持股量及市值

序号	姓名	现任职务	持股数量（股）	占发行后股比(%)	市值（万元)
1	叶运寿	董事长(大股东)	24 484 716	36.54	115 568
2	魏心军	总经理	165 000	0.25	779
3	黄清华	副总经理	444 080	0.66	2 096
4	吴汉平	财务总监	290 173	0.43	1 370
5	郑列宜	监事会主席	69 641	0.10	329
6	许喜佳	监事	34 821	0.05	164

初步询价结果及定价依据

正像本章前面所讲，2010年底A股市场的破发潮中星河生物却连创新高，市值屡刷纪录。是什么让这支“蘑菇”这么贵，它的发行价又是怎么确定的呢?

2010年11月22日是星河生物在创业板IPO的初步询价日，发行人和主承销商对所有询价对象发出邀请。截至2010年11月24日下午15:00，主承销商通过深交所网下发行电子平台系统共收到并确认由95家询价对象代理的185家股票配售对象的初步询价申报信息。

发行人和主承销商根据初步询价的结果，并综合考虑公司所属行业特点、公司基本面、可比上市公司和市场环境等因素，协商确定本次发行价格为36.00元/股，具体分析如下：

（一）询价情况的统计分析

根据配售对象报价及申购数据，依次计算各价位上的累计申购总量及对应的认购倍数，统计如下：询价对象共计95家，配售对象共计185家，申报价格区间在20.00～45.00元，询价分类统计明细见表10－3。

表10－3　按询价对象分类的配售对象申报情况明细表

配售对象类型	询价对象家数	配售对象家数	申报价格区间	加权平均价	报价中位数	申购数量	申购数量占比（%）
证券投资基金	32	105	27.30～42.10	34.93	36.00	23 460	48.12
证券公司	44	52	20.00～45.00	33.12	32.00	16 524	33.89
财务公司	6	6	30.00～36.50	33.50	33.00	2 040	4.18
信托投资公司	8	17	29.00～36.00	32.68	32.00	5 576	11.44

续表

配售对象类型	询价对象家数	配售对象家数	申报价格区间	加权平均价	报价中位数	申购数量	申购数量占比（%）
保险公司	2	2	32.00～35.00	32.50	33.50	408	0.84
QFII 机构	0	0	—	—	—	—	—
推荐类对象	3	3	26.82～39.99	33.72	36.85	748	1.53
合计	95	185	20.00～45.00	33.96	35.00	48 756	100.00

本次发行价格 36.00 元/股对应的累积申购数量为 20 332 万股，对应的网下认购倍数 59.80 倍，对应 2009 年摊薄后的市盈率为 138.46 倍。

本次确定的发行价格 36.00 元/股为证券投资基金报价的中位数，仅略高于所有配售对象的加权平均价、报价中位数和证券投资基金的加权平均价。

（二）与可比上市公司市盈率对比分析

因当时上市公司中没有食用菌养殖企业，无直接可比公司，因此选取同为农林牧渔行业的上市公司作为可比公司。以 2009 年每股收益及截至 2010 年 11 月 24 日收盘价计算可比公司的静态市盈率（P/E），结果列于表 10－4。

表 10－4　可比公司的静态市盈率（以 2010 年 11 月 24 日收盘价计算）

证券代码	证券简称	开盘价（元）	收盘价（元）	静态 P/E（09A）
002299. SZ	圣农发展	31.45	31.85	65.17
000893. SZ	东凌粮油	25.58	26.40	103.91
002069. SZ	獐子岛	46.40	47.04	103.01
002321. SZ	华英农业	19.91	20.40	74.47
000713. SZ	丰乐种业	17.49	18.20	72.85
002458. SZ	益生股份	31.00	32.10	42.72
002477. SZ	雏鹰农牧	56.28	60.38	91.27
300094. SZ	国联水产	15.10	15.43	51.42
300106. SZ	西部牧业	23.56	24.37	93.66
平均值				77.61

本次发行价格 36.00 元/股对应的发行口径市盈率为 138.46 倍，虽然高于可比上市公司近期市盈率水平，但考虑到发行人作为首家上市的食用菌养殖企业的特殊地位和发行人未来快速发展的潜力，符合对发行人未来发展的预期。

最终确定本次发行的基本情况

（一）股票种类

本次发行的股票为境内上市人民币普通股（A股），每股面值人民币1.00元。

（二）发行数量和发行结构

本次发行股份数量为1 700万股，为发行后总股本6 700万股的25.37%。发行方式采用网下向询价对象配售和网上资金申购定价发行相结合的方式。其中，网下发行340万股，网上发行1 360万股。

发行对象为符合《创业板市场投资者适当性管理实施办法》规定资格的询价对象和在深圳证券交易所开通创业板股票交易账户的境内自然人、法人投资者。

承销方式为余额包销。

（三）发行价格

本次发行的发行价格为36.00元/股。此发行价格对应的市盈率为：

1. 102.86倍（每股收益按照经会计师事务所遵照中国会计准则审核的扣除非经常性损益前后孰低的2009年净利润除以本次发行前的总股数计算）。

2. 138.46倍（每股收益按照经会计师事务所遵照中国会计准则审核的扣除非经常性损益前后孰低的2009年净利润除以本次发行后的总股数计算，发行后总股数按本次发行1 700万股计算）。

3. 初步询价报价不低于本次发行价格的所有有效报价对应的累计拟申购数量之和为20 332万股，认购倍数为59.80倍。

发行前每股净资产：2.60元（按2010年6月30日经审计的净资产计算）。

发行后每股净资产：10.36元（按发行后每股净资产计算）。

（四）上市地点：深圳证券交易所创业板

（五）本次发行的重要日期安排（见表10－5）

表10－5　　发行的重要日期安排表

交易日	日期	发行安排
T－6日	11月19日	刊登《初步询价及推介公告》、《首次公开发行股票并在创业板上市提示公告》
T－5日	11月22日	初步询价（通过网下发行电子平台）及现场推介（深圳）
T－4日	11月23日	初步询价（通过网下发行电子平台）及现场推介（上海）
T－3日	11月24日	初步询价（通过网下发行电子平台）及现场推介（北京）；初步询价截止日（15：00截止）

续表

交易日	日期	发行安排
T-2日	11月25日	确定发行价格、可参与网下申购的配售对象名单及有效申报数量； 刊登《网上路演公告》
T-1日	11月26日	刊登《发行公告》、《投资风险特别公告》；网上路演
T日	11月29日	网下申购缴款日（9：30~15：00；有效到账时间15：00之前）；网上发行申购日（9：30~11：30，13：00~15：00）； 根据网上申购初步结果确定网上向网下回拨数量及网上、网下最终发行数量； 网下申购资金验资、网下发行配号
T+1日	11月30日	网下发行摇号抽签、网上申购资金验资
T+2日	12月1日	刊登《网下摇号中签及配售结果公告》、《网上中签率公告》； 网下申购多余款项退款；网上发行摇号抽签
T+3日	12月2日	刊登《网上中签结果公告》；网上申购资金解冻，返还未中签余款

IPO 总融资额及发行费用

星河生物本次按照上述时间安排在创业板发行上市圆满成功，共发行1 700万股，发行价36.00元/股。天健正信会计师事务所有限公司于2010年12月2日对公开募股资金到位情况进行了审验，并出具验资报告：星河生物本次在创业板上市发行募集资金总额为61 200万元。发行费用为4 411.25万元，募集资金净额为56 788.75万元。

星河生物本次发行上市的发行费用占总融资额的7.21%，相当于每股发行费用2.59元（每股发行费用=发行费用总额÷本次发行股数），不包括公司本身发生的上市其他相关费用和交易所的初次上市费用和年度费用，详见表10-6。

表10-6　星河生物IPO总融资额及发行费用表

序号	项目内容	金额（元）
一	总融资额	612 000 000
二	发行费用	
1	承销费	34 000 000
2	保荐费	4 200 000
3	审计费	1 560 000
4	律师费	2 159 000
5	信息披露费	2 160 000
6	股份登记费用等	33 500
	合计	44 112 500
三	净融资额	567 887 500
四	发行费用占总融资额比例	7.21%

募集资金管理及超募资金的使用

发行人将所有募集资金存入募集资金专户，保荐机构、存放募集资金的商业银行将与发行人一起对全部募集资金进行三方监管。在募集资金使用过程中，发行人承诺：不进行交易性金融资产和可供出售的金融资产、借与他人、委托理财等财务性投资，不直接或间接用于新股配售、申购或用于投资股票及其衍生品种、可转换公司债券等，不用于开展证券投资、衍生品投资、创业投资等高风险投资以及为他人提供财务资助等，不直接或者间接投资于以买卖有价证券为主要业务的公司，不将募集资金用于质押、委托贷款或其他变相改变募集资金用途的投资。控股股东、实际控制人等关联人不占用或挪用募集资金，不利用募投项目获得不正当利益。

星河生物本次发行募资总额与募股资金投资项目所需资金 13 168.89 万元相比，超募资金为 43 619.86 万元，超募比例较大。公司董事会于 2010 年 12 月 23 日发布公告称，经公司董事会审议批准，首次动用其中的 8 700 万元偿还银行贷款。对此，全体独立董事发表了明确的同意意见，保荐机构对超募资金使用事项也出具了专项核查意见，民生证券认为：星河生物此次使用超募资金 8 700 万元偿还银行贷款是合理的，也是必要的，同意公司本次超募资金使用计划。

星河生物对超募资金事前就有明确的使用计划，在动用资金时也严格履行审批程序、并经保荐机构同意且及时披露信息，这与本书前面案例中所讲的一些公司在发行申请时对超募资金没有明确的使用方向相比，真有天壤之别。

【案例评析】

发行市盈率 138.46 倍，“破世界纪录”！

2010 年 11 月 29 日，网上申购的创业板新股星河生物发行后市盈率再创历史新高。在此之前，创下 A 股发行后市盈率纪录的是 2010 年 11 月 12 日上市的沃森生物（300142. SZ），其发行后市盈率达 133. 8 倍。当时被资本市场业内人士和网友戏称为“破世界纪录”。

根据星河生物的招股说明书，该公司主营业务为鲜品食用菌的研发、生产和销售，主要产品包括金针菇、真姬菇和白玉菇等鲜品食用菌。公司采用工厂化模式生产鲜品食用菌，是全国食用菌行业十大龙头企业之一，也是全国食用菌工厂化生产的龙头企业之一。

值得注意的是，证监会宣布在 2010 年的 11 月 1 日起实施新股发行体制改革第二阶段方案。其目的之一，旨在应对“三高现象”（高发行价、高市盈率、高募资额），推动合理定价。但星河生物此番再破纪录，不免让投资者怀疑新制度设计在约束方面的有效性。对此，分析人士表示，一方面，星河生物的“破纪录”有一定的特殊性，其超高的发行后市盈率在一定程度上是由其全国食用菌行业十大龙头企业之一的行业地位及公开发行股数的稀缺性（仅1 700万股）推高的；另一方面，在造成A股新股高价发行的诸多因素未能完全消除的情况下，打破“三高”依然需要一个过程。

没有最高，只有更高！

星河生物此次发行市盈率高达138.46倍，比之前“估值第一高”的沃森生物发行市盈率133倍还高，实在令人叹为观止。

这两只发行市盈率最高的个股均来自生物行业，只不过沃森生物主攻生物制剂，而星河生物则主攻食用菌。与星河生物一样，沃森生物也是一家民营企业，该股最终发行价确定为95元，首日收于136.35元，大大超过机构的预期。

从机构研报中可以看出，沃森生物的卖点在于公司在疫苗领域的研发能力强大。而星河生物则被认为工厂化生产的创新模式利于企业规模快速扩张。

机构热炒“金针菇”，这个“蘑菇”有点贵？

对于星河生物的上市价格，多数机构给出33~48元/股的定位。而星河生物首日开盘价52元，已经远远高于大部分券商给予的2011年合理估值区间，但股价出现涨停。星河生物作为我国鲜品食用菌工业化生产规模最大的企业，具有消费概念。此外，在同批上市新股中，公司发行价与上市股本规模最小，得到市场资金炒作十分正常。按研究机构预测2010年0.6260元的每股收益均值，开盘价动态市盈率下降至83.07倍，仍明显高于农业股的平均估值水平，但与创业板的84倍平均市盈率相当。原来一些机构关于星河生物的发行价“远离价值始终是会回到正轨，大涨过后调整不可避免”的说法似乎站不住脚了。

机构如此热捧星河生物，反映了市场对其成长性和发展空间的认同。机构流入后的几次龙虎榜中均未出现机构卖出，由此推断机构仍坚守其中，活跃游资短线炒作迹象也十分明显，上市后强势上攻态势有望延续。

不过，也有行业分析师表示出不同的看法：像星河生物那么高的估值，早已透支了2011年甚至2012年的业绩，却还能获得机构追捧，很难让人理解。现在新股中机构短炒迹象越发明显，不排除机构在星河生物上也会出现炒一把就跑的可能。此前以148元的高价发行、2010年5月6日上市后曾跌到105元的海普瑞（002399. SZ），当初其“卖点”也无非是生产肝素钠的“特殊行业地位”和“高成长性”，但上市后第4天就跌破发行价，直至2011年2月仍在发行价之下运行。

用动态的眼光看未来

发行市盈率达到138倍的星河生物曾一度被分析人士认为其上市后就会走上价值回归之路。而令人瞠目结舌的是，星河生物上市才10个交易日，涨停已不止一次。星河生物在2011年2月22日最高冲到80.00元，上市后的强势上涨给了市场当头一棒。

以前也有类似的公司九发股份，后来做蘑菇做到亏得严重，直接进行资产重组了。但是，同样做蘑菇的星河生物却在上市后涨势凶猛，就连一些机构操盘手也感到非常意外。

主业为金针菇的星河生物到底为什么受到市场资金的热烈追捧呢？

从预期的市盈率变化和公司的基本面可见端倪。对于星河生物新股上市的价格定位，多数机构给出的新股股价区间为33.60~53.44元。

如果按照最高价53.44元计算，2011~2012年对应市盈率仅为53.33倍和34.14倍（如表10-7所示）。

表10-7　　部分机构对星河生物新股上市价格的定位预测分析表

机构名称	2009EPS	2010EPS	2011EPS	2012EPS
国泰君安	0.4070	0.62	1.01	1.79
齐鲁证券	0.4070	0.66	1.00	1.58
金元证券	0.4070	0.62	1.05	1.96
申银万国	0.4070	0.62	1.01	1.79
天相投资	0.4070	0.61	0.94	1.46
合计	2.0350	3.13	5.01	8.58
算术平均EPS（元/股）	0.4070	0.6260	1.0020	1.7160
对应净利润额（万元）	2 035.02	4 194.20	6 713.40	11 497.20
净利润增长率（%）	—	106.10%	60.06%	71.26%
预测最高价（元/股）	53.44	53.44	53.44	53.44
对应市盈率（倍）	131.30	85.37	53.33	31.14

注：2010—2012年按照总股本6 700万股计算。

公司的竞争优势

公司应用现代科学技术与管理，把传统、简单、粗放的农业生产方式，转变成融合现代工业和农业为一体的工厂化经营模式。食用菌工厂化生产是集现代农业、生物工程技术、现代管理和品牌建设为一体的新型农业经营模式，符合我国国家粮食发展战略、发展循环经济和现代新型农业的要求。该种经营模式采用先进的生物技术，依靠对栽培房、生产容器、制冷及供电、供气、消毒等设备的投入，通过对菌种培育、生产环境综合控制、病虫害控制、产品保鲜等环节的技术研发和控制，实现食用菌的标准化生产，并通过应用精细管理和品牌建设，实现食用菌的现代化经营。食用菌工厂化生产具备规模化、集约化、产业化、品牌化等鲜明特点的现代新农业生产经营模式，符合现代农业的发展趋势和要求。

与传统手工农业生产方式相比，我国工厂化鲜品食用菌生产具备一系列的领先优势：

1. 该种模式具备良好的可复制性，可以实现企业规模的快速扩张。该种模式的可复制性基于以下考虑：一是由于菌种本身具备无限繁殖的特性，且菌种繁殖成本低廉；二是国内食用菌存在广阔的消费市场，而工厂化生产模式在国内处于初级发展阶段，其未来发展空间巨大；三是发行人在菌种培育、技术和人员、销售渠道等方面准备充分，具备快速扩张的基础。基于上述考虑，发行人在资金配合的前提下可实现经营的快速扩张，自2007年开始，发行人的生产基地由一家增加到三家，日产量由2007年初的9吨增加到2010年6月末的40吨，经营业绩也快速增长，发行人经营模式可复制的优势初步显现。

2. 该种模式的生产效率更高。工厂化生产的机械化和自动化程度较高，在同等条件下，工厂化生产的效率比传统模式高出约40倍。

3. 该种模式更有利于保障食品安全。生产企业在生产过程中不使用任何农药和化学添加剂，最大限度满足消费者对食品安全的要求。

4. 工厂化生产的食用菌生长环境可控，产品质量更高、更稳定，并实现周年化生产，常年稳定地供应市场。

5. 工厂化生产的产品附加值更高，效益更好。由于产品优质、安全、无公害，周年化供应，产品容易受到消费者青睐，便于建立良好的专业品牌，为企业带来较高的经济效益。

6. 工厂化生产能节约大量耕地，部分缓解我国人多地少、耕地紧张的局面。

同时，公司具备较强的自主创新能力和研发实力：

公司“出口型无公害食用菌（纯白金针菇）选育及仿生高效栽培高技术产业化示范工程”被国家发展改革委列入国家高技术产业发展项目计划，并分别获得国家发展改革委和东莞市政府各补助资金1 000万元。公司与广东省微生物研究所等单位联合实施的“食用菌优质高效大规模生产关键技术研究”获得国家科技进步二等奖。公司被广东省科学技术厅等四部门联合认定为国家高新技术企业。公司已取得多项具有自主知识产权的科研成果，拥有9项专利，另外有8项专利申请已被国家知识产权局受理。

为了进一步增加食用菌产品品种，完善产品结构，拓宽和延伸产业链，公司通过自主研究和合作培育的方式，开发广东虫草、灰树花、真菌精华素等新产品，目前已进入实验室实验阶段。

公司的发展战略目标

公司以振兴民族食用菌产业为己任，秉承“诚信立业，科技兴菌，环保创新，造福于民”的理念，以市场为导向，以生物技术为依托，打造国际知名的食用菌品牌，力争五年内发展成为具有较强国际竞争力的食用菌龙头企业。目前我国食用菌工厂化生产尚处于起步阶段，发行人将抓住行业发展难得的历史机遇，依托目前的行业地位、技术、人才、销售渠道等优势，进一步发挥经营模式快速复制的特点，实现经营规模和盈利能力的快速提升，为此，发行人制定了“立足广东、面向全国、迈向世界”的经营战略。

募股资金投向及预期效果

公司本次发行募集资金将用于下列项目的投资建设：韶关食用菌生产线整体技术改造项目总投资8 000万元，塘厦食用菌工厂化生产线扩建项目总投资3 168.89万元，工程技术研究开发中心技术改造项目总投资2 000万元，其余资金用于其他与主营业务相关的营运资金。公司将严格按照有关管理制度使用募集资金，努力实现每股净收益的持续稳定增长。

在最新的机构报告中指出，公司产品供不应求，拟募集资金用于产能扩张和研发投入，待募投项目投产后公司将新增金针菇年产能2 700吨，真姬菇3 600吨，白玉菇1 500吨。此外，公司利用自有资金进行改扩建新增6 300吨产能将于2011年投产，募投和技改项目的投产将迅速增加公司的盈利能力。投资项目在2011年即可为公司增加2 000万~2 200万元以上的净利润。

2010 年业绩预计及未来盈利预期

（一）星河生物2010 年三季报主要财务信息见表 10－8。

表 10－8　　2008—2010 年前三季度主要财务信息表

主要财务指标	2010 年前三季度	2010 年中期	2009 年末期	2008 年末期
基本每股收益（元）	0.4500	0.2600	0.4200	0.2500
摊薄每股收益（元）	0.4501	0.2628	0.4070	0.2547
营业收入（万元）	10 935.37	6 545.49	9 577.11	7 389.06
净利润（万元）	2 250.48	1 314.09	2 035.02	1 146.34

注：表中每股收益按当时的总股本计算。

（二）2010 年业绩预计情况

2010 年 12 月 21 日星河生物董事会发布业绩预喜公告，未经注册会计师审计的业绩预告为：预计 2010 年净利润 4 000 万～4 500 万元，同比增长 97%～121%，具体情况见表 10－9。

表 10－9　　业绩预告情况表

项目	2010 年度	2009 年度	增减变动
营业收入（万元）	16 000～1 7000	9 577.11	67%～78%
归属于公司股东的净利润（万元）	4000～4 500	2 035.02	97%～121%
每股净收益（元）	0.5970～0.6716	0.4701	—

注：2010 年每股净收益按发行后的 6 700 万股计算；以上数据经公司财务部门初步测算，具体数据将在 2010 年年度报告中详细披露。

（三）业绩变动原因说明

公司主营业务突出，随着业务规模不断扩大，预计公司本年度营业收入及净利润均较上年度大幅增长，主要原因有：

1. 2010 年韶关子公司生产基地产能改造扩充，清溪分公司生产基地新建投产，公司产能释放增加了产量，同时销售形势良好，产销两旺局面使公司主营业务收入同比增长。

2. 各项成本费用控制合理，由于产量的增加，摊薄了固定成本，使利润大幅增长。

星河生物 IPO 融资后，将投放巨额募股资金于主营业务中，能否在未来两年内达到或大大超过前述机构的盈利预期，真正实现高速成长，达到甚至超过机构的预测值，广大投资者将拭目以待。

星河生物高市盈率再创纪录说明了什么?

星河生物发行价最终确定为36元/股，对应的发行市盈率高达138.46倍，不仅远远高于141家创业板公司81.86倍的平均估值水平，也将沃森生物刚刚创造的133.8倍市盈率纪录再次刷新，成为创业板设立以来发行市盈率最高的公司。

从表10-7可以看出，星河生物的动态市盈率是随着2010年之后的业绩逐年下降的。根据机构的EPS预测数据，如果按照80.00元/股计算，星河生物2011—2012年对应市盈率为79.84和46.62倍。实际上，80.00元的股价是把未来的业绩超前反映（透支）了，股价在80.00元的高位将会有下降回调趋势。

新股发行制度第二阶段改革措施于2010年11月1日开始实施之后，市场本希望新股发行价格与发行市盈率能够更加合理与理性，但从沃森生物与星河生物的表现来看，新股发行改革“进一步完善报价申购和配售约束机制”所发挥的作用其实相当有限。

如果说此前沃森生物的发行市盈率创新高还存在偶然因素的话，那么星河生物再破纪录则说明，发行市盈率频创新高是市场化发行背景下的一种必然。星河生物之所以能够高价发行，显然与基金的热捧密切相关。在参与的询价对象中，32家基金公司的105家配售对象加权平均报价为34.93元，中位数为36元，申购数量占比高达48.12%。正是证券投资基金的高举高打，才使星河生物的高市盈率发行成为现实。然而，基金经理们没想到的是二级市场给出的价格更高。

中国创业板和中小板之所以股价过高，其根本原因是资源太少。截至2010年12月31日，创业板仅有153只股票，中小板也只有531只股票，两者加在一起不过684只股票，流通市值仅有1.82万亿元。而中国股市历来不缺钱，一级市场的发行向来也都是高认购率，新股从来没有发不出去的时候。面对如此少的股票数量和较小的流通市值，热炒必不可免，市场自然会给出很高的市盈率和股价。或许只有当中国创业板和中小板达到2 000只股票和5万亿元规模以上时，发行市盈率和二级市场股价才有希望接近国际创业板的估值水平。

不管怎样，对于今后“三高”发行，作为保荐人和上市公司应该在取得股权融资的同时，注重公众投资者的利益，把发行价定得更加合理，避免恶意圈钱，并给二级市场留出空间，防止跌破发行价，这样将更加有利于中国创业板的健康成长与发展。

第十一章

综合案例

本章首先通过两个综合性案例，讲述运作私募融资和境内外上市融资使企业迅速发展壮大的故事，介绍案例中的著名投资银行、股权投资基金、风险投资基金进行产业股权投资的背景、投资过程和案例分析，以及对本系列丛书所讲的私募融资、股权投资、风险投资、企业兼并与收购、企业境内外上市等知识内容的综合应用。然后，向读者介绍一个带有警示作用的案例，在这几个案例中我们会得到一些有益的启示，以此作为本丛书的结尾。关于这两个案例中涉及的外商投资后相关业绩连续计算问题、权衡净资产和评估值验资利弊、市盈率计算等细节，请参见本书第四章第二节【例4-1】和该章案例一内容，这里就不详细介绍了。

案例一　海普瑞再现西部矿业式暴富
高盛投资获利56.66亿

【案例简介】

公司名称：深圳市海普瑞药业股份有限公司

上市日期：2010年5月6日

上市地点：深圳证券交易所中小板

股票代码：002399. SZ

发行市盈率：发行后72.37倍

融资金额：59.35亿元人民币

公司地址：深圳市南山区松坪山郎山路21号

所属行业：医药制造业

案例亮点：本系列丛书《企业融资与投资》一书中介绍了西部矿业借助私募融资并实现A股上市，踏上了快速扩张之路，国际著名投资银行高盛集团创造世界第一回报的案例。本案例讲述中国高科技人才投资生物制药领域、创业、融资、发展的故事，并介绍和分析融资与投资各方，尤其是高盛集团在助力海普瑞企业扩张及中小板上市的同时，投资3 695万元大赚56.66亿元的奇迹。本案例将展现科技与资本融合的PE魔力。

【案例回放】

2010年5月6日，深圳市海普瑞药业股份有限公司（Shenzhen Hepalink Pharmaceutical Co.，Ltd，以下简称海普瑞、公司），在中小板上市，创下中国

A 股最高发行价的历史记录：发行价 148 元。本次发行总融资额 59.3480 亿元，发行费用 2.18 亿元，占总融资额的 3.67%，净融资额 57.1680 亿元，首日开盘价 166 元，收盘价 175.17 元，比发行价上涨 18.36%。本次募集资金拟投项目总投资约 8.65 亿元，按净融资额计算超募 48.52 亿元。

海普瑞，一个原本在经济界不知名的公司，却因为中小板的造富神话，一夜间成为资本市场乃至整个社会关注的焦点。李锂、李坦，一对本来让外界陌生的夫妇，也因合计间接持有海普瑞 2.88 亿股，身价高达 426 亿元，而曝光于媒体聚光灯下，成为中国内地的新首富。

同样被资本市场和媒体聚焦的是国际著名投行高盛集团，其在成功投资西部矿业（601168.SH）等公司并创造世界第一回报不到三年内，又创下 A 股最高发行价记录，并在海普瑞上大赚一笔：以初始投资 3 694.84 万元和 148 元的发行价计算，高盛账面浮盈达 66.23 亿元，获利约 180 倍。即使按照 2011 年 1 月 31 日收盘价 126.74 元计算，高盛账面仍然获利 56.66 亿元，盈利 154.4 倍。

到 2011 年 1 月 31 日，作为医药板块第一股的海普瑞总市值降为 507.09 亿元，但市值仍然远超 2010 年前医药板块的第一大市值股恒瑞医药。同日，恒瑞医药市值为 370.29 亿元，而云南白药（391.91 亿元）、东阿阿胶（332.96 亿元）、同仁堂（158.28 亿元）、广州药业（154.8 亿元）等中医药精华的上市公司市值被海普瑞远远地抛在后面。海普瑞 2010 年前三季度净利润也比恒瑞医药同期高出 3.87 亿元。

海普瑞为什么发展这样大？高盛为什么看好海普瑞？海普瑞又凭什么吸引国际投行对其投资？高盛等私募股权投资机构对公司的发展起了什么作用？在投资过程中有什么高超技艺？如此高的股价有持续的业绩支撑吗？纸上富贵是否会昙花一现？

本案例相关背景

（一）行业背景——原料药细分行业，肝素原料药价格不断趋涨

1. 产品概况

根据《国民经济行业分类和代码表》（GB/T4754—2002），海普瑞所属行业为“医药制造业”大类下的“C271 化学药品原药制造业”，属于原料药行业的细分行业——肝素原料药行业，处于化学类高科技生物制药领域。

（1）肝素简介

肝素（Heparin），是一种广泛存在于人和哺乳动物组织中的生物活性物质，于 1916 年由麦克莱恩（Maclean）发现，并于 1918 年由豪厄尔（Howell）

从动物肝脏中成功分离而命名。肝素在化学上属于天然黏多糖类物质，是世界上迄今为止人类已知的分子结构最复杂的有机化合物。20 世纪 80 年代末，美国权威科学杂志 *Science* 和英国知名杂志 *Nature* 皆有文章预测，肝素在未来五十年甚至更长的时间内无法人工化学合成。

肝素具有很强的抗凝血、抗血栓功能，在人体内和人体外都有抗凝血作用。除具有抗凝、抗血栓功能外，肝素还具有降血脂、抗动脉粥样硬化、抗中膜平滑肌细胞（SMC）增生、抗炎、抗过敏、抗病毒、抗癌等多种生物学功能。因此，肝素在医学上的应用非常广泛，对多种疾病具有较好的治疗作用。

研究证实，只有从猪小肠粘膜中提取的肝素与人体内的肝素分子结构一致。其在人体内具有天然代谢途径，不会产生蓄积毒性。为保证药源安全性，各主要国家《药典》均规定，凡用于人类治疗的肝素只能来源于健康生猪的小肠粘膜。

（2）肝素的临床应用

肝素作为抗凝血剂，于 1935 年正式应用于临床治疗，至今已有 70 余年历史。至今，它仍是世界上最有效和临床用量最大的抗凝血药物，已被收入世界各主要国家《药典》。

临床上最初应用的肝素称为普通肝素或标准肝素。标准肝素主要用于治疗各种原因引起的弥漫性血管内凝血，以及血液透析、体外循环、导管术、微血管手术等操作中及某些血液标本或器械的抗凝处理等。临床应用及研究显示，标准肝素除具有抗凝血作用外，还具有其他多种生物活性和临床用途，包括降血脂作用、抗中膜平滑肌细胞增生、促进纤维蛋白溶解等作用，还可以治疗冻疮、静脉曲张、神经性皮炎、浅表性静脉炎等多种常见症状。

20 世纪 90 年代末，西方医药研究人员通过化学或酶学等方法将普通肝素解聚得到肝素衍生物，即低分子肝素。经大量临床研究证实，低分子肝素具有很强的抗血栓作用，具有更为广泛的医学用途，成为治疗急性静脉血栓和急性冠脉综合征（心绞痛、心肌梗塞）等疾病的首选药物。通过不同的解聚方法制成的不同品种的低分子肝素，其药物动力学特性和抗凝谱有不同程度的差别，在临床上不能相互代替。目前，西方医药研究人员已开发出十几种低分子肝素产品。

（3）肝素类产品

肝素首先从新鲜的健康生猪的小肠粘膜中提取并制成肝素粗品，肝素粗品中含有病毒及蛋白质，不能直接应用于临床治疗，需进一步提纯以制成肝素原料药，通常以钠盐或钙盐的形式存在，称为肝素钠（Heparin Sodium）或肝素钙，在使用中尤以肝素钠为主。

肝素原料药可直接用于制成标准肝素制剂，或进一步加工制成低分子肝素原料药，再制成低分子肝素制剂。标准肝素制剂和低分子肝素制剂可直接应用于临床治疗。

因此，肝素类产品主要包括肝素粗品、肝素原料药、标准肝素制剂、低分子肝素原料药和低分子肝素制剂，其中肝素粗品是肝素原料药的原料，肝素原料药是标准肝素制剂和低分子肝素原料药的原料，低分子肝素原料药是低分子肝素制剂的原料。肝素产业在过去70余年的发展过程中，已形成一条完整的产业价值链，而肝素原料药是该产业价值链中非常重要且不可或缺的中间环节。

肝素粗品是该产业价值链的低端产品，肝素原料药是该产业价值链的中间产品，低分子肝素制剂是该产业价值链的最高端产品。在上述产品的转化过程中，产品的价值大幅提升，据测算，由肝素粗品转化为肝素原料药，再由肝素原料药转化为低分子肝素制剂，产品价值至少可提升数十倍。

2. 行业准入机制及门槛

根据本行业生产经营的特点，拟进入本行业的企业主要面临以下障碍：

（1）生产经营许可

中国对药品生产经营实行许可证制度，药品生产企业必须取得国家食品药品监督管理局（SFDA）颁发的药品生产许可证和药品生产批准文号及药品GMP证书。因此，拟进入本行业的企业首先必须取得相关的生产经营许可。

（2）各进口国的药品注册或认证

中国的肝素主要向国外出口，若以原料药出口到各进口国，生产企业必须取得各进口国药政监管当局核发的药品注册和认证。例如，若以原料药进入欧美市场，生产企业必须取得美国FDA认证或欧盟CEP认证。因此，拟进入本行业的企业为满足产品符合各进口国药政监管当局的质量标准和要求，必须取得各进口国的药品注册及认证。

（3）技术门槛

肝素粗品是动物源性产品，内含猪源蛋白和病毒，在纯化过程中既要保护肝素天然结构完整性又要彻底灭活病毒，以保证肝素原料药的质量和收率。因此，本行业对市场进入者的生产工艺和技术水平要求严格，具有较高的技术门槛。

3. 产业政策支持情况

肝素原料药行业的发展受到各方面政策的支持：（1）肝素原料药是一种由动物体内提取的天然药物，开发和生产肝素原料药属于国家《产业结构调整指导目录（2005）》鼓励类投资项目，享受相关优惠政策。（2）国家“十一五”规划也明确提出：培育生物产业，发挥我国特有的生物资源优势和技术优势，重点发展生物医药、生物农业、生物能源、生物制造。国家发展改革委发布的《生物产业发展“十一五”规划》明确提出：“十一五”期间的主要任务和重点是加快发展生物医药、生物农业、生物能源、生物制造、生物环保等行业，并支持符合条件的生物企业在境内外股票市场上市融资。

4. 肝素产业的发展概况

（1）全球肝素产业的发展概况

随着人们生活环境和饮食习惯的改变、人口老龄化进程的加快，全球心脑血管疾病的发病和死亡率正逐年增高，心脑血管疾病成为人口死亡的首要原因。作为临床应用最广泛和最有效的抗凝血、抗血栓药物之一，肝素类药物在国际医药市场上占据重要地位，其市场需求十分强劲，并直接拉动了上游产业肝素原料药行业的快速发展，肝素原料药国际市场需求增长空间较大。

由于肝素类药物主要运用于心脑血管疾病和血液透析治疗，其中在血液透析重症治疗中是唯一有效的特效药物，其使用者集中于老龄和肥胖人群，主要消费市场分布集中在欧洲、美国和日本等发达国家，肝素类药物生产商也主要是这些发达国家的国际知名制药企业。

肝素原料药主要用于生产标准肝素制剂或低分子肝素原料药，全球约三分之一的肝素原料药用于制成标准肝素制剂，其余约三分之二作为原料用于生产低分子肝素原料药。2006 年全球肝素原料药销售额在 4 亿 ~5 亿美元之间，2008 年销售额达到 8 亿美元，2006 年至 2008 年，年均复合增长率超过 41.42%。

近年来，国际市场对肝素原料药的需求十分强劲，主要是由于其下游产品肝素类药物市场迅速扩容，并保持高速增长趋势。2006 年全球肝素类药物市场销售额为 49.15 亿美元，2008 年为 59.9 亿美元，年复合增长率为 10.40%；预计到 2012 年肝素类药物的销售额将达到 91.02 亿美元，年复合增长率预计为 11.03%。

（2）中国肝素产业的发展概况

我国出口的肝素类产品主要包括肝素粗品、肝素原料药和低分子肝素原料药，其中大部分为肝素粗品和肝素原料药，小部分为低分子肝素原料药。

我国是全球肝素粗品和肝素原料药的主要生产国，在国际市场上占有 50% 以上的份额，主要是由于我国生猪屠宰量占全球 50% 以上，多年来一直位居世界第一，拥有全球最丰富的肝素原料资源。

我国是全球最大的原料药出口国，也是全球最大的肝素原料药出口国，目前肝素原料药已成为我国西药类产品出口重点品种之一。2009 年上半年，肝素原料药在我国西药类重点产品出口金额排序中跻身第二位，仅次于维生素C，并超过了扑热息痛、青霉素工业盐等传统出口重点品种。

据中国医药保健品贸易网统计，近几年来中国肝素类产品出口增长迅猛，2001年出口金额为4 459万美元，2008年出口金额增至2.26亿美元，增长了399.57%，年均复合增长幅度约25.83%。2009年1—6月肝素钠出口金额达到2.75亿美元。2009年1—9月中国肝素类产品出口均价为5 185.20美元/公斤，较2001年上升了678.09%，年均复合增长率29.23%（见图11－1）。

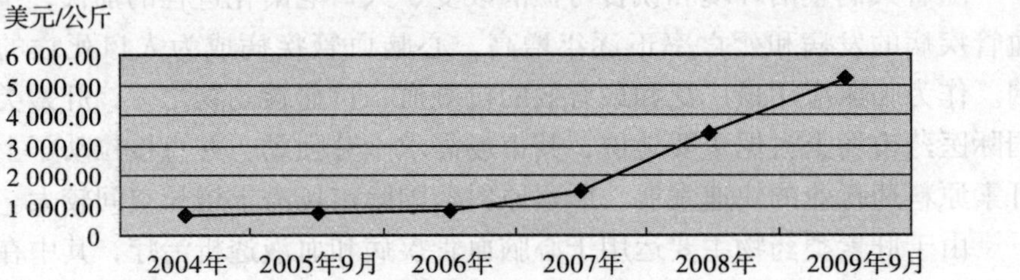

图11－1　2004—2009年前9个月肝素类产品出口价格走势

（二）融资方背景——生物制药出口型国家级高新技术企业

1. 海普瑞的主营业务概况

海普瑞是经中国商务部批准由有限责任公司整体改制设立的外商投资股份有限公司。海普瑞是从事肝素钠原料药研究、生产及销售的高新技术企业，公司已通过中国SFDA的GMP认证，是国内肝素原料药行业第一家通过美国FDA认证的企业，并且通过了欧盟EDQM的CEP认证。

2. 产品的销售模式和主要原材料情况

公司产品的销售方式和渠道是以直接出口销售为主，即以肝素钠原料药的形式直接出口至美国的制剂生产厂，同时也将部分产品销售给国内专业外贸公司等其他公司间接出口。肝素钠原料药产品99%以上出口，客户遍布全球，包括世界知名的跨国医药企业。

公司生产所需主要原材料肝素粗品来源于国内肝素粗品生产点，我国生猪资源丰富，肝素粗品供应充足。

3. 公司的产品技术

公司在纯化、病毒灭活、组分分离和活性基团保护等方面的技术研发和工艺水平居世界前列，对生产过程和产品质量实施全面管理，确保了公司产品质量的稳定可靠，自公司成立至今，未曾发生过因产品质量问题而引发的纠纷。

公司主要产品是FDA等级和CEP等级肝素钠原料药，已通过美国和欧盟药政管理机构的注册和认证，其用途主要是作为原料药直接制成标准肝素制剂或生产低分子肝素原料药；普通等级肝素钠原料药主要作为原料进一步加工制成符合美国FDA认证或欧盟CEP认证标准的肝素钠原料药，再用于制成标准肝素制剂或生产低分子肝素原料药。

公司先后被深圳市认定为“深圳市高新技术企业”、“优强中小企业”、“优秀民营企业”和“民营领军骨干企业”，并曾被国家经济贸易委员会、国家发展计划委员会授予“九五国家技术创新优秀项目”和“国家高技术产业化示范工程”称号。公司于2009年6月被认定为国家级高新技术企业。

（三）投资方背景——国际著名投行，常现百倍收益

美国高盛集团（The Goldman Sachs Group，Inc.，GS Group）是一家具国际领先地位的投资银行、证券和投资管理公司。GS Group于1869年由Marcus Goldman创立于纽约，1896年加入纽约证券交易所开始提供证券交易服务，1999年5月在纽约证券交易所挂牌上市（股票代码NYSE：GS）。

GS Group的注册地址在美国特拉华州，总部设在美国纽约，并在伦敦、法兰克福、东京、香港、悉尼、墨尔本和世界其他主要金融中心设有分支机构，并在20多个国家设立了40余个办事处（包括北京、上海），公司员工数万人。GS Group主要通过投资银行业务、交易和直接投资业务以及资产管理和证券服务业务，为包括公司、金融机构、政府及高净值资产个人在内的不同客户提供全方位的财务顾问、证券交易与发行承销、投融资、资产管理等金融服务。其交易和本金直接投资部门从事股票、债券、货币、商品以及衍生品的做市和交易，以及通过自己管理的基金进行私募股权投资。

全球金融危机后，高盛集团与摩根士丹利一起转变为跨国金融控股公司。在全球金融危机中，众多投资银行轰然倒塌，而高盛集团仍然傲立在华尔街，足见其实力之强大，运作之稳健。

高盛集团及其所属公司近年来屡次投资于中国，给力中国公司高速发展并助推企业上市。高盛在中国的投资项目包括中国平安、中国网通、海王星辰、分众传媒、工商银行、太子奶、熔盛重工、红狮水泥、中芯国际、西部矿业和无锡尚德等，其创造资本市场记录的本领在中国也发挥到极致。

高盛曾于2004—2006年，通过东风实业投资西部矿业9 615万元，在2007年创造了股市的世界第一回报，成为美国哈佛大学著名投资案例。

高盛在2005年5月直接股权投资2 490万美元，助力无锡尚德发展太阳能产业，并在推动无锡尚德赴美国上市的同时，与龙科、英联、普凯等国际投资机构一起在半年内获得近10倍的投资回报，使无锡尚德成为外资在华投资最成功的案例之一（见本系列丛书《企业融资与投资》第二章案例一和《中国企业境外上市指引》第二章案例三）。

投资与融资过程——私人投资、高盛给力，海普瑞成就肝素钠产业

（一）海普瑞实业诞生记

海普瑞的前身是海普瑞实业，成立于1998年4月21日，由自然人李锂、李坦、单宇及冀枣玻璃钢公司以现金出资方式成立的。法定代表人李锂，注册资本200万元，其中李锂出资102万元，占51.00%；李坦76万元，占38.00%；单宇20万元，占10.00%；冀枣玻璃钢公司2万元，占1.00%。

谁是李锂？

四川大学化学系的同学——李锂、李坦，同为1964年出生，1983年进入四川大学化学系，1987年同年毕业。毕业后，李锂进入成都肉联厂工作，而李坦则到安徽省石油化学工业厅教育处工作。

李锂、李坦在校时学习刻苦，品学兼优，两人在大学时期就已经确立了恋爱关系。海普瑞的核心技术“肝素钠原料药提取和纯化技术”，是由李锂个人研究开发，并在多年的研发和生产实践过程中不断发展完善形成的。李锂在上市路演时也透露：“当我是学生的时候，就一直在这个领域”，“25年来除了睡觉和吃饭，绝大部分时间我都在工作”。显然，李锂从大学时代开始，就将全部精力投放到了肝素钠上。

大学毕业后，李锂进入成都肉联厂工作，1992年10月进入重庆通达生物制品有限公司，先后担任总工程师、董事长兼总经理；而李坦则是1992年7月进入重庆通达，先后担任副总工程师、副总经理。

尽管这一阶段李锂夫妇的创业详细经历并不为外人所详知，但显然不像今天这样耀眼。据重庆陪都药业公司董事长唐良平透露，大约在2000年前后，李锂还找到他，希望双方合作，由陪都药业提供厂房和设备，李锂出技术和原料，共同生产肝素钠原料药。可惜的是，由于唐良平当时并不看好肝素钠的前景，合作并未成行。这一细节，也表明李锂当时的事业并非一帆风顺。

1998年，李锂夫妇转战深圳，成立深圳海普瑞实业公司，继续从事李锂为之研究与奋斗的肝素钠原料药生产。海普瑞实业的另一创始人单宇与李坦系兄妹关系。而成立于1990年的重庆通达在2008年注销。

（二）股权转让与增资

1998年9—11月，经股权转让和增资扩股，海普瑞实业注册资本由200万元增加到2 000万元，其中李锂、李坦、单宇将其股份转让给多普乐实业，并由其出资1 400万元，源政投资出资600万元。多普乐实业为李锂、李坦、单宇三人共同出资设立的公司，本次股权转让是实际控制人调整公司的股权架构，实际控制人未发生变化。

2000 年 12 月 16 日，海普瑞实业股东会审议通过，增加自然人王紫翰及利诗源投资、海南磁力线为新股东，并由新老股东按照同比例以现金方式进行增资，将注册资本由 2 000 万元增加到 2 800 万元。

2001 年 1 月 10 日，经海普瑞实业股东大会审议通过，海普瑞实业更名为海普瑞生物技术有限责任公司。

2002 年 9 月 28 日，海普瑞生物技术有限责任公司更名为海普瑞药业有限责任公司。

2001 年至 2007 年 6 月，海普瑞经过多次股权转让，其中最大的一笔是 2007 年源政投资将持有的海普瑞药业 22.93% 股权以 5 797 万元的价格转让给多普乐实业和李锂，而源政投资的初始成本仅为 642.04 万元，获利 9.03 倍。2000 年入股的利诗源投资、海南磁力线是海普瑞拟在国内创业板上市而引进的股东，由于当时上市计划在短期内难以实现，利诗源投资和海南磁力线在 2003—2004 年选择退出。

2007 年 8 月 20 日，多普乐实业和李锂将持有的海普瑞药业股权分别转让给李锂、李坦、单宇控制的乐仁科技、金田土科技、水滴石穿科技、飞来石科技和彭长虹控制的应时信息。公司总股本仍为 2 800 万元。

（三）高盛投资入股海普瑞

2007 年 9 月 3 日，海普瑞药业通过国际私募方式，接受 GS Direct Pharma Limited（以下简称 GS Pharma）增资 491.76 万美元，GS Pharma 获得 12.5% 的股权，各方股东签订了《增资及股权变更协议》。

GS Pharma 本次增资入股的计价依据是海普瑞药业截至 2007 年 6 月 30 日的评估净资产值 27 103.55 万元人民币，GS Pharma 的出资为 491.76 万美元，占出资后总出资额的 12.5%。

GS Pharma 系 GS Direct，L. L. C.（以下简称 GS Direct）的全资子公司，GS Direct 系 GS Group 的全资子公司，即 GS Group 通过 GS Direct 拥有 GS Pharma 100% 的股权。此 GS Group 即为声名显赫的国际投行美国高盛集团。本次投资入股的资金来源为高盛集团的自有直接投资资金。

2007 年 9 月 17 日，深圳市贸易工业局以深贸工资复［2007］2616 号《关于深圳市海普瑞药业有限公司外资并购、变更设立为中外合资企业的批复》同意 GS Pharma 认购海普瑞药业增资额并成为海普瑞药业新股东；海普瑞药业变更为中外合资企业；深圳市人民政府颁发了批准号为商外资粤深合资证字［2007］0087 号的中华人民共和国外商投资企业批准证书。

2007 年 9 月 28 日，南方民和会计师事务所出具了验资报告，验证海普瑞药业已收到 GS Pharma 缴纳的新增注册资本合计 491.76 万美元，按照付款当日汇率 7.5135 折算人民币 3 694.84 万元，其中计入实收注册资本人民币 3 688.23万元，计入资本公积6.61万元。此6.61万元是由于签约时按美元计价投资入股，并经商务部门审批，注册资本金和投资比例已无法变化，而在美元到账结汇时产生汇兑差额，只能计入资本公积——这属于外商投资会计处理问题。

本次国际私募后，海普瑞药业的注册资本由 2 800 万元人民币增至 6 488.23万元人民币；合营各方变更为乐仁科技、金田土科技、水滴石穿科技、飞来石科技、应时信息和 GS Pharma，出资比例分别占 41.05%、35.42%、4.03%、3.5%、3.5%和12.5%。

（四）整体改制变更设立股份有限公司

2007 年 12 月 6 日，经商务部批准，以经审计的截至 2007 年 9 月 30 日海普瑞药业扣除拨款转入形成的资本公积后的净资产 9 702.07 万元按 1:0.92763672的比例折合为总额9 000 万股（每股面值人民币 1.00 元），由海普瑞药业整体变更为“深圳市海普瑞药业股份有限公司”，股份有限公司发起人分别为乐仁科技、金田土科技、水滴石穿科技、飞来石科技、应时信息、GS Pharma。

2007 年 12 月 20 日，南方民和会计师事务所出具了验资报告，验证截至 2007 年 9 月 30 日，公司已收到 6 家发起人股东以净资产缴纳的出资合计 9 702.07万元，其中股本9 000 万元，余额702.07 万元转入资本公积。2007 年 12 月 27 日，公司取得了外商投资股份有限公司的企业法人营业执照。

（五）用未分配利润增资扩股

2009 年 6 月 24 日，经海普瑞股东大会决议和深圳市贸易工业局批准，海普瑞股本总额由 9 000 万股增至 36 000 万股（每股 1 元人民币），注册资本增加部分由各投资者按照原出资比例以其在公司的税后未分配利润投入，各股东持股比例不变。

至此，高盛认购的股份增至 4 500 万股，每股成本摊薄至 0.8211 元（3 694.84万元÷4 500 万股）。高盛入股后的几次股权结构变化见表 11－1，海普瑞中小板 IPO 前的股权结构见图 11－2。

表 11－1　　高盛投资后的股本结构变化表

序号	股东名称	高盛投资后（万元）	整体改制后（万股）	用净利润增资后（万股）	所占比例（%）
1	乐仁科技	2 663.42	3 694.50	14 778.00	41.05
2	金田土科技	2 298.13	3 187.80	12 751.20	35.42
3	GS Pharma	811.03	1 125.00	4 500.00	12.50

续表

序号	股东名称	高盛投资后（万元）	整体改制后（万股）	用净利润增资后（万股）	所占比例（%）
4	水滴石穿科技	261.48	362.70	1 450.80	4.03
5	飞来石科技	227.09	315.00	1 260.00	3.50
6	应时信息	227.09	315.00	1 260.00	3.50
	合计	6 488.23	9 000.00	36 000.00	100.00

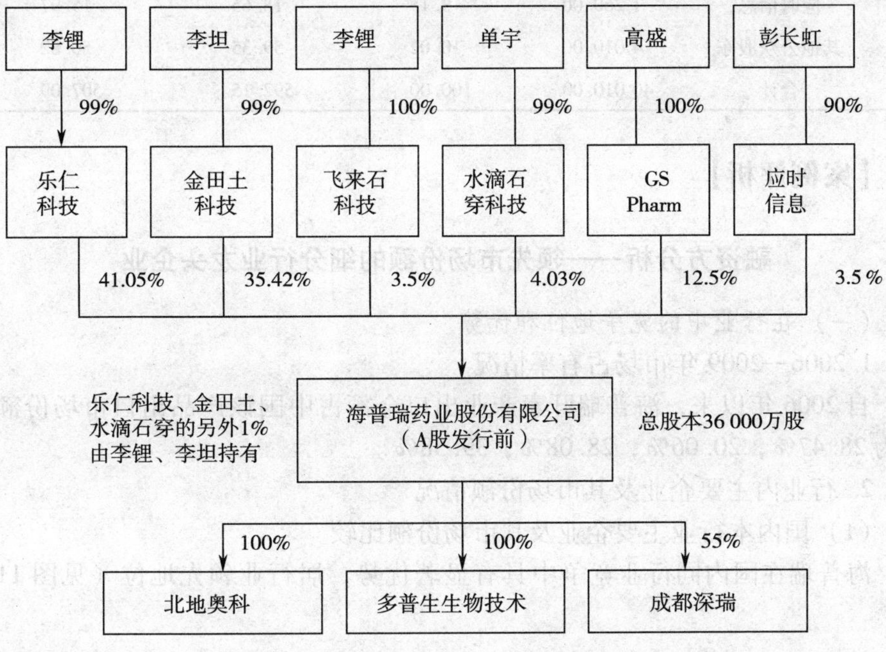

图 11－2　海普瑞 A 股 IPO 前的股权结构图

（六）A 股 IPO 发行后总股本情况

本次发行前总股本为 36 000 万股，本次发行新股为 4 010 万股，占发行后总股本的 10.02%，发行后总股本为 40 010 万股。

公司股东 GS Pharma 承诺自公司股票上市之日起 12 个月内，公司其余 5 家大股东承诺自公司股票上市之日起 36 个月内，不转让或者委托他人管理本公司持有的公司股份，也不由公司回购本公司持有的公司股份。本承诺所指股份不包括本公司在此期间新增的公司股份。

A 股上市后公司前六大股东持股情况及市值见表 11－2。

表 11 - 2　　上市后公司股东持股数量及市值情况

序号	股东名称	用利润增资后（万股）	所占比例（%）	发行市值（亿元）	2011 年 1 月末市值（亿元）
1	乐仁科技	14 778.00	36.94	218.71	187.30
2	金田土科技	12 751.20	31.87	188.72	161.61
3	GS Pharma	4 500.00	11.25	66.60	57.03
4	水滴石穿科技	1 450.80	3.63	21.47	18.39
5	飞来石科技	1 260.00	3.15	18.65	15.97
6	应时信息	1 260.00	3.15	18.65	15.97
7	其他公众股东	4 010.00	10.02	59.35	50.82
	合计	40 010.00	100.00	592.15	507.09

【案例评析】

融资方分析——领先市场份额的细分行业龙头企业

（一）在行业中的竞争地位和优势

1. 2006—2009 年市场占有率情况

自 2006 年以来，海普瑞肝素产业出口金额占中国该产品出口市场份额分别为 28.47%，20.06%，28.08%，39.58%。

2. 行业内主要企业及其市场份额情况

（1）国内本行业主要企业及其市场份额比较

海普瑞在国内同行业竞争中具有显著优势，居行业领先地位（见图 11 - 3）。

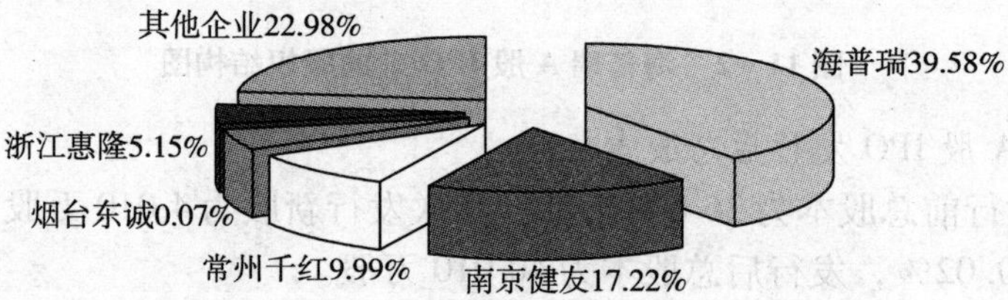

图 11 - 3　2009 年 1—9 月中国肝素产品出口份额

（2）国外主要的肝素原料药生产企业基本情况

N. V. Organon：总部位于荷兰，是欧洲最大的肝素钠原料药供应商，2006 年肝素钠原料药产量约 2.5 万亿单位。

Scientific Protein Laboratories Inc.（SPL 公司）：位于美国威斯康辛州，主要产品为肝素钠原料药和胰腺酶原料药，是美国肝素原料药的主要生产企业和最大供应商，2006 年肝素钠原料药产量约 2.4 万亿单位。该公司既用美国本土肝素粗品生产肝素原料药，也从我国进口部分肝素粗品混合其本土肝素粗品生产肝素原料药。

Pfizer（辉瑞）：全球最大的医药企业，其子公司 Pharmacia Inc. 的主要产品为达肝素钠。Pfizer 是全球第二大低分子肝素生产企业，也是美国主要的肝素钠原料药生产企业，2006 年肝素钠原料药产量约 2.5 万亿单位。

3. 美国 FDA 认证的肝素钠原料药生产企业优势

（1）成本和技术优势

中国肝素行业优势企业较国外的竞争企业具有肝素原料资源丰富和成本较低的优势，在同等质量下更具有价格优势，而且这种优势在未来的国际市场竞争中会越来越明显。而海普瑞由于拥有针对中国肝素粗品质量特点的独特提取和纯化技术，能够将质量差异较大的肝素粗品提纯制成质量统一并符合各进口国《药典》标准和客户特定技术指标要求的肝素钠原料药，在肝素天然结构得到完整保护的同时，使肝素活性收率稳定在较高水平，依托该技术，公司得以充分发挥中国肝素粗品的资源优势，建立起世界范围内的核心竞争力。

（2）原料药出口的优势

海普瑞在中国肝素产业不仅出口金额排名第一，而且是中国第一家通过美国 FDA 认证向美国出口肝素钠原料药的生产企业。

中国向美国出口的肝素分为两种形式：一种是以肝素钠原料药的形式直接出口至美国的制剂生产厂，必须完成美国 FDA 对原料药工厂的认证程序；另一种是以原料的形式出口给美国肝素钠原料药生产企业，进一步加工为肝素钠原料药，无须完成美国 FDA 对原料药工厂的认证程序。海普瑞是以上述第一种方式直接出口至美国制剂生产厂，具有已经能够通过 FDA 认证的优势。

（二）PE 资本助推企业高速成长

海普瑞自从 200 万元创业起家，到 2007 年引进高盛，共经过 7 次股权转让和私募融资，公司共获得创业和企业发展资金 6 400 多万元，其中最主要的是高盛下属 GS Pharma 的股权投资，对海普瑞企业的扩张发展起到极大的助推作用，实现了海普瑞从量变到质变的巨大飞跃。

凭借私募的 6 000 多万元，海普瑞让公司产能迅速扩张，2006—2009 年一直稳居中国肝素类产品出口市场份额第一的位置，真正成为该细分行业的龙头老大，这种高速成长足以使海普瑞在市场竞争中处于优势地位。

（三）公司的经营业绩增长情况

海普瑞 2007 年、2008 年和 2009 年的净利润分别为 4 788.4 万元、6 816.1

万元、16 139.3 万元和 80 905.7 万元，分别比上年增长 42.35%、136.78% 和 401.3%，2010 年前三季度已实现净利润 94 991.1 万元（见表 11－3 和图 11－4），可以称得上是超高速成长企业（图 11－4 中的 2010 年营业收入和净利润为前三季度加第四季度预计数）。

表 11－3　　营业收入、净利润和融资额

项目	2006 年	2007 年	2008 年	2009 年	2010 年前三季度
营业收入（万元）	27 779.5	29 938.2	43 522.1	222 412.4	292 558.5
净利润（万元）	4 788.4	6 816.1	16 139.3	80 905.7	94 991.1
发行后总股本（万股）	2 800.00	6 488.23	9 000.00	36 000.00	40 010.00
对应上年每股净收益(元/股)		0.7380	0.7573	0.4483	2.0221
发行价（元/股）		4.5557			148.00
发行静态市盈率		6.17			73.19
发行数量（万股）		811.03			4 010.00
总融资额（万元）		3 694.8			593 480.00

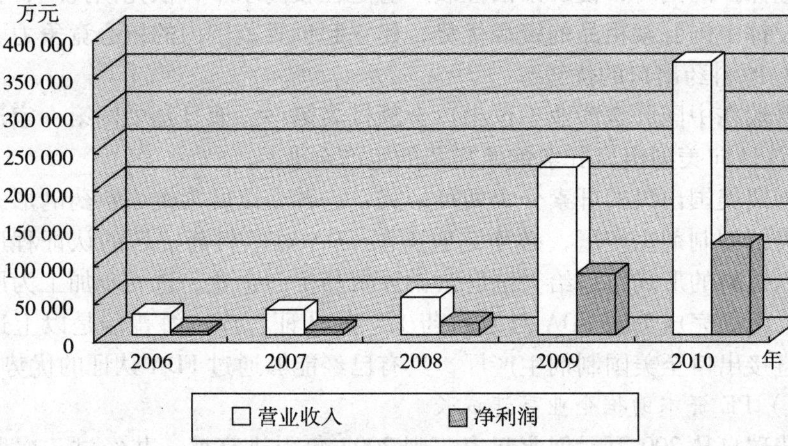

图 11－4　海普瑞营业收入和净利润

高盛再次上演高超财技，PE 获利 154 倍

高盛集团直接股权投资公司 GS Pharma 在 2007 年作为战略投资者的 PE 投资相当于认购海普瑞 811.03 万股，对应增资后的总股本 6 488.23 万股和 2006 年净利润 4 788.4 万元，其每股净收益为 0.7380 元，认购股价每股 4.5557 元所对应的市盈率为 6.17 倍。

虽然海普瑞上市后第 4 天就跌破发行价，最低跌至 105 元，此后大部分时间在120～140元区间运行，2011年1月31日收盘价为126.8元，比发行价下跌14.32%。总市值已由592亿元（按148元）下降到507.33亿元。但即便如此，按总股本40 010万股，126.8元/股计算，海普瑞仍是A股市值最高的药业公司。

而国际投行高盛的下属公司GS Pharma当初投资入股3 694.84万元，获得811.03万股，相当于当时的每股4.5557元，以上市后持股4 500万股，摊薄后的每股成本为0.8211元。以2011年1月31日收盘价126.74元计算，GS Pharma账面仍然获利56.66亿元，盈利154.4倍（见表11－4），绝对是奇迹！

表11－4　高盛的PE在海普瑞上市后的账面盈利计算表（截至2011年1月31日）

项目	PE投资额（万元）	持股数量（万股）	每股成本（元/股）	股价（元/股）	获利金额（亿元）	获利倍数
首次投资入股	3 694.84	811.03	4.5557	—	—	—
利润增资扩大股本后	3 694.84	4 500.00	0.8211	126.74	56.66	154.4

如此投资回报奇迹是由谁一手运作的呢？

GS Direct成立于2007年7月17日，注册资本为100万美元，注册地和主要经营地为毛里求斯。也就是说，在GS Direct成立不到两个月，高盛集团即通过GS Direct和GS Pharma将海普瑞锁定为投资标的并斥资参股。

资料显示，截至2009年12月31日，GS Pharma的总资产为12 569.68万美元、净资产为8 958.31万美元，2009年度实现净利润为6 634.98万美元。

而GS Direct的执行董事为Stephanie Hui，中文名为许明茵，系哈佛商学院工商管理硕士，1995年加入高盛（亚洲）有限责任公司，先后在纽约直接投资部、香港直接投资部工作，并于2003年任执行董事，2006年起一直任高盛（亚洲）有限责任公司直接投资部董事总经理。海普瑞上市时担任海普瑞董事，并兼任GS Direct Pharma Limited董事、中国海王星辰连锁药店有限公司董事等。许明茵和高盛的直接投资团队于2007年在西部矿业上市时曾经创造过投资三年账面盈利67.7亿元和137倍的世界第一回报。

中国股市，没有最高，只有更高！本次成功的PE再次让高盛表演了一场精彩的“资本魔术”。

海普瑞上市得道，大股东市值升天

海普瑞高股价支撑起来的不仅仅是中国医药板块第一公司，也诞生了中国新首富。李锂、李坦夫妇是公司实际控制人。通过乐仁科技、金田土科技、飞来石科技和水滴石穿合计持有公司发行后71.99%的股权，计2.8803亿股。以

148 元的发行价计算，两人合计身家已达 426.29 亿元。2009 年中国内地首富王传福的身家不到 400 亿元。

单宇通过海普瑞第四大股东水滴石穿持有海普瑞 3.59% 股权，计 1 436.29 万股，市值 21.47 亿元。彭长虹通过海普瑞第六大股东应时信息持有海普瑞 2.83% 股权，计 1 134 万股，市值 18.65 亿元（见表 11－5）。

表 11－5　个人间接持有海普瑞的股份数量及市值（按发行价计算）

股东名称	控制公司	公司持股量（万股）	控股比例（%）	个人持股（万股）	所占比例（%）	发行市值（亿元）
李锂、李坦	乐仁科技	14 778.00	100.00	14 778.00	—	—
李锂、李坦	金田土科技	12 751.20	100.00	12 751.20	—	—
李锂、李坦	飞来石科技	1 260.00	100.00	1 260.00	—	—
李坦	水滴石穿科技	1 450.80	1.00	14.51	—	—
合计	—	—	—	28 803.71	71.99	426.29
单宇	水滴石穿科技	1 450.80	99.00	1 436.29	3.59	21.47
彭长虹	应时信息	1 260.00	90.00	1 134.00	2.83	18.65

正是因为 2009 年的腾飞，才有了如今的海普瑞上市并造就李锂夫妇中国新首富的神话。但实际上，海普瑞高价发行，使李锂夫妇成为大陆首富，高盛获得高收益，其中也有很强的偶然因素，并非暗藏推高股价并发行上市而套利的 PE 推手“阴谋”。当初高盛投资西部矿业，也不一定预料到 2007 年那波大牛市行情。而高盛最初投海普瑞时，也不一定预料到 2008 年美国因“百特”事件出现肝素钠风波。2008 年 2 月 28 日，美国百特医疗公司因严重用药过敏事故而宣布召回大量肝素类产品。当时，美国提高肝素钠生产标准，造就了海普瑞出口产品的垄断地位，肝素价格也从 2007 年上涨 4 倍，因此，造就了李锂夫妇和高盛的巨额纸面回报。

李锂在路演的时候感慨，自己成为新首富，“这一切主要是赶上了伟大的时代”。事实上，李锂不仅仅赶上了伟大的时代，而且还在创业、融资、发展的同时又撞了好运。如果没有“百特”事件，海普瑞不会实现 2009 年的超高速腾飞。而正是 2009 年的跨越式增长，加上创业板和中小板的高估值，才使得海普瑞创造了新的市值神话。

不过，高盛为什么总能碰上最佳机遇而屡创世界纪录？这种偶然也许存在于必然之中。

发行价偏高，公众投资者亏损

尽管海普瑞发布的业绩报告显示公司仍处于高增长状态，然而在公司股票上市后出于对未来成长性的担忧，市场对其高股价失去了信心。随着海普瑞的破发和持续横盘在120元上下，不但让普通投资者损失严重，也让一些机构不得不割肉离场。其中明星基金经理王亚伟的“华夏系”基金也已不见踪影。

统计资料显示，2010年第二季度末，95家机构共持有728.93万股海普瑞，但到第三季度末，这一数据已迅速降至8家共505.47万股，其中还包括一家私募基金。如果以发行价和第三季度的均价计算，这些出逃的机构亏损远超过5 000万元，这与李锂夫妇和高盛的巨额盈利形成鲜明对照。

如此看来，海普瑞148元的发行定价确实偏高，造成一级市场和二级市场投资者的普遍损失，暴露出上市公司只顾圈钱、大股东不顾中小投资者利益的行为。同时，海普瑞在上市前也未对其高管层及核心技术人员实施股权激励，表现出自私的一面。这些都是令市场和业内人士感到遗憾的事情。

中国股市本身充满了造富神话，但2011年初由于股票发行价偏高，导致上市首日或随后的几个交易日内破发几乎已成常态，拟上市企业及其大股东和保荐机构应当在上市运作中借鉴前述的经验教训，兼顾各方的利益，结合公司盈利情况和未来成长性及市场状况，合理确定新股发行价格，避免破发，努力创造各方多赢的市场格局。

案例二　金风科技A+H融资88.42亿 PE大赚117倍

【案例简介】

公司名称：新疆金风科技股份有限公司

上市日期：2007年12月26日（A股），2010年10月8日（H股）

上市地点：深圳证券交易所中小板，香港联交所主板

股票代码：002202.SZ，02208.HK

发行市盈率：发行后动态市盈率分别为28.59倍和15.46倍

融资金额：88.42亿元人民币

公司地址：新疆乌鲁木齐市经济技术开发区上海路107号

所属行业：电器机械及器材制造业（大型风力发电机组生产销售）

案例亮点：金风科技在中小板上市创造多项纪录，在香港上市成为第一家中小板A+H公司，境内外两次上市融资额达到88.42亿元人民币，公司将有能力研发和制造大型风力发电机组，占领行业制高点，PE在助推上市中也获利百倍。

【案例故事】

境内外两次上市融资 88.42 亿元

（一）金风科技 2010 年在香港主板上市

2010 年 10 月 8 日，新疆金风科技股份有限公司（Xinjiang GoldWind Science&Technology Co.，Ltd.，以下简称金风科技、公司）H 股在香港联交所挂牌交易，开盘价 18.5 港元，收盘价 19.06 港元，较之招股价分别上升 2.89% 和 6.01%。

金风科技此次发行 39 529.4 万股 H 股，发行价格为每股 17.98 港元，总融资额 71.07 亿元，约折合人民币 61.23 亿元（当日人民币兑港元汇率为 1:0.8616元），扣除发行费用和佣金 2.84 亿港元后，净融资额 68.23 亿港元，约折合 58.79 亿元人民币。由于发行规模大，发行费仅占总融资额的 4%。

根据金风科技 H 股招股书，净融资 68.23 亿港元资金中将有 27.84 亿港元用于建设风机发电机组的生产基地及优化集团业务，10.11 亿港元将用于设计及开发更先进的大型风力发电机组及若干相关零部件，16.69 亿港元将用于拓展国际市场及推广活动，以及 7.15 亿港元用于偿还银行贷款，6.44 亿港元用做一般运营资金。H 股融资后，强大的资金实力将让金风科技占领高端设备制造的行业制高点。

此前，中国证监会于 2010 年 5 月向金风科技下发了《关于核准新疆金风科技股份有限公司发行境外上市外资股的批复》，核准公司发行不超过 45 458.82万股境外上市外资股（含超额配售 5 929.41 万股），每股面值人民币 1 元，全部为普通股。根据此批文，公司可以根据《香港主板上市规则》，并参照香港一级市场的发行市盈率，用港元标价向香港和国际投资者溢价发行 H 股，并在香港联交所主板上市。

这里特别值得一提的是，证监会已同时另外批准：在完成本次发行后，划转中国社保基金会持有的金风科技不超过 45 458 820 股的国有股转为境外上市外资股（H 股）。这就是说，经中国证监会批准，在中国境内的注册公司其原有股东所持有的旧股可以转为香港的 H 股或美国存托股票（ADR）向境外投资者发售，并与境外发行的新股一起在境外上市。但据了解，目前仅有国有股东持有的旧股获得批准在境外上市，自然人和民营企业持有的旧股何时能获中国证监会批准直接在境外上市还有待观察。因此，以前民营企业的旧股通常绕道香港、开曼群岛等地注册离岸公司来运作境外上市。

此前一些国内风电企业接连在境外上市融资。

国内最大的风电场运营商龙源电力集团已于2009年底在香港上市。该公司是央企中国国电集团公司旗下的可再生能源子公司。

国内另一家风机制造商广东明阳风电技术有限公司于2010年10月1日在美国纽约证券交易所挂牌上市。明阳风电此次IPO上市，由摩根士丹利、瑞士信贷集团等联合主承销，以“MY”为股票代码，发行2 500万股美国存托股票（ADR），每个ADR单位定价14美元，共筹资3.50亿美元。明阳风电是中国第一家风电整机制造企业在美国上市，也是广东省中山市第一家海外上市企业，是2010年前三季度中国规模最大的一起赴美上市IPO项目。该公司是成立于2006年的民营风机制造商，公司主要产品为风力发电机组及叶片，同时也生产大容量高压变频调速装置、大功率太阳能光伏并网发电逆变器、风光互补分布式发电并网控制系统、大型风光储能系统、有源电力滤波器等高科技产品。公司已在中山、天津、吉林、如东设有生产基地，并在丹麦成立风力发电机自主研发中心。本次公开发行之前，意大利索法芙、美国凯莱、德同资本、深创投、工银国际等国内外知名的投资机构先后对明阳风电进行了私募投资。

（二）上市三天悉数行使H股超额配售权

在H股上市后的第三个交易日2010年10月12日，金风科技的国际承销商悉数行使招股章程所述的超额配售权，额外发售前次H股发行额度39 529.4万股的15%，即5 929.4万股H股，并于10月14日在香港联交所上市交易。

此次超额配售仍按每股17.98港元的价格发行及配发，总融资额10.66亿港元，扣除1%经纪佣金、证监会交易征费0.003%及香港联交所交易费0.005%和中介机构费用约660万港元后，公司又获得约10.6亿港元的净融资额，约折合9.13亿元人民币。

至此，发行及超额配售H股共计45 458.80万股，总融资81.73亿港元，折合70.42亿人民币（见表11－6），成为2010年在香港IPO募集金额排名第三的公司。

至此，金风科技的总股本增加到269 458.80万股。金风科技在深圳和香港两地上市，2010年10月14日总市值约82.92亿美元（约合人民币547.3亿元），其市值已经超越世界最大风机制造商维斯塔斯（Vestas），一跃成为当时全球市值最大的独立风电设备制造商。不过，金风科技董事长武钢谦虚地表示：“维斯塔斯已有40多年的风机制造和维护历史，我们距离世界一流企业差距依然很大。”

（三）金风科技2007年在中小板上市

其实，早在H股上市三年前的2007年12月26日，金风科技就已在深圳中小板挂牌上市，当初发行5 000万股，占当时发行后总股本的10%，发行价

36元，总融资额18亿人民币，扣除发行费用和佣金0.55亿元后，募集资金净额17.45亿元。由于发行规模大，发行费用仅占3.07%（见表11－7）。金风科技A股首日上市开盘价138元，最高价160元，收盘价131元，收盘价比发行价上涨263.89%。当日上证指数收报5 233.35点，处于历史高位区。募股资金中的9.8亿元用于产能发展建设、6.1亿元用于1.5MW～5MW风力发电机组产品研制、其他用于风电场项目。

据悉，金风科技早在2004年就开始筹划海外上市，但由于公司内部存有相左意见，以及后来美国开始施行《萨班斯法案》的影响，公司最终选择首先在A股市场上市，待条件成熟后再赴香港上市。

最初公司计划在2007年9月份上市，但在上市运作中，由于公司私募股权结构复杂等因素，材料在证监会初审阶段曾被打回，经过补充尽职调查和补充修改IPO申请文件后才再次申报，并过会成功。

在金风科技H股上市时，国内正在筹备海内外上市且有望近期成行的风电企业还有多家，其中包括风电场运营商华能新能源产业控股有限公司、华电集团新能源发展有限公司、新天绿色能源股份有限公司，而风机制造商华锐风电已在2011年1月13日在上海证交所主板上市，以每股90元发行价发行10 510万股，总融资额94.59亿元。

“A＋H”模式让金风科技获得88.42亿元人民币的巨额融资（见表11－6），A股融资使金风科技的规模迅速扩张，利润大幅上涨，为三年后H股上市创造了极好的条件；A股上市当日法人股东市值超百亿元，也一举创造出28名亿万富翁和2名千万富翁（见表11－8）。金风科技的境内外两次上市不仅充分体现了资本市场的造富魔力，同时也向中小板和创业板企业展示了“榜样的力量”！

表11－6　金风科技两地上市总融资额（2007年10月和2010年12月）

发行股票分类	发行量（万股）	发行价（港元、元/股）	融资额（万港元/万元）	汇率	折合人民币（万元）
H股IPO（主板）	39 529.40	17.98	710 738.61	0.8616	612 372.39
H股超额配售	5 929.40	17.98	106 610.61	0.8616	91 855.70
合计	45 458.80	—	817 349.22	—	704 228.09
A股（中小板）	5 000.00	36.00	180 000.00	—	180 000.00
总计	—	—	—	—	884 228.09

表 11－7　金风科技 A 股 IPO 净融资额及发行费用（2007 年 10 月）

序号	项目名称	金额（万元）	比例
一	融资总额	180 000.00	100.00%
二	发行费用		
1	保荐费用	300.00	0.17%
2	承销费用	4 500.00	2.50%
3	审计费用	116.50	0.06%
4	律师费用	90.00	0.05%
5	路演宣传、公告、登记费用	527.12	0.29%
	合　计	5 533.62	3.07%
三	净融资额	174 466.38	96.93%

注：发行费用不包括财务顾问费和在上市过程中公司直接发生的各种费用。

表 11－8　金风科技 A 股上市后前十名自然人股东持股量及市值（2007 年 12 月 26 日）

序号	股东名称	职　务	股份数量（万股）	所占比例（%）	上市后市值（亿元）
1	武　钢	董事长兼 CEO	1 054.80	2.11%	13.82
2	郭　健	董事兼总裁	762.03	1.52%	9.98
3	王　彬		667.94	1.34%	8.75
4	马鸿兵	总工程师	656.33	1.31%	8.60
5	魏红亮		655.47	1.31%	8.59
6	王　进		643.41	1.29%	8.43
7	李　力	副总裁	526.32	1.05%	6.89
8	蔡晓梅	董秘	508.54	1.02%	6.66
9	石勤清		495.00	0.99%	6.48
10	王相明	副总裁	495.00	0.99%	6.48
	小　计		6 464.83	12.93%	84.69
11	其他 20 人		6 464.20	12.93%	84.68
	合　计		12 929.03	25.86%	169.37

注：其他 20 人的市值平均为 4.23 亿元，而且仅有 3 人持股在 180 万股以下，分别为 90 万股、67.5 万股、49.5 万股，市值分别为 1.18 亿元、0.88 亿元、0.65 亿元。即除 2 人市值在 8 800 万元和 6 500万元之外，武钢等 28 人均成为亿万富翁。

本案例相关背景

（一）风电行业背景——可再生能源，新兴产业

1. 风电行业发展概况

（1）世界风电行业发展状况

风电行业的真正发展始于1973年石油危机，美国、西欧等发达国家为寻求替代化石燃料的能源，投入大量经费，用新技术研制现代风力发电机组，80年代开始建立示范风电场，成为电网的新电源。在过去的20多年里，风电发展不断超越人们预期的发展速度，一直保持着世界增长最快的能源地位。近十年来全球风电累计装机容量的年均增长率接近30%，风电技术日臻成熟。

1996—2006年十年间，全球风电累计装机容量的年均增长率接近30%，而中国2004—2006年这三年的风电装机年均增长率超过了70%，是目前全球风力发电增长最快的市场，金风科技2006年已进入世界十大风电设备供应商行列。风电行业在当前全球能源短缺、环境污染形势日趋严峻、对节能减排的要求不断增强的背景下，已逐渐成为一个发展空间巨大的朝阳行业。

根据全球风能理事会的报告，2006年全世界新增风电装机容量15 197兆瓦（1 519.7万千瓦），比上年增长29%；新增风电总投资达140亿美元。截至2006年底，世界风电装机总容量为74 223兆瓦（7 422.3万千瓦），同比增长25%。

2006年，位于全球新增装机量第一、第二位的仍然是美国、德国，但较2005年相比市场份额略有下降，中国、法国、加拿大的市场份额有明显提高。

风电设备制造行业集中度非常高，全球十大风电设备商累计占全球市场96%的份额。仅四家最大风力发电机组设备制造商就掌控了全球市场75%的份额。金风科技在2006年全球新增装机容量市场占有率排名第十位，市场占有率为2.8%。

据《风力十二》的规划和预测，到2020年全世界风能装机容量将达到12.31亿千瓦，这一水平是2005年的21倍，年平均增速高达20%，届时风电将占世界电力供应的12%。

（2）中国风电行业发展状况

中国综合资源利用协会可再生能源专业委员会与美国国家可再生能源实验室（NREL）合作，在联合国环境规划署（UNEP）的支持与资助下，测算中国部分地区的风力资源结果为：陆地可以安装14亿千瓦的风力发电装备，如果考虑海上，总资源量将达到20亿千瓦以上。

中国从1986年开始并网风电项目的探索和示范，1996年之后的项目规模和装机容量有所增大，平均年新增装机容量为60.13万千瓦，最大单机容量为1 500kW。

截至2006年底，中国大陆共建成风电场91个，安装风电机组3 311台，总装机容量为2 596MW，排在世界第5位，亚洲第2位，这表明中国作为一个风力资源丰富的国家，风能的开发利用水平还有很大潜力。

(3) 中国是目前全球风力发电增长最快的市场

中国风能资源储量是印度的30倍，德国的5倍，但目前的装机仅为印度的1/2.5，德国的1/8，未来有较大的发展空间。实际上，中国近几年的风电发展速度已远远超过世界其他风电发展大国。

2. 行业竞争格局及市场化程度

风电设备制造行业是一个进入门槛较高的行业，国内市场的风力发电机组产品供应商主要以国际厂商为主，2004年、2005和2006年，国际厂商产品占国内市场份额的比例分别为75.35%、70.59%、58.80%。国内绝大部分风力发电机组制造厂商均处于发展初期，因此，产业集中度较高，2006年国内主要风力发电机组制造商不超过10家，其中金风科技占国内厂商份额的80.81%。

从竞争的市场化程度来看，风能作为一种清洁的可再生的资源，伴随着《中华人民共和国可再生能源法》及其相关法规的出台，国家对于风电的政策支持力度不断加大，市场发展较快，潜力巨大。

2007年市场处于供求失衡的阶段，供应不能满足市场的需求，国内各风力发电机组制造厂商均处于抢占市场阶段，产能充足、技术成熟、资本雄厚、服务优良的厂商将获得巨大的成长空间。

3. 行业内的主要企业

中国市场的国外厂商主要有Vestas、Gamesa、GE Wind、Nordex、Suzlon等，国内厂商主要有金风科技、浙江运达、华锐风电、东方汽轮机、沈阳工大、哈飞威达、航天安迅能等。

4. 进入本行业的主要障碍

整机设计及制造技术：国家发展改革委规定，风电设备国产化率要达到70%以上，不满足设备国产化率要求的风电场不允许建设，因此，风力发电机组整机制造能否达到风电设备国产化率要求是进入本行业的障碍之一。而国内大部分企业整机设计及制造技术是通过购买或与国外研发机构联合设计取得风力发电机组的设计技术，技术获取成本较高。

历史业绩及品牌形象：大型风力发电机组属于电力系统的基础装备，常年野外运行，环境较为恶劣，运行风险较大，要求可靠使用寿命在20年以上，因此业主在选择设备制造商时十分谨慎，作为对供应商的考核，历史业绩是对产品质量、履约能力最好的保障。

技术壁垒：大型风力发电机组的设计制造十分复杂，涉及多个前沿学科知识，包括空气动力学、多体动力学、新材料科学、变流技术、仿真技术、计算机控制检测技术、各种不同专业零部件技术等，需要生产企业具备丰富的实践经验，拥有属于行业专有的技术诀窍，缺乏技术积累的新进入者会有较大障碍。目前，国家关于风电行业出台了一系列标准，其中行业国家标准及检验规程等43个，风机必须经过严格的设计和样机认证，这些标准和认证过程在规避了风险的同时也抬高了涉足风电行业的门槛。

专业人才：风电行业属于新兴产业，发展很快，国内风电行业普遍缺乏有丰富实践经验的技术与管理人才。目前风电企业技术人员主要来源于其他相关的行业，风电专业经验相对缺乏，尤其是实践方面经验缺乏。同时，行业内有经验的技术及服务人员数量也较少，进入本行业面临着人才缺乏的障碍。

资金实力：风力发电机组制造属于资金密集型的高科技装备制造行业，前期投入巨大（包括购买技术）；风力发电机组制造行业规模经济效益明显，必须达到一定规模后才能够产生效益，小型企业在这个行业中生存困难，这要求企业应具备较强的资金实力以抵抗风险。

5. 市场供求状况及变动原因

（1）国内市场需求变动趋势

国家发展改革委不断推出鼓励风电国产化的新政策，并于2007年连续实行国家风电特许权项目招标，以加快风电的发展。根据丹麦著名风电咨询机构BTM《国际风能发展——全球市场动向2006》预测，2011年中国风电装机总量可能达到1 740万千瓦；业内预测2020年将可能达到3 000万~5 000万千瓦。这就意味着在未来很长一段时期内，中国对风力发电设备的需求将持续保持强劲增长态势。能源的短缺和价格上扬，环境保护压力的持续增大，风力发电技术的逐步成熟和成本的降低，国家产业政策的大力扶持，将成为促进风电行业增长的持续动力。

（2）市场供给变动趋势

风力发电机组整机制造进入壁垒较高，从进入行业到形成稳定的批量生产能力的时间较长，生产能力的扩大比较缓慢，而且先行的整机制造商已与零部件供应商结成了战略合作伙伴，稳定的订单占据了一定的制造资源，给后来的整机厂进入市场带来了一定的困难，因此形成了暂时的市场供不应求的局面。2010年以前，我国风力发电机组市场供给的增长总体上落后于需求的增长。2010年以后，预计有可能出现供求基本平衡、略有短缺的局面。

6. 行业利润水平的变动趋势及变动原因

2010年以前，我国大型风电机组制造行业将呈现供不应求的局面，行业厂商有望继续保持相对较高的利润水平。2010年以后，随着新的竞争者逐步成熟，预计行业总体利润水平将会有所下降。但随着风电制造技术的不断发展，成本也会有所下降，同时风电设备制造行业的规模效应明显、行业竞争集中度高，因此技术成熟、经营模式灵活、综合实力强、销售规模大的企业仍将会保持一定的利润水平。

7. 国家产业政策的支持

国家鼓励装备制造企业通过上市融资。《国务院关于加快振兴装备制造业若干意见》是国务院为改变我国装备制造业自主创新能力弱、对外依存度高、产业结构不合理、国际竞争力不强等问题，为加快装备制造业的振兴而提出的，相关内容如下：到2010 年，发展一批有较强竞争力的大型装备制造企业集团，增强具有自主知识产权重大技术装备的制造能力，基本满足能源、交通、原材料等领域及国防建设的需要；发展大型清洁高效发电装备，包括大功率风力发电机等新型能源装备，满足电力建设需要。该意见还鼓励符合条件的装备制造企业通过上市融资、发行企业债券等方式筹集资金。

（二）融资方背景——新兴高端设备制造，前途无量

1. 金风科技的业务概况

公司主营业务是大型风力发电机组的开发研制、生产及销售，中试型风力发电场的建设及运营。公司的产品是大型并网型风力发电机组设备，是风力发电的关键设备。公司还为投资者提供从风电场前期测风、风资源评估、建设规划到风电机组运输、安装、调试、风电场运行维护等一系列服务。

产品销售方式和渠道为采用定单式生产和销售的直销模式，销售合同的签订分为大客户销售合同和特许权销售合同两种。

金风科技是风电设备制造国产化、稳居龙头地位的国内最大的风力发电机组整机制造商。公司于2006 年入选福布斯“2007 中国潜力100”排行榜，位列第7 名，被评为中国最具发展潜力的公司之一；同年，世界风能协会（WWEA）将“2006 年度世界风能荣誉奖”授予金风科技及其董事长武钢，以表彰公司在推动中国风电工业发展中作出的卓越贡献。

2. 公司产品技术

金风科技2006 年产品主要有600kW、750kW、1.2MW、1.5MW系列风力发电机组，正在研制的产品有1.5MW 部分新机型及2.5MW、3.0MW、5.0MW风力发电机组。公司是国家大型风力发电机组“863”项目及国家“九五”、“十五”、“十一五”科技攻关项目的重点承担单位，并承担“十一五”国家科技支撑计划“大功率风电机组研制与示范”重大项目的3 项课题。公司1.5MW 风力发电机组产品已通过国家“863”项目验收，于2007 年开始批量进入市场。

金风科技已获得技术专利10 项，申报技术专利13 项；受国家有关部门委

托公司主持起草制定了2项国家风电标准、1项地方标准，正在主持起草和参与制定5项国家标准。2004年，国家科技部批准以金风科技为依托单位，组建了全国第一家国家级风力发电工程技术研究中心。

公司从事该业务多年，已有上千台风电机组在不同气候条件下可靠运行的历史业绩，并已建立了较为完备的设计、制造、安装、售后服务体系，在市场上树立了良好的品牌形象，与国内许多大型电力投资商建立了长期的合作关系。

3. 融资方高管人员

武钢，董事长兼首席执行官，硕士研究生学历，教授级高级工程师，中国资源综合利用协会可再生能源专业委员会副主任委员，享受国务院特殊津贴专家，新疆维吾尔自治区专家顾问团成员，曾任新疆风能有限责任公司风电场场长、副总经理，新疆新风科工贸有限责任公司总经理，新疆风能研究所所长，新疆风能有限责任公司副董事长。2006年被世界风能协会授予世界风能奖。

郭健，董事兼总裁，硕士研究生学历，高级工程师。曾在新疆轴承厂、新疆风能有限责任公司工作，1998年在新疆新风科工贸有限责任公司工作，任公司质量总监、生产总监，2001年起历任公司副总经理、常务副总经理，总经理。

（三）投资方背景——中西合璧，产业投资与财务投资实力雄厚

新疆风能有限责任公司（下称风能公司），系在新疆风能公司（成立于1986年的国有企业）基础上于2005年10月13日改制组建的有限责任公司。注册资本9 000万元，其中：控股股东新疆维吾尔自治区国资委出资3 503.5万元，占注册资本的38.93%；其他三家股东为中国水利投资集团公司、新疆昌源水利水电产业集团有限公司、新疆瑞达房地产开发有限公司。

中国水利投资集团公司（下称国水集团），原名中国水利投资公司，是1997年12月22日成立的全民所有制企业。2006年9月14日更名为中国水利投资集团公司。国水集团为国务院国资委下属的全资子公司，注册资本162 497.9万元。

中国—比利时直接股权投资基金（下称中比PE基金），是一家于2004年11月18日在中国北京市成立的中外合资经营企业，经批准的经营期限为12年，注册资本为1亿欧元，其中：比利时政府出资850万欧元，占注册资本的8.5%；比利时富通银行出资1 000万欧元，占注册资本的10%；中国财政部出资850万欧元，占注册资本的8.5%；全国社会保障基金理事会出资1 500万欧元，占注册资本的15%；国家开发银行出资1 500万欧元，占注册资本的15%；中国印钞造币总公司出资1 300万欧元，占注册资本的13%；国家开发

投资公司出资1 000万欧元，占注册资本的10%、海通证券股份有限公司出资1 000万欧元，占注册资本的10%；广东喜之郎集团有限公司出资1 500万欧元，占注册资本的10%。该基金委托海富产业投资基金管理有限公司作为管理人，海富产业投资基金管理有限公司由海通证券股份有限公司（占66.67%股权）和比利时富通基金管理公司（占33.33%股权）合资组建，注册资本2 000万元，注册地点在中国上海。

深圳市远景新风投资咨询有限公司（下称远景新风），其实际控制人为光大海基中国特别机会基金（SeaBright China Special Opportunities（I）Limited）（以下简称光大海基）。光大海基是2003年10月6日在维尔京群岛（BVI）成立的国际商业公司。远景新风是光大海基的全资子公司Ally Point Limited的全资子公司，注册资本人民币2 546.25万元，注册地址在深圳市。

新疆风能研究所（下称风能研究所），是1986年7月1日由自治区水利厅举办的事业单位，其业务范围是研究水电、风电科学，促进科技发展，水电、风电科学研究。科技成果推广，业务培训。住所在乌鲁木齐市；法定代表人：武钢；经费来源：全额拨款；开办资金：808万元。

新宏远创风能投资有限公司（下称新宏远创），是一家于2005年8月在英属维尔京群岛注册成立的国际投资公司，是金风科技的直接外资股股东，是专门投资于风能创业企业的实业风险投资公司。带有VC性质的新宏远创基金（New Horizon Fund（L. P）持有新宏远创100%的股权，是新宏远创的实际控制人。

融资与投资过程——私募融资2.2亿元，奠定风电基业

（一）公司创立情况

金风科技的前身新疆新风科工贸有限责任公司（下称新风科工贸）于1998年2月17日成立，注册资本300万元，股权结构如下：风能公司270万元，占90.00%；任生荣9万元，占3%；马辉8万元，占2.67%；张晓涛7万元，占2.33%；张春英6万元，占2%。

（二）改制前历次增资和私募融资

1999年5月4日，新风科工贸注册资本由300万元增至1 563.28万元，其中风能研究所累计出资970.18万元，占62.06%，暂时成为控股股东；风能公司增资到385万元，占24.63%为第二大股东；武钢、郭健等9人为自然人股东。

2000年3月资本公积金转增至股本1 722.74万元；2000年12月，经过多次转让和增资，公司总股本达到3 059.11万元，风能研究所让出大股东位置，风能公司再次成为大股东，新股东国水集团出资800万元为第二大股东，新疆

太阳能科技开发公司和北京君合慧业投资咨询有限公司成为新股东；同时，又有几位自然人通过出资、收购股权和增资成为公司股东，此前的历次转让和增资扩股的价格均为1元/股，均经新疆维吾尔自治区政府和国资部门批准，工商管理机关登记。

（三）整体变更设立股份有限公司

2001年3月26日，新风科工贸的全体股东作为发起人，即风能公司、国水集团、风能研究所、新疆太阳能科技开发公司、北京君合慧业投资咨询有限公司和武钢等九位自然人，以新风科工贸的净资产3 234.3万元折股，将新风科工贸整体变更设立股份有限公司，总股本为3 230万股。本次整体变更经新风科工贸临时股东大会决议通过，并经新疆维吾尔自治区政府和国资部门批准，股本结构见表11－9。

表11－9　　整体变更后的股本结构（截至2001年3月26日）

序号	股东名称	股份数量（万股）	所占比例（%）
1	新疆风能有限责任公司	1 232.25	38.15
2	中国水利投资集团公司	819.77	25.38
3	新疆风能研究所	158.27	4.90
4	新疆太阳能科技开发公司	115.31	3.57
5	北京君合慧业投资咨询有限公司	41.02	1.27
6	陶毅	159.24	4.93
7	魏红亮	125	3.87
8	谷宝玉	116.93	3.62
9	王彬	105.62	3.27
10	胡楠	90.44	2.80
11	马辉	87.53	2.71
12	武钢	63.31	1.96
13	郭健	61.05	1.89
14	王进	54.26	1.68
	合计	3 230.00	100.00

（四）整体变更为股份公司后的两次私募融资

2004年12月21日，公司在新疆维吾尔自治区工商局办理了增资工商变更登记手续。金风科技与原股东风能公司、国水集团、陶毅、武钢、魏红亮、谷宝玉、王彬、胡楠、马辉、郭健、王进及自然人马鸿兵、李力、蔡晓梅、石勤清、王相明、朱新湘、曹志刚、梁斌、谭亮、张晓涛、陈小海、熊伯增签订

《增资扩股协议》约定：公司股本由3 230万股增加到7 000万股，本次增资股份按每股1.27元的价格以现金方式认购，共募集资金4 787.90万元。

2005年9月16日，公司与原股东及中比基金、上海银利移动通信设备有限公司、中国光大投资管理公司、广东龙光（集团）有限公司签订了《增资扩股协议》，约定：新投资者以现金方式认购3 000万股股份，认购价格为每股5元人民币，私募融资额为1.5亿元，总股本增至为10 000万股。此次增资经公司2005年10月27日临时股东大会审议通过，并经新疆维吾尔自治区人民政府批准，其中涉及国有法人股权的出资及比例经新疆维吾尔自治区国资委批复确认。

至此，金风科技私募融资累计超过2.2亿元，创建了风电设备制造的基业。

（五）10送转35的高送配

2007年3月24日，公司2006年年度股东大会审议通过2006年度利润分配及公积金转增股本的决议，同意以2006年末总股本1.00亿股为基数，以2006年实际可供分配的利润按10:18.6的比例派送红股；按10:13的比例用资本公金转增股本；按10:3.4的比例用法定盈余公积金转增股本。以上共计10送转35，公司总股本由1.00亿股增至4.50亿股。

2007年3月28日，金风科技在自治区工商局办理了送红股及公积金转增的变更登记。从私募融资到送转股本后，此期间又有多次股权转让，到公司发布A股招股书之前，公司的股权结构列于表11－10和图11－5。

表11－10　公司A股IPO前的股本结构（截至2007年3月28日）

序号	股东名称	股份数量（万股）	所占比例（%）
1	新疆风能有限责任公司	9 135.00	20.30
2	中国水利投资集团公司	7 875.00	17.50
3	中国—比利时直接股权投资基金	3 600.00	8.00
4	深圳市远景新风投资咨询有限公司	2 182.50	4.85
5	新疆风能研究所	1 071.00	2.38
6	武钢	1 054.80	2.34
7	新宏远创风能投资有限公司	900.00	2.00
8	深圳市远景新能投资咨询有限公司	900.00	2.00
9	郭健	762.03	1.69
10	深圳市立安多投资咨询有限公司	717.1875	1.59
11	其他法人和自然人股东	16 802.48	37.34
	总股本	45 000.00	100.00

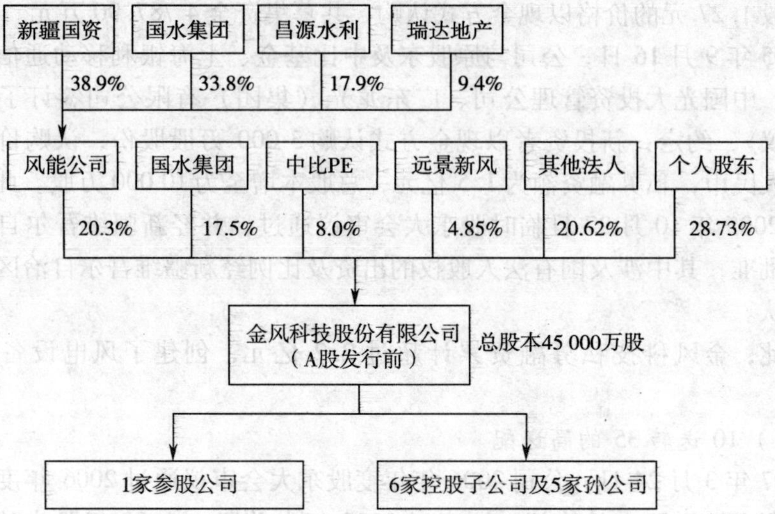

图11－5　金风科技A股IPO前的股权结构

（六）A股IPO发行后总股本情况

2007年12月14日金风科技A股IPO发行5 000万股，占当时发行后总股本的10%，其中网上发行的4 000万股于当月26日在深圳中小板挂牌上市，网下配售的1 000万股3个月后上市。风能公司、国水集团、远景新风、深圳远风、风能研究所、远景新能、中—比基金等自股票上市之日起36个月内限售，其他股东在12个月内限售。本次公开发行股票融资18亿元人民币，总股本增至5亿股，总市值655亿元。前十名股东的持股量、持股比例和首日收盘市值见表11－11。

表11－11　A股上市后公司前十名股东持股及市值情况（截至2007年12月26日）

序号	股东名称	股份数量(万股)	所占比例（%）	上市后市值（亿元）
1	新疆风能有限责任公司	9 135.00	18.27	119.67
2	中国水利投资集团公司	7 875.00	15.75	103.16
3	中国—比利时直接股权投资基金	3 600.00	7.20	47.16
4	深圳市远景新风投资咨询有限公司	2 182.50	4.37	28.59
5	新疆风能研究所	1 071.00	2.14	14.03
6	武 钢	1 054.80	2.11	13.82
7	新宏远创风能投资有限公司	900.00	1.80	11.79
8	深圳市远景新能投资咨询有限公司	900.00	1.80	11.79
9	郭 健	762.03	1.52	9.98
10	深圳市立安多投资咨询有限公司	717.1875	1.43	9.40

【案例评析】

金风科技凭什么吸引私募投资？引进私募股权投资者之后公司的发展如何？私募股权投资机构在私募融资过程中有什么高超之处？全球金融危机对股价有何影响，原始股东和 PE 们究竟获利几何？

融资方分析——高成长性公司具有迅速发展扩张的能力

1. 在行业中的竞争地位和优势

（1）2004—2006 年风力发电机的市场占有率情况

公司风力发电机组产品在 2006 年全球新增风电装机市场占有率为 2.80%，排名第十；在 2006 年中国新增风电装机市场占有率为 33.29%，排名第一，近三年市场占有率持续保持在国产风力发电机组产品的 80% 以上（见表 11－12）。

表 11－12　2004—2006 年金风科技风力发电机的市场占有率情况

项目	2004 年	2005 年	2006 年
占国内市场份额	20.13%	26.37%	33.29%
占内资企业机组市场份额	81.65%	89.67%	80.81%

（2）公司市场占有率与同行业企业的市场占有率比较

2006 年中资企业新增装机市场份额前四名分别为：金风科技 80.81%、华锐风电 13.61%、浙江运达 3.54%、东方汽轮机 1.63%。

2006 年全国新增装机市场份额前四名分别为：金风科技 33.29%、Vestas 23.55%、Gamesa 15.89%、GE Wind 12.68%。

从以上统计数据可以看出，公司在全国风力发电机组制造企业中市场占有率较高，具有较强的竞争优势。

2. PE 和 IPO 融资资本助推企业高速成长

事实上，金风科技通过私募融资 2.2 亿元，A 股和 H 股 IPO 上市共募集资金 88.42 亿元，累计融资超过 90 亿元。公司在雄厚的资本推动下，将技术研发成果转化为强大的新兴风电产业生产力。仅靠 PE 私募和 A 股 IPO 融资的 20.2 亿元，就已经让公司产能迅速扩张，2010 年前三个季度营业收入已达到 108.9 亿元。

如此经济规模使金风科技在中国南车、华锐风电等大型企业投身风机制造，使风电整机行业产能过剩，业内竞争趋于激烈的情况下，稳居国产风电设备的龙头老大地位。而 2010 年 H 股融资 70 亿元将让金风科技在“十二五”

期间如虎添翼，迅速腾飞。

3. 公司的经营业绩情况

经北京五洲联合会计师事务所审计，公司2004年、2005年、2006年实现营业收入分别为24 486万元、50 553万元、153 028万元，实现归属母公司所有者净利润分别为4 216万元、11 230万元、31 958万元。H股上市前的2009年公司营业收入已达到107.38亿元，净利润17.46亿元（见表11－13、图11－6）

表11－13　　金风科技历年营业收入、净利润

项目	2004年	2005年	2006年	2007年	2008年	2009年	2010年
营业收入（万元）	24 486	50 553	153 028	310 303	645 781	1 073 836	1 759 552
净利润（万元）	4 216	11 230	31 958	62 960	90 641	174 558	228 812
发行后总股本（万股）	7 000.0	10 000.0	45 000.0	50 000.0	100 000.0	224 000.0	269 458.8
每股净收益（元/股）	0.60	1.12	0.71	1.26	0.91	0.78	0.85
发行价(元/股,港元/股)	—	5.00	—	36.00	—	—	17.98
发行后动态市盈率	—	4.45	—	28.59	—	—	21.17
发行数量（万股）	—	3 000.00	—	5 000.0	—	—	45 458.8
总融资额(万元/万港元)	7 000	15 000	—	180 000	—	—	817 349
折合人民币（万元）	7 000	15 000	—	180 000	—	—	704 228

注：1. 营业收入和净利润为A股披露数据，与香港H股招股书披露数据略有差别，原因是香港会计准则及核数准则不同，造成境外审计后数据与境内披露数据不同，但差别很小；2. 发行后总股本按照每年过后增资扩股或发行后的总股本计算，以保持计算动态每股净收益和动态市盈率的可比性；3. H股发行价和总融资额单位为万港元；4. 2004年的融资额7 000万元为截至该年底的融资额约计总和。

4. 金风科技在国际化战略上走在国内风机制造企业的前列

关于国际化战略，金风科技算得上是走在了国内风机制造企业的前列。2008年，金风科技开始出口风机。

2009年金风科技就开始着力于由“内销”向“外贸”的转变。2009年，公司控股子公司德国Vensys energy AG实现了1.5MW机组在欧洲的销售；同时还中标了埃塞俄比亚5万千瓦风电项目；在德国、美国、澳大利亚设立了全资子公司等，金风科技正在一步步实现国际化的扩张。

2010年新年伊始，金风科技海外市场再次传来捷报。其在美国明尼苏达州Pipestone镇UILK风电厂项目的3台1.5MW风力发电机组已经成功实现并网运行。这是金风科技在美国的第一个项目，也是其在海外的第一个兆瓦级风力发电机组项目，标志着金风科技在国际化战略的实施中又迈出了重要的一步。

金风科技H股成功上市，所募集的资金将有效支撑金风科技的国际化发

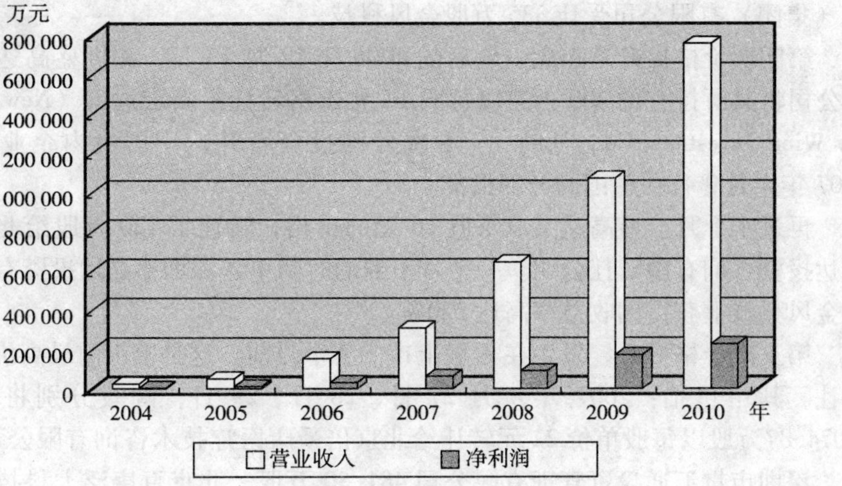

图 11－6　金风科技历年营业收入和净利润

展战略。海外市场将成为金风科技新的利润增长点，并计划到 2012 年海外市场销售收入达到总销售收入的 30% 以上。

投资方分析——百元身价背后的 PE 推手

事实上，百元身价已经不仅仅是二级市场资金追捧的结果。早在上市前，一级市场已经燃起了炒作准上市公司的战火。"上市百元股"金风科技，就是在上市前的一级市场上因为股权转让和 PE 的不断推高而使股价进入了百元档次。

2007 年 11 月，一级市场上的金风科技股价就已经达到 100 元，只要卖出 1 万股，就可以成为百万富翁了。

招股书显示，金风科技从成立至 A 股上市前共经过了 47 次股权转让。2006 年的近 30 次股权转让几乎都能看到 PE 的身影。上市后被锁定股份的 25 位社会法人股东中有 20 位都是 PE 机构。

第一次私募股权价格的提升发生在 2004 年 12 月 21 日，金风科技增资扩股到 7 000 万股时，法人和自然人股东的认购价格只有 1.27 元。

第二次私募股权价格提升是在 2005 年 5 月 14 日，北京君合慧业投资咨询有限公司以每股 1.81 元的价格转让给赵迪 41.02 万股。

第三次私募股权价格提升是在 4 个月后的 2005 年 9 月 16 日，中国—比利时基金、上海银利移动通讯设备有限公司、中国光大投资管理公司、广东龙光（集团）有限公司等以每股 5 元的价格认购金风科技私募股份 3 000 万股。

2006 年 12 月 5 日，深圳盛高达投资有限公司以每股 5 元的价格从广东龙光（集团）有限公司受让335万股金风科技。

第四次价格提升是在此一周后的2006年12月13日，深圳盛高达投资有限公司将其所持有的200万股以每股16元价格转让给新宏远创（New Horizon Ivy Wind InvestmentCo.，Ltd.）。本次外国投资者并购中国境内企业股权于2007年4月2日获中国商务部批准。

再过半个月，盛高达又以每股16元的价格，转让了120万股给北京绵世方达投资咨询有限责任公司。一个月不到的时间里，深圳盛高达投资有限公司在金风科技上获得的收益率高达220%。

第五次价格提升，发生在A股上市的7个月前，这是上市前最高价的股权转让。其中包括：2007年4月27日、28日、29日，陶毅分别将其所持1 074.87万股以每股单价22元转让给北京倍爱康医疗技术咨询有限公司99万股，深圳市贯汇通投资管理有限公司481.50万股，北京百庚泛太科技有限公司450万股，上海绘彩印刷包装材料有限公司44.37万股。陶毅从此变身为亿万富翁。

同一期间，胡楠将其所持610.47万股以每股单价22.00元分别转让给惠州市美亚投资有限公司360万股、深圳市里昂投资管理有限公司157.50万股、上海中阜投资管理有限公司92.97万股。胡楠也从此成为亿万富翁。

值得特别注意的是，上述两次转让是发生在金风科技送转股至4.5亿股之后，每一股原始股已经变成4.5股，此时的22元股价对于2007年3月27日前的原始股来说已经是99元/股。2010年12月26日，金风科技首次公开募股价36元，首日上市收盘价131元，对应2007年3月27日前的原始股换算股价已经分别达到了162元和589.5元（见表11－14、图11－7、图11－8）。

表11－14　　金风科技股份转让价和原始股换算股价　　单位：元/股

项目	2004年12月	2005年4月	2005年9月	2006年12月	2007年4月	2007年IPO	2007年上市首日
交易股价	1.27	1.81	5.00	16.00	22.00	36.00	131.00
原始股换算价	1.27	1.81	5.00	16.00	99.00	162.00	589.50

上市背后的PE盛宴，最高获利117倍

作为国内风电行业龙头及其良好的业绩，让金风科技在上市前就已经吸引了大量VC、PE的眼球。

按照金风科技的招股书，金风科技的股东包罗万象，既有国有股东，也有民营股东，还有外资股东。当中既有VC，也有PE，另外还有众多的自然人

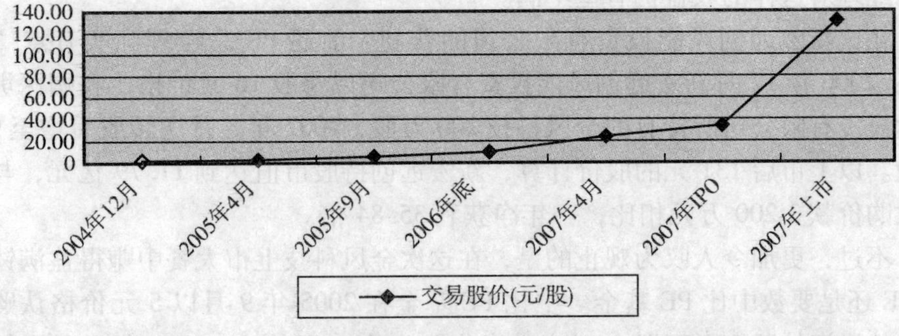

图 11－7　金风科技股权转让和股票首日收盘价走势

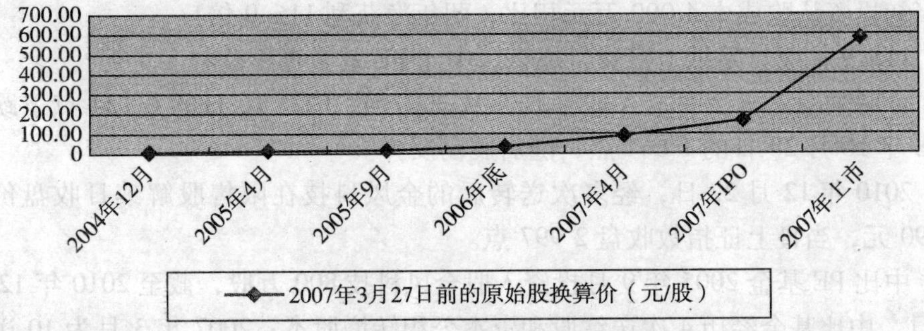

图 11－8　金风科技原始股换算股价走势

股东。

招股书显示，国企股东新疆风能公司为金风科技第一大股东，持股比例为20.3%，第二大股东为国水集团，持股比例 17.5%。

属于 PE 性质的第三大股东中一比直接股权投资基金，持有 3 600 万股，股权比例 8%；属于 VC 性质的新宏远创风能投资有限公司（外资）持有 900 万股，上海联创永宣创业投资企业持有 225 万股；自然人武钢持有 1 054.80 万股。

金风科技股价的一再攀高正是在股权转让中 PE、VC 机构不断助推的结果。尽管上市前股价已经达到 100 元，但市场是无法想象的，由于所持股份成本价格的差异和 PE 们对利润的无限追求，上市前后一些 PE 机构利用资本运营手段屡次推高股价。

也有投资机构否认 PE 推高股价的说法，他们认为：上市股价高涨说明投资者对金风科技非常看好。

“别人都是 5 元左右进去的，还有 16 元买入的，我们是 22 元进去的，获得收益仅仅 5 倍多一些。”已经在金风科技股票上获利 5.95 倍的深圳某 PE 机构总经理对这样的收益仍有些不满。

相比新宏远创风能投资有限公司的获利，前述 PE 总经理确实有点“惭愧”：2006 年 12 月新宏远创风能投资有限公司以每股 16 元价格，收购深圳盛高达投资有限公司所持有的金风科技 200 万股，2007 年 3 月送转股后增至 900 万股。以上市后 131 元的股价计算，新宏远创持股市值达到 11.79 亿元，与当初收购价款 3 200 万元相比，一年净获利 35.84 倍。

不过，更加令人叹为观止的是，在这次金风科技上市大餐中赚得盆满钵盈的 PE 还是要数中比 PE 基金。中比 PE 基金在 2005 年 9 月以 5 元价格认购金风科技增资扩股 800 万股（对应动态市盈率为 4.45 倍），2007 年 3 月送转股后增至3 600万股。以上市后 131 元的股价计算，其持股市值达到 47.16 亿元，与当初投资认购成本 4 000 万元相比，两年净获利 116.9 倍！

116.9 倍应算是纸上富贵。那么，中比 PE 基金真正获利多少呢？

全球金融危机使中国 A 股暴跌，从 2007 年 10 月 16 日的 6 124 点下跌到 2008 年 10 月 28 日的 1 664 点，随后震荡反弹。

2010 年 12 月 27 日，经多次送转后的金风科技在限售股解禁日收盘价为 21.90 元，当日上证指数收盘 2 997 点。

中比 PE 基金 2005 年 9 月投资入股金风科技 800 万股，截至 2010 年 12 月 26 日，中比基金经历 4 次送红股和资本公积转增股本：2007 年 3 月为 10 送转 35；2008 年 2 月为 10 送 9 转增 1；2009 年 4 月为 10 送 4；2010 年 4 月为 10 送 6。

至此，中比 PE 基金的 800 万股金风科技股份经送转后已增至 16 128 万股（$800 \times 4.5 \times 2 \times 1.4 \times 1.6 = 800 \times 20.16$）。按照解禁日收盘价 21.90 元计算，中比基金持股市值为 35.32 亿元，与 4 000 万元的投资入股成本相比，净获利 87.3 倍，这是中比 PE 基金真正能够在二级市场出售股票所得到的盈利。

创始股东“修成正果”，获利超过 400 倍

事实上，与金风科技的原始股东相比，中比 PE 基金的盈利微不足道。金风科技前几大股东的股份限售期为 36 个月，要到 2010 年 12 月 27 日才可解禁出售股票，继续持股三年后，真正的大赢家才浮出水面。

金风科技 2004 年 12 月以前的原始股东新疆风能有限责任公司、中国水利投资集团公司、新疆风能研究所、武钢、郭健等所持股份经多次高比例送转后，获利更是惊人。

以国有控股的大股东新疆风能有限责任公司为例，2004 年 12 月增资扩股后持有 2 030 万股，经多次送转股后，到解禁日前的 2010 年 12 月 26 日，持股数增至 40 924.8 万股，按解禁日 12 月 27 日收盘价 21.90 元计算，市值为 89.6253 亿元，其原始投资入股成本约为 2 200 万元，风能公司实际净获利达 406.39 倍。国资企业风能公司、国水集团和高管股东武钢、郭健等才是真正的超级大赢家。

本系列丛书通过理论知识、市场规则到实践操作程序与方法以及众多案例故事充分说明，企业在初始投资和 VC 、PE 的资本助力以及中介机构的专业运作下，能够使产业资本与金融资本有效融合，使企业实现创业、融资、上市和不断发展扩张，使社会实现资源的合理配置，从而产生强大的社会生产力。资本本身在推动社会经济发展的同时，也在国内外资本市场不断创造财富的神话。

主要法规依据

一、法律和行政法规

1.《中华人民共和国公司法》（中华人民共和国主席令第42号，自2006年1月1日起施行）

2.《中华人民共和国证券法》（中华人民共和国主席令第43号，自2006年1月1日起施行）

3.《中华人民共和国外资企业法施行细则》（中华人民共和国国务院令第301号，自2001年4月起施行）

4.《中华人民共和国中外合资经营企业法实施条例》（中华人民共和国国务院令第311号，自2001年7月22日起实行）

5.《中华人民共和国公司登记管理条例》（中华人民共和国国务院令第451号，自2006年1月1日起施行）

二、首次发行股票并上市涉及的部门规章和规范性文件

1.《首次公开发行股票并上市管理办法》（中国证监会令第32号，自2006年5月18日起施行）

2.《首次公开发行股票并在创业板上市管理暂行办法》（中国证监会令第61号，自2009年5月1日起施行）

3.《关于进一步做好创业板推荐工作的指引》（中国证监会公告〔2010〕8号，自2010年3月19日起施行）

4.《证券市场禁入规定》（中国证监会令第33号，自2006年7月10日起施行）

5.《上海证券交易所股票上市规则》（上海证券交易所2008年9月第6次修订，自2008年10月1日起施行）

6.《深圳证券交易所股票上市规则》（深圳证券交易所2008年9月第6次修订，自2008年10月1日起施行）

7.《证券发行上市保荐业务管理办法》（2009年第一次修订，中国证监会令第63号，自2009年6月14日起施行）

8.《保荐人尽职调查工作准则》（中国证监会证监发行字〔2006〕15号，自2006年5月29日起施行）

9.《发行证券的公司信息披露内容与格式准则第 27 号——发行保荐书和发行保荐工作报告》（中国证监会公告〔2009〕4 号，自 2009 年 4 月 1 日起施行）

10.《公开发行证券公司信息披露的编报规则第 12 号——公开发行证券的法律意见书和律师工作报告》（中国证监会证监发〔2001〕37 号，自 2001 年 3 月 1 日起施行）

11.《上市公司章程指引》（2006 年修订，中国证监会证监公司字〔2006〕38 号，自 2006 年 3 月 16 日起施行）

12.《上市公司治理准则》（中国证监会证监发〔2002〕1 号，自 2002 年 1 月 7 日起施行）

13.《企业内部控制基本规范》（财政部、证监会、审计署、银监会、保监会财会〔2008〕7 号，自 2009 年 7 月 1 日起施行）

14.《企业内部控制配套指引》——《企业内部控制应用指引第 1 号——组织架构》等 18 项应用指引、《企业内部控制评价指引》和《企业内部控制审计指引》（财政部、证监会、审计署、银监会、保监会财会〔2010〕11 号，自 2011 年 1 月 1 日起在境内外同时上市的公司施行，自 2012 年 1 月 11 日起在上海证券交易所、深圳证券交易所主板上市公司施行；在此基础上，择机在中小板和创业板上市公司施行）

15.《关于在上市公司建立独立董事制度的指导意见》（中国证监会证监发［2001］102 号，自 2001 年 8 月 16 日起施行）

16.《关于进一步规范创业板上市公司董事、监事和高级管理人员买卖本公司股票行为的通知》（深圳证券交易所发布，自 2010 年 11 月 1 日起施行）

17.《深圳证券交易所创业板上市公司规范运作指引》（深圳证券交易所发布，自 2009 年 10 月 15 日起施行）

18.《深圳证券交易所中小板上市公司规范运作指引》（深圳证券交易所发布，自 2010 年 9 月 1 日起施行）

19.《深圳证券交易所主板上市公司规范运作指引》（深圳证券交易所发布，自 2010 年 9 月 1 日起施行）

20.《企业会计准则——基本准则》（财政部令第 33 号，自 2007 年 1 月 1 日起施行）

21.《企业会计准则——具体准则》（财政部令第 33 号，自 2007 年 1 月 1 日起施行）

22.《企业会计准则解释第 1 号》（财政部财会〔2007〕14 号）

23.《企业会计准则解释第 2 号》（财政部财会〔2008〕11 号）

24.《企业会计准则解释第 3 号》（财政部财会〔2009〕8 号）

25.《公开发行证券的公司信息披露编报规则第 15 号——财务报告的一般规定（中国证监会公告 2010 年 1 号，自 2009 年 12 月 31 日起施行，拟上市公司的申报报表审计截止日为 2009 年 12 月 31 日及之后的适用本规则）

26.《公开发行证券的公司信息披露编报规则第 9 号——净资产收益率和每股收益的计算及披露》（中国证监会公告〔2010〕2 号修订，自 2009 年 12 月 31 日起施行）

27.《企业会计准则第 20 号——企业合并》（财政部令第 33 号，自 2007 年 1 月 1 日起施行）

28.《中国注册会计师审计准则》（财政部财会〔2006〕4 号，及中国注册会计师协会会协〔2009〕75 号）

29.《注册会计师其他鉴证业务准则第 3111 号——预测性财务信息的审核》（财政部财会〔2006〕4 号）

30.《资产评估基本准则》、《资产评估职业道德准则——基本准则》（资产评估协会制定，财政部发布，自 2004 年 5 月 1 日起施行）

31.《资产评估准则》（共 7 项，中国资产评估协会中评协〔2007〕189 号文件）

32.《公开发行证券的公司信息披露内容与格式准则第 9 号——首次公开发行股票并上市申请文件》（中国证监会证监发行字〔2006〕6 号文修订）

33.《公开发行证券的公司信息披露内容与格式准则第 29 号——首次公开发行股票并在创业板上市申请文件》（中国证监会〔2009〕18 号，自 2009 年 7 月 20 日起施行）

34.《公开发行证券的公司信息披露内容与格式准则第 1 号——招股说明书》（中国证监会 2006 年修订）

35.《公开发行证券的公司信息披露内容与格式准则第 28 号——创业板公司招股说明书》（中国证监会公告〔2009〕17 号，自 2009 年 7 月 21 日起施行）

36.《政府核准的投资项目目录》（2004 年 7 月 25 日发布并施行）

37.《证券发行与承销管理办法》（中国证监会令第 69 号修订，自 2010 年 11 月 1 日起施行）

38.《关于首次公开发行股票公司招股说明书网上披露有关事宜的通知》（中国证监会证监发行字〔2001〕13 号，自 2001 年 3 月 1 日起施行）

39.《股票发行审核标准备忘录第 8 号——关于发行人报送申请文件后变更中介机构的处理办法》（中国证监会，2002 年 4 月 16 起施行）

40.《中国证券监督管理委员会发行审核委员会办法》（中国证监会令62号修订，自2009年6月14日起施行）

41.《中国证监会股票发行审核委员会审核工作指导意见》（中国证监会证监发［2004］9号，自2004年1月20日起施行）

42.《股票发行审核标准备忘录（2001）第二号——首次公开发行股票公司资产评估资料审核指引》（中国证监会发行监管部［2001］第2号）

43.《股票发行审核标准备忘录第16号——首次公开发行股票的公司专项复核的审核要求》（中国证监会2003年3月4日发布并施行）

44.《关于加强对通过发审会的拟发行证券的公司会后事项监管的通知——关于已通过发审会拟发行证券的公司会后事项监管及封卷工作的操作规程》（中国证监会证监发行字［2002］15号）

45.《上海证券交易所证券发行业务指引》（上海证券交易所上证发字［2010］30号，自2010年11月9日起施行）

46.《首次公开发行股票发行与上市指南》（深圳证券交易所发布，自2009年9月21日起施行）

47.《沪市股票上网发行资金申购施行办法（修订稿）》（上海证券交易所发布，2009年6月18日起施行）

48.《深圳证券交易所股票上市公告书内容与格式指引》（深圳证券交易所发布，2009年9月修订并施行）

49.《上海证券交易所股票上市公告书内容与格式指引》（上海证券交易所发布，自2005年5月18日起施行）

50.《关于职工持股会及工会持股有关问题的法律意见》（中国证监会法协字［2002］第115号，自2002年11月5日起施行）

51.《关于职工持股会及工会能否作为上市公司股东的复函》（中国证监会法律部［2000］24号，自2000年12月11日起施行）

52.《中国证监会行政许可执法监督暂行规定》（中国证监会证监发［2004］45号，自2004年7月1日起施行）

53.《中国证监会行政许可实施程序规定》，（中国证监会2009年12月16日发布，自2010年2月1日起施行）

54.《中国注册会计师执业准则》（共22页，财政部财会〔2006〕4号文件）

55.《主办券商尽职调查工作指引》（中国证券业协会2009年7月6日发布）

56.《深圳证券交易所中小板保荐工作指引》（深圳证券交易所，2010年

12 月第二次修订）

57.《深圳证券交易所创业板股原上市规则》（深圳证券交易所深证上〔2009〕4 号发布，自 2009 年 7 月 1 日起施行）

三、外资企业和境内外两地上市涉及的部门规章和规范性文件

1.《关于外国投资者并购境内企业的规定》（商务部令 2009 年第 6 号，原 2006 年 10 号文件 2009 年修订，自 2006 年 9 月 8 日起施行）

2.《关于设立外商投资股份有限公司若干问题的暂行规定》（外经贸部令 1995 年第 1 号，自 1995 年 1 月 1 日期起施行，现由商务部管辖）

3.《关于上市公司涉及外商投资有关问题的若干意见》（外经贸资发〔2001〕538 号，自 2001 年 10 月 8 日起施行，现由商务部管辖）

4.《外商投资产业指导目录）》（2007 年修订，国家发展改革委发布）

5.《关于加强外商投资企业审批、登记、外汇及税收管理有关问题的通知》，（对外贸易经济合作部、国家税务总局、国家工商行政管理总局、中国外汇管理局外经贸法发〔2002〕575 号文件）

6.《利用外资改组国有企业暂行规定》（中国经济贸易委员会、财政部、国家工商行政管理总局、国家外汇管理局第 42 号令，自 2003 年 1 月 1 日起施行）

7.《公开发行证券的公司信息披露编报规则第 17 号——外商投资股份有限公司招股说明书内容与格式特别规定》（中国证监会证监字〔2002〕17 号，自 2002 年 3 月 19 日起施行）

8.《关于企业申请境外上市有关问题的通知》（中国证监会证监发行字〔1999〕83 号，自 1999 年 7 月 14 日起施行）

9.《境内企业申请到香港创业板上市审批与监管指引》（中国证监会发布，自 1999 年 10 月 13 日起施行）

10.《公开发行证券的公司信息披露规范问答第 5 号——分别按国内外会计准则编制的财务报告差异及其披露》（中国证监会证监会计字〔2001〕第 60 号，自 2001 年 11 月 7 日起施行）

11.《公众公司会计改革与投资者保护法案》（《萨班斯—奥克斯利法案》，2002 年 7 月 25 日美国国会参众两院通过，2002 年 7 月 30 日经美国总统布什签署，自 2003 年 1 月 1 日起在美国施行）

12.《合格境外机构投资者境内证券投资管理暂行办法》（中国证监会/中国人民银行令第 12 号，自 2002 年 12 月 1 日起施行）

13.《合格境内机构投资者境外证券投资管理试行办法》（中国证监会证

监发［2007］81号，自2007年7月5日起施行）

四、国企改制及收购国有产权涉及的部门规章

1.《转发国资委关于进一步规范国有企业改制工作施行意见的通知》（国务院办公厅国办发〔2005〕60号文件）

2.《关于规范国有企业改制工作意见》（国务院办公厅国办发〔2003〕96号文件，2003年12月30日）

3.《企业国有产权转让管理暂行办法》（国务院国有资产监督管理委员会/财政部令第3号，自2004年2月1日起施行）

五、在境内买壳上市涉及的部门规章和规范性文件

1.《上市公司收购管理办法》（中国证监会令第56号修订，自2008年8月27日起施行）

2.《上市公司重大资产重组管理办法》（中国证监会令第53号，自2008年5月18日起施行）

3.《公开发行证券的公司信息披露内容与格式准则第26号——上市公司重大资产重组申请文件》（中国证监会公告〔2008〕13号，自2008年5月18日起施行）

参考文献

[1] 深圳证券交易所创业企业培训中心：《中小企业股票发行上市问答（第二版）》，深圳证券交易所2007年3月。

[2] 深圳证券交易所创业企业培训中心：《中小企业板、创业板股票发行上市问答》，深圳证券交易所2009年10月。

[3] 中国证券业协会：《证券发行与承销》，北京，中国财政经济出版社，2010。

[4] 涂成洲：《创业板上市实战：操作流程与案例评析》，北京，法律出版社，2010。

[5] 张国锋：《企业上市典型案例深度剖析——疑难问题与解决对策》，北京，法律出版社，2010。

[6] 财政部会计司编写组：《企业会计准则讲解（2008）》，北京，人民出版社，2008年。

[7] 中国注册会计师协会：《2009年注册会计师全国统一考试辅导教材——会计》，北京，中国财政经济出版社，2009。

[8] 中国注册会计师协会：《2010年注册会计师全国统一考试辅导教材——审计》，北京，经济科学出版社，2010。

[9] 宋清：《资产评估》，北京，经济科学出版社，2010。

[10] 中国注册会计师协会：《2010年注册会计师全国统一考试辅导教材——税法》，北京，经济科学出版社，2010。

在中国境内上市常用网站

1. 中国证券监督管理委员会：www. csrc. gov. cn
2. 中国发展与改革委员会：www. sdpc. gov. cn
3. 中国商务部：www. mofcom. gov. cn
4. 中国财政部：www. mof. gov. cn
5. 上海证券交易所：www. sse. com. cn
6. 深圳证券交易所：www. szse. cn
7. 中国证券业协会：www. s-a-c. org. cn
8. 中国注册会计师协会：www. cicpa. org. cn
9. 中国资产评估协会：www. cas. org. cn
10. 中证网：www. cs. com. cn
11. 中国证券网：www. cnstock. com
12. 中国资本证券网：www. ccstock. cn
13. 巨潮资讯网：www. cninfo. com. cn
14. 全景网：www. p5w. net
15. 证券时报网：www. stcn. com

后 记

在中国和国际资本市场从事资本运营工作多年，看到企业成功上市并取得资本融资、投资机构获得巨大的PE和VC成果，深感欣慰；看到企业资本运作失败甚至上当受骗，为之感到惋惜和痛心。早有意放下工作，利用积累的大量资料，把自己多年来了解掌握的资本运营知识、成功经验、失败教训，连同自己的感受和体会总结一下，与大家一起分享和探讨。怎奈业务琐事缠身，写作一直未能如愿。2009年至2011年初，本丛书的主编由于偶然的机会有更多的时间静下心来，并有幸邀请到两位外籍投行专家共同编写本丛书，上述愿望才得以实现。

现在，本书终于付梓了。首先感谢高盛集团、东方集团、北方集团、锦州港、澳大利亚联邦银行及我们曾服务过的所有企业，是企业给了我们施展平台以及与资本市场深度接触的机会，正是多年的实战经验和工作成果，才使本系列丛书的写作得以完成；感谢新南威尔士大学、皇家理工大学、莫纳什大学、世界银行、国际金融公司给我们研修和学习的机会，感谢那些金融专家和导师们，是他们把我们领进金融理论与实践知识的殿堂；感谢投行界和学术界业内的前辈和专家学者及朋友们，他们的理论著作、研究成果为本丛书奠定了资本运营的理论基础并提供了大量的信息资料；感谢多年来与我们业务对接的中介机构和投资者，他们的业务功底、丰富经验和工作成果乃至“老谋深算”都让我们受益匪浅；感谢在中国境内工作的同事和企业上市团队成员孙世强、马春华、徐景仁、吴坤、范伟莉、王雪松、刘清华、田野、王美阁以及所有参与过企业资本融资和企业上市的全体人员，他们在工作中给予我们极大支持，提供了很多有价值的资料，并为本丛书的编写提出了许多宝贵意见；最后感谢中国金融出版社的王效端主任，刘小平主任，责任编辑古炳鸿、罗邦敏，他们为本书提出了很好的建议，并为本书的出版付出了很多辛劳和努力。

一位资本运作大师曾经说过，把专业做到极致才能达到成功的境界。我们希望每一个跻身于资本市场的人都获得成功。我们来自五洲四海，都是职场中的匆匆过客，能为企业和社会作出一点贡献，并在一生的职业生涯中积累经验和成果，给世人留下经典与永恒，这是作者最感欣慰的。

由于水平有限，书中缺点错误在所难免，敬请读者批评指正。电子邮箱：maruiqing@263.net。

作者

2011年5月